辽宁大学历史学部历史学院研究生系列教材

美国政治制度史专题教程

石庆环　编著

辽宁人民出版社

图书在版编目（CIP）数据

美国政治制度史专题教程 / 石庆环编著. — 沈阳：辽宁人民出版社, 2024.1
辽宁大学历史学部历史学院研究生系列教材
ISBN 978-7-205-10838-0

Ⅰ. ①美… Ⅱ. ①石… Ⅲ. ①政治制度史—美国—研究生—教材 Ⅳ. ①D771.29

中国国家版本馆CIP数据核字（2023）第154099号

出版发行：辽宁人民出版社
地址：沈阳市和平区十一纬路25号 邮编：110003
电话：024-23284321（邮 购） 024-23284324（发行部）
传真：024-23284191（发行部） 024-23284304（办公室）
http://www.lnpph.com.cn
印 刷：辽宁新华印务有限公司
幅面尺寸：170mm × 240mm
印 张：24.5
字 数：400千字
出版时间：2024年1月第1版
印刷时间：2024年1月第1次印刷
责任编辑：贾 勇
封面设计：高鹏博
版式设计：隋 治
责任校对：吴艳杰
书 号：ISBN 978-7-205-10838-0

定 价：98.00元

内容提要

《美国政治制度史专题教程》是辽宁大学历史学院研究生课程系列教材之一。“美国政治制度史”是历史学院世界史一级学科硕士研究生的一门选修课程，课程由石庆环教授主讲，本教程是主讲人多年读书、教学和研究的心得与总结。①

全书共设十六讲，上起1776年美国第一次宪政革命，下迄2021年“国会山骚乱”与当代美国宪政危机。教程从历史学、宪法学、政治学、行政管理学、社会学和国际政治的理论分析入手，梳理和阐释了两百多年来美国政治制度的演变及其当下所面临的困境。

第一讲从宪政体制入手，分析1787年美国《联邦宪法》制定的历史条件、过程及其意义，重点研究第一次宪政革命的意义。

第二讲从政治结构入手，讨论美国国会的架构、组织形式和演变轨迹，重点分析“立法至上”的宪法保障和政治基础。

第三讲从分权理论入手，讨论美国总统制度创设、权力范围及其演变，着重关注20世纪以后美国总统权力扩大的宪政基础和时代需求。

第四讲从司法理论和司法原则入手，讨论美国最高法院大法官的价值取向、人员构成和地位演变，重点关注其保守主义特征及其对黑人获得民权的

① 在《美国政治制度史专题教程》撰写过程中，我的博士和硕士研究生前期帮助做了大量的基础工作，他们包括刘博然、王禹涵、方瑞华、李俊霖、李越、景德龙、王春儒、张一帆、魏晓婉、谢明桥、车步赢、郑月明、苏盛瀚、李虹瑾、金石和李少卓等，在此一并致谢！

阻碍作用。

第五讲从行政管理学理论入手，讨论美国文官制度的建立和官僚政治发展对美国政府权力结构的影响，重点关注官僚与国会和总统之间的关系及其前者对总统权力的制约能力。

第六讲从现代政党政治理论入手，讨论美国两党政治的出现、发展演变和现代政治功能，重点讨论美国政党政治的特征及其在美国政治结构中的作用。

第七讲从联邦主义理论入手，讨论美国地方自治传统、联邦与地方之间关系、奴隶制度存废与联邦制的关联，重点讨论美国联邦制度的特点和演变趋势。

第八讲从宪法文本入手，讨论美国内战与奴隶制存废，重点关注重建时期联邦最高法院关于黑人民权问题的判例，突出第二次宪政革命的意义。

第九讲从国际政治理论入手，讨论 19 和 20 世纪美国在北美大陆拓殖和全球范围扩张，重点讨论二战后美国的“海外边疆”和“全球边疆”及其世界霸权主义。

第十讲从垄断资本主义理论入手，讨论美国的工业化和城市化及垄断资本主义的发展，重点关注美国镀金时代的政治腐败与政治变革。

第十一讲从社会变革视角着眼，讨论美国进步主义时代的政治、经济和社会变革，重点讨论地方政府的市政改革和美国消费时代的特征。

第十二讲从国家垄断资本主义理论入手，讨论美国罗斯福“新政”及其实施效果，重点讨论“新政”带来的资本主义变革以及对联邦政府权力结构的影响。

第十三讲从改革理论入手，讨论二战后美国的政治和社会改革，重点讨论国会机制和社会保障改革。

第十四讲从社会学理论入手，讨论现当代美国性别革命，重点关注同性少数群体权利、女性权利和现当代女性政治家。

第十五讲从宪政主义理论入手，讨论 20 世纪美国总统弹劾案，重点剖析尼克松、克林顿和特朗普三位总统弹劾案的宪法基础和政治条件。

第十六讲从政治学和宪法学结合的视角入手，讨论当下美国政治极化和宪政危机，重点剖析近年来联邦政府频频停摆、联邦最高法院日趋保守和两党共识不在的宪政原因及其美国政治的未来走势。

《美国政治制度史专题教程》具有如下特点。第一，以马克思主义唯物史观和整体史观为统领，从跨国史的视角勾勒美国政治制度的演变轨迹。在阐述其有效性管理机制的同时，又揭示出制度的局限性及背后隐藏的危机。第二，以科学研究为导向，培养学生的问题意识和科学研究兴趣。教程每一讲都涵盖对相关学术研究成果的综述，并列有思考题和参考文献，以便学生能够更好地把握学术前沿动态和讨论问题要点。第三，以历史线索为基础，以制度架构为主干，全面剖析了政治事件和政治人物与美国政治制度演变的关联，呈现出“活”的制度史特点。教程不仅梳理了美国政治制度的演变轨迹，而且揭示出其特点、本质及其演变规律。第四，教程体现出知识性和学术性相结合的特点。教程既有基本史实的梳理和阐释，又有对前沿学术问题的讨论和分析，并运用跨学科的研究方法和丰富的文献史料。教程行文逻辑严谨流畅，文风平实易读。

目　　录

第一讲　美国第一次宪政革命

1787 年制定的美国《联邦宪法》，是欧美资本主义国家的第一部成文宪法，它构建了美国政府的权力架构与政治秩序，同时，这部宪法也是世界上历史最悠久的现行宪法之一。时至今日，美国的宪政体制仍然在有序运行着，宪法的内涵与精神通过修正案的补充和在最高法院的司法解释中不断得到丰富与完善。就这一意义而言，美国宪法是一部“活着的宪法”。

作为一部具有重要历史意义的宪法，美国《联邦宪法》影响深远，其后许多国家的成文宪法或多或少都有参照和借鉴美国宪法的内容，也是学界研究的重点领域。对美国《联邦宪法》的研究，应首推美国政治科学研究会前主席爱德华·科文斯的代表作《宪法及其在今天的意义》和《美利坚合众国宪法：分析与解释》，其成果被誉为“没有任何人能超过”的研究，数十年来不断再版。中国学者对美国宪法的研究主要分为三类：法学研究、政治学研究与历史学研究。近年来国内关于美国宪法的研究较为丰富，但多见于法理、比较法学的研究领域，从宪法史和制度史领域出发的研究呈现出“少而精”的特点。法学研究领域的代表学者是北京大学张千帆教授，其代表作《西方宪政体制：美国宪法》在国内颇具学术影响力。张千帆是专攻宪法学的学者，其研究着重于比对中美宪法的文本与原则和美国宪政模式的借鉴与观察。政治学研究领域的代表学者是中国社科院的李道揆研究员，其翻译的《美国宪法及其修正案》，是目前中译本当中最为权威的宪法研究文献。同时，李道揆研究员撰写的《美国政府和美国政治》一书，还全方位地阐述了 20 世纪美国政治制度及其运行机制，其学术影响力经久不衰。历史学研究领域的代表学者主要是美籍华人王希教授，其代表作《原则与妥协：美国宪法的精神与实践》多次在大陆再版，并成为研究美国宪政史的必读书。在《原则与妥协：美国宪法的精神与实践》一书中，王希教授不仅从司法权和最高法院的视角重构了美国历史叙事，而且还从“权力宪政”与“权利宪政”博弈理论的视角，重构了美国宪法史的理论分析框架。王希教授认为，美国《联邦宪法》在两百余年间做出的种种谈判与妥协，大体可被归入到“权力”和“权利”的范围内，由此形成“权力宪政”和“权利宪政”这两条主线，而这两条主线间的矛盾和冲突就构成了宪法发展的主要动力，美国也因此先后出现了三个宪政秩序。

美国《联邦宪法》既是现行宪法，又是历史文献，它是制宪者为了应对新生的共和国遭遇的内外危机而制定的，其诞生有其特殊的历史背景。因此，从宪法诞生的历史环境中去考察这部宪法，是本讲的主要内容。

一、宪法与宪政

在讨论美国宪法之前，应当首先明确“宪法”与“宪政”的概念界定。如今我们所说的“宪法”，一般指的是近代宪法，是对英语中“Constitution”一词的转译，但在历史上，宪法这一概念经历了一个发展和演变的过程。中国古代“宪”字的使用早已有之，如“宪法”“宪令”“宪章”等，可以解释为一般法律、基本法与颁布和施行法律。“宪”字常带有先祖成规之意，无论是否成文，都不能轻易改变。日本历史上圣德太子改革的“十七条宪法”，便是“一般法”，它约束的对象是古代贵族与行政部门，更具有近代行政法的意义。古代西方的“宪法”一词具有多重含义，古希腊哲学家亚里士多德把“宪法”（politeia）视为城邦的政治秩序，他在《政治学》一书中研究了158个城邦的政制，指出“政体（宪法）为城邦一切政治组织的依据，其中尤其着重于政治所由以决定的‘最高治权’组织”。而英文的“Constitution”则是由拉丁语“constiutio”发展而来，这个词是“组织、结构、规定”的意思。在欧洲中世纪，“宪法”指国王的诏书、谕旨或确认教会、封建主和城市行会势力特权以及他们与国王的相互关系的法律，如1164年英王亨利二世颁布的国王与教士关系的《克拉伦敦宪法》。

（一）宪法

随着城市和工商业的发展，“宪法”的内涵开始向“契约”靠近。契约是规定当事人权利与义务关系的法律文件，它体现出缔约双方一定程度的地位平等。中世纪的第一部宪法性文件是1215年的英国《自由大宪章》。这部宪章是英国贵族迫使英王接受的封建权利宪章，主要内容是保护封建贵族的权利，是世界上第一部限制王权的“权利法案”。近代资本主义的发展又为“宪法”这一概念注入了新的内涵。随着教权的衰落及新兴阶层与封建贵族冲突的加剧，西欧出于对中央政府统一的需要，首先出现了以霍布斯为代表的绝对君主学说，但与之相对立的反对君权的权利学说也随之出现。而后者思想的核心内容，则体现在洛克《政府论》中的“自然权利”学说和卢梭等的“社会契约”思想。在近代西方资产阶级革命后，便诞生了以英国《权利法案》和美国《联邦宪法》为代表的宪政思想与实践，于是，“宪法”的概念亦发生了一定程度的变化。此时“宪法”不仅划定了政府权力结构及其运作程序，还界定了政府不得超越的权力范围及其不得侵犯的个人权利等。

中国近代“宪法”一词，是由日本引进来的。日本学者箕作麟祥于1874年将“Constitution”一词翻译为汉字的“宪法”，1882年伊藤博文访欧回日后开始正式采用，随后1889年颁布《日本帝国宪法》，确立了宪法为国家的根本大法。19世纪80年代，中国改良主义思想家郑观应在《盛世危言》中首次使用了“宪法”一词，紧接着在1898年的戊戌变法中，康有为和梁启超在其政治纲领中出现了“立宪”的主张，于是，1908年清政府颁布了《钦定宪法大纲》。此后在汉语解释中，“宪法”便成为国家基本法的政治术语。

（二）宪政

与“宪法”相对应的“宪政”一词，是一个有着多重含义的概念。如果根据不同国家的政治模式和价值取向，从不同的视角加以考察，必然会得出不同的结论。

从民主政治的角度来看，“宪政”就是“以宪法为中心的民主政治”。中国法学家张友渔基于此认识，对“宪政”有一段经典的论述。他指出，“所谓宪政，就是用宪法规定国家体制，政权组织以及政府和人民相互之间权利义务关系而使政府和人民都在这些规定之下，享受应享受的权利，负担应负担的义务，无论谁都不许违反和超越这些规定而自由行动的这样一种政治形态”。这种认识就是承认，“宪法就是用根本大法的形式将已争得的民主事实确立下来，以便巩固这种民主事实，发展这种民主事实”。另一派学者则将宪政与法治联系起来，以法治的观点解释宪政。美国学者斯蒂芬·格里芬认为，“宪政是这样一种思想，正如它希望通过法治来约束个人并向个人授予权利一样，它也希望通过法治来约束政府并向政府授权”。这种观点强调以法律约束政府权力，保证宪法的正常实施。

从世界近代历史演进的角度看，“宪政”是近代资产阶级民主革命的产物，尤其是以美国第一次宪政革命和共和制度确立为表现形式。美国《联邦宪法》及以此为基础所构建的宪政体制，是 18 世纪末美国制宪者们为了保证政府对内施行有效统治、对外保证国家的统一与安全而制定的。因此，以美国《联邦宪法》为基础实施的宪政，首要目的自然是保卫民主革命的成果，而限制政府的权力便是保护民主的手段。

二、美国《联邦宪法》的思想与实践来源

美国《联邦宪法》具有独特的历史与文化背景。一方面，美国宪法受英国宪政传统与欧洲启蒙思想的影响，包括代议制、法治原则、社会契约、自然权利等；另一方面，美国宪法也受殖民地时期政治实践的影响，殖民地的地方自治经历和本土政治传统的培育，都对《联邦宪法》的制定起到了十分重要的作用。

（一）英国的宪政传统

英国既是北美殖民地的宗主国，又是美国宪政理念的发源地。自 1215 年的《自由大宪章》开始直到 18 世纪，英国首先建成了一套由普通法、议会法、政治传统和管理组成的较为完整的宪法性法律体系，这套体系下的原则对北美殖民地政治实践与美国《联邦宪法》的精神都起到了重要的影响。

1215 年《自由大宪章》是新贵族与国王权力斗争的产物，宪章规定了一

系列立宪原则，如政府法治（未经审判不得监禁、刑罚或剥夺财产）、基本权利不受侵犯（未经同意国王不得征税）、契约原则（国王违反宪章就予以制裁）等，所以《自由大宪章》从1225年正式成为英国法律至今，仍有9条具有法律效力。1628年《权利请愿书》是查理一世与议会斗争的产物，通过请愿书议会迫使查理一世同意“未经议会同意，国王不得征税，未经法律程序不得拘捕、监禁、放逐和损伤任何自由人，未经当事人允许，军队不得驻扎民房，和平时期不得实行戒严法”等权利。《权利请愿书》重申了《自由大宪章》争取到的权利，并且将这些权利引申为“自古以来就存在的英国人的基本权利”，它拉开了英国人民与专制王权之间斗争的序幕。1679年《人身保护法》，也是源于查理二世与议会对王位继承问题的斗争，在国王强行解散议会前，议会抢先通过该法，规定由国王、枢密院等下令遭监禁的任何人都可以向法庭申请人身保护令状，要求说明监禁理由，重申不经法庭确认，任何人都不得遭到逮捕，不经法庭审判，任何人都不得被监禁。1689年《权利法案》则是英国“光荣革命”的重要成果，它重申了英国人自古就有的权利与自由，规定国王无权停止法律的实施、征税权属于议会、臣民可以自由请愿、议员可以自由发表政见、反对酷刑和重税、议会定期召开，由此英国的君主立宪制最终建立，议会成为英国的最高政治权力机构。1701年《王位继承法》继续限制国王权力，规定法律必须经议会同意才能实施，国王诏令必须经大臣附署才能实施等。

在英国宪政体制下，“人民的权利”得到了一定的保护，包括接受陪审团审判的权利、住宅不受非法侵入的权利、未经同意不得征税的权利。但值得注意的是，当时英国宪政体制并未对北美殖民地人民予以有效的保护，也由此引发了北美的反英运动与独立战争。在美国独立以后，英国的代议制传统、有限政府与混合政府形态、基本权利、法治、权力分立与制衡的思想等，却最终为美国《联邦宪法》所吸收，进一步丰富了美国宪政体制的内容。

（二）欧洲启蒙思想

启蒙思想是美国《联邦宪法》的重要思想来源，特别是启蒙思想家的“自然权利观”和“权力分立与制衡学说”，对美国宪法起到了重要的影响。

霍布斯的“专制契约论”见于《利维坦》（1651）中，霍布斯首先想象了一个没有政府和国家存在的“自然状态”，在这种状态下，任何人都在没有国家和政府法律约束的条件下自由地生存，人只能靠自己的力量保护自己的安全和财产，也可以随心所欲地侵害他人而不会违反任何自然法则。因为资源的有限性，人与人之间必然会因争夺有限资源而发生战争，由于人在智力上和体力上是相对平等的，因此人与人之间难以形成绝对的优势，在这种状态下只能陷于“孤独、贫困、龌龊、野蛮与短命”的境地。为了摆脱这种悲惨状态，个人之间通过实际或虚构的契约过程，彼此同意交出武器给一个更强大的权威，这就是国王代表的主权国家。只有国家才能实施合法的暴力以抵御侵略并保障国内安宁。在霍布斯这里，契约是个人与个人的协议，不存在个人与国家的契约。

然而，在洛克的启蒙思想中，社会在国家成立之前就已经存在，个人在自然状态中并不是完全自由的，而是受到上帝律法的约束，洛克的自然状态是建立在自然资源丰富、只要劳动就能丰裕的社会，但由于没有国家建构，自然状态无法做到对人的权利与义务进行明确规定，因此人们通过递交契约的方式建立了国家，并规定了立法权与司法权的分工。在洛克的设想中，契约是人民和国家之间的协议，契约的目的在于保障人民享有的权利，统治者一旦违背了基本的契约义务，人民就有权推翻统治者，也就是说，政府的权力是有限的（有限政府）。同时，洛克提出了劳动价值理论，认为只要合理使用并不产生浪费，任何人的财产权都不应该被剥夺或侵犯。洛克把国家权力分为立法权、执行权和联盟权，分别指制定法律、执行法律和外交与决定战争和平的权力。洛克认为立法权是最高权力，国家形式也是由这个关系决定的，其他两种权力是辅助性的，但这个最高权力一样要受到牵制。此外，卢梭也强调“社会契约论”的重要性。

在近代启蒙思想家中，孟德斯鸠的“权力分立”理论更具代表性。孟德斯鸠把国家权力分为立法、行政和司法三种权力。立法权是制定、修改和废止法律的权力，体现国家的一般意志；行政权是有关国家事项的权力，是国家意志的执行；司法权是惩罚犯罪和裁决私人纷争的权力。孟德斯鸠认为：“当立法权和行政权集中于一个人或同一机关之手，自由便不复存在了。因为人们可能害怕这个国王或议会制定暴虐的法律，并暴虐地执行这些法律。”三权应相互制约，必须要以权力约束权力，彼此牵制，保持三种国家权力的均衡。所以，美国制宪者在制定《联邦宪法》的时候，很大程度上吸纳了孟德斯鸠的分权理论。

（三）北美殖民地的政治实践

英属北美殖民地始于1607年詹姆斯敦殖民地的建立，至1733年佐治亚殖民地建立，基本形成了十三个殖民地的统治格局。英国在北美的殖民地主要以三种形式经营：公司殖民地、业主殖民地与王室殖民地。以光荣革命为分界线，光荣革命后大多数殖民地都收为王室所有。

殖民地的建立一般需要经过英国国王批准，创建殖民地的公司、业主和社团都需要从英王那里获取特许状。特许状规定了殖民地的政治组织性质和权限，对英国政府负有的义务以及与英国的政治关系等，内容一般包括承诺殖民地人民的政治权利与英国本土居民一致等。根据殖民地性质又分为公司特许状、业主宪章与自治宪章三类。公司特许状的代表是弗吉尼亚与马萨诸塞殖民地的特许状，这类特许状以经济利益为基础。业主宪章的代表有《卡罗来纳基本法》和《政府框架》，该体制封建性较为突出，所谓的民主更多是招徕移民的手段。例如，宾夕法尼亚的《政府框架》便体现出了一种开明专制的色彩。自治宪章的代表是《五月花号公约》（1620）与《康涅狄格基本法》（1639）。这类宪章一般具有浓厚的宗教平等思想，反映出根据自身教义建立宗教国家的愿望。此外，自治宪章的民主因素也较多，不过没有与国王签订特许状，未受英国政府的重视。根据宪章的规定，各个殖民地政府基本模仿英国政体建立起了总督、参事会和殖民地议会的政治体制。起初，各殖民地的权力中心都是总督，总督是宗主国在殖民地的代表，掌握军事权力和召集或解散议会、否决立法和一定的财政权与人事任命权。在政府构成上，参事会是兼有立法、行政和司法的特权机构，是总督的咨询机构。参事会一方面可看作殖民地议会上院，另一方面也起到最高上诉法院的作用。参事会居于总督和殖民地议会之间，往往联合一方反对另一方，但由于参事会由本地人组成，因此与殖民地议会的关系更近。殖民地议会是立法机构，由民选代表、参事会和总督共同组成，狭义的殖民地议会专指民选代表组成的议会下院。在当时北美殖民地中，除宾夕法尼亚以外，各地的议会最终都演化为两院制议会。进入 18 世纪，殖民地议会权势逐渐增强，成为政治中的重要制衡力量，代表殖民地民众争取更为广泛的权利。由此不难看出，殖民地政府的组织和演变体现出了英国“混合政府”的形式与基本权利、法治、分权与制衡、代议制政府和有限政府等古典自由主义思想。

就殖民地的社会矛盾而言，虽然相较欧洲来说更为缓和，但殖民地时期也发生过大规模的民众起事运动以反抗政府。例如 1676 年的培根叛乱，它是弗吉尼亚殖民地反抗总督权力的暴动，起义者解散了议会，实行了一定的民主政策，最终被殖民地政府平定。又如 1766 年发生在北卡罗来纳殖民地奥兰治县的自定约章者运动，运动目的是反抗地方官吏的压榨和各县官员的掠夺。运动组织者往往拒绝缴纳法律以外或目的不明的税收；拒绝缴纳法律规定以外的摊派、按规定参加会议、发生分歧时要以多数原则裁定。随着运动席卷三县和规模的逐渐扩大，组织者采用司法程序、合法抵制、选举、请愿和武力对抗等方式，体现了殖民地民众对构建和维护公共利益权力体系认识的成熟。为保障殖民地人民的权利，各殖民地还相继制定和颁布了权利宪章，1641 年《马萨诸塞自由录》是殖民地的第一部权利宪章，内容包括保障法治、保护居民基本权利、反对执法官滥用权力，保障有产者受陪审团的审判、自由选举与自由人的财产权，该自由录还宣称“没有公平的补偿，政府没收私产是非法的”。各殖民地也相继颁布了各自的权利宪章，但这时期的权利限于宗教、性别、财产和身份的要求，因此有着一定的时代局限。

殖民地时期各州的联合和权力互动，都基本是出于安全和防卫的需要。殖民地曾有过两次联合的尝试，但最终都没有成功。第一次是 17 世纪中期的“新英格兰联盟”行动，目的是为应对印第安人的威胁。1643 年由马萨诸塞提议，由马萨诸塞、康涅狄格、普利茅斯和纽黑文组成一个清教殖民地同盟，目的是分担战争负担和互相援助，还包括协调争端、引渡契约仆、推进共同宗教与利益等。此次行动是实现新英格兰联盟理想的唯一实践，但在此行动中暴露出了联盟中的地区本位主义，致使最终被英王詹姆斯二世解散。第二次是 1753 年的奥尔巴尼联盟计划。七年战争前夕，英国贸易部指示各殖民地联合开会，以本杰明·富兰克林的方案为基础制定一个殖民地联盟草案，联盟成员包括新斯科舍和佐治亚以外的全部英属殖民地，由英王任命大统领，殖民地代表组成大议会，但这种在英国政府统一领导下的殖民地联盟侵犯了一部分殖民地的利益，所以最终导致奥尔巴尼联盟计划流产，而北美殖民地十三个州实现真正联合，却是在独立战争过程中。

三、美国《联邦宪法》诞生的背景

（一）州立宪运动

从理论上来说，独立战争的爆发使北美殖民地人民回到了古典自由主义下的自然状态，英国王室和政府已逐渐失去了往昔的统治权威，所以，独立后北美各殖民地便着手起草本州宪法。1776 年 1 月，新罕布什尔率先制定了州宪法，大陆会议后，各州的立宪运动相继展开。在制定宪法过程中，各州宪法大多遵循以下几个原则：至尊法与自然权利、社会契约思想、人民主权、限制代表，选举权、立法权至上和权力制衡。此外，各州宪法大多具有立法机关的产生具有民主、行政部门不能被赋予大权、殖民地人民不信任司法部门、州长的薪水由立法机关决定、州长失去绝对否决权和州长任期仅一年等特点。

在当时的各州立宪运动中，1780 年诞生的《马萨诸塞州宪法》颇具典型性。1777 年由马萨诸塞州议会第一次尝试制宪，但宪法草案被否决，1779 年，州议会决定由各州选派代表组成一个专门会议讨论和批准新宪法，规定 2/3 的代表同意即可生效。《马萨诸塞州宪法》由约翰·亚当斯执笔，马萨诸塞州制宪会议开创了制宪会议的先例，体现出社会契约的色彩。《马萨诸塞州宪法》主要内容包括：1. 赋予行政部门强大的权力，州长是由民选产生的并拥有行政权，包括任命行政官员和司法官员、否决立法机关制定法律（立法机关有权使用 2/3 多数推翻否决）等权力；2. 一定意义上的混合政府模式，宪法将不同层级的权力分配给社会的各个阶层，根据财富的多寡来划分集团，其中大财产者能够选举州长、中等财产者能够选举上院议员、下等财产者选举下院议员。

独立后除了制定州宪法外，有的州还起草了《权利宣言》，作为对公民权利的额外法律保障，《弗吉尼亚权利宣言》较有代表性。《弗吉尼亚权利宣言》由约翰·梅森起草，以洛克的思想为蓝本，1776年6月12日，弗吉尼亚州议会批准了第一个权利宣言。《弗吉尼亚权利宣言》主要内容包括：一切权力来自人民并为人民所保有；所有人生而平等并自由独立，拥有一定的固有权利，不能随意剥夺；政府为公共利益、保护权利和人民安全而建立，政府不服务于这些目的时人民可以变更或推翻它；其他的自由权利，如受陪审团审判的权利、免于自证其罪、免受酷刑和非常刑罚的权利、出版自由和信仰自由等。此外，当时其他州制定的州权利宣言内容，也基本包括了政治性保证与正当程序保障两方面的内容。政治性保证包括选举权、自由且定期地举行公职选举、言论与出版自由、请愿权、无代表不纳税等；正当程序保障包括受陪审团审判、不受非法搜查和掠夺、免于自证其罪、高昂的保释金和免受酷刑等。

（二）《独立宣言》

1776年7月4日，大陆会议公布了由约翰·亚当斯、托马斯·杰弗逊、本杰明·富兰克林、罗杰·谢尔曼与罗伯特·利文斯顿共同审议讨论，最终由杰弗逊执笔的《独立宣言》。

《独立宣言》是美国历史上的第一份宪法性质的文件，它对美国政治制度的发展起到了决定性的影响。《宣言》首次使用了“美利坚合众国”的名称，宣布美洲人与英国人是两个不同的民族，痛陈英王和英国政府的罪恶，否认了君主制，主张人民主权，包括人生而自由、人人有追求幸福的权利，政府须经由人民同意而组成等民主思想与共和原则。所以，《独立宣言》成为后来美国《联邦宪法》中保障人民权利条款制定的基础。

（三）《邦联条例》

虽然北美殖民地之间的实际联合早在战争爆发时就已经存在，但为了巩固战时合作，这种联合必须以法律的形式确定下来方才可靠。1775年召开的第二届大陆会议，政治领袖们组织了军队、任命了总司令、与外国开展谈判并且制造流通货币，开始“行使了它所要求的应属于一个独立的主权国家的一切权力”。1776年6月，理查德·亨利·李在向大陆会议动议独立时就提议准备成立邦联。同年12月，约翰·狄金森领导的委员会向大陆会议提出《邦联条例》的初稿，1777年11月，大陆会议通过这份初稿，并送交各州批准。马里兰州拒绝批准条例，因为它的邻州弗吉尼亚拥有大量的西部领土，马里兰州表示除非其他州将西部土地作为共同财产划归邦联政府，否则绝不批准。但经过多方协调，1781年《邦联条例》获得全部13个州批准，正式生效。

根据《邦联条例》，独立后的美国建立起一个“明确建立在各州主权之上的州际永恒联盟”，各州立法机关同意不歧视其他州公民，充分信守他州的立法和诉讼程序，互相提供司法引渡。不过，邦联的中央政府为一院制的国会，没有设置行政机构，只有一个由各州代表组成的委员会，在国会闭会期间处理邦联事务。邦联也没有司法机构，而由国会代行司法职能，处理州际争端。每州在国会拥有一票否决权，各州立法机关选派代表去投票，并负责支付代表的报酬，可以随时撤换代表。各州代表不得少于2人或多于7人，任何人不能在6年内担任代表3年以上，代表不能同时担任合众国官吏。由此可见，邦联国会的权力十分有限。例如，根据《邦联条例》第二条规定，“各州保留其主权、自由和独立，以及本邦联没有明确授予合众国国会的一切权力、司法管辖和权利”。邦联国会有权宣战和媾和、派遣和接受外交使节、缔结条约、处理合众国军队扣押的物品、铸造货币、制定度量衡标准、管理不属于任何州的印第安人事务、建立邮政制度、任命合众国军队中上校军衔以上的军官，解决各州之间可能发生的纠纷等，但国会不能剥夺各州征收进口税和禁止出口的权利。此外，邦联国会处理上述事务的决定必须要经过至少9个州的批准，修改条例则需要13州全票通过。不仅如此，邦联国会无权向各州公民征税，无权管理商业贸易，无权禁止各州铸造货币，国会有权向各州筹集资金并决定各州的份额。

然而不容抹杀的是，《邦联条例》在美国特殊时期也确实曾发挥了一定的作用。当时新生的共和国正处于战争之中，当务之急是组织力量打败英军确保独立；同时脱离英国是因为宗主国对北美殖民地的压迫，新生的美国自然不会建立中央集权的政府，而是强调州权至上，保证地方政府的自治权力。

更为重要的是，邦联政府还成功地结束了与英国的战争，与法国和英国签订了1783年《巴黎条约》，建立了开发西部土地的永久性制度，颁布了《西北土地法令》，这些都为后来的合众国建立奠定了基础。

（四）修改《邦联条例》的尝试

独立战争结束后，邦联政府权力的有限性问题也逐渐暴露出来。根据《邦联条例》对邦联国会的权力划定，国会没有自己的执法机构，也没有有效的征税权、关税权和管理州际贸易的权力，公民征税权也分属各州，向国家财政部门纳税的数额也由各州决定，如果有的州不向邦联政府交款，邦联国会并没有强制执行的权力。尽管邦联国会可以同外国缔约，但没有要求各州履行条约内容的权力。应该说，国会在实质上只是一个由独立的主权国家组成的“国际组织”，它无法直接赋予公民义务，也无法通过自己的权威去实施自己的法律。与此同时，邦联国会同样无力查验英国公民在战争中被征用的财产，因此无法满足《巴黎条约》中英军的撤军条件，导致英军在西部领土迟迟不肯撤军，西班牙还威胁关闭密西西比河入海口，直接影响了美国的对外贸易。而在独立后，美国人不再享有作为英帝国成员的特权，不能从外国获取条约利益，外国也不愿同一个无力履行协议的国家签约。此外，在战争结束的背景下，各州压力渐轻，邦联凝聚力遭到削弱，有的州滥发纸币，有的州不向邦联缴纳税款，有的州设置贸易关卡，向过往商队征收过境税。而在各州内部，债务人与债权人（独立战争时期的债务）的矛盾也更加激烈。例如，债务人反对政府颁布缴清欠款的法律，债权人则反对滥发纸币使其债务贬值的法令。

为解决上述问题，1781年，邦联国会向各州立法机关提出一个赋予国会征税权的修正案，但因罗得岛的拒绝而夭折，1783年，纽约州也否决了一个类似的修正案。1785年，为了解决两州之间的商业和内河航运纠纷，弗吉尼亚与马里兰签订了条约，马里兰同时建议召开一个包括特拉华和宾夕法尼亚在内的大范围的协调会议，弗吉尼亚则提议邀请邦联内所有州召开一个讨论建立一个全国统一的商业贸易制度的会议。1786年9月，这个协调会议在马里兰州安纳波利斯召开，但获邀参加的9个州中只有5个州派代表出席。会议的提议者亚历山大·汉密尔顿和詹姆斯·麦迪逊抓住机会，通过一份报告敦促各州派遣代表参加来年 5 月在费城召开的另一个会议，在那场会议上，各州不仅要授权代表讨论贸易问题，还要授权代表审查现行政府体制的问题。

在安纳波利斯会议召开前夕，谢斯起义这场突发事件大大加快了修改《邦联条例》的进程。1786 年 8 月，马萨诸塞州西部的自耕农因不堪忍受州政府的歧视性经济政策，推举参加独立战争的老兵丹尼尔·谢斯领导反对政府强行将土地用于抵押债务对的政策，要求州政府出面抑制通货膨胀，并且扬言如果得不到回应就进军波士顿包围州政府。马萨诸塞州无奈向邦联国会求援，但国会对此无能为力。尽管马萨诸塞州政府最终镇压了谢斯起义，但应对和处理这场起义却暴露出邦联政体存在的问题，并促使各州把修改《邦联条例》的问题提上了重要的议事日程。

四、美国《联邦宪法》的通过与批准

（一）制宪会议的召开

1787 年 5 月 25 日，各州代表在费城举行了解决邦联政府危机和商业问题的会议，以修改《邦联条例》为突破口，由于参会代表的推动，这场会议的内容很快就转到了讨论重新制定新宪法的议程上，史称“费城制宪会议”。

制宪会议的正式代表有 74 人，实际有 55 人出席会议，在会议上发挥重要作用的有 39 人。在 55 名代表中，从政治经验上看，有 7 人担任过州长，39 人担任过邦联国会议员，6 人曾在《独立宣言》上签字，4 人参与制定《邦联条例》，8 人具有制定州宪法的经验；从职业上看，39 人中有 6 人是土地投机商，11 人从事大规模证券交易活动，11 人拥有实行奴隶制的种植园，9 人担任公职，22 人具有律师资格，14 人担任过法官职务，其中有一半的人拥有大学学位。在会议上发挥重要作用的 39 人中，平均年龄为 45 岁，最年长者为 81 岁的本杰明·富兰克林，最年轻者为 26 岁的乔纳森·戴顿，有 6 人在 31 岁以下，12 人年龄超过 54 岁。会议代表中有 2 人后来成为美国总统，5 人成为最高法院大法官，11 人当选为州长，27 人当选为国会议员。当时因各种原因没有参加制宪会议但影响很大的还包括帕特里克·亨利（拒绝参加）、约翰·亚当斯、托马斯·杰弗逊（在国外担任大使）、托马斯·潘恩（此时居住在英国）、约翰·汉考克和萨缪尔·亚当斯等人，他们后来对美国宪政体制和合众国构建也做出了重要的贡献。罗得岛拒绝派代表出席会议，因此，费城制宪会议实际上只有 12 个州的代表参加。在费城制宪会议上较为有影响的人物包括：担任大会主席的弗吉尼亚州代表乔治·华盛顿、弗吉尼亚州的邦联国会议员詹姆斯·麦迪逊、弗吉尼亚州州长埃德蒙·伦道夫、宾夕法尼亚州州长本杰明·富兰克林、纽约州议会议员亚历山大·汉密尔顿和宾夕法尼亚州代表古弗尼尔·莫里斯。

当时北美 12 州的人口平均数为 19 万人，多于 19 万人的州有 6 个，称为“大州”，小于 19 万人的州有 7 个（包括未参加会议的罗得岛），称为“小州”，于是便出现人口多寡与大小州之间的矛盾，并曾使会议一度陷入僵局。同时按照地域划分，北方州有 8 个，南方州有 5 个，这又进一步扩大了南北之间的争议，为制宪会议笼罩了一层政治迷雾。

费城制宪会议分为四个阶段。5 月 14 日到 5 月 25 日是会议的准备阶段，由于代表未达到法定人数，会议不能开始，因此到场的弗吉尼亚代表制定了一系列议案，在会议开始前就给会议确定了一个总的方向。5 月 25 日又有 7 个州的代表到达费城并达到法定人数，制宪会议正式开始。5 月 25 日至 6 月 19 日，会议代表就新宪法的提议逐条辩论和修改，形成宪法草案。6 月 19 日至 7 月 26 日召开全体会议，对各委员会提出的宪法草案逐条进行大会辩论和表决，然后任命一个五人委员会处理遗留问题，并对宪法进行归类和整理。9 月 6 日由一个专门委员会对宪法定稿进行文字润色，9 月 12 日将加工稿提交大会讨论。9 月 17 日制宪会议对宪法进行表决，将通过的宪法草案送至邦联国会，交予各州批准。

费城制宪会议首先任命了一个委员会，起草会议规则，规则获得通过后便开始正式会议。会议正式讨论提案前制定的开会规则对表决、发言、提出动议和辩论等方面作了细致规定，这些规定对制宪会议的顺利进行至关重要。根据会议规则的具体内容，可以大致划分“分解”“推迟”“再议”“代表不得离席”和“保密”等规则，其中直接关乎会议进展顺利与否的规则分别是“分解”规则、“推迟”规则和“再议”规则。“分解”规则指的是如果所讨论议题复杂，会议可在任何一名代表的要求下按照提议将议题分解；“推迟”规则指即便是经过充分讨论的议题，任何一州都可在表决时要求推迟到次日再议；“再议”规则即便某项议题已经经过多数州投票表决通过，代表仍然可以在表决当天要求对该议题进行再议，若非在表决当天提出再议，则需要提前一天提出再议的要求。这些规则虽然对提案没有最终决定权，但其程序性在一定程度上缓和了代表之间的政治观点对立，从而保证了制宪会议的顺利进行，更进一步说，规则一定程度上影响了美国的整个宪政体制。除对《联邦宪法》本身的影响外，议事规则对美国政治体制的影响还有另外一层含义，即对程序的尊重。费城制宪会议的代表们通过协商的方式确立了议事规则，然后又严格遵守了这些规则，这既是对传统契约精神的实践，也是对“程序先行”理念的认同。

（二）宪法的起草与辩论过程

费城制宪会议前两周主要是讨论《弗吉尼亚方案》。《弗吉尼亚方案》是弗吉尼亚代表在会议开始前起草的宪法方案，于 5 月 29 日由弗吉尼亚代表埃德蒙·伦道夫提出。《弗吉尼亚方案》包括 15 条，其根本目的是建立一个强有力的联邦政府。根据方案构想，联邦政府由立法、行政、司法部门组成，其中立法部门地位高于其他两个权力分支；立法机构由两院制国会组成，众议院由各州人民直接选举产生，参议院由众议员从各州立法机构提名中选出。国会议员的人数采取比例代表制，即以各州人口及其对国库的贡献程度为基础，这意味着人口多的州比人口少的州在立法机构中拥有更多的代表。立法机构的权力包括：1. 制定各州不能制定的所有法律，如规制两个或几个州之间贸易的法律；2. 撤销与联邦利益相违背的州法律；3. 必要时，有权运用联邦武装力量执行国会的立法；4. 有权任命司法和行政部门的人员。《弗吉尼亚方案》一定程度上为后来的《联邦宪法》确立了一些重要原则，如分权、国会至上、联邦政府有权强制各州遵守联邦宪法和在全国实施统一的共和政体原则等。

在讨论《弗吉尼亚方案》的议程中，方案提出的“国会议员由比例代表制选出”等规定，引起了小州代表的不满。因此，新泽西代表威廉·帕特森建议休会，由小州代表先进行磋商，提出一个以平等代表权为核心的方案。于是，6 月 15 日，帕特森提出《新泽西方案》。根据这个方案，邦联体制得到保留，各州的主权受到尊重，各州在国会仍只有一票投票权，联邦政府有直接征税的权力，但要增设一个联邦行政执法部门（由立法部门选举），并建立联邦最高法院。同时，《新泽西方案》还提出了《联邦宪法》是各州最高法的原则。但值得注意的是，《新泽西方案》不过是对《邦联条例》的修正。如果采纳这一方案，平等代表权依然存在，联邦政府就不可能有实质的权力，因为两个权力主体无法在同一范围内共同存在，结果只能是或者州权吞并联邦权力，或者联邦权力吞并州权。故此，《新泽西方案》最终被否定。由于大州和小州在数量上不相上下，围绕议会代表制的问题使得双方陷入了互相敌对的僵局。7 月 2 日，会议决定每州派出一名代表组成一个委员会（当时纽约州代表未参加），草拟妥协方案。该委员会于 7 月 5 日由来自康涅狄格州代表罗杰・谢尔曼和奥利佛・埃斯沃斯提出的《康涅狄格妥协案》。该妥协案的内容包括：1. 众议院的代表由人民按照比例代表制选出；2. 参议院的代表由州按照平等代表制选出，每州立法机构选出两名参议员；3. 众议院有权制定税收和政府开销法案，直接税根据人口分配到各州，参议院只有表决权而没有修改这些法案的权力。《康涅狄格妥协案》最初受到大小州代表的一致反对，但由于两名新泽西代表离开会议，该妥协案最终以一票优势获得了通过。

然而，《康涅狄格妥协案》并没有完全解决众议院代表的产生方式，消除南北州的对立情绪。因为妥协案计划每州的议员人数按照各州总人口的 1/40000 比例分配，人口越多，代表权就越大。因此，南方代表主张南部各州的奴隶人口算入各州的总人口内，但北方代表坚持只有自由人才能作为人口基数。他们的论据是奴隶作为一种财产，不算有自主能力的人，而且弗吉尼亚州在计算代表时也没有将奴隶包含在内。在这一问题上，南部州要求将奴隶按 3/5 比例计算，但也遭到北方反对。7 月 11 日，麦迪逊提出了一个妥协方案，将众议院的代表权与联邦对各州的税收挂钩，即各州在众议院的代表权和联邦在各州征收直接税的数额将按照各州人口基数按比例进行分配与征收，人口基数的计算方式是自由人口的总数加上本州内黑人居民总数的 3/5，同时国会在 6 年内进行人口普查，以后每 10 年进行一次人口普查，调整议会人数。该案以 6∶4 的比率获得通过。7 月 16 日，大会还通过了参议院平等代表权法案，康涅狄格妥协动议得以实现。

康涅狄格妥协动议实现后，关于行政首脑的产生方式又成为费城制宪会议的辩论焦点。在《弗吉尼亚方案》中，涉及联邦政府设置行政首脑即后来的总统问题，但是在总统权力、选举方式以及与国会的关系上，代表们出现了较大的分歧，其中总统选举方式即采取直接选举还是间接选举，则成为争论的核心问题。经过协商，代表们决定采用一种折中方式，即在总统选举时，各州议会先任命与该州在国会两院议员人数总和相等的总统选举人，议员和政府官员不得成为总统选举人，各州的选举人组成选举人团，总统选举人在全国的总统候选人中投票选举两人，其中一人必须是外州候选人。总统选举投票结果由参议院议长，即副总统公布，获得最多票的候选人当选总统，获得次多票的当选副总统。如果两人票数相等，则由众议院再次投票决定人选，如果任何人都没有得到多数票，则众议院将在各州选出的候选人前 5 名中投票决定总统人选。众议院投票选举总统时，必须有 2/3 的州出席，以每州一票的方式进行。7 月 26 日，在总统的权力上，各方亦达成一致意见，即规定总统为国家武装力量的最高指挥，有权任命联邦法院的法官和外交官员，有权与外国签约，但任命和签约必须经参议院同意。联邦政府有权建立自己的行政执法机构，总统有权否决国会议案，但国会可以 2/3 多数推翻否决。此外，费城制宪会议还做出了其他较为重要的制度规定：如联邦政府对州际和国际商业管理的法律无须 2/3 多数的同意，给予国会较大的管理州际贸易的权力，但禁止国会在 1807 年以前立法取消从海外进口奴隶的贸易，每个从海外新购入的奴隶需征收 10 美元的进口商品税；同时各州应帮助捕捉并归还逃到他州的奴隶。

在解决这一系列矛盾后，8 月 31 日至 9 月 12 日制宪会议对宪法初稿进行整理，9 月 15 日，乔治·梅森因当时宪法文本未包括保障人民权利的《权利法案》等原因，对《联邦宪法》仍然持反对意见，但大多数代表却坚持通过宪法。9 月 17 日制宪会议举行签署仪式，在本杰明·富兰克林的推动下，55 名代表中有 39 人在宪法上签字，《联邦宪法》最终获得通过。

（三）宪法的批准过程

根据《联邦宪法》第七条规定，宪法须经联邦至少 3/4 州批准后才能生效，即必须至少得到 13 个州中的 9 个州批准。会议代表反对采用传统的州议会批准的方式，而是通过“人民的最高权威”来批准，所以各州须召开专门的批准代表大会批准宪法，代表从有选举权的白人男子中推选产生。1787 年 9 月到 1788 年 7 月，围绕宪法批准问题各州相继展开争论，并形成了联邦党人与反联邦党人两个派别。

反联邦党人主要包括乔治·梅森、帕特里克·亨利、理查德·亨利·李与路德·马丁等人，他们主张国家最高权力应置于由民众选举的代表组成的立法机关。而就制宪会议制定的《联邦宪法》，他们提出如下质疑：1. 宪法不是在向公众公开程序的会议上制定；2. 宪法将会损害共和制政府；3. 宪法给予联邦政府过多权力，牺牲了州政府权力；4. 宪法给予行政部门过多的权力；5. 宪法“必要且适当”条款赋予国会过多的权力；6. 宪法没有适当区分行政部门和立法部门的权力；7. 宪法允许联邦政府在和平时期保留军队；8. 宪法中不包括《权利法案》。反联邦党人进一步主张，政府应当地方化且与人民意愿紧密联系，通过频繁的选举和人事替换加强人民的控制。

联邦党人的代表包括亚历山大·汉密尔顿、詹姆斯·麦迪逊和约翰·杰伊等人，他们主张扩大中央政府的权力，建立严格的法治国家。他们的观点包括：1. 不能仅依靠道德约束各州保护基本权利，这是邦联政府存在的弊病之一；2. 政府的组织形式能够保护基本权利，这里指依靠宪法组织三权分立和权力制衡的政府；3. 多元利益主义，即政府中不同利益群体的代表会使基本权利得到保护。立法部门的众议院更多体现公民的多数意志，参议院则更多考虑各州整体利益的相互协调，行政部门将确保立法成果的顺利执行，最高法院将对弱势群体提供司法救济。1787 年冬天，为保证纽约州顺利批准宪法，联邦党人亚历山大·汉密尔顿、詹姆斯·麦迪逊和约翰·杰伊化名普布利乌斯（Publius），在纽约等地的报纸撰写文章为宪法辩护，这 85 篇政论构成了《联邦党人文集》。其中较为重要的是讨论派别问题的第 10 篇、涉及联邦制的第 39 篇和论证分权与制衡原则的第 49 篇和第 51 篇。联邦党人大多反对将《权利法案》列入《联邦宪法》正文，理由是：1. 根据多元利益主义，政府内部存在的多种政治力量会互相牵制；2. 宪法已对人民权利进行了保护；3. 人民主权的国家不需要《权利法案》，英国之所以需要《权利法案》，主要是因为他们要保护人民免受强权君主的侵害；4. 宪法没有赋予联邦政府剥夺人民权利的权力；5. 列举权利既无效又危险。州宪法中写入了《权利法案》，但是州政府依然能够侵犯公民的权利，因为完整的权利清单是不可能列举出来的。

但值得提及的是，1788 年 6 月，除了纽约州和弗吉尼亚两个大州没有批准宪法，联邦党人最终在《权利法案》问题上达成了妥协，同意在第一届国会召开时起草《权利法案》，并成为宪法的一部分内容。《权利法案》将列出不受联邦政府侵犯的公民权利。

（四）宪法的生效

1789 年 4 月，第一届国会在纽约召开，标志着美国《联邦宪法》正式生效。第一届国会的主要任务是任命总统与副总统、组建行政部门、组建司法部门和起草《权利法案》等。

在第一届国会召开前，各州已经依照宪法各自进行选举。国会开幕后，选票在参议院汇总并计票，乔治·华盛顿全票（69 票）当选第一任总统，约翰·亚当斯以约半票数（34 票）当选副总统。同时，第一届国会还创建了内阁三个行政部门，即外交事务部（后改为国务院）、战争部与财政部，而内阁三部的组成一直持续到安德鲁·杰克逊总统执政的时期。外交事务部负责处理美国的对外事务，同时也负责注册专利权、著作权和管理国家档案案卷的国内事务，首任国务卿为托马斯·杰弗逊；战争部负责国家的防务，亨利·诺克斯为首任部长；财政部负责管理联邦政府的财政事务，亚历山大·汉密尔顿为首任部长；此外，还任命埃德蒙·伦道夫担任首席检察官，其职责是办理最高法院包括联邦政府在内的所有案件以及向总统与其他行政部门官员提供法律咨询。关于司法分支，第一届国会通过了司法法即 1789 年《联邦司法法》。依据该司法法，联邦最高法院下设联邦地区法院和联邦上诉法院两类联邦法院，前者审理涉及宪法、联邦法以及州际公民纠纷，后者审理严重犯罪与听审地方法院上诉案件和复查地方法院错案。

更为重要的是，第一届国会还兑现了联邦党人关于《权利法案》的承诺，麦迪逊将批准宪法时产生的200多条修正案归为两类：限制联邦政府权力的法律条款和保护个人权利的法律条款，以此为原则形成十二条《〈联邦宪法〉修正案》，提交国会辩论，并最终以修正案的方式补入宪法。同时，因为国会提出的宪法修正案须经国会两院各自2/3的多数通过，再经过3/4的州批准后生效，尽管《〈联邦宪法〉修正案》得到国会通过，但其中只有十条得到多数州的批准，这就是后来的第一至第十条的《〈联邦宪法〉修正案》，合称《权利法案》，1791年12月15日，《权利法案》纳入宪法生效。

五、1787年美国《联邦宪法》的内容、原则与特点

（一）宪法的内容

美国《联邦宪法》由序言和七项条款构成，共约6000字。序言阐明了宪法的两条重要原则：即国家主权由州转移到合众国的原则和联邦制原则。同时还规定了宪法权力的来源和宪法要实现的目标：即宪法反映人民的意愿，宪法的宗旨是维护人民的利益。

美国《联邦宪法》第一条规定了国会产生的形式及其职权。国会位居宪法的第一条，体现出国会在当时的权力机关中享有的独特地位。第一条共有十款：第一款规定立法权属于参议院和众议院组成的国会；第二款规定众议员的产生、资格和任期；第三款规定了参议员的产生、资格和任期；第四款规定了国会议员选举的时间、地点和方式；第五款规定了国会的组织程序和规则；第六款规定了议员的报酬和特权；第七款规定了制定法律的简要程序；第八款以列举方式规定了国会的职权；第九款规定了禁止国会行使的权力；第十款规定禁止各州行使的权力。宪法第二条规定了总统的产生及其职权，共四款：第一款规定行政权属于总统和总统的产生、资格与任期等；第二款规定了总统的职权；第三款规定了总统与国会的关系；第四款规定了对总统等职务的罢免方式。宪法第三条规定了司法机关的产生及其职权，共三款：第一款规定司法权属于最高法院和低级法院与法官的产生和任期；第二款规定了联邦司法权的范围（本款共1项）；第三款规定了对叛国罪的审判与

惩罚等。宪法第四条规定了州际关系、合众国与各州关系，共四款：第一款规定州际平等关系；第二款规定了一州公民在他州的权利；第三款规定了新州参加联邦的条件；第四款规定了合众国对州应承担的责任。宪法第五条规定了修改宪法的方式和程序。宪法第六条强调了宪法和联邦法律的最高法律地位，对邦联政府的承接和对联邦宪法的监护。宪法第七条规定了宪法生效的条件。

此外，第一届国会还通过了《权利法案》即宪法前十条修正案。宪法第一修正案规定信仰、出版、集会、示威自由；宪法第二修正案规定人民拥有和携带武器的自由；宪法第三修正案规定军队不得进入民房；宪法第四修正案规定人民有权免于不合理的搜查与扣押；宪法第五修正案规定正当审判程序、禁止双重审判、大陪审团、征用私产需赔偿、在刑事案中不得被迫自证其罪；宪法第六修正案规定陪审团审判、犯罪所在地公开且迅速地审判，强制取得对其有利的证人，律师权，有权与原告证人对质；宪法第七修正案规定民事案件接受陪审团审判的权利，陪审团裁决的事实不可更改；宪法第八修正案规定禁止过高保释金或罚金，禁止酷刑；宪法第九修正案规定宪法对某些权利的列举不能被解释为否定或者轻视人民保有的其他权利；宪法第十修正案规定宪法未赋予联邦政府的权利由各州和人民保留。

（二）宪法的原则

1787 年美国《联邦宪法》确立了三个基本原则：联邦制原则、分权与制衡原则与司法审查原则。

1.“联邦制”原则

联邦制是宪法把国家权力划分成两部分，一部分授予中央政府，一部分授予地方政府，二者均有实质上的法律效力。在联邦体制中，宪法同时赋予中央政府和地方政府以政治权力，各政治实体拥有相对的独立性。美国联邦制的宪法基础主要有三点：第一，宪法赋予联邦政府特定的立法权、司法权和行政权；第二，没有被宪法列举的联邦政府权力由各州保留；第三，联邦法律相对于各州法律享有优先地位。美国学者罗伯特·科文将联邦制下权力分为以下几类。其一，以宪法为溯源的联邦权力，包括列举权力（宪法明确授权由联邦享有的权力，如组织和供养陆军和海军的权力）、引申权力（从明文规定的权力中引申出来的权力，如从组织和供养陆军和海军的权力引申出征兵的权力）、归结性权力（把几项列举权力归结到一起产生的权力，例如联邦印发纸币以支付债务的权力是把制币权、管理州际贸易的权力和借款的权力归结在一起产生新的权力）和固有权力（在外交领域里，联邦最高法院宣布的根据宪法授权而不是因为联邦政府的存在而产生的权力）。其二，与州权相关的联邦权力，包括专有权力（只有联邦政府才能行使的权力，比如外交权和制定统一归化法规的权力）、共同享有的权力（指联邦政府与各州政府分享的权力，如征税权，如果联邦与各州的行为发生冲突，则以联邦的行为有效）和明确受到限制的权力（指宪法否定由联邦政府享有的权力，如对州输出的商品征税的权力）。其三，各州的保留权力，包括征税和开支的权力（但不得用来增加联邦政府的负担）、征用私有财产的权力（只能以公共需要为目的征用私人财产，而且要给予补偿）、管理地方性商业贸易事务和联邦国会认为或者最高法院判决应由各州管理的州际贸易事务、为增进公共福利而管理公民人身和财产的权力（治安权）和设立共和制的州政府（联邦宪法赋予各州自由组织州政府和地方政府机构的权力，但前提是必须设立共和制的政府。在各州宪法中，人民可以对州政府加以限制，也可以否定他们在联邦宪法限制以外的权力，但不能剥夺宪法赋予州政府的责任，如批准和否决宪法修正案的权力）。

2.“分权制衡”原则

分权制衡原则包含分权和制衡两个方面。分权是指国家的权力结构分别由在宪法上和政治上互相独立的三个部门（即立法部门、行政部门、司法部门）构成，这三个部门的人员按照不同的程序选任，独立管辖属于本部门的事务。在制宪者看来，分权对于防止官员专权，特别是多数或少数人的暴政是十分必要的。制衡是指分享联邦权力的三个部门当中，每个部门都有制约其他部门的手段。联邦政府由立法部门（国会）、行政部门（总统）与司法部门（联邦法院）组成。立法权属于国会，但副总统担任参议院议长，有权投决定票；总统有权向国会发表国情咨文并建议国会立法，而国会的立法会受司法部门的司法审查的制约；总统是国会立法的执行者，也是联邦武装力量的总司令和联邦政府在外交事务上的代表，但是外交事务中诸如条约、任命、宣战和媾和等权力属于国会，同时国会有权建立行政部门并为政府提供拨款，更重要的是，国会有权弹劾总统。

3.“司法审查”原则

司法部门在国家初设时权力最弱，法官任命权由总统和国会参议院分享，而法院的预算和法官薪俸受国会的控制，国会对法官也有弹劾权。但 19 世纪初最高法院获得了“司法审查权”，可以判断国会与总统的行为或立法是否违宪，司法部门的制衡作用开始体现。关于司法审查原则，实际是前述两者的融合。“司法审查权”的范围相当广泛，它指的是联邦法院拥有联邦宪法的最终解释权以及审查相关立法和法律的合宪性。从纵向来看，1789 年《联邦司法法》创立了下级联邦法院组织，它授权联邦地区法院审理涉及联邦法律的刑事案件，特别是当合众国处于诉讼方时，联邦法院与州法院同时具有管辖权。此后的一个世纪，最高法院逐渐扩大了这种纵向的“司法审查权”，先后取得了对联邦宪法、法律或条约的普遍管辖权与对受理上诉案件的自由裁量权，联邦法院系统对起因于合众国法律的民事与刑事案件具有广泛的初始与上诉管辖权，因此，最高法院成为联邦法律的最终阐释者。从横向来看，作为三权之一，美国联邦最高法院对立法与行政部门拥有“司法审查权”。最高法院可以以宣布行政行为和国会立法违宪的方式对行政部门与立法部门进行司法审查。这项权力是通过 1803 年“马伯里诉麦迪逊案”取得的。1800 年，杰弗逊与民主共和党在国会和总统选举中都获得了胜利，时任的联邦党人亚当斯总统为了保存联邦党人的实力，将国务卿约翰·马歇尔任命为最高法院大法官，并且通过两部法案，创设了 16 个巡回法院职位与 42 个治安法官职位以便让联邦党人控制联邦司法系统。马歇尔在亚当斯卸任前的最后一天半夜才签署完全部的法官任命书（此事后被称作“午夜法官”），但还来不及发出全部任命书就从国务卿的位置上卸任。杰弗逊政府的国务卿麦迪逊上任时发现了这些任命状，杰弗逊政府自然不愿将任命书发出，因此便搁置了这些任命。马歇尔支持其中一名没有收到任命的特区治安法官威廉·马伯里向最高法院起诉，即“马伯里诉麦迪逊案”。最高法院在受理后首先对此案提出了一系列的问题：1. 原告对他所要求的委任是否具有权利？ 2. 如果有权利，并且这项权利受到侵犯，那国家的法律是否能为他提供补救？ 3. 如果确实能提供补救，它是否应该是本院所下达的强制令？对第一个问题，最高法院的回答是，在委任状被总统签署之时，任命就已经做出了，而国务卿将印章盖上时，委任就已经完成了。一旦做出任命，那被任命人对于是否接受这一职位就具有绝对的权力。进入了第二个问题，最高法院认为，一旦当事人受到伤害，每个公民都具有请求法律保护的权利，而政府的首要职责之一就是提供这种保护，因此政府应当提供补救。但在第三个问题上，最高法院没有继续展开论证，而是话锋一转，开始讨论最高法院是否有权颁发强制令的问题。根据 1789 年《联邦司法法》授权，最高法院向“任何在合众国的权威下受到委任的法庭或担任公职的个人颁发强制令”，而国务卿显然在这一范围内。然而《联邦宪法》第三条规定最高法院的原始司法权仅限受理上诉案件，不包括向国务卿发出命令，国会通过的 1789 年《联邦司法法》显然扩大了宪法规定的司法权，那么问题就变成了与宪法抵触的法案能成为国家法律吗？最高法院的结论是否定的，因为宪法是人民行使原始权利制定的，而这种权利绝不能被经常地重复使用，所以这样建立起来的宪法将是具有“最高权威”和“永久性”的特质，同宪法相矛盾的立法法案就不能成为法律。那由谁来阐明什么是法律呢？自然是联邦最高法院，换句话说，“阐明何为法律是司法部门的职权与责任”。最高法院认为，法院必须决定每个法律的运作，所以关于“马伯里诉麦迪逊案”，联邦最高法院最终下达了判决：1789 年《联邦司法法》第 13 款是违宪的，这样马伯里终其一生都没有再获得任何司法职务，而最高法院却凭借这项判决取得了“司法审查权”。

（三）宪法的特点

美国《联邦宪法》兼具“稳定性”与“灵活性”两大特点。所谓“稳定性”，是指该宪法自 1787 年制定以来，除以修正案方式修订或添加少数内容以外，宪法原文始终未曾更改，宪法的基本原则和内容没有发生过根本性的改动。美国《联邦宪法》之所以如此稳定，主要在于其拥有广泛的社会基础。实际上，在批准宪法的过程中，该文件已经得到了广泛的社会认可和接受，进一步说，这部宪法协调了各方群体之间的利益关系；其次是宪法拥有严格的保障制度，如维护宪法的监护制度和司法审查制度等，进一步保证了宪法的超稳定性。

“灵活性”是指宪法能够根据时代和社会环境的变化，通过修正案的形式重新解释一些条款，以适应社会发展的需要。美国之所以能够做到这一点，主要在于：第一，联邦最高法院拥有解释宪法的权力，即“司法审查权”；第二，国会能够通过补充立法解释宪法，由于“司法审查权”的存在，能够运行的立法都是基于宪法的原则之上，是对宪法的说明与补充；第三，总统可以直接解释宪法，如1803年路易斯安那购买与1861年林肯对联邦权力的维护等。而美国《联邦宪法》之所以能够通过多种方式予以解释，也凸显了美国政治秩序的特点。其一，修改宪法程序十分困难；其二，宪法语言简明，容易重新解释；其三，宪法条文的含义弹性较大，有一定的延展空间。

六、美国第一次宪政革命的意义

（一）美国《联邦宪法》的历史地位

作为世界历史上第一部成文宪法与历史最悠久的现行宪法，美国《联邦宪法》具有划时代的革命意义。就这一意义而言，美国宪法的诞生也可以看作是一场不流血的“宪政革命”，其历史地位不言而喻。

第一，宪法“至高无上”的地位。宪法以根本大法的形式巩固了美国革命的成果，在美国确立共和制政体后，以民选的联邦政府取代了世袭的君主政府并使其长期延续下来。同时美国《联邦宪法》对共和制在其他国家建立也曾产生过较为重要的影响，如1789年在美国召开第一届国会之际，欧洲大陆的法国爆发了大革命，1793年建立了共和制政体，这其中自然也有美国革命和美国宪法的影响。

第二，宪法实行了“分权制衡”的原则。这一原则有效地防止了个人专制和独裁，从制度上限制了政府权力过于集中，尤其是防止了行政集权，一定程度上保障了公民的自由权利。

第三，宪法采用了“联邦制”的做法。这一做法一方面给予了联邦政府足够的权力，维护了共和国的统一，促进了资本主义在美国的发展；另一方面，给各州保留了一定的自治权，调动了地方政府的主动性，避免了高度集权带来的制度僵化。总的来说，联邦制很大程度上保障了国家政治的稳定。

第四，宪法确立了“文官治国”的总策略。根据这一国策，文官权力高于军权，这有效地防止了军事政变与军事独裁的现象。民选的文职总统担任联邦武装力量的总司令，同时又在各州保留民兵，《权利法案》中还规定了公民有拥有和携带武器的自由，军队不得进入民房等内容，这是出于对战争中英国政府与军队暴行的警惕，反映出制宪者对军队的不信任。此后的很长时间，美国的军队规模与军事实力与其国家地位并不相匹配。甚至到 1932 年，美国的常备军人数仅有约 13 万人，排在捷克斯洛伐克、土耳其、西班牙、罗马尼亚等国之后，大致与当时独立不久的南斯拉夫相当。

第五，宪法遵从“有限政府”的传统。美国这一政治文化传统，最主要的目的就限制联邦政府的权力。宪法以列举的形式规定了联邦政府的权力范围，并且规定“宪法未赋予联邦政府的权利由各州和人民保留”，防止政府非法地侵犯州权和公民权利。

第六，宪法禁止政府授予贵族爵位，并禁止公职人员接受外国爵位。这从根本上消除了欧洲封建等级制度在美国社会的影响，维护了政治秩序的稳定，还在一定程度上保障了国家安全。

（二）美国《联邦宪法》的局限性

尽管 1787 年美国《联邦宪法》意义重大，尤其是对构建美利坚合众国和美国宪政体制起到了奠基性的作用，但这部宪法本身的确存在一些历史的和现实的问题，其局限性仍然较为明显的。制宪中对黑人奴隶制的保留和对联邦政府的过度限制，最终导致内战中的第二次宪政革命和后来“新政”期间以及当下的美国宪政危机。美国《联邦宪法》的局限性具体体现在以下几方面。

第一，关于奴隶制问题的条文。宪法保留了奴隶制的合法地位，规定在确认众议员名额与直接税税额时将黑人奴隶按照 3/5 的比例计算，并且，国会还规定 1808 年以前不禁止黑奴贸易和逃亡奴隶的引渡制度。这些规定虽然是政治妥协的产物，但终归是对自由民主原则的损害，也为日后内战的爆发和时至今日仍然存在的种族问题埋下了伏笔。

第二，关于政治秩序和社会治安维护问题的条文。宪法规定政府有权镇压“内乱”，这虽说是稳定政治秩序的一种措施，但在实践中它往往会侵犯弱势群体的权利，这一点在镀金时代表现得尤为突出。当时政府以宪法的授权为由，强行镇压劳工运动，如镇压霍姆斯特德钢铁工人罢工和普尔曼铁路大罢工等工农运动，就是最好的例证。

第三，关于参议院与众议院关系和地位问题的条文。宪法规定参议院由各州产生而非民主选举，并以此制约选举产生的众议院。根据美国《联邦宪法》规定，众议员任期为两年，而参议员任期为六年，这在一定程度上意味着参议院的法律地位要高于众议院，参议员的长期任职也使得参议院具有一定的保守倾向。而在立法过程中，众议院提出并获得通过的法案要在参议院再次投票，许多法案因此搁置或被否决，容易形成国会两院相互否决的僵化局面。

思考题

1. 阐述美国《联邦宪法》制定的时代背景和主要原则。
2. 为什么说美国《联邦宪法》是一部“活”的宪法？
3. 剖析美国《联邦宪法》的局限性及其具体表现。

参考文献

[1]　[美]布卢姆等:《美国的历程》(上、下)，杨国标、张儒林译，北京：商务印书馆，1988年。

[2]　[美]伯恩斯等:《美国式民主》，谭君久等译，北京：中国社会科学出版社，1993年。

[3]　[美]保罗·布莱斯特等:《宪法决策的过程：案例与材料》，张千帆等译，北京：中国政法大学出版社，2002年。

[4]　[美]查尔斯·比尔德:《美国政府与政治》，朱曾汶译，北京：商务印书馆，1988年。

［5］［美］法仑德:《美国宪法的制定》，董成美译，北京：中国人民大学出版社，1987 年。

［6］［美］戈登・S. 伍德:《美利坚共和国的缔造 1776—1787》，朱妍兰译，南京：译林出版社，2016 年。

［7］郭巧华:《在法律共识与人民主权之间：约翰・马歇尔的美国宪法观》，《世界历史》，2021 年第 2 期。

［8］侯学华:《安纳波利斯会议在美国制宪史上的地位》，《史学月刊》2004 年第 4 期。

［9］［美］汉密尔顿、杰伊、麦迪逊:《联邦党人文集》，程逢如、在汉、舒逊译，北京：商务印书馆，2009 年。

［10］［英］霍布斯:《利维坦》，黎思复、黎廷弼译，北京：商务印书馆，2017 年。

［11］纪念美国宪法颁布 200 周年委员会:《美国公民与宪法》，劳娃、许旭译，北京：清华大学出版社，2006 年。

［12］［美］卡尔威因、帕尔德森:《美国宪法释义》，徐卫东、吴新平译，北京：华夏出版社，1989 年。

［13］李道揆:《美国政府和美国政治》，北京：商务印书馆，1999 年。

［14］李剑鸣:《美国的奠基时代 1585—1775》，北京：中国人民大学出版社，2011 年。

［15］张友伦等:《美国的独立和初步繁荣 1775—1860》，北京：人民出版社，2002 年。

［16］［美］洛克:《政府论》（下篇），叶启芳、瞿菊农译，北京：商务印书馆，2017 年。

［17］钱乘旦:《转型时期：18 世纪英国》，南京：江苏人民出版社，2016 年。

［18］任东来:《美国宪政历程：影响美国的 25 个司法大案》，北京：中国法制出版社，2004 年。

［19］［美］斯蒂芬・M. 格里芬:《美国的宪政：从理论到政治生活》，刘慈忠译，《环球法律评论》1991 年第 2 期。

［20］石庆环、方瑞华:《美国制宪会议议事规则对联邦宪法的影响》，《贵州社会科学》2019 年第 2 期。

［21］［美］托马斯・戴伊等:《民主的反讽：美国精英政治是如何运作的》，林朝晖译，北京：新华出版社，2016 年。

［22］王希:《原则与妥协：美国宪法的精神与实践》，北京：北京大学出版社，2014 年。

［23］张友渔:《宪政论丛》，北京：群众出版社，1986 年。

［24］张定河:《美国政治制度的起源与演变》，北京：中国社会科学出版社，1998 年。

［25］张千帆:《西方宪政体制 上册 美国宪法》，北京：中国政法大学出版社，2004 年。

［26］Abraham Henry J., *Justice, Presidents and Senators: A History of the U. S. Supreme Court Appointments from Washington to Clinton*, New York: Powman & Little Field Publishers, Inc., New and Revised Edition, 1999.

［27］Andrew Cunningham Mclaughin, *The Confederation and the Constitution, 1783—1789*, New York: Harper & Bros, 1905.

[28] David W. Rohde, Kenneth A. Shepsle, Democratic Committee Assignments in the House of Representatives: Strategic Aspects of a Social Choice Process, *American Political Science Review*, 1973, Vol. 67.

[29] Edward S. Corwins, *The Constitution and What It Means Today*, New Jersey: Princeton University Press, 1978.

[30] Edward S. Corwins, *The President: Office and Powers 1787—1948: History and Analysis of Practice and Opinion*, Third Edition, New York: New York University Press, 1948.

[31] Francis Fukuyama, *Political Order and Political Decay: From the Industrial Revolution to the Globalization of Democracy*, New York: Farrar, Straus & Giroux, 2014.

[32] Frank J. Goodnow, *Social Reform and the Constitution*, NYC: The Macmillan Company, 1911.

[33] Louis S. Maisel, *Congressional Information Sources, in The House at Work*, Austin: University of Texas Press, 1981.

[34] Leonard D. White, *The Jeffersonians: A Study in Administrative History, 1801—1829*, New York: Palgrave Macmillan, 1951.

第二讲　美国国会

国会是美国联邦政府中代表立法权的机关，与总统领导的联邦行政部门和联邦最高法院共同构成稳定的权力制衡结构。从理论渊源上看，美国国会制度的构建参考了欧洲启蒙时代的政治学理念；在实务继承方面，美国国会继承了英国议会的传统和殖民时期的自治性；就历史的实际需要而言，美国独立后迫切需要一个稳定的国家政权，而国家的立法机构，代表了各州（省）的利益，是这个国家的重要部分。美国国会制度的建立，对于宪法和现实政治的发展都有着重要的影响。

国会制度在美国政治体制的运行过程中扮演着重要角色，其演进历程是国内外美国政治制度史学者长期关注的议题之一，相关的研究成果也较为丰富。其中，朱曾汶编译的《美国宪法及其修正案》、汉密尔顿等人的《联邦党人文集》以及麦迪逊的《辩论：美国制宪会议记录》，兼具文献史料和学术研究成果的双重属性，为后世学者梳理美国国会制度的诞生历程及初始运作等，提供了参照和依据。除此之外，以美国政治制度史、美国国会史和美国国会制度为题的著作，构成了美国国会研究的主体。关于美国政治制度史，国外的研究成果主要包括美国学者查尔斯·比尔德的《美国政府与政治》、希尔斯曼的《美国是如何治理的》和施密特等人的《美国政府与政治》等。这些著作全面论述了美国联邦与州政府的权力架构及运作方式，并对其背后的宪法和政治学原理进行了解说，对于理解国会在美国联邦政府内部以及联邦与州之间的权力博弈中的角色，具有重要的意义。国内学者关于美国政治制度史的研究成果包括沈宗灵的《美国政治制度》、曹绍濂的《美国政治制度史》、谭君久的《当代各国政治体制：美国》、张定河的《美国政治制度的起源与演变》以及李道揆的《美国政府和美国政治》。这些研究大多以国外学者的研究框架为基础，同时结合中国学者的研究视角和立场，对包括国会制在内的美国政治制度的发展历程及国外学者的相关研究，进行了系统介绍、阐释和分析。

关于美国国会史，国外学者的研究成果主要包括小杰拉尔德·赖特等合著的《美国国会及其政治变迁》、史蒂文·史密斯等合著的《美国国会》、卫·塔尔和安·奥康纳的《美国国会解析》、朱利安·泽利泽的《美国国会：一个民主的机构》和玛丽·科恩的《美国国会指南》。这些著作对美国国会的发展与演变进行了详尽的阐述。国内学者关于美国国会史的研究成果主要有蒋劲松的《美国国会史》和与非的《美国国会》。这两部著作是国内系统介绍美国国会史的学术专著中比较有代表性的，其内容涵盖了美国国会的机构设置、人员构成以及历史演进，对于相关领域的研究者了解美国国会史的全貌大有裨益。关于美国国会制度及其演变，国外学者的研究成果主要包括兰德尔·B. 里普利的《美国国会：程序与政治》、罗杰·戴维森等合著的《美国国会及其成员》、约瑟夫·库珀和麦肯齐的《运转中的美国国会》、莫里斯·菲奥里纳的《美国国会：华盛顿政坛的拱顶石》以及沃尔特·奥尔泽克等合著的《国会的议事规则和决策程序》等。这些著作对于美国国会内部制度的运行方式及其演变进行了系统梳理。国内学者关于美国国会制度及其演变的研究成果以孙哲的《左右未来：美国国会的制度创新和决策行为》《美国国会研究Ⅰ》和《美国国会研究Ⅱ》最具代表性。孙哲的研究着重关注国会在美国联邦权力架构中的地位和作用，以及国会的权力运行实践，对于相关研究者理解美国国会制度发展演变的内在逻辑具有启迪意义。

综上所述，国内外学者对美国国会制度的产生、发展和演变均进行了较为深入细致的研究，本讲拟在此基础上，从两院制架构、委员会制度、国会权力及其演变三个维度，对美国建国以来国会制度框架、权力运行及其演变进行系统的梳理和阐释。

一、美国国会两院制架构

（一）美国国会制度的欧洲历史渊源

以选举为基础处理公共事务的议会制度，最早可追溯至古希腊的城邦政治。而由此形成的政治学观念认为，能够代表各方利益的议会制度满足了正义与德性的政治要求，是较为理性的政体形式。在此后的西方政治制度史中，议会传统经久不衰，尤以英国为甚。英国议会的发端始于“贤人会议”，这一会议的成员包括了贵族、地方长官以及宗教人士等上层阶级，主要参与立法以及公共事务的讨论。至11世纪下半叶，来自法国北部的诺曼人取代盎格鲁-撒克逊人成为不列颠的统治者，他们将法国的“巴列门”（Parlament）带入英格兰，并与“贤人会议”相结合，创造出了一种新的议会制度，即由国王出面召集，贵族、平民代表和高级教士参加的全国性两院制等级议会。作为服务王权的工具，此时的英国议会同时兼具国家最高立法机构和终审法院的职能，是英王向臣下施展恩威的重要手段。直到都铎王朝时期（15世纪中叶至17世纪初），英国议会才开始逐渐剥离司法职能，向专职立法机构转变。促成这一转变的原因是，此时的英王为了强化自身权威，建立了听命于王权的王室法庭和衡平法院，议会的职能和工作重点也随之逐渐向立法工作偏移。其结果是，代表平民阶层利益的下院代表人数逐步增加，“下院也由此开启了逐步掌握议会立法主导权之路”。

与都铎王朝的议会制改革几乎同时进行的，是英国对北美殖民地的开拓和探索。目前已知最早获得英方授权的北美殖民者是卡伯特家族，1496年，英王亨利七世向约翰·卡伯特（John Cabot）颁发了殖民北美的特许状，授权他和他的子孙“作为英王的代表，在殖民地建立城镇和堡垒，并行使相应的立法和管辖权”。这份特许状可以看作英属北美殖民地政府一切政治权力的滥觞，也是西方政治文明移植北美历程的开端。不过，由探险家们主导的，以宗教热情和探险精神支撑的殖民活动终究未能长久。虽然这种小规模的殖民探索活动贯穿了整个16世纪，但对于英属北美殖民地的开拓而言，其效用终究是有限的。直到17世纪，随着商业公司开始介入殖民事业，英国对北美的殖民活动以及北美地区的政治文明影响方才真正发端。

（二）美国国会制度在殖民地时代的实验

1606年，弗吉尼亚公司成立，第二年开始了向北美的商业移民计划。为了更好地管理殖民地事务，弗吉尼亚公司制定了《1621年政府组织法》，成立由两院组成的殖民地议会，制定内部法律。“国务委员会的成员由国王任命，议会的代表由殖民地当地人民选举产生。每个城镇、地区和定居点都有两名下议院代表。”与弗吉尼亚类似，马萨诸塞的立法机构采用了两院制。到17世纪中叶，英属北美殖民地普遍建立了地方自治机构，由代议制议会制定法律，监督行政权力的行使。然而，此时的殖民地议会在立法权的完整性和立法机构的独立性方面与后来的美国国会有所不同。为了更好地控制殖民地，国王规定殖民地议会制定的法律必须得到英国总部或英国政府的批准才能生效。当殖民地自治的法律与英国法律发生冲突时，后者具有更高级的法律效能，这种情况一直持续到美国独立战争爆发才结束。

17世纪下半叶，英属北美殖民地掀起了一波议会制改革浪潮，其重点是完善和优化立法程序和职能。首先，为了提高立法投票结果的有效性和代表性，殖民地对立法投票阶段立法者的出席率提出了明确要求。如1665年的《北卡罗来纳殖民地宪章与协议》规定：“对立法的投票只有在议员人数达到议员总数的三分之一时才有效。”到1669年，《卡罗来纳殖民地基本法》增加了组成合法选票所需的成员人数，并且，组成卡罗来纳立法机构的四个议院的大多数成员都必须出席。与卡罗来纳殖民地相比，宾夕法尼亚殖民地对国会议员的出席有更灵活的要求，如1682年的《自由宪章》区分了国会议员参加不同类型法案投票的人数，“在批准法案、判决刑事案件或任命殖民地重要官员时，表决结果须有2/3议员出席方才有效，而且只有在场成员的2/3批准才有效。如果有20名议员出席，就可以对一般问题进行表决，如果赞成票超过半数，便可以通过”。其次，在立法法案的起草和修改中，殖民地提出了“人民有权提出自己的修改意见”。如在1682年的《宾夕法尼亚殖民地自由宪章》中就规定，总督和总督理事会负责制定和起草立法法案，供殖民地议会审议。“在议会每届会议开始前30天，总督和议员理事会应公布立法草案，以便人民和议员审查并提出修改建议……法案通过后，文本还需要公开，还需要公众的质疑……在公示期间，如果公众对法案的内容提出质疑，参与审议的议员将投票决定是否修改以及如何修改。”此外，1683 年《东新泽西殖民地基本法》将立法权和审议权分别授予选举产生的议会和殖民地土地所有者。“一项法案只有在获得议会 2/3 议员的批准后才能通过，通过后，该法案将由业主委员会审查……颁布法律的权力是由议会、地主和殖民地总督共同行使的，总督对法案有否决权。”最后，改进了殖民地议会成员的选举制度，以帮助提高立法的质量。如 1683 年《东新泽西殖民地基本法》规定：“每个殖民地成员的任期为三年，任期届满后两年内不得参加新的选举，殖民地议会每年要选举 1/3 的议员。”这样，殖民地议会可以保证一定数量的议员，以保证立法工作的效率和质量，一些资深议员无法长期占据席位，这将导致少数精英垄断政治权力，进一步引发权钱交易的腐败现象。

（三）美国国会制度在新大陆的创新

通过上述 18 世纪的立法改革，英属北美殖民地议会制的框架得到了进一步完善和优化，特别是在两院制、立法程序和议员选举等方面的制度创新，为独立后的美国国会制度的建立与完善奠定了政治文化和制度实践的基础，同时也培养了一批熟悉议会工作流程的政治家。正是后者推动了美国的独立进程，创造了包括国会制度在内的美国宪政体制。

1774 年，第一次大陆会议在宾夕法尼亚殖民地的首府费城召开，这是英国在北美的 13 个殖民地代表的一次政治聚会，共同讨论对宗主国的对策。这些代表既不是由国王任命的，也不是由人民直接选举产生的，但他们都是殖民地的社会精英和政治家，他们不仅为殖民地大多数人的利益行事，也包括为他们自己。实际上到 1775 年，英国与北美 13 个殖民地之间的经济和政治冲突已经发展到不可调和的地步，以列克星敦枪声为标志，北美独立战争爆发，当时大陆会议也就成为美国的临时政府和立法机关。1781 年《邦联条例》颁布，美利坚合众国的政府即邦联国会正式成立。邦联国会是一个拥有立法权和行政权的一院制议会，但组成邦联的 13 个州中，每一个州均有权管理本州事务，并在邦联国会中有一票表决权，国会任何决议都必须得到 9 个或 9 个以上州的批准。由于邦联国会组织过于松散，无法处理国内政治和经济问题，包括独立战争造成的公共债务、国内动荡和来自英国和西班牙的外部军事威胁，这些不利因素在1786年邦联政府镇压马萨诸塞州的“谢斯叛乱”中表现得尤为突出。因此，从1787年5月25日到9月17日，来自12个州（罗得岛不是成员）的55名代表在费城会面，修改《邦联条例》，但无巧不成书的是，这最终促成了1787年《联邦宪法》的制定。

如第一讲所谈到的，费城制宪会议期间，代表们提出了三个相对完整的宪法修正案，即《弗吉尼亚方案》（又称“伦道夫方案”）、《新泽西方案》和《康涅狄格妥协案》。在这三个计划中，国会的结构都是主要问题。根据《弗吉尼亚方案》，国会作为立法机关实行两院制，参众两院的席位是根据每个州的自由人数量和他们所缴纳的联邦税款来分配的。众议院（下议院）的成员由每个州的公民选举产生，参议院（上议院）的成员由州立法机关提名并由众议院选举产生。国会可以否决各州制定的法律，如果它的立法被联邦行政和司法部门否决，它可以以2/3多数再次通过法案。《弗吉尼亚方案》赋予人口多数的大州在国会中的主导地位，并通过加强州政府对联邦政府的从属关系，进一步扩大了大州的政治优势，引起了人口较少的小州代表的不满和反对。为了维护小州的利益，来自新泽西州、康涅狄格州、马里兰州和纽约州的代表联合提出了所谓的《新泽西方案》。与国会有关的计划的主要内容是：保留邦联国会的原有结构和各州的平等投票权；国会的权力有所增加，如在税收问题上，国会可以向各州支付自由人和奴隶数量的五分之三的税收，但必须得到一定数量的州的许可。从涉及国会的《新泽西方案》的内容来看，小州代表更关心的是如何利用人口优势防止大州垄断中央政府的权力，最大程度地维护自己的权益和独立，而不是在邦联国会的治理能力下解决长期存在的问题。鉴于上述两个方案的支持者很难说服对方，于是，康涅狄格州的众议员罗杰·谢尔曼带头提出了一项妥协方案，即《康涅狄格妥协案》。该妥协方案包括一个两院制的国会，代表由每个州的公民选举产生，席位的分配是根据每个州的自由人和奴隶人口占全国人口的3/5的比例，两名参议员由州立法机构选举产生。这一折中方案在一定程度上满足了大州和小州的利益关切。大州在众议院有更大的发言权，这与它们对国家经济和联邦财政的贡献是一致的；各州在参议院的同等投票权重反映了组成美国的各州的平等政治地位，小州也可以联合起来捍卫自己的权益。最后，代表们在《康涅狄格妥协案》的基础上，起草了一部新宪法，即 1787 年美国《联邦宪法》。

根据 1787 年的美国《联邦宪法》，国会获得了立法权，并由参众两院构成了稳定的权力结构。“本宪法赋予的一切立法权，应授予由参议院和众议院组成的美国国会。”众议院由每两年由各州人民选举产生的议员组成，每一州的选举人应具有人数较多的州议会的选举人所要求的资格。众议院议员的人数和直接收入的数额，应根据其人口的大小在美国管辖的各州之间分配，这指的是所有自由人，以及所有其他人口的 3/5 等，包括在职人员，但不征税的印第安人除外。合众国参议院由每一州各州议会的两名参议员组成，任期六年，每人有一票表决权。1/3 的参议员每两年有资格连任。合众国副总统为参议院议长，但无表决权，除非该院全体参议员的票数与反对派参议员的票数相等。参议院应选举参议院其他官员，在副总统缺席或行使合众国总统权力时，应选举临时议长。

国会作为联邦宪法的重要组成部分，其结构既反映了联邦政府与州政府以及州政府之间复杂的权力平衡关系，也体现了美国宪政传统以博弈和妥协的方式构建权力运行框架和制定权力运行规则的特点，这在西方现代政治史上也是罕见的。美国国会实践还进一步表明：国家可以不通过战争而通过和平手段，实现政治制度的重大调整是可能的，美国两百多年的历史进一步证明了这一点。

当然，美国宪政体制之所以如此成功，与美国从英国及殖民时代继承下来的相对成熟且完整的议会制和政治实践是密不可分的。正是因为后者对议会结构进行了长期探索，美国的开国元勋们才能够在前人经验的基础上选择最可靠、最可行的国会结构。还值得提及的是，美国国会结构也反映了制宪者对西方古典政治文化的崇敬，如美国参议院的拼写和含义直接来源于古罗马参议院（Senatus）。由此可见，在美国制宪者的心中，建立“新罗马”是他们所创造的国家最大的希望，但也诚如李剑鸣教授所言，“美国的建国者‘好古’而不‘泥古’”，他们并没有去简单复制前人的制度模板，而是在充分考察本国的现实条件和治理需求的基础上，创立真正适合本国国情的新的立法机构，包括国会委员会制度。

二、美国国会委员会制度

（一）英国议会委员会制度的影响因素

委员会制度是立法机构的一种工作程序，由委员分工合作起草法律文本，以提高立法效率和水平。美国国会委员会制度的历史可以追溯到英国都铎王朝时期。为了更好地控制贵族，都铎王朝的君主们在很大程度上剥夺了英国议会的传统司法权，设立了直接隶属于国王的法院，这使得英国议会实际上主要从事立法工作，专业性更强。此外，16世纪至17世纪上半叶，英国正处于从中世纪向现代社会的转型期，随之而来的经济和社会变革，对立法机构提出了比以往更高的要求，而原有的立法体系却无法适应这种形势的变化，因此，英国议会便开始针对立法程序进行改革。在17世纪英国议会改革中，最具代表性的成果就是建立委员会制度和附带提案制度的设立。

在英国议会改革前，其立法规程为请愿制，即与会代表将自己的利益诉求写入请愿书，而后在议会开会期间呈递给国王，由国王作出裁决。在请愿制之下，国王无权修改请愿书的内容，只能全盘同意或否决，所以一旦请愿书的内容出现技术性错误或者令国王不悦的条款，就会被退回。请愿制立法规程的弊病在于：一方面容错率较低，修改法案内容的时间成本高；另一方面国王自身精力和知识有限，不仅能够受理的请愿数量有限，且立法质量难有保证。因此，随着时代的演进，英国请愿制这种带有明显中世纪遗风的立法规程就愈发不合时宜。

相比于请愿制，委员会制和提案制旨在充分发挥议会作为通力协作的立法团队的工作效能，例如在提案制之下，立法草案在交付审议和讨论的各个环节，都可以进行有针对性的修改，这无疑有助于提升立法工作的效率，使议会在不延长会期的情况下，能够处理更多的法案。与此同时，随着商品经济的发展，代表工商业主利益的下院在英国议会中的话语权得到了较为明显的提升，“涉及征税问题的法案须由下院议员提出”这一原则，也始自都铎王朝时期，在所有的提案中，较为重要的将交付相关委员会进行讨论和修改，之后，经过修订的法案文本由议会全体会议表决。在这一过程中，所有的议员都有机会参与对法案的修改和审议，不仅有助于弥补法案文本中的疏漏之处，提升立法工作的质量，而且可以使议员们通过参与法案修订工作，提升立法能力和法律素养。

由英国议会开创的委员会制度，包含了多种委员会类型，其中最为常见的是“临时委员会”（Ad hoc Committee or Special Committee）和“常设委员会”（Standing Committee）。前者是为了应对某一特定立法事项临时组成，当完成该立法工作或本届议会届满后，即自行解散；后者是为了应对诸如外交、军事、财政、税收等政府的常务性工作而设立的，其工作内容、职权甚至是成员都相对稳定，一般不会因议会换届而被裁撤。如果说，“临时委员会”体现了委员会制度灵活处置多样化立法需求的能力，那么“常设委员会”则反映了委员会制度专业、稳健的一面。通常来说，当社会处于大的转型期或者议会制度初建时，“临时委员会”的出现频次相对较高，而当社会进入稳定发展阶段或议会制度臻于完善时，“常设委员会”就会逐渐成为立法委员会的主要组织形态。故而，某种程度上也可以说，“常设委员会”是委员会制度发展到成熟阶段的产物。对于“常设委员会”的特点，富兰克林·詹姆逊（J. Franklin Jameson）总结道：“是议会中的常设机构，下设若干分委员会，其工作存续期与议会会期重合，有明确的职权分工，其编定的法律文本交由议会全体会议审议和表决。”除了“临时委员会”和“常设委员会”之外，委员会制度还包含“小组委员会”“联席委员会”（由两院议员共同组成，通常负责重大立法、监督工作）和“全院委员会”等委员会形式。

（二）殖民地时代国会委员会制度的实践

美国国会委员会制度的实践始于殖民时期。例如，1648 年的《马萨诸塞州立法程序条例》规定：“所有立法提案、行政命令和请愿都应首先在大会上宣读，然后提交委员会审议。”1665 年，弗吉尼亚殖民地议会设立了处理私人提案的常务委员会，5 年后又增设了处理公共事务的常务委员会，这成为英属北美殖民地议会实践常务委员会制度的先驱。后来，马里兰、宾夕法尼亚和北卡罗来纳的殖民地议会也引入了常设委员会制度。1756 年，英法爆发“七年战争”，英属北美殖民地成为英法争夺西半球主导权的重要战争补给基地。这不仅使殖民地享受到了“战时繁荣”带来的经济利益，也为其政治体制改革提供了新的空间和机遇。为了应对英法战争，英国政府客观上放松了对殖民地事务的控制，此时为了赢得殖民地人民的支持，英国政府还有意将自治问题建立在殖民地较为宽松的环境之上。以此为契机，殖民地开始大规模调整政治制度，其中议会委员会制度的建立和完善，特别是常设委员会的设立是颇具代表性的举措。到1770年，除了新罕布什尔、罗得岛和康涅狄格外，其他10个英属北美殖民地的立法机构都至少有一个常设委员会。随着委员会制度的普及，殖民地政治精英逐渐提高了对委员会制度的认识和运用，在这一时期，殖民地的政治团体开始利用委员会制度来达到自己的政治目的。例如，由塞缪尔·亚当斯、托马斯·库欣、詹姆斯·奥蒂斯、约翰·汉考克等人组成的“波士顿党人”在18世纪下半叶长期控制马萨诸塞州议会下议院，通过在重要的委员会中安插自己的党派、盟友和追随者，波士顿党派几乎控制了马萨诸塞州议会下院的所有立法和决策。

在独立战争和邦联政府时期，已经摆脱宗主国控制、实现了自己当家作主的13州政治精英，仍然以委员会制度作为立法和决策的规则。从1774年到1788年，大陆会议和邦联会议成立了3200个各种各样的委员会，其中大多数是“临时委员会”。由于大陆会议和邦联国会只是各州之间的协商机构，不能强迫各州政府执行任何行政命令，因此它们设立的委员会主要负责协调各州的意见，不能有效地行使其立法职责。即使根据《邦联条例》，邦联国会下设财政、军事、外交和海军事务四个常设委员会，但它们不是立法委员会，而是负责处理各自领域的行政事务，是后来联邦政府财政部、陆军部、国务院和海军部的前身。总之，在1787年美国《联邦宪法》颁布和联邦政府建立之前，美国人并没有在政府中建立起完整可靠的立法委员会制度，但这并不妨碍美国人相信委员会制度是实现高效、高质量立法的必要手段。到1789年，除了罗得岛州、新罕布什尔州和康涅狄格州，其他10个州的立法机构的委员会比独立前都有不同程度的增加，如马萨诸塞州议会有8个常设委员会，北卡罗来纳州和弗吉尼亚州议会各有6个常设委员会。

（三）合众国初期国会委员会制度的设置

1789年4月1日，美国国会第一届会议在费城开幕。第二天，众议院成立了一个临时委员会，以制定必要的议事规则。由于这一时期代表只有65人，所以国会并没有立即设立常务委员会，所有立法事项都由众议院全体议员讨论表决。但值得注意的是，国会未设立专门立法委员会只是国会早期阶段的临时措施，久而久之弊端就显现出来。1789年6月，一位不愿透露姓名的政治评论员在《宾夕法尼亚邮报》（Pennsylvania Post）上写道："现在摆在国会面前的立法数量是如此之多，以至于许多本应被考虑的重要决定都是匆忙做出的，以便赶上进度。"这种高强度的工作环境使得议员们的工作效率低下，甚至没有时间区分不同立法项目的轻重缓急，影响了立法的效率和质量。为了解决这一问题，18世纪末至19世纪上半叶国会着手对立法程序进行调整：一方面是完善立法委员会制度；另一方面是推动立法工作规范化、程序化，即增加常务委员会在委员会总数中的比例。从1795年到1825年，国会特设委员会的数量从350个下降到70个，而常设委员会的数量从1809年的10个增加到1825年的28个。随着美国国会委员会制度的逐步完善，委员会与政党组织的联系也被看作是国会政治中不可缺少的因素。19世纪初，随着联邦党的衰落，包括财政委员会在内的众议院常务委员会的领导权也从联邦党人滑向民主共和党人，于是，失去竞争对手的民主共和党人便主导了国会议程，这一时期在美国历史上也被称为"一党时代"。

（四）现当代国会委员会制度的演变

委员会制度作为一项技术性法规，其功能在于提高立法工作的效率和质量，当立法需要发生变化时，委员会制度自然也会相应调整。从这个意义上说，美国国会委员会制度演变与美国经济社会发展之间不无关联。内战结束后，美国社会进入了高速发展的"镀金时代"。在此期间，美国的工业化和城市化发展迅速，横贯大陆的铁路线，连同向西的篷车，将美国的边境推向了太平洋海岸，不断崛起的工厂、跨越大洋的移民和华尔街股票交易所的喧嚣描绘了一幅资本野蛮增长的画面。在美国学者布尔斯廷看来，这是一个"革命的时代"，是一个新秩序的时代。新的事务产生新的社会关系，新的社会关系产生新的立法需要，而原有的立法程序，面对这样爆炸性的社会需求增长，逐渐疲于应付。关于这一现象，正如美国学者梅里亚姆所说："当时美国的立法数量巨大，但几乎没有可靠的情报作为立法的基础，也很少有人关注法律形式的精确性。”例如，1865 年国会两院提交的 2348 项立法提案中，约有 30% 通过立法程序成为法律，到 1941 年，提交国会两院审议的议案总数上升到 11334 件，而成为法律的比例下降到 13% 左右。除了立法任务的压力越来越大，这一时期的美国国会还面临着立法能力日益有限的问题。并且，19 世纪下半叶以来，垄断资本的出现压缩了中小企业的生存空间，使得美国社会内部起初并不尖锐的阶级矛盾突然加剧，如何处理经济垄断带来的一系列不良影响，已经成为摆在包括国会在内的美国联邦机构面前的重大问题。然而，在美国国会原有的委员会制度中，并没有专门的委员会来处理经济垄断及其社会危害。此外，从 1868 年到 1945 年，美国国内生产总值从 116 亿美元增加到 1806 亿美元，增长了 14 倍多。这种增长所带来的经济和社会变化，要求立法者有更加敏锐的观察力，与时俱进的知识储备和学习能力，以及适当的工作程序。为适应社会经济发展变化的要求，国会在 1865 年至 1919 年间设立了 25 个常设委员会，包括银行与货币委员会、太平洋铁路委员会、拨款委员会等，甚至到 1919 年，美国国会两院的常务委员会总数达到 134 个。

（五）国会委员会制度的职业化趋向

美国国会委员会制度扩容的同时，也对国会议员专业水平提出了较高的要求。在 19 世纪中叶之前，大多数国会议员要么很富有，要么有其他谋生手段，成为国会议员只是他们生活经历的一部分。但随着国会会期的延长，以议员身份工作的政治家逐渐取代了兼职议员，成为美国议会的多数，到 19 世纪末，职业议员在国会两院占了 70%—80%。对此，美国学者查尔斯·比尔德评论道:“国会显然不是业余人士的集会。大多数人擅长起草法律、在委员会任职、进行政治交易、辩论、解读公众意见和察觉公众情绪。”国会议员职业化程度提高的一个显著影响，是国会山的党派政治达到了新的高度。自 1858 年以来，美国众议院议长同时主持众议院规则委员会已成为惯例，这样，众议院议长就获得了决定众议院议程的权力，控制众议院议长位置的政党和个人也自然掌握了美国国会内部权力博弈的主动权。托马斯·B. 里德（Thomas B. Reed）和约瑟夫·坎农（Joseph Cannon）是两个有代表性的人物，他们为了自己的利益而滥用众议院议长和规则委员会的权力。其中里德在担任众议院议长期间（1889—1891 年、1895—1899 年），严格执行按照议员实际出席人数计算投票结果的制度，以打击参与投票的反对派议员和以他人虚假身份投票妨碍议事进程的行为；被称为“沙皇”的坎农在众议院掌权期间（1903—1911 年），有一个通过党派斗争镇压政治对手的习惯，坎农利用他作为议长和规则委员会主席的身份为拟议的立法进行辩护。美国国会众议院一直被用作其不受约束的权力的游乐场。里德和坎农的行动表明，在一个利益和权力交织的领域，以效率和专业精神等功能标签为傲的委员会制度并不能真正免受政治斗争的影响，一旦卷入政治斗争，委员会制度在立法效率和质量方面的优势就会被削弱。坎农的轻率行为最终激怒了众议院，1910 年 3 月 17 日，由 42 名共和党人和 149 名民主党人组成的两党联盟，在内布拉斯加州众议员乔治·诺里斯（George Norris）领导下，在坎农最重要的政治盟友缺席的情况下举行了会议，最终通过了一项法案，罢免了坎农的众议院议长和众议院规则委员会主席的职务。尽管如此，美国国会委员会被政治斗争绑架的制度根源并没有完全根除，时下美国两党政治极化与委员会制度和把握实权的众议院议长及委员会主席权力过大不无关联。

三、美国国会权力及其演变

（一）国会权力的思想理论来源

美国国会的权力是在历史演进的过程中逐步形成的，其理论渊源是启蒙时代的权力制衡学说，实践经验则主要出自英国及英属北美殖民地议会。在洛克和孟德斯鸠的“分权理论”中，立法机构均被描绘为国家权力体系内的独立一极，负责制定法律和监督其他权力机构。作为洛克和孟德斯鸠理论的现实模板，英国议会制度的近代化历程，就是一部议会追求更独立的立法权和更有力的监督权的历史。对于英属北美殖民地议会而言，它们不仅要应对殖民地政府内部的横向权力博弈，还要面对宗主国对其施加的各种压力。例如，1621 年版《弗吉尼亚公司政府组织法》就曾规定：“由殖民地议会下院制定的法律，须上报位于伦敦的总公司，获得总公司许可后方能生效。即便如此，殖民地总督有权随时废止殖民地内部的自制法律。”在1632年《马里兰宪章》中，英王授予巴尔的摩勋爵管理殖民地事务的全权，以此为依据制定的马里兰殖民地议会议事规则也规定：“议会制定的法律应交由业主审议，获得通过后方能由议会议长宣布生效。”与弗吉尼亚相比，马里兰殖民地议会的立法活动虽在形式上不受宗主国的制约，但业主作为英王在殖民地的全权代表是效忠于英王的，其对殖民地议会立法工作的监督，可以视作英王掌控殖民地事务的一种手段。

北美独立战争爆发后，英国与原北美殖民地之间的政治隶属关系遂宣告终结。在这一历史背景下，1776—1780年获得独立的13州对殖民地时代的政治和制度遗存进行了一次彻底的清算，统一用州《宪法》代替了原有的《基本法》《特许状》《宪章》等宪法性文件，并明确宣誓了各州作为独立的主权主体的地位。例如：1776年版《南卡罗来纳州宪法》规定，州议会众议院（General Assembly）和参议院（Legislative Council）均拥有立法提案权，法案由州议会通过后，经州长签署即可生效；1777年版《纽约州宪法》同样授权州长和州最高法院组成联席立法审查委员会，可在一定时限内对州议会制定的法律进行审查，但该委员会不得故意拖延审查进度；此外，1780年版的《马萨诸塞州宪法》也授权州议会可以在两院议员均以2/3绝对多数赞同的情况下，无视州长的反对，强行使法案生效。总之，独立之后的各州议会除了获得完整的立法权限外，其与州政府行政部门之间的关系也由“准上下级关系”转变为平等的相互制约、监督关系。

（二）国会权力的实际界定

在1787年费城制宪会议上，如何界定国会权力的问题仍然是代表大州和小州的议员之间争论的焦点。从联邦政府行政、立法、司法机关横向三权分立的角度来看，国会、总统和联邦最高法院理论上应构成相互监督的制衡，共同捍卫共和制度，特别是防止行政专权，而且事实上在美国建国之初，联邦行政并没有得到充分的发展。与州议会相比，国会继承了州立法机构的传统，在规章制度和人员素质方面具有明显的优势，自然成为联邦政府的权力核心。当然，国会权力过大，也有可能挑战“权力分立制衡”原则，导致立法独裁。从联邦和州政府之间关系的纵向分权上来看，联邦政府必须确保国会的立法效果高于州议会，当然，州议会也仍然保留一定的立法独立权限，这就是联邦制体制的特点。

在联邦政府内部权力架构方面，1787 年美国《联邦宪法》赋予了国会立法和监督方面的权力，具体条款如下：

“征税法案均应由众议院提出；但参议院一如对于其他法案，可对征税法案提出修正案或对修正案表示赞同。凡众议院和参议院通过之法案，在成为法律之前，应送交合众国总统；总统如批准，即行签署；如不批准，应附异议书退还提出该项法案之议院，该院应将总统异议详载于该院议事录，并进行复议。如经复议后，该院 2/3 人数同意通过，则应将该法案连同异议书送交另一院，另一院亦应加以复议，如经 2/3 人数认可，该项法案即成为法律。但在这种情况下，两院之表决应以投赞成票与反对票之方式定之，投赞成票或反对票之议员姓名应登记于各该院之议事录。如法案于送交总统后十日内（星期日除外）未经退还，即视为业经总统签署，该项法案即成为法律，唯如因国会休会不能退还，则该项法案不得成为法律。凡须经参议院和众议院一致同意之命令、决议或表决（有关休会问题者除外）应送交合众国总统，经其批准始能生效。如总统不批准以上之命令、决议或表决，应按照关于一般法案之规则与限制，由参议院及众议院 2/3 多数再行通过。参议院有审讯一切弹劾案之全权……在合众国总统受审时，以最高法院首席法官任主席。无论何人非经出席参议员 2/3 同意，不受定罪处分。总统征得参议院意见和同意，并经该院出席议员 2/3 赞同，有权缔结条约；总统得提出人选，在征得参议院意见和同意后任命大使、公使、领事、最高法院法官……”

通过分析以上条款可知，国会作为美国立法机构并非独享立法权，事实上，总统在立法事务上也分了“一杯羹”，这或许是美国宪法制度中权力制衡的巧妙设计。1787 年美国《联邦宪法》所体现的“制衡”并没有按照职能分类对联邦权力进行整齐的划分，而是允许不同的权力部门相互介入彼此的某些职权领域，同时各有专长，保持相对平等的影响力。以立法事务为例，国会在立法法案的提出、审议、修改、表决等环节拥有绝对的主导权，总统拥有签署和颁布法律的权力，这使得国会和总统至少可以根据立法工作的规则进行频繁的沟通和联系，从而避免各自保持各自的职权，而因为没有重叠而断绝联系的情况。当然，总统参与立法工作并不会真正削弱国会在立法事务中的主导地位。如果总统否决了国会提交的法案，国会可以在参众两院以 2/3 的票数宣布该法案生效。从另一个角度看，总统的立法否决权也是对国会内部合作能力的考验。如果总统不使用他的否决权，众议院和参议院只需要各自的过半数成员就能批准一项法案，一旦总统使用他的否决权，就提高了国会通过法律的门槛，特别是当提出并推动该法案的政党未能在参众两院控制绝对多数（2/3）席位时，国会将不得不付出更高的政治成本来继续推动法案的通过。当然，“去中心化”不等于“分治”，“制衡”不等于相互拆散、相互阻碍，最终目的是让权力在服从和约束下有序运行，优化社会治理效果，立法和监督也是如此。至于国会对财政事务有关的立法权的分配，则是最大限度地照顾大小州的利益。众议院（相当于英国的下议院）负责提出税收立法的传统可以追溯到近代英国议会，以照顾人口占多数的大州的利益；赋予参议院修改、审查和修改财税立法的权力，是为了防止大州单方面控制国家财政，从而侵害小州的利益，这体现了州与州之间权力和地位平等的原则。

除了制定联邦法律、弹劾和批准任命联邦高级官员之外，1787 年美国《联邦宪法》还以列举或明示的形式赋予了美国国会 21 项权力，即：

（1）征税及偿债：国会有权在合众国境内征收直接税、间接税、进口税、消费税，以及偿付国债；

（2）发行国债：国会有权用国家信用为担保发行国债，筹集资金以实现财政收支平衡；

（3）制定贸易协定：国会有权制定国内外（包括与印第安部落之间）贸易协定；

（4）制定归化与破产法：国会有权制定他国人士入籍美利坚合众国的规程以及企业破产的相关条例；

（5）发行货币：国会有权铸造货币，规定其币值以及与他国货币的比价；

（6）惩治伪造证券和假币行为；

（7）管理邮政事务：国会有权在全国范围内设立邮局和开辟邮路；

（8）设置下级联邦法院权；

（9）专利权及知识产权保护；

（10）打击海盗，惩治公海上的犯罪及违反国际公约的行为；

（11）宣战，颁发私掠证和制定战俘管理条例；

（12）征召陆军：国会有权征召陆军并为其准备给养，但时限不得超过2年；

（13）征召海军；

（14）制定陆海军统御规则；

（15）征召民兵：国会有权征召民兵以执行联邦法律，抵御外敌入侵和镇压国内动乱；

（16）制定民兵训练及组织办法：国会有权制定与民兵组织、武装和训练相关的规章制度，以及民兵被联邦政府调用期间的管理办法；

（17）管理各州赠与联邦政府的土地；

（18）批准新的州加入联邦：国会有权批准新的州加入联邦，但未经相关州政府批准，不得在已有的州境内建立新的州，或者合并已有的州；

（19）处置合众国的土地和财产：国会有权处置合众国的财产；

（20）宣告并惩治叛国者：国会有权宣告叛国者的罪行及罪证，并剥夺其公民权；

（21）制定相关法律以便更好地行使列举权力。

上述国会被列举或明示的权力，既体现了联邦权力机构之间的横向分权关系，也体现了联邦与州政府之间的纵向分权关系。横向分权主要表现为总统和国会各自拥有一部分涉及军事事务的权力，其中国会拥有宣战、征召和维持常备军及民兵部队的权力，总统则拥有指挥军队作战和任命联邦军队军官的权力。这进一步佐证了分权制衡的初衷是促成不同权力分支之间的良性协作，而非敌对和对抗。与之类似的设计还有，总统在行使外交权的过程中，需要国会参议院认可其签署的国际协议和条约。纵向分权主要表现为明确联邦权力的边界，即在管理全国性的经济、文化、法律和治安事务方面，联邦政府享有主导权，而在宪法列举或明示的权力范围之外，各州保有自治权。这一分权架构的目的是，在联邦权和州权之间建立恰当的平衡关系，既保证联邦政府能够实行有效的社会治理，又避免联邦权力过度膨胀，进而威胁州的利益，特别是在各州之间存在实力差距的情况下，对于联邦权力设置较为明确的界限，也是为小州维护自身权益增加了一重保险。

为了平衡宪法文本的稳定性与变化中的社会治理需求之间的关系，制宪会议代表们还在 1787 年美国《联邦宪法》第五条中加入："国会遇两院各 2/3 人数认为必要时得提出本宪法之修正案，或应全国 2/3 州议会之请求，得召集会议以提出修正案。以上任一情况下提出之修正案，经全国 3/4 之州立法机关或经 3/4 之州制宪会议批准，即成为本宪法之一部分而发生实际效力，其批准方式得由国会提出。"

根据这一条款，制定宪法修正案是一项由联邦政府和州政府协力完成的工作。在此过程中，代表联邦政府的国会与各州制宪会议的权力地位是平等的，并无主从之分，这充分体现了美式宪政体制的有限政府原则，即联邦政府与州政府在各自的权力领域内履行权力、行使职责。

（三）国会权力的演变及趋势

自 1789 年联邦政府正式成立到 20 世纪初的大部分时间里，以行政机构不发达为特征的"小政府"模式是当时美国联邦政府的典型形象，所以国会是美国联邦权力舞台上的主要角色，特别是在 19 世纪上半叶，美国社会还处于自由资本主义阶段，经济发展主要遵循市场规律，政府干预的必要性不大。但作为南方农业州与北方工商业州之间斗争的舞台，国会见证了州权主义者和联邦主义者之间的斗争，最终因奴隶制存废问题导致了一场持续了近 4 年的残酷内战。内战后，美国历史进入了经济快速发展的"镀金时代"，社会治理需求能力亟待提高，而此时国会权力分散、多中心及缺少专业化的短板逐渐显现出来。相比之下，总统一人的权力结构和内阁官僚专业化的优势却迅速适应了这种需求和变化，而西奥多·罗斯福和伍德罗·威尔逊是这一时期推动联邦政府适应社会治理新需要的代表性总统。至 20 世纪 30 年代，以总统为代表的美国联邦行政机构的建制进一步完善，这为其在联邦政策制定过程中赢得了更大的话语权，使行政集权和"大政府"成为这一时期美式宪政体制发展和演变的新趋势。1921 年，直属的总统行政机构——预算局（Bureau of the Budget）建立，其职能是帮助总统拟定联邦政府年度预算。值得一提的是，虽然此时的联邦财税立法权仍属于国会，但由于相关工作的技术性门槛不断提高，来自行政部门的“专业”建议，就成了国会相关委员会起草财税类法案时的必备参考。成立于 1939 年的总统行政办公室（Executive Office of the President），是总统权力“扩张”的又一助力，其主要负责领导白宫办公厅（White House Office）和总统行政团队中的中低级成员，作为内阁的补充，总统行政办公室的成员扮演着“近臣”的角色，他们与总统的关系更密切，是总统制定和推行各项政策的得力助手。

如果说，19 世纪末至 20 世纪初美国宪政体制的行政集权倾向是以相对舒缓的节奏向前推进的话，那么 1929 年经济危机则是美国联邦权力的天平彻底由国会倒向总统的标志性事件。面对这场前所未有的系统性经济危机，国会结构在应对突发事件方面的能力及短板全都暴露出来。对此，美国学者查尔斯·比尔德评价道：“面对日益增长的复杂性以及对这些复杂性采取立法行动的要求越来越迫切，美国国会已表现出不愿意或不能带头筹划和制定旨在面对国家所面临的各种经济问题的法律，这种情况尤以 1929 年以来的经济大恐慌为甚。”此时，新任总统富兰克林·罗斯福及其行政团队肩负起了应对经济危机的任务。在罗斯福总统的推动下，1933 年 3—6 月，美国国会先后制定出 12 部旨在稳定和恢复国民经济的法案，保障美国公民的生命、财产和自由。这 12 部法案在国会的立法讨论环节仅耗费了 60 分钟，由此可见，此时的国会完全不再考虑所谓“权力制衡”的问题，而是将行动高效的联邦行政部门视作解决眼下经济危机的重要助力，至于如何在行政集权趋势不断强化的时代背景下，履行好宪法赋予的权力监督职责，则要等渡过危机再考虑。但遗憾的是，二战后美国国会权力衰落和总统权力扩张的态势并没有伴随经济危机及战争的结束而终止，相反却越来越强劲。

国会是美国宪政体制的重要组成部分，其历史比美国作为独立国家的历史还要久远。按照时人津津乐道的一种说法，美国是新大陆，一片“未开垦的”处女地，没有旧大陆的历史包袱，所以可以更轻松地迈进现代社会，但从政治制度演进的角度看，也不尽然。正是由于美国继承了欧陆政治文明中最具活力的一部分，即近代启蒙学者的政治理论和英国近代议会制度，并结合殖民地时代议会的政治实践，包括国会在内的美国联邦权力架构才能在经历过短暂试错后迅速搭建完毕，也正因选择了适宜的经济和社会发展的政治制度，美国才能在建国后的百余年间，就将北美大陆的自然禀赋转化成雄厚国力，从而跻身世界级大国之列。从这个意义上说，作为一种社会治理工具，国会在美国宪政体制中的地位与其实际工作效能呈正相关联，即当国会无力应对越来越高强度的社会治理需求时，其在美国权力制衡机制中的比重自然开始下降，但即便如此，国会在当代美国宪政体制中的制衡功能也并未完全丧失。

思考题

1. 梳理美国国会制度的欧洲政治文化源流。
2. 分析国会在美国联邦权力制衡机制中的角色和地位。
3. 从 20 世纪以后国会权力衰落的趋势阐释美国国会与总统的权力斗争。

参考文献

[1]　[美]布尔斯廷:《美国人：南北战争以来的经历》，谢延光译，上海：上海译文出版社，1988 年。
[2]　[美]比尔德:《美国政府与政治》，朱曾汶译，北京：商务印书馆，1987 年。
[3]　[古希腊]柏拉图:《法律篇》，张智仁、何勤华译，上海：上海人民出版社，2001 年。
[4]　曹绍濂:《美国政治制度史》，兰州：甘肃人民出版社，1982 年。
[5]　[美]汉密尔顿等:《联邦党人文集》，程逢如等译，北京：商务印书馆，1995 年。
[6]　蒋劲松:《美国国会史》，海口：海南出版社，1992 年。
[7]　李道揆:《美国政府和美国政治》，北京：商务印书馆，1999 年。
[8]　刘绪贻，杨声茂等:《美国通史（第四卷）崛起和扩张的时代 1898—1929》，北京：人民出版社，2002 年。
[9]　李剑鸣:《在雅典和罗马之间——古典传统与美利坚共和国的创建》，《史学月刊》2011 年 9 期。
[10]　[美]罗斯福:《西奥多·罗斯福自传》，姜延峰等译，武汉：华中科技大学出版社，2015 年。
[11]　[美]梅里亚姆:《美国政治思想 1865—1917》，朱曾汶译，北京：商务印书馆，

1984 年。
[12] [美] 麦迪逊:《辩论：美国制宪会议记录》，尹宣译，沈阳：辽宁教育出版社，2003 年。
[13] 沈宗灵:《美国政治制度》，北京：商务印书馆，1980 年。
[14] 孙哲:《左右未来：美国国会的制度创新和决策行为》，上海：复旦大学出版社，2001 年。
[15] 孙哲:《美国国会研究 I》，上海：复旦大学出版社，2002 年。
[16] 孙哲:《美国国会研究 II》，上海：复旦大学出版社，2003 年。
[17] [美] 施密特等:《美国政府与政治》，梅然译，北京：北京大学出版社，2005 年。
[18] 谭君久:《当代各国政治体制：美国》，兰州：兰州大学出版社，1998 年。
[19] [美] 希尔斯曼:《美国是如何治理的》，曹大鹏译，北京：商务印书馆，1988 年。
[20] [古罗马] 西塞罗:《国家篇 法律篇》，沈叔平、苏力译，北京：商务印书馆，2002 年。
[21] [古希腊] 亚里士多德:《政治学》，吴寿彭译，北京：商务印书馆，1983 年。
[22] 与非:《美国国会》，北京：中国民主法制出版社，2001 年。
[23] 张定河:《美国政治制度的起源与演变》，北京：中国社会科学出版社，1998 年。
[24] 朱曾汶编译:《美国宪法及其修正案》，北京：商务印书馆，2014 年。
[25] Bowling, Kenneth R., Donald R. Kennon, *Inventing Congress Origins and Establishment of the First Federal Congress,* Athens: Ohio University Press, 1999.
[26] Cooper, Joseph et al., *The House at Work,* Austin: University of Texas Press, 1981.
[27] Cohn, Mary W, *Guide to Congress,* 6th edition, Washington: Congressional Quarterly Press, 2008.
[28] Deering, Christopher J., Steven S. Smith, *Committees in Congress,* Washington: Congressional Quarterly Inc., 1997.
[29] Fiorina, Morris P., *Congress: Keystone of the Washington Establishment,* New Haven: Yale University Press, 1989.
[30] Graves, Michael A. R, *The Tudor Parliament Crown, Lords and Commons, 1485—1603,* New York: Routledge, 2013.
[31] Loades, David, *Power in Tudor England,* New York: St. Martin's Press, 1997.
[32] Oleszek, Walter J. et al., *Congressional Procedures and the Policy Process,* Washington: Congressional Quarterly Inc., 2016.
[33] Ripley, Randall B., *Congress: Process and Policy,* New York: W. W. Norton & Company, Inc., 1978.
[34] Roger H. Davidson et al, *Congress and Its Members,* Washington: Congressional Quarterly Press, 1981.
[35] Zelizer, Julian E., *The American Congress: The Building of Democracy,* New York: Houghton Mifflin Company, 2004.

第三讲　美国总统制

美国《联邦宪法》创下了“最长寿的宪法”的神话，而美国总统制本身也是这一神话的重要组成部分。作为一国行政领袖，美国总统是美国政治公共生活中最重要的领导力量。在随后的政治实践中，美国总统的权力虽仍在宪法框架内运行，但鉴于总统个人的行政风格以及行政本身所具有的自由裁量权，总统与总统制有着较为鲜明的政治特性。

当代美国总统在内政外交上举足轻重的政治地位，自然引起了国内学界对于美国总统及总统制的广泛关注。李秀红的博士学位论文《乔治·华盛顿与美国总统制的初步实践》是国内较早系统讨论美国总统制创建与总统制初步运作时权力样貌的学术作品，该学位论文以华盛顿作为切入点，对总统与政府各权力实体之间的权力运作予以分析。随着美国国内外事务的增多，总统不可避免地扩张了自身权力，尤其是在应对1929年经济大危机时，国会更显得束手无策，于是，富兰克林·罗斯福“新政”应运而生，并帮助美国和西方国家度过时艰，这无疑奠定了美国现代总统制的权力基础与运作范式。对此，学界有着充分的讨论，美国学者杰夫·谢索的著作《至高权力：罗斯福总统与最高法院的较量》，全面展现了以总统为代表的行政机构和以最高法院为代表的司法机构之间极具张力、互相制衡的较量过程。二战后，美国总统权力的扩张趋势有增无减，高海龙撰写的论文《“单一行政官”理论与美国总统权力的扩张》，则梳理了总统权力扩张的演进过程，并从理论入手，论证总统行政权力扩张的正当性。有学者还观察到，在总统权力扩张的时代变化中，出现了“后现代总统”的政治特征。其中，赵可金在《现代总统制中的后现代总统：美国总统权力的扩张及其制度制约》一文中，对欧美学界讨论后现代总统的学术成果予以梳理，并结合2016年美国总统大选进行分析，指出了美国联邦政府权力结构稳定性的特点。文章指出："美国总统制并没有发生根本性变化，所谓的后现代总统仅仅是总统问政风格的变化，并不会动摇美国总统制的根本。本质的问题是美国府会合作机制的功能调适和结构调整，支撑美国复杂总统政治现象的总统制度在可见的未来仍然保持相对稳定。"

总之，无论是从美国政治史还是当代美国政治制度演进的角度观察，美国总统与总统制都是一个历久弥新的学术话题，目前的学术讨论仍然不够充分，具有许多尚待挖掘的学理性价值和研究空间。

一、美国总统制创设

总统共和制取君主制而代之并非建国先贤们的凭空臆想，而是当时风靡欧洲的政治理想与北美殖民地政治实践共同作用的结果。北美殖民地独立战争前后，发轫于英国的启蒙运动逐渐在整个欧洲扩散开来，启蒙思想很快便传播到北美殖民地。社会契约、分权制衡和有限政府等先进思想，一方面激励着北美殖民地人民反抗宗主国的剥削与压迫，另一方面也为北美大陆独立后组建政府的工作提供了理论依据。联邦政府建立之前，北美大陆经历了殖民地时代和邦联政府时期，殖民地总督对人民严密控制，而独立后组建的邦联政府行政权力又十分软弱，这些痛苦的经历为总统制的诞生奠定了坚实的实践基础。

（一）总统制诞生的理论与实践基础

1. 理论依据

深入剖析英美两国的宪政体制，不难发现其背后政治思想的传承性与相似性，这些政治思想对西方宪政体制的形塑起到了奠基性作用。其中，社会契约论明晰了国家政权的本源，有限政府理论揭开了"利维坦"的神秘面纱，分权理论则试图建立一种权力的宪政体制保障人民的权利不受侵犯。这三种理论可以说是对政治实体“为什么、是什么、怎么做”的理论回应，最终，这些理论借由分权制衡体制在美国的政治实践，充分体现了其宪政价值。

社会契约理念可以追溯至古希腊时期，这一时期的社会契约论被称为古典社会契约论，核心探讨的是公权力与个人权利之间的关系。自然法理念作为社会契约论的立论基础，与古典社会契约论的发展可以说是同步的，自然法理论在17—18世纪经历了“从古代到现代、从自然法到自然权利、从客观到主观、从义务本位到权利本位的转变”。在论证自然法的法理时，启蒙思想家提出了自然权利的概念，并在此基础上进而提出了人民主权理论，强调主权在民。社会契约论与人民主权说基本厘清了权力与权利的关系，构成了西方立宪理论的基础。从社会契约论出发，各位政治思想家对建立何种国家政权有着不同的答案。启蒙政治思想家洛克系统地提出了有限政府理论。洛克指出，权力的特性决定了人们需要“找出一些办法来限制专横和防止滥用权力”。同时，对于政府这一“必要的恶”，关键难题在于如何限制它的权力，并保持政府运行的活力。洛克在有限政府理论的基础上提出了分权理论。但洛克的分权思想深深植根于英国的宪政体制，仍然是对英国议会至上原则的维护。法国启蒙思想家孟德斯鸠则在洛克的基础上提出了三权分立学说，但孟德斯鸠的分权理论着重在行政权与立法权的分立上，对司法独立的认知不足，并且分权理论在古典政治思想家的意识里更像一种职能的划分，彼此孤立互不影响，而缺少一种制衡意义上的互动。

美国制宪者参照了启蒙政治思想家的理论以及宗主国的宪政体制，最终设计了属于美国自己的分权制衡体制。分权理论在美国这座“山巅之城”得到了政治实践，并且始终保持着理论性及制度性的活力，这既要归功于启蒙政治思想家、制宪者们先验的宪政理论，也要归功于美国社会的公序良俗。值得注意的是，分权理论是近代西方文明的特定产物，并不能放之四海而皆准，但对权力的警惕以及权力制衡思想的深刻阐释，对世界政治来说具有重要的现实关照意义。

2. 实践基础

美国《联邦宪法》诞生之前，北美殖民地经历了殖民地时代和邦联政府时期，这段经历有过痛苦和挫败，也有过努力和成功，最终都为美利坚人民构建理想政体积累了宝贵经验。虽然北美大陆表现出了与宗主国决裂的决心，但从实践上来看，英国宪政体制仍然是美国建国的重要参照对象。殖民时代开始后，英国宪政体制被移居北美的殖民者带入美洲，怀揣建立“山巅之城”梦想的移民并没有与宗主国彻底割裂，而是按照英国政治体制建立了殖民地的早期政治体制。美国早期的政治体制是指殖民地时期的总督制和邦联制，两种政治体制下的行政权力机构分别为总督和州际委员会，比较而言，殖民地时期总督的行政权力要更大一些。不过这也只是一种比较笼统的说法，各殖民地总督权力的大小与殖民地类型、政治实践的演变密切相关。总之，总督作为一个独立的机构在取得并巩固自己的行政主导地位方面，比附属于邦联国会的州际委员会要容易得多。而州际委员会在行政权方面的弱势地位，也确实可以打消人民对行政权力过大而易侵害个人自由的疑虑，但州际委员会在之后的权力运作中却暴露出一些问题，这也是其最终为总统制所取代的原因。

（1）殖民地时期总督的行政权。北美殖民地起初有三种类型，即公司殖民地、业主殖民地和自治殖民地。殖民地类型的不同，决定了其管理模式和总督权力各具特点。在三种类型的殖民地中，业主殖民地的总督权力最大，而自治殖民地的总督权力最小。随着英国王室对北美殖民地控制的增强，英国王室先后将纽约（1685）、新罕布什尔（1691）、新泽西（1702）、南北卡罗来纳（1729）和佐治亚（1752）变成王室殖民地。甚至马里兰在1690—1715年，宾夕法尼亚在1692—1694年也一度分别成为英王直辖殖民地。到独立战争前夕，北美13个殖民地共有8个王室殖民地（分别是弗吉尼亚、马萨诸塞、新罕布什尔、纽约、新泽西、南卡罗来纳、北卡罗来纳和佐治亚），3个业主殖民地（马里兰、宾夕法尼亚和特拉华）和2个自治殖民地（康涅狄格和罗得岛）。

在经过调整和变更后的殖民地中，王室对王室殖民地的控制力最强，其总督的权力与其他类型殖民地相比也最大，主要有行政权、立法权和军事权。值得注意的是，殖民地总督的权力并非一成不变，即便是王室殖民地总督的权力也是如此。总的来说，17世纪王室殖民地总督的权力比18世纪更大一些，这是殖民地自治意识的增强和殖民地代表议会地位提升的结果。不过，无论殖民地总督的权力如何变化，它仍然是殖民地的行政机构，其权力和作用自然不容忽视，而殖民地人民始终牢记的是总督的暴政和专权，这一烙印在邦联政府中转化为对行政权的防范和弱化。

（2）邦联政府时期州际委员会的行政权。美国独立战争前后，北美大陆信奉的理念是：行政权危害人民的自由，而立法权才是人民自由的守卫者。关于这一点，美国著名政治家詹姆斯·威尔逊阐述道："在（美国革命）之前，政府行政权和司法权未掌握在人民手中，也未掌握在经人民同意授权而就拥有它们的人的手中。这些权力来源于一个与我们不同的外国，被外国的金科玉律所操纵，为一个外国的目的而运用。它们成为令人厌恶的和不信任的东西还会使我们吃惊吗？……另一方面，我们的代表议会由我们自己选举组成，它们是我们的权利保障、我们信赖的机构、我们政治希望的靠山、置于代表议会中的每项权力都是安全的，代表议会权力每次扩张，也是我们自身安全的又一次加强。"邦联时期的"弱行政"状态正是基于这样的认识而诞生的。

1781 年《邦联条例》（Articles of Confederation）颁布，条例规定：邦联政府的行政权由"州际委员会"行使，该委员会由每州一名代表共同组成。州际委员会的权力十分有限，仅限于"任命其他委员会和文职官员，按照邦联的指示处理联盟的日常事务"，即便州际委员会要行使如此有限的权力，也得在邦联国会休会期间。据史料记载，邦联国会自 1781 年 3 月 1 日至邦联政府被联邦政府取代时为止，其休会期共有 4 次，总共约 10 个月，这也就意味着"州际委员会"形同虚设。实际上，邦联政府的行政工作是由对外事务部、战事委员会、海事委员会和财政委员会来共同履行的，四个机构分别直接向邦联国会负责，而没有一个凌驾于各部之上的行政机构。这种设置导致各部之间缺乏协作而国会不得不总揽所有事务，从而无法保证工作效率和决策的科学性，也无法保证邦联政府的行政权的独立性和有效性。

从理论上分析，在美国行政权演进过程中，总督、州际委员会和总统三者的权力大小依次为因果关系：总督的行政权力之大，决定了州际委员会的权力之小；而州际委员会的权力之小所暴露出来的弊端，又为后来总统权力变大提供了借口。

（二）总统职位的诞生

行政机构的设置是整个费城制宪会议最为棘手且最重要的问题之一，制宪代表们首先要解决的是，如何设置一个与过往君主制有着本质区别的行政主体。宗主国的君主专制正是他们揭竿而起的原因，州长的软弱无力又无法承载他们建立强大政府的愿望，而《邦联条例》里更是没有行政首脑一职。还有一个困扰代表们的问题，则是对行政职权那种无以言表的矛盾心理：他们既希望有一个强大的行政机构与肆意的立法机构相互制约，又担心强大的行政机构会形成专制，而这种矛盾性的心理情绪当时也普遍存在于美国人民心中。对此，正如美国学者西德尼和尼尔森所说："他们（美国人）对君主制的仇视与他们要立乔治·华盛顿为国王的渴望并存。"尽管如此，制宪代表们还是逐渐对行政职位有了比较明晰的认识，即一个更加清晰的职位和更加强大的机构，总统职位就是在这样一个复杂的背景下诞生的，制宪会议代表们有关行政职位的辩论也是由此展开的。

围绕设置一个什么样的行政机构，代表们在制宪会议上提出了三种方案。第一种是设置一个隶属于立法机关的"州际会议"，立法机关为全国最高权力部门，"州际会议"仅是一个权力有限的执行机构，该方案实质是内阁式的政府组织形式。第二种是设置一个独立的行政机构，拥有类似英国君主的权力，与立法机关分权并能互相制约，实质是主张建立一个强有力的行政机构。第三种既主张建立一个强有力的行政机构，又主张由国会选举产生，但该机构既不对立法机关负责，也不对人民负责，而是对宪法负责。当然，第三种方案分别遭到了国会派和总统派的反对而被放弃。所以，制宪会议中有关行政职位的辩论主要是围绕前两种方案展开，其中辩论时间最长、分歧最多的问题主要集中于行政官的人数、产生方式、任期、连任和免职四个问题。除了以上四个主要问题，制宪会议代表们对总统职位最为关心的问题，则是总统的权力问题，这实际上就是涉及"强总统"或"弱总统"的问题，此外，还涉及总统的竞选资格、报酬、宣誓等问题。经过多次讨论与妥协，与会代表们最终就总统职位达成了一致。

但值得注意的是，制宪会议虽解决了关于总统职位最主要的问题，但在总统连任和总统丧失能力后的相关规定方面留下了空白。关于连任问题，由于代表们在总统任期与能否连任问题上争执不下，制宪会议最终决定建立一个“推迟事宜委员会”来解决这一问题。该委员会最终提出总统由选举人团选举产生，任期四年，对于连任问题未作限制，这似乎是代表们刻意为之，留待他们心目中的英雄和第一任总统华盛顿来解决，而华盛顿在两届任期期满后主动隐退的做法，被后来继任者默认为“总统任期不得超过两届”的不成文规定，直到富兰克林·罗斯福总统在特殊时期连续参加四次竞选并获胜，才再次引起人们对总统任期这一古老问题的重视。因此，1951 年通过的《联邦宪法》第二十二条宪法修正案最终明确规定，“当选担任总统职务不得超过两次”，从而弥补了宪法规定上的漏洞。第二十二条宪法修正案同时规定，“在他人当选总统任期内担任总统职务或代理总统两年以上，不得当选担任总统职务一次以上”，这一规定填补了宪法在有关总统的法定代理或继任者代行总统职务后参加竞选相关规定的空白。

关于总统丧失能力问题，可以说是代表们在整个费城制宪会议中表现得最随意的条款，该条款是细则委员会于 8 月 6 日提出的，规定“在丧失履行他的职权和责任……的情况下，参议院议长将行使那些权力和责任，直至合众国选出另一位总统或总统不能履行职权的状态结束为止”。8 月 27 日，代表们对此规定进行讨论时，特拉华州代表约翰·狄更斯抱怨说：“它太模糊不清。‘丧失能力’这个词的程度是什么？由谁来判定？”原本打算推迟对这一问题讨论的代表们，却再也未提及此事，而宪法文本中最终就保留了“丧失能力”一词，却未曾做出详细界定。与免职相关联的，是总统职能缺位期间的代理或继任的相关问题，宪法条款规定，“如遇总统被免职、死亡、辞职或丧失履行总统权力和责任的能力时，总统职务应移交副总统。国会将依照法律规定在总统和副总统两人被免职、死亡、辞职或丧失能力时，宣布应代理总统的官员。该官员代理总统直到总统恢复任职能力或新总统选出为止”，但条款没有说明总统因故需要移交权力给副总统时，是由副总统继任总统还是只是代行总统职权，而这一条款直到 1967 年的宪法第二十五条修正案才给予明确解释。该条修正案规定，“如遇总统免职、死亡或辞职，副总统应成为总统；凡当副总统职位出缺时，总统应提名一名副总统，经国会两院都以过半数票批准后就职”。令人意外的是，这条修正案提出（1965 年提出）刚好 10 年时，杰拉尔德·福特总统就因为这一条款成为美国历史上第一位既没有参加过总统竞选，也没有参加过副总统竞选的总统。

二、美国早期总统权力界定

1787 年费城制宪会议经过反复磋商和妥协，美国总统制最终诞生。美国早期总统的权力主要来自《联邦宪法》，但宪法在授予总统广泛权力的同时，也对其权力进行了限制。

（一）总统的宪法权力

美国总统最直接的权力来源于宪法文本，这也是总统不可被剥夺的权力阵地。归结起来，宪法规定总统拥有行政权、赦免权、立法权、外交权和军事权。然而，即便是宪法文本也存在对总统授权的模糊表述，这也是后来总统权力在政治实践中不断演变的原因。

行政权。根据具体内容，行政权可分为任命权、执法权和管理下级行政官员的权力。首先，总统拥有管理行政机构的权力，这是总统作为行政部门首脑最基本的权力；其次，总统拥有任命权，总统任命的官员又可以分为高级官员和低级官员，前者的任命需要经参议院批准，后者的任命则需遵循“参议员礼貌”的习惯；最后，总统有执法权，宪法规定，总统须“监督法律之忠实执行”。应该说，三项权力有机统一，密不可分，否则难以保证总统行政权的连贯、有效。

赦免权。联邦宪法第二条第二款（1）部分规定总统拥有赦免权，但弹劾案不在赦免范围内，即总统有权对违法或犯罪做出赦免或缓刑的决定，赦免权包括赦免与缓刑，赦免本身又可细分为完全赦免和有条件赦免。赦免权源于英国，是英国国王才有的特权。而美国总统的赦免权由汉密尔顿首先提出，最终成为宪法中唯一一项不受诸多限制的总统权力。美国历史上有过几次比较典型的赦免案例，其中最有名的当数福特总统上台后对前其前任尼克松的无条件赦免。

立法权。联邦宪法明确规定立法权属于国会，但宪法也赋予了总统部分立法权，总统立法权的来源是立法建议权、立法否决权。宪法第二条第三款规定“总统应不时向国会报告联邦情况，并向国会提出他认为必要和妥善的措施供国会审议”。根据此项规定，总统在国会开会前到两院宣读国情咨文，除了咨文以外，以总统为首的行政机关也会提交一些他们认为可行的法律草案，而这些草案或多或少地都会被国会所接受。此外，总统拥有的立法否决权，该否决权为整体否决权，不准只就部分内容进行否定，所以当总统得知国会要就某些他不支持的政策进行立法时，他便威胁国会将会否决这一法案而迫使国会考虑总统的意见。反之，国会利用这一规定也会反制总统，如国会提出的法案中有总统迫切需要的条款，国会也会在该法案中附加一些总统本不支持的内容，但总统权衡利弊后还是会签署法案。

外交权。宪法第二条第二款和第三款规定了总统的外交权，规定总统经征得参议院意见和同意有权缔结条约，并须经出席参议员 2/3 的批准；有权任命提名，并经参议院和取得其同意，任命大使、公使和领事；总统应接见大使及其他公使。虽然宪法并未授予总统独立拥有任何外交权，所有外交权均是与国会共享——缔结条约需要经参议院议员 2/3 的多数同意，任命大使、公使和领事需经参议院同意——但总统可以就条约内容和任命大使问题附加上自己的倾向。而且，接见大使及公使的权力则实际上授予了总统外交承认权。

军事权。宪法规定总统为合众国陆海军总司令，但总统行使军事权还需要经过国会的同意，原因有二：一是国会负责军队的给养；二是国会拥有宣战权。事实上，总统更倾向于单独行使军事权，往往绕过国会不宣而战，实际上架空了国会对总统军事权的监管。

宪法授予总统诸多权力的同时，也为总统行使权力设置了诸多限制。总统任命高级官员、缔结条约均需经参议院批准，国会拥有宣战权和负责军队给养则限制了总统的军事权，国会也拥有否决总统立法否决的权力以限制总统对否决权的滥用。更为重要的是，国会拥有对总统的弹劾权，这是国会制约总统的一大利器，但从最近的几次弹劾来看，这一权力有逐渐沦为政治斗争工具的倾向。

综上所述，联邦宪法赋予总统在立法、行政、外交和军事方面广泛而又有所限制的权力，绘制出了美国总统制的基本轮廓。

（二）国会临时或长期授权

宪法规定的立法建议权和立法否决权是总统行使立法权的宪法来源，除此之外，总统的部分立法权还来源于国会临时或长期授予总统的“委托立法权”。在联邦政府职能日益复杂化的时代，国会常常因专业性或效率问题而委托总统立法。关于这一点，正如美国学者赫柏所说，“在我们这个需要政府监管工商业的复杂社会中，断言立法权不能被授权给总统根本不现实”。国会委托立法在提高联邦政府管理社会事务能力的同时，也授予了总统相当程度的立法权，这成为总统行使立法权的又一法律来源。总统获得委托立法权后，在某种程度相当于同时掌握了立法权和执法权，这为其权力扩张提供了法律依据和便利。

诚然，国会在委托总统立法时会赋予总统相当大的权力，但总统的立法权并非“信马由缰”，国会在委托总统立法时都会规定总统立法准则、授权时限以及国会有权对总统的立法项目进行审查。而且从分权制衡的角度来看，最高法院也有监督并审查总统行使委托立法权的权力。所以，总统的委托立法权受到诸多限制，但20世纪以来的总统还是通过委托立法权扩大了总统的权力。

（三）最高法院判例

根据三权分立原则，1787年《联邦宪法》建立了完全独立于立法和行政的司法机构。从最初宪法的规定来看，最高法院是联邦政府中权力最小的一个部门，加之最高法院实行“不告不理”原则，最高法院是政府分支中唯一被动使用权力的机构。最高法院的权力属性和宪法对其权力的规定，决定了最高法院最初的弱势地位，甚至“在联邦政府建立后的前三年时间几乎无案可审，大部分案件仍由州法院受理”。这种弱势地位一直到1803年才得到很大改变，马歇尔大法官通过“马伯里诉麦迪逊案”确立了最高法院的“司法审查权”。当宪法文本在规范政府部门运转缺位时，最高法院便成了判定其他政府部门行为合宪性的唯一权威机构。因此，最高法院的判决也成为总统权力的法律来源之一。

最高法院对总统权力的影响更多的是体现在制约而非授权方面，但最高法院制约总统的最大特点就是因时制宜。当国家处于危急时期，最高法院通常都倾向于行政决策——支持总统的行动，然后在危机过后通过其他案例对有失公允的判决进行调整。最高法院的判决过程受到社会现实和法官个人政治倾向的影响，其立场经常摇摆不定。然而，就宪政体制而言，最高法院的摇摆立场恰恰是平衡总统权力的重要调节阀：当总统权力受限不足以处理国家面临的紧急事务时，最高法院便通过司法判决给予总统一定的支持；当危机过去后，最高法院则运用司法手段制约总统因紧急状态而扩张的权力。可就这一意义而言，最高法院对总统权力的影响，是联邦政府分权制衡原则的体现。

（四）早期总统政治实践对总统权力边界的界定

虽然宪法及其相关体制对联邦政府的分权体系做了制度上的安排，但有关总统权力的相关规定仍然存在着诸多模糊之处。而且随着时间的推移，美国联邦政府的三大分支的权力分配格局相应地发生了变化：原本处于最弱势地位的最高法院获得了将国会与总统都纳入自己的监督范围的“司法审查权”；国内外形势的变化促使联邦政府权力的天平开始由国会向总统倾斜。特别是总统权力的变化，使得人们对总统权力的扩张产生了警惕和担忧，然而，20世纪以前的总统权力变化更像对宪法文本中模糊化的权力边界的一次次确认，而非真正意义上的扩张。

1. 总统对行政机构的塑造

《联邦宪法》在某些权力边界的“模糊性”，便意味着总统需要在政治实践中塑造行政机构。当然，并不是所有总统都有意愿、能力和机会塑造行政机构，但通常行为风格较为强势的总统往往会抓住一切机会塑造强大的行政机构。

作为第一任总统，华盛顿的每一项政治举措，都具有开先河之功，为其继任者所仿效。华盛顿总统的第一个重要政治贡献，就是确立了总统在行政机构中至高无上的地位。宪法文本规定了总统有条件的任命权，却未就罢免权的相关细节加以说明，因此国会派主张总统的罢免权应该与任命权规定的相同，即同样需要参议院批准。而华盛顿却认为，如果总统不能在自己权力属地内成为主人，那他就会变得软弱无力。华盛顿的这一观点得到了麦迪逊的支持，因此在华盛顿的授意下，麦迪逊和亚当斯分别斡旋于参众两院之间，国会最终不得不承认了总统对其下属拥有免职的权力。继华盛顿总统之后，安德鲁·杰克逊在摧毁国家银行的斗争中先后换掉两任财政部长以执行其命令，并建立“厨房内阁”以实现对内阁的绝对控制。对此，杰克逊在 1834 年 4 月 15 日的声明中解释道，“全部行政权力已经授予总统”，免除“协助其执法的官员”职务的权力也是总统固有的权力，而财政部长即在此类官员之列，财政部官员作为其下属的“职责和行为理应受到总统的监督和控制”。杰克逊总统的实际行动和声明重申了总统作为行政机构首脑至高无上的地位。

在提高总统在行政机构内部地位的同时，总统在干预立法领域也迈出了一大步。根据宪法规定，总统拥有立法建议权和立法否决权。总统明确行使立法方面的权力始于约翰·昆西·亚当斯总统，他在第一次国情咨文中提出了一系列的国内发展建议，包括建立一所联邦大学和一座天台等内容。此外，亚当斯还是第一位践行“宪法赋予总统有权‘提出他认为必要和妥善的措施供国会审议’”的总统，明晰这一权力的边界及范围。然而，亚当斯只是拉开了总统干预立法的序幕，而杰克逊则在这个舞台上大显身手。杰克逊总统干预立法的方式主要是行使总统否决权，尤其是对第二合众国法案的否决，这一否决是“总统曾经行使过的最重要的否决权”，因为它有着比否决该法案本身更深远的意义。从建国至 19 世纪末，每一位总统行使否决权都非常慎重，他们行使否决权的依据在于是否违宪而非单凭个人好恶。杰克逊总统的行动向人们表明：国会立法时应该将总统的意见考虑在内，否则该法案将会有被否决的危险。尽管国会能以 2/3 的多数推翻总统的否决，但被否决的法案能够再次达到 2/3 的多数十分困难。杰克逊总统是当时使用否决权最多的总统，共计 12 次，比之前所有总统否决次数之和还要多，且没有一次被推翻，于是，杰克逊所开创的干预立法模式成为之后总统与国会进行斗争的重要武器。

波尔克总统理所应当地继承了华盛顿和杰克逊总统的政治遗产，他坚持将控制行政各部门行为的权力视为总统的私人领地，从而将杰克逊主义的总统理念深耕于美国宪政体制的土壤中。当然，波尔克总统的这种做法也招致了反对者的批评。不过，对此他毫不理会。在给国会的最后一份咨文中，波尔克强调，“人民根据宪法要求总统，同样也要求政府的立法机构来执行他们的意志”。他还认为，总统作为人民的代表享有特殊地位，因为“总统在行政机构中代表合众国所有人民，这与立法部门的每一位成员代表他们中的一部分人是一样的道理”。波尔克的这一理念，后来成为其继任者深信不疑的政治信条之一。

2. 总统主导行使外交权的尝试

按照美国《联邦宪法》的设计，总统和国会共享外交权，如宪法第一条第八款规定“国会有权宣战，颁发捕获敌船许可状，制定关于陆上和水上捕获的条例”，第二条第二款规定，经参议院批准，总统有权缔结条约和任命大使、公使及领事。然而，宪法只对外交权的归属设置了一个框架而缺少具体内容，宪法的这种设计为总统解释宪法、行使外交权力提供了很大自由空间的同时，也为国会与总统争夺外交主导权埋下了伏笔。

20 世纪以前，华盛顿是赢得总统外交主导权的最大贡献者。华盛顿任职初期，虽然其积极主张行政至上，但在与国会有权力交叉的范围内却保持了相当程度的克制，在立法方面慎重使用否决权，在外交方面积极与国会沟通。但第一次正式与国会商议外交问题时的不愉快经历，让华盛顿总统决定在与外国进行谈判之前不再与参议院商讨条约内容，而是将“参议院的权力降低到了只是批准或拒绝行政机构业已谈好的条约”。1793 年英法战争爆发，华盛顿总统在未经国会的前提下单独发表了《中立宣言》，于是引发了国内对行政机构在外交政策上应该扮演何种角色的争论。在围绕《杰伊条约》签订的问题上，华盛顿直接拒绝了众议院要求总统提供所有与《杰伊条约》相关的文件的要求，进一步捍卫了总统主导外交事务的地位，也用实际行动回答了总统在外交领域应该扮演何种角色的问题。此后，杰弗逊购买路易斯安那土地和门罗发表《门罗宣言》，更进一步明确了总统在外交领域的主导地位。

3. 总统独立行使军事权的实践

在美利坚合众国早期，由于军事冲突不多，总统与国会在军事权领域的争端相对较少，但随着国内外形势的变化，总统越来越注重对军事权的控制，而总统主要通过宣布“战时紧急状态”来达到控制军事权的目的。

第一位利用紧急状态牢牢把控军事权的总统当属詹姆斯・波尔克。1846

年4月24日，墨西哥军队因抗议美国对其领土威胁无效与美国骑兵发生冲突，波尔克以此为借口催促国会向墨西哥宣战，并成为美国历史上第一位先于国会宣布国家处于战争状态的总统。战争期间，波尔克对整个军事行动进行了全程指挥与监督，并“向这个国家第一次展示了总统作为战争机构的管理能力”。

1861年美国内战爆发，这一突发事件为总统全面行使军事权提供了契机。战争爆发后，林肯总统先后发布一系列关于征兵、封锁港口、延长兵役期，甚至是停止人身保护令的行政命令，林肯总统在战争爆发的三个月内所采取的每一个措施都没有得到国会的授权或批准。共和党控制的国会对林肯的认可并未能从根本上消除人们心中的疑问：总统在紧急情况下所能行使权力的边界在哪？总统权力扩张有没有突破宪政体制的约束而走向独裁？所幸的是，林肯总统在战争结束后将这些特别权力交回国会。然而，内战期间林肯所行使的权力和享有的特权还是对宪政产生了冲击，因为他的行为表明，“在处理一场大战不可避免地带来的国内问题中，必须赋予总统一种无限的权力来采取紧急措施”。

纵观美国早期史，虽然在特定总统或特殊时机下总统权力会有明显的扩张，但此时的总统权力扩张领域均集中于宪法的“灰色地带”，且在总统卸任或紧急状态结束后开始回缩。由此可见，这一时期的总统政治实践更主要的是对总统权力边界的一种确认，而非真正意义上的权力扩张，但20世纪后情况则截然不同。

三、美国现代总统权力演变

19、20世纪之交，美国处于社会转型时期，其间，工业水平大跨步提高，经济实力呈几何倍增长，人口迎来高峰，在国际事务上崭露头角。这既加剧了美国社会的经济混乱和政治冲突，又催生出了一个更加强大的联邦政府，这样的强大以美国总统权力的扩张为主要表现。由于总统职位进入20世纪以后发生了巨大变化，学界通常将20世纪视为传统总统政治时期和现代总统政治时期的分界线，但在具体起始时间上存在分歧。20世纪七十年代以来，美国总统职位呈现出一系列新的特点，部分学者因此提出了“后现代总统”这一概念，但并未就特征、标准等关键问题达成共识，中国学者赵可金更是认为“学术界关于‘后现代总统’的种种争论纯粹是一场虚假的争论”。

20世纪以来美国国内外形势的变化，推动着联邦政府从有限政府向承担更多责任和职能转变，而总统在联邦政府中独特的地位和权力结构特性使得其权力实现了前所未有的扩张。这种扩张既包括权力范围的扩大，又包括权力扩张手段的增多，同时还包括扩张态势的持续性。

（一）总统权力扩张领域的拓宽

美国《联邦宪法》所确立的分权制衡体制，既包括横向上的行政、立法、司法的分权与制约，又包括纵向上承认联邦政府最高权威的同时，实现联邦政府与州政府权力的分立与制衡。但20世纪以来的美国总统权力扩张分别在横向上和纵向上打乱了上述制度安排：在横向上，总统向国会与最高法院的权力版图延伸；在纵向上，总统积极干预地方事务，甚至一度达到了“帝王总统”的程度。

1. 总统权力向立法权领域的延伸

进入20世纪以后，总统权力的扩张已经不再仅仅局限于宪法的“灰色地带”，而是直接涉足国会的“立法领地”。总统可以向立法权领域伸手，首先得益于宪法文本规定的“立法建议权”，约翰·昆西·亚当斯总统是第一位成功运用这一权力的总统，其做法不断被后来的总统仿效。总统影响国会立法的另一个杀手锏便是立法否决权，这个原本用于总统防范国会专权的规定，却成了总统与国会就立法内容进行博弈的由头。不过，总统行使否决权并非为了否决法案本身，而是以否决相要挟以换得国会同意总统本人想要通过的立法条款。虽然参、众两院可以通过2/3多数否决总统之否决，但难度之大通常使国会更愿意考虑总统的意见而非走否决总统之否决的程序。凭借这两项权力，总统几乎在每一个法案中都打上了自己的印记，就这一点，美国学者查尔斯·比尔德评价道：“可以毫不夸张地说，1929年以来制定的各项应付国民经济重要问题的重要立法中，没有一项的起源和形式是完全归功于参议院或众议院的明智而有创见的筹划和决断。”除了引导国会立法以外，总统还通过发布行政命令取代立法，即便是主张回归常态的沃伦·哈定总统在任期内也发布了27条行政命令。发布行政命令最多的当属富兰克林·罗斯福，任内共发布3556条。这些行政命令涉及美国社会的方方面面，不仅成为管理国家事务不可或缺的一部分，也构成了总统权力版图上不可或缺的一块拼图。第二次世界大战后，总统发布行政命令的数量呈明显下降趋势，但这并不意味着总统权力的收缩，而是总统权力扩张手段的增多所致。

2. 经济、社会事务领域管理权的扩大

翻阅美国《联邦宪法》和早期史，经济、社会事务本不在总统的管理范围内，总统权力在这些领域的扩大始于20世纪初的反托拉斯斗争。近代垄断资本的迅速发展及其对国家经济的控制，使得自由资本主义所倡导的契约自由变成了契约控制，长此以往，资本主义经济秩序必然遭到破坏，进而威胁到美国宪政体制的稳定。西奥多·罗斯福入主白宫以后，不等国会行动，总统便在1902年指示联邦司法部以违反了1890年谢尔曼《反托拉斯法》的罪名起诉北方证券公司（Northern Securities Company），并最终获得胜诉。同时，西奥多·罗斯福总统还打破了应地方政府请求方能干预地方经济事务的惯例，直接以雷霆手段调整劳资关系、解决劳资纠纷。20世纪初期，西奥多·罗斯福在经济领域的干预工作开启了总统管理经济事务之门。到了富兰克林·罗斯福政府时期，总统已经有权根据需要设立专门管理经济事务的部门，持续化与系统化地管理经济事务。在第二次“新政”中，罗斯福总统将改革目标由单纯的经济领域转向了社会生活领域，将改革的重点放在了建立完整的社会保障体系上。在随后的执政过程中，富兰克林·罗斯福在理论层面对干预社会事务进行了解释，在理论上提出了“言论和表达自由、信仰自由、免于匮乏的自由、免于恐惧的自由”的“四大自由”，阐明了自由的新内涵，并强调“贫穷的人不是自由的人”，在一定程度上作为后来美国福利国家的理论基础。但值得注意的是，罗斯福提出的“四大自由”，并不是也不应该是对自由的终极阐述。关于这一点，正如历史学家埃里克·方纳指出的那样，“罗斯福除了把‘四大自由’作为口号外，直到他执政的晚期，他也绝少讨论可能赋予‘四大自由’实质性内容的国内政策”。

3. 军事权的扩大

19 世纪中期，法国政治游历者托克维尔访美时，美国总统权力还十分有限，这种有限程度如托克维尔所观察到的，“不错，美国总统是军队的统帅，但这支军队只有六千名士兵。他指挥舰队，但这支舰队只有几艘军舰。他主管联邦与外国的往来事务，但美国没有邻国”。然而，这一状况在 20 世纪发生了根本性的改变，美国参与国际事务的欲望与其政治经济的发展同步增长，战争更是为总统军事权的扩大提供了契机。第一次世界大战爆发后，威尔逊总统通过 1917 年《利弗粮食与燃油管制法案》，获得了“颁发许可证管制必需品的进口、制造、储备、采矿或销售”的权力，权力之大前所未有，展示了一位现代总统的战时权力。美国正式参加第二次世界大战后，富兰克林·罗斯福总统获得了管制经济的权力，并成立了一系列总统办事机构，总统的战时权力达到了新的高度，甚至包括其下令将 11 万日裔公民关入集中营的行为都得到了最高法院的支持。罗斯福继任总统哈里·杜鲁门更是做出了向日本长崎和广岛投掷原子弹的决定，从而加速第二次世界大战的结束。二战后美国总统军事权的扩张不仅没有停止，反而有扩大的趋势。20 世纪 60 年代林登·约翰逊总统下令轰炸北越和 70 年代理查德·尼克松总统决定入侵柬埔寨等行为，均未事先征得国会同意。当然，国会并未对此置若罔闻，为限制总统不断膨胀的军事权力，国会于 1973 年通过了《战争权力决议》。根据该决议规定，总统在派遣军队执行任务时，需征求国会的同意。若军队已经派遣，总统必须在 48 小时内向国会报告，除非国会同意运用军队 60 天或延长 60 天的时间期限，否则军队必须撤回。但后来的事实表明，这一决议案对限制总统运用军事力量并没有产生多大的影响，特别是“9·11”事件发生后，乔治·布什总统更加积极地以“反恐”和紧急状态为由向国外派遣军队和采取军事行动。

4. 外交权的扩大

美国《联邦宪法》既没有将涉外事务的权力完全授予国会，也没有将其完全授予总统，而是将涉外事务的权力分割成若干部分分别授予了总统与国会。宪法文本对于外交权的规定决定了有关外交问题的府会之争，而外交事务果决、灵活等要求和总统职位权力结构特性，决定了总统在这场权力争夺中占有先发优势。西奥多·罗斯福总统是20世纪第一位打破美国“孤立主义”外交传统的总统，他在“门罗主义”的基础上提出了著名的“罗斯福推论”，宣称美国开始承担更多国际责任。西奥多·罗斯福总统通过调停日俄战争、干涉委内瑞拉内乱、支持古巴独立、干预圣多明各骚乱、推动巴拿马独立的外交实践，开创了不经国会允许处理国际事务的总统外交模式，从而“将行政权力扩展到了和平时期宪法许可范围的极致”。两次世界大战更是为总统扩张其外交权力提供了大量机会，威尔逊总统的战时外交和战后国际安排构想，富兰克林·罗斯福总统促成《中立法》《租借法案》的出台，都凸显了总统在外交领域的权力扩张。罗斯福总统还经常通过行政协定而不是签订条约的方式与其他国家达成协议，这一做法也得到了后继者们的继承。例如，尼克松为恢复中美关系所做出的努力就是通过这种方式实现的。

随着美国频频对外实施经济制裁，总统还获得了另一种宪法文本规定之外的权力，即对外实施经济制裁的权力（简称“经济制裁权”）。美国总统的经济制裁权起初只限于执行国会通过的制裁法案，第一次世界大战爆发后，为了阻止敌对国家（德国）通过美国获取战争支持，国会通过了1917年《与敌国贸易法》（TWEA），该法案授予了总统在战时状态下的极为广泛的贸易制裁权，总统也由原来在经济制裁中仅充当执法者逐渐转变为对外经济制裁的决策者之一。随后，美国总统的经济制裁权在经历第二次世界大战、“冷战”和“9·11”事件中快速扩展开来，虽然这种权力扩展过程中也曾经历曲折，但总体上呈现出急剧扩张的态势。尤其进入21世纪以后，经济制裁已经成为美国最常用的外交手段之一，总统的经济制裁权在其中所扮演的角色也越来越重要，如新近拜登政府为制裁俄罗斯所实施的一系列经济政策，绝大多数都是由总统和行政部门直接制定并实施的。

5. 从联邦权向州和地方权的延展

美国的宪政体制是联邦政府与州政府的纵向分权结构，1791年《联邦宪法》前十条修正案即《权利法案》的出台，为州和地方权利免受联邦政府侵害又增添了一重法律保障。在美国建国后的一百年里，联邦政府基本恪守这一分权体制，鲜见干预地方事务，但这一状况在20世纪后便被打破，联邦政府不断介入州和地方事务中。20世纪初联邦政府干预地方事务，首先体现在对自然资源的保护与开发上。西奥多·罗斯福政府时期，总统一边敦促国会立法保护资源，一边以行政命令的方式扩大保护范围，同时还拓宽了“资源”的内涵，将矿产资源和水资源都纳入资源保护范围内。不仅如此，西奥多·罗斯福总统在保护自然资源方面的举措，还为后来的几届政府尤其是富兰克林·罗斯福政府提供了参考，并且保护政策得以延续，美国现有的国家森林和田纳西流域的开发就是最为有力的证明。除此之外，联邦政府对州权干预的最直观体现，就是以财政支持为条件干涉地方立法和政策制定。当州政府财政状况不佳时，联邦政府会适时向州政府提供有条件的财政补贴，这里的“条件”就是联邦政府对补贴的使用进行监督和控制，如 1916 年通过的《联邦公路资助法》就规定，接受资助的州修筑公路时要受到联邦政府的监督。随着政府职能的不断扩大，州和地方政府越来越依赖联邦政府的财政补贴，而联邦政府也从中获得了更多监管地方经济的权力。总统作为联邦政府的掌门人，政府职能和管理范围扩大的同时，也拓宽了总统权力的范围。

除了上面涉及的领域之外，富兰克林·罗斯福政府还试图介入司法权，对最高法院发起挑战。这次挑战是由保守法院于 1935 年和 1936 年先后判决 10 余部“新政”立法违宪所引起，罗斯福总统为此提出改组法院计划，试图通过扩充法官人数以改变最高法院里保守派与自由派的比例，以挽救“新政”立法。虽然罗斯福改组法院计划最终流产了，但最高法院随后也不得不改变其保守主义的立场，这从另一个角度佐证了 20 世纪以来美国总统权力扩张领域的宽泛。

（二）总统扩张权力手段的增多

与总统权力扩张领域如影随形的是，总统扩张权力手段的增多。总体而言，总统扩张权力的手段主要是对抗国会和争取与国会合作两个方面，但无论是对抗还是合作，不同总统在不同领域所采取的方式都不尽相同。总的来说，总统扩张权力的手段可分为引导国会立法、绕开国会采取单边行动、国会委托立法永久化和诉诸人民等。

1. 引导国会立法

使用引导国会立法的手段，总统多倾向于采取与国会合作的方式，他们往往会做出比较谦卑的姿态以博得国会的好感，如威廉·塔夫脱总统亲自将起草法案送到国会、威尔逊总统亲自到国会做国情咨文演讲等。不过，这种手段在政府合作状态下，总统的诉求通常都能得到国会应有的礼遇和回应，可在政府分裂的情况下，总统在国会吃闭门羹的可能性会更大一些。当国会触碰总统底线或总统提议的法案得不到通过时，总统则会运用宪法武器——立法否决权来对抗国会，从而达到其追求的政治目标。原本宪法设计者将立法否决权授予总统是出于捍卫总统权威和地位的考虑，但在后来的政治实践中却逐渐演变成总统干预立法权的工具，并且，20世纪以来立法否决权已成为所有总统经常使用的一种手段，只是总统因为执政风格和理念的差异导致其使用频率多少不同而已。值得注意的是，总统使用立法否决权引导国会立法是一种被动性的权力，即只有国会送交总统签署法案时，总统才有机会行使这一权力。即便如此，总统动用立法否决权对立法的干预威慑效果仍然很大，这是因为国会要想否决总统否决的法案亦非易事，所以国会通常慑于这一权力而在立法时不得不考虑总统的政治诉求。对此，著名学者福山曾批评美国政治制度的政治极化和立法僵局，甚至认为，“美国总统制变成了一种否决政体”。

2. 绕开国会采取单边行动

当总统的立法诉求无法得到满足但又不愿意与国会发生正面冲突时，总统便倾向于采取绕开国会的方式达到自己的政治目的。

在国内立法层面上，总统通常以行政命令代替立法。至于总统的这一做法虽没有明确的法律来源，但通常认为始于华盛顿总统，正式形成于林肯总统，鼎盛于20世纪。相比于立法，行政命令在制定、表决、执行的整个流程中都更加方便快捷，因而受到总统的青睐。随着总统权力的扩张，20世纪以来的行政命令所涉及范围从仅用于行政领域扩大到社会民生各个层面，一度有代替立法之势，但在1952年“扬斯敦钢铁公司案”判决中，最高法院撤销了杜鲁门发布的10340号行政命令，在一定程度上限制了总统发布行政命令的范围和效力。

在国际外交层面上，总统采取单边行动的方式是以行政协定代替条约。行政协定的出现，在很大程度上是源于美国在20世纪以来频繁介入国际事务。由于美国国际地位的上升与参与国际事务的渴望，总统出于战略考量往来穿梭于各国之间，但其促成的条约往往在参议院陷入难产。20 世纪以来，为避免参议院的掣肘，美国总统便多以行政协定的方式确认与外国的外交关系与责任，并且，在 1937 年“美国诉贝尔蒙案”中最高法院对行政协定法律效力的确认，进一步坚定了总统使用行政协定代替条约的信心，此后的《大西洋宪章》《德黑兰宣言》《雅尔塔协定》等重要国际关系协议等，均以总统行政协定的方式确立。进入 21 世纪以后，总统签署行政协定的数量有所减少，其中一部分被总统新开发的手段“总统备忘录”取代，但前者的整体数量仍然远多于条约。

3. 国会委托立法永久化

国会的委托立法是总统获得立法权的另一种来源。当国会因立法效率、专业知识欠缺、应接不暇等方面的问题造成立法缺位时，在大致确立立法原则和目的之后，便将立法权委托给总统。而当国家出现紧急情况时，国会会比平时更多地将立法权委托给总统，而且授予总统的权力更加广泛。如 1917 年的《利弗粮食与燃油管制法案》，国会授予总统可以根据需要管制粮食、燃油等必需品的生产和销售，1933 年国会通过的《全国工业复兴法》，不仅加强了总统管理行政机构的权力，还授予总统管理联邦政府与地方经济生活的权力。此外，获得临时或长期授权的总统，总是想尽办法将国会委托的权力变成持久性的权力。当获得临时或长期授权后，总统利用权力行使的惯性使民众对总统行使该方面的权力习以为常，民众渐渐也会默许总统扩张后的权力。若无人指出这一问题，总统便顺其自然地将国会授权永久化，若有人指出，总统则会竭力从法理层面为自己辩解的同时，继续行使这些权力。久之，许多原来属于国会在委托立法方面的临时授权，最终却变成了总统的永久性权力。

4. 获得人民的授权

总统是美国唯一一个全民选举的职位，所以在总统权力扩张的过程中，得到人民的授权和支持亦是必不可少的，而求助的方式就是向人民发出呼吁以形成舆论压力。总统走向人民的第一步就是构建一套执政理论或理念，以论证其行使权力的合法性、必要性，如西奥多·罗斯福的“人民公仆”理论和威尔逊的“首相式‘总统’”理论等。第一步完成后，总统便开始实施其第二步，即频繁地借用各种机会进行演讲，将自己的政策、主张传达到每一个拥有选票的公民当中，以此汇聚成巨大的支持力，共同推动总统政治目标的最终实现，而“走向人民”的手段通常是总统在其政治目标受阻或政府其他部门不合作的情况下才会采取的手段。纵观20世纪以来的美国史，总统多次通过获得人民授权的方式实现了政治目标。这既得益于通信技术的进步，也得益于20世纪初的政治改革，公民获得了真正的投票自主权，从而拥有了裁决一切的权威。

20世纪70年代以后，美国还出现“永恒选战”概念。1976年，美国政治战略家帕特里克·卡德尔（Patrick Caddell）在写给刚刚当选总统不久的吉米·卡特备忘录中声称，“在公众认可的情况下，执政需要一场持续的政治竞选”，“永恒选战”概念由此诞生，并吸引了一大批学者竞相研究。“永恒选战”意即总统当选后仍然运用民意调查、基层选民动员等类似选战的手段进行执政，甚至是贯穿总统整个政治生涯，克林顿总统通常被认为是竞选式执政的范例，在这个意义上理解，特朗普总统的“推特治国”，实际上也是属于“永恒选战”的方式。由于“永恒选战”是总统直接诉诸人民的方式，所以一定程度上不受国会和政党政治的影响，使总统权力扩张更为便捷。

（三）进攻性扩张态势

从某种程度上讲，美国政治史也是一部总统权力扩张史，但20世纪以来的总统权力扩张态势与之前有着很大的差别。现代总统的权力扩张一改之前收缩性的特点，代之以进攻性扩张态势，而这种态势在扩张轨迹、时间跨度和辐射范围等方面都发生了巨大的变化。

1.“阶梯式”上升扩张

20世纪以前，总统职位及权力虽然曾多次发生变化，多位总统也进行了权力扩张的实践，但这一时期的总统权力扩张多为阶段性扩张，即在国家紧急状态下采取必要手段以遏制事态继续恶化，比如对外战争和内战等。这种扩张往往短暂，或因紧急状态结束，或因总统换届而终止，总统权力的适用范围也因此回到扩张前的状态。由此不难看出，这一时期的总统权力扩张更像心电图，总统权力的振幅紧紧围绕在宪法文本周围产生波动。不过，现代总统政治时期的权力扩张却呈现出了一种阶梯式上升的发展动态。尽管有些总统并不具备扩张的欲望，也没有扩张权力的能力，但他们也绝未放弃前辈们所留下的政治遗产。即便如沃伦·哈定、卡尔文·柯立芝和赫伯特·胡佛等被公认为保守的总统执政时期，总统的权力范围也并未收缩。可以说，现代总统政治时期的总统权力本身几乎未出现真正的低谷，通常被视为权力收缩的情况实质上是扩张状态的低潮，两者并非同一概念。也正是因此，总统权力在 20 世纪 70 年代甚至达到了“帝王般总统”的高度。就算是“水门事件”及国会立法机制改革所造成的权力复兴，对总统权力的影响亦比较有限。经过短暂的权力低谷后，又形成了“新帝王总统时期”。还需指出的是，总统权力扩张的阶梯不是通往帝制的天梯，总统权力可以在宪法范围内肆意波动，但始终无法触及宪法底线。这是因为，除了宪法本身对总统权力的限制以外，宪政体制中的其他因素同样对总统有着足够的约束力，以保证其不会破坏现有的宪政体制，任何总统想要违背宪法而行使权力都必将遭遇挫折，这就是美国宪政体制的特点，也是当年参与制宪者们的大智慧所在。

2. 持久性扩张

早期美国总统权力的扩张一般始于紧急状态或强势总统，从理论层面讲，这种临危受命的权力扩张因为缺乏正当程序或法律依据不足而无法持久维持，因而会随着紧急状态结束或总统换届而终止。而进入 20 世纪以后，总统权力扩张既可以发生于战争时期，也可以发生于相对和平时期，这甚至无关总统的个人风格。概言之，现代总统的权力扩张由以往的“临时扩张”转变为“持久扩张”。20 世纪以来，白宫增设的部门与政策，都难以在宪法中找到相关规定，但因为总统的坚持而固定下来。不仅如此，总统至今没有停下权力扩张的脚步。在一定意义上说，总统权力的持久性扩张是强总统在扩张领域的“开疆拓土”和没有攻城略地欲望的弱总统“巩固城池”共同作用的结果，换言之，众多强总统实现的权力扩张都是在弱总统时期实现了制度化而成为永久性权力。这种现象与总统权力扩张持久化的源泉有着密切的关系，总统权力扩张持久化的来源归根结底还是合法性问题，这种合法性源于宪法及法律的规定、最高法院的司法解释或民众的认可。当总统扩大了权力范围后，运行着的宪政体制需要时间来缓冲总统权力扩张对宪政格局造成的冲击，缓冲的过程也就是国会立法、最高法院判决或民众逐渐接受的过程，而弱总统执政时期正好预留了反应时间，从而实现了总统权力扩张的持久化。

美国总统制并非独立运作，而是融入美国宪政体制中的有机组成部分。尽管总统权力的扩张是一系列政治经济因素共同作用的结果，但宪法授权是根本，这种权力扩张是在宪法框架内不断变动。当然，美国总统权力的演变会冲击现有的宪政体制，这种冲击在联邦政府横向和纵向上均有体现，即便总统权力演变至今仍呈“阶梯式”上升的趋势，也没有突破分权制衡的体制，而是与宪政体制形成了一种互动，这种互动恰恰是“活”的宪法的生动体现。值得注意的是，在国会与最高法院制约总统能力减弱的背景下，宪政体制的平衡已经无法单纯靠传统的制度制衡来维持，而是逐渐倚重于政治制衡。而在当今美国社会严重撕裂的背景下，政治制衡将会进一步加剧社会的撕裂，反过来，社会撕裂也将加剧政治制衡的趋势。这种恶性循环在近年来的总统选举过程及结果中也有所体现，因此，在如何保证总统制合宪性和有效性的同时，使总统职位发挥其应有的作用且不威胁宪政体制，可能是未来美国政治制度史研究的一个重要课题。

思考题

1. 阐述美国早期总统制创设的历史背景和主要动机。
2. 分析行政首脑权力结构特点与美国总统权力扩张的必然性关系。
3. 从美国总统来源和出身背景的角度分析美国金钱政治的特征。

参考文献

[1] [美]阿克曼·布鲁斯:《我们人民：奠基》，汪庆华译，北京：中国政法大学出版社，2013年。

[2] [美]阿克曼·布鲁斯:《我们人民：转型》，田雷译，北京：中国政法大学出版社，2014年。

[3] [美]阿克曼·布鲁斯:《美利坚共和国的衰落》,田雷译,北京:中国政法大学出版社,2016 年。
[4] [美]查尔斯·比尔德:《美国政府与政治》,朱曾汶译,北京:商务印书馆,1987 年。
[5] [美]古德诺·弗兰克:《政治与行政:政府之研究》,丰俊功译,北京:北京大学出版社,2012 年。
[6] [英]霍布斯:《利维坦》,黎思复、黎廷弼译,北京:商务印书馆,1985 年。
[7] [法]卢梭:《社会契约论》,何兆武译,北京:商务印书馆,2003 年。
[8] 刘训练:《权利时代的经纬:自然权利学说、社会契约论与古典自由主义的论证方式》,《天津师范大学学报》(社会科学版),2008 年第 4 期。
[9] [英]洛克:《政府论》(下篇),叶启芳、瞿菊农译,北京:商务印书馆,2017 年。
[10] [法]孟德斯鸠:《论法的精神》(上卷),许明龙译,北京:商务印书馆,2012 年。
[11] [美]麦迪逊·詹姆斯:《辩论:国会制宪会议记录》,尹宣译,南京:译林出版社,2014 年。
[12] 石庆环,李越:《杰弗逊总统“超宪行为”探析:从美国路易斯安那土地购买的视角观察》,《外国问题研究》2016 年第 4 期。
[13] [法]托克维尔·C. 阿列克西:《论美国的民主》,董果良译,北京:商务印书馆,1989 年。
[14] [英]维尔:《美国政治》,王合等译,北京:商务印书馆,1981 年。
[15] 王希:《原则与妥协:美国宪法的精神与实践》,北京:北京大学出版社,2014 年。
[16] [美]西德尼·M. 米尔奇斯,迈克尔·尼尔森:《美国总统制:起源与发展(1776—2007)》,朱全红译,上海:华东师范大学出版社,2008 年。
[17] 薛天赐:《论美国经济制裁中的总统权力边界》,《政法论丛》2020 年第 2 期。
[18] 张定河:《美国政治制度的起源与演变》,北京:中国社会科学出版社,1998 年。
[19] 赵可金:《现代总统制中的后现代总统:美国总统权力的扩张及其制度制约》,《美国研究》2016 年第 30 期。
[20] Andrew Jackson, Message to the Senate Protesting Censure Resolution, April 15, 1834.
[21] Edward S. Corwin, *The President: Office and Powers 1787—1948: History and Analysis of Practice and Opinion*, Third edition, New York: New York University Press, 1948.
[22] Francis Fukuyama, *Political Order and Political Decay: From the Industrial Revolution to the Globalization of Democracy*, New York: Farrar, Straus & Giroux, 2014.
[23] James K. Polk, Fourth Annual Message, December 5, 1848.
[24] Leonard D. White, *The Jeffersonians: A Study in Administrative History, 1801—1829*, New York: Palgrave Macmillan, 1951.
[25] Robert V. Remini, *Andrew Jackson and the Course of American Freedom, 1822—1832*,

New York：Harper and Row，1981.
[26] Samuel Rosenman，Dorothy Rosenman，*Presidential Style：Some Giants and a Pygmy in the White House，* New York：Harper & Row，1976.
[27] Toyosaburo Korematsu v. United States，323 U. S. 214（1944）.
[28] Worcester v. Georgia，31 U. S. 515（1832）.
[29] West Coast Hotel Co. v. Parrish，300 U. S. 379（1937）.
[30] William Hebe，Executive Orders and the Development of Presidential Power，*Villanova Law Review，* 1972，17（4）.
[31] William M. Goldsmith，*The Growth of Presidential Power：A Documented History，* New York：Chelsea House Publishers，Vol. 1，1974.
[32] U. S. v. Grimaud，220 U. S. 506（1911）.
[33] United States v. Butler，297 U. S. 1（1936）.
[34] United States v. Curtiss-Wright Export Corporation，299 U. S. 304（1936）.
[35] United States v. Belmont，301 U. S. 324（1937）.
[36] Youngstown Sheet，Tube Co. v. Sawyer，343 U. S. 579，635（1952）.

第四讲　美国联邦最高法院

当今美国政治极化的现实导致府会之间以及国会内部的政治矛盾难以达成共识，而作为司法权力机关的联邦最高法院，也不得不卷入政治纷争中。其中，最高法院大法官的任命问题成为两党政治博弈的焦点。从当前的最高法院构成来看，保守派占据绝对优势，沃伦法院以来的民权遗产岌岌可危。例如，在 2022 年 6 月 24 日宣判的多布斯诉杰克逊案（Dobbs v. Jackson）中，最高法院以 6∶3 投票废除了 1973 年罗伊案（Roe v. Wade）和 1992 年凯西案（Planned Parenthood v. Casey）。女性堕胎权的权利保障成为历史。因此，最高法院的判决在当下备受美国社会瞩目，并且在一定程度上成为左右美国政治走向的重要因素。

国内外关于美国联邦最高法院的研究成果丰硕，如麦克洛斯基的《美国最高法院》、劳伦斯・鲍姆的《最高法院》、戴维・奥布赖恩的《风暴眼：美国政治中的最高法院》等著作，对美国最高法院的结构、人员构成、判案程序及其政治性皆有论述。就通识性著作来看，施瓦茨的《美国最高法院史》一书，以“司法审查权”的演变为线索，讨论了不同时期美国联邦最高法院的司法特点。霍维茨的著作《沃伦法院对正义的追求》，则讨论了沃伦担任大法官时期一改“新政”以来的司法克制主义，转而采用司法能动主义的法律信条，通过一系列司法判决，废除了种族隔离、维护了媒体言论自由、给予罪犯申辩权利以及保障女性、同性恋群体等弱势群体拥有的公民权利。可以说，沃伦法院是民权运动遗产的“守门人”。弗兰克・斯卡图罗的《最高法院从重建中的退却：宪法判例的扭曲》一书，也专门研究了美国最高法院在重建后期与黑人基本公民权之间的关系，具有重要的学术价值。国内关于美国联邦最高法院的研究，代表性成果包括一些学术专著和论文。任东来等在《美国宪政历程：影响美国的25个司法大案》一书中，挑选了最高法院不同时期的重要判决予以阐述，从中寻找出美国最高法院不同时期的司法特点。李炳烁的博士学位论文《司法制度的政治功能》，讨论了美国联邦最高法院在20世纪60年代民权运动中所发挥的政治影响，论文从黑人奴隶制的存废问题入手，阐释了最高法院对美国少数群体态度的转变。胡晓进在《宪政民主还是民主宪政》一文中，阐释了美国宪政对民主的限制，即对少数利益的保护以及对多数民主的不信任，而拥有“司法审查权”的美国最高法院对国会和总统的制约正是民主宪政性最多的体现。上述国内外的研究成果，为我们学习和研究美国联邦最高法院提供了有价值的理论指导和文献基础。

一、美国联邦最高法院大法官构成

（一）最高法院大法官人数的变动

美国联邦最高法院对特定案件的判决，直接关乎美国的政治走势。掌握司法权的美国最高法院大法官对于案件判决的走向有着不可忽视的作用，影响他们判决意见的因素较为复杂，与其家庭背景、从业经历、宗教信仰、司法理念以及意识形态密不可分。

在联邦最高法院的法官构成上来看，其人数在建国时并未固定。1787年《联邦宪法》也仅仅规定将司法权赋予最高法院及其独立审案的特性，并没有涉及最高法院运作的具体要求，特别是对最高法院大法官的数量、职责以及提名标准都没有明确规定，自然也没有限定大法官的出生地、国籍、年龄及宗教信仰，甚至没有要求大法官的法律素养和资历。

到了1789年召开的第一届国会的时候，联邦政府才集中讨论了最高法院的具体组织形式以及大法官人员构成规则。当时国会接受了埃尔斯沃斯的提议，对联邦法院的管辖权进行了范围界定，即涉及“联邦法律和条约的案件，可以由州法院审理”，若州法院的终审判决与联邦法律冲突，该案件便可上诉至联邦最高法院。为此，国会还通过了《1789年司法法》，并奠定了美国联邦政府的司法分支管理的法律基础。根据《1789 年司法法》，“合众国最高法院由 1 名首席大法官和 5 名副大法官组成，其中任意 4 名法官可达到法定开庭人数”，每年两次在首都华盛顿开庭，并将全国划分为 13 个地区分别设立联邦地方法院，在此基础之上又设立东部地区、中部地区和南部地区相对应的三个联邦巡回法院，由 2 名最高法院大法官和 1 名地区法院法官组成，每年进行 2 次开庭，负责审理涉及联邦层面的初审案件和上诉案件，至此建立了“巡回骑乘”制度。《1789 年司法法》作为首届国会通过的第一个法律文件，除对最高法院人数做出规定外，“赋予了最高法院受理下级联邦法院上诉案件的管辖权，而且根据该司法法第 25 条之规定，还可以受理州法院涉及联邦问题案件的上诉”。不过，这一新的权力机关在制度实践过程中依旧出现了关于大法官人数的一系列变动。1793 年，国会又通过《1789 年司法法》修正案，将参与“巡回骑乘”的 2 名最高法院大法官减至 1 名，目的在于减轻最高法院大法官的工作压力和保持法官们的身体健康。两年之后，国会以防止 6 名大法官出现投票僵持情况为理由，将大法官人数削减至 5 名，而实质上是联邦党人不想给予以杰弗逊总统为首的民主共和党提名最高法院大法官的机会。不过，在民主共和党控制国会后，旋即通过了《1802 年司法法》，将大法官人数恢复至 6 名。美国领土的西扩增加了全国范围内的巡回区，最高法院大法官人数也随之增加，在《1807 年第七巡回法案》中，大法官人数增至 7 人。1837 年，国会再次对《1789 年司法法》进行修订，在建立第九巡回区的同时，将大法官人数升至 9 人，第十巡回区成立时，最高法院的人数又增加到 10 人。1866 年，为阻止民主党总统安德鲁·约翰逊提名大法官，国会共和党人将最高法院大法官人数缩减至 9 人，但主持巡回法院司法工作的人员却出现了缺口。为了彻底解决这一问题，格兰特总统签署了《1869 年司法法》，该法案正式将最高法院大法官人数固定为 9 人，并改革巡回法院制度，单独设立巡回法院法官居住在各个巡回区主持司法工作，最高法院大法官只需保证两年内在巡回法院审理案件一个任期即可。至此，最高法院大法官人数最终确定，“巡回骑乘”制度也被《1891 年司法法》正式废除，到 1912 年，联邦上诉法院全面代替巡回法庭。

由此不难看出，最高法院大法官人数的增加，表面上是为了配合由领土扩大导致的巡回区增多，但实际上每个大法官人数变动的立法决定都是为了满足当权者的政治利益，这从《1801 年司法法》和《1802 年司法法》的交替更迭中可见一斑。联邦党人在竞选总统失败后，亚当斯总统趁卸任之前减少了最高法院大法官人数，增加并任命了 16 个巡回法院法官，不仅堵住了新任民主共和党人总统杰弗逊提名大法官的机会，而且让联邦党人牢牢控制了联邦巡回法院。杰弗逊总统对此种将党派纷争蔓延至司法独立的最高法院，并肆意更改法院组织结构和人员构成的做法十分不满，声称这是“在选举中遭到失败的联邦派退居司法机构”的政治手段。正是联邦党人的激进行为，促使杰弗逊总统刚一上任便要取消这些巡回法官的任命，进而导致了“马伯里诉麦迪逊案”（Marbury v. Madison）的发生。在此案中，马歇尔大法官确立了最高法院的“司法审查权”，这意味着，最高法院掌握了对美国宪法的最终释宪权。

到了“新政”时期，富兰克林·罗斯福总统与最高法院的权力博弈又导致了《1937 年司法程序改革法案》的出台，法案又称“法院填塞计划”。根据该法案规定，最高法院每有一名大法官年龄超过 70 岁零 6 个月，总统就有权任命一名新法官，最多不可超过 6 名。富兰克林·罗斯福总统表面上宣称法案是为了给联邦最高法院注射新鲜血液，其真实目的则在于为最高法院安排支持其改革政策的法官，扭转最高法院反对“新政”的不利局面。然而，这样的政治尝试由于太过激进而搁浅，至此，美国联邦最高法院大法官的人数便固定在 9 名，此后再未发生变化。

（二）大法官人员构成的特点

根据 1787 年美国《联邦宪法》，最高法院大法官由总统提名和参议会审核通过后即刻上任，但总统究竟以什么标准提名大法官，而参议院又以何标准通过大法官的任命都没有具体规定，这就导致联邦最高法院大法官人选的条件是相对开放的，给总统任命大法官留有一定的弹性空间，换言之，总统完全可以根据具体情况物色合适的大法官人选。根据两百多年的美国政治实现，联邦大法官构成呈现出如下较为突出的特点。

第一，精英化属性。北美殖民地时期，由于缺乏独立的司法机构，所以即便继承了英国的普通法传统，也无法形成英国的司法体系，这导致了各殖民地的司法机构嵌套于殖民地议会之中，通常由总督和选举产生的助理组成高等法院，负责审理“从下级法院上诉来的民事案件”。而在地方政府层面，则形成了县法院和村镇会议相结合的行政机构，其中县法院不仅解决民事纠纷，还负责县的公共管理以及社会治安；村镇会议作为北美殖民地基层自治的代表性机构，“立法、司法、行政权都没有被人为地分开，呈现一种混权的现象，北美的村镇会议在村镇管理中也是绝对权威的，它不仅仅具有立法和行政大权，而且还有某些司法权”，如果发生相关案件，村镇居民有权在村镇大会上共同讨论解决办法。由此不难看出，北美殖民地时期的司法机关具有高度政治化的特点：一方面是司法权与立法权、行政权相结合；另一方面是负责案件审理的民选官员大都来自殖民地的上层精英集团以及地方的绅士阶层。

第二，政治化趋向。1787 年《联邦宪法》规定的总统提名大法官制度，更反映出殖民地总督挑选助理组成高等法院的历史传统。受此影响，各届总统在挑选大法官人选时往往带有较强的政治目的。华盛顿总统最初任命的 6 名大法官中，就有 4 位是制宪会议代表，其余 2 位还是所在各州的司法人员。这样的人员构成明显有利于最高法院维护 1787 年宪法的法律效力，同时部分州司法人员的加入，也表明了对各州法院体系的尊重，有助于促进联邦政府的团结统一。之后对于大法官的任命，党派趋向更为明显。例如，马歇尔大法官的任命是在联邦党人总统选举败北后做出的决定，他们寄希望于控制最高法院来达到牵制民主共和党人的目的。据相关统计，“在最高法院组成最初的 70 余年，总统一直都是选任与自己属于同一党派的大法官”，在 115 位任命成功的大法官席位中，“共和党总统任命的大法官有 54 位，民主党任命的有 39 位，联邦党人 13 位，民主共和党人（杰弗逊共和党人）7 位，辉格党人 2 位”。即便是林肯总统曾通过任命民主党人斯蒂芬·菲尔德位大法官来试图维护党派间的平衡，也是为了达到南北团结的政治目的。此外，随着最高法院在宪政体制下扮演的角色越来越重要，总统也越来越考虑大法官候选人的司法理念倾向，认识到大法官在意识形态上与总统行政风格保持一致的重要性。例如，面对沃伦法院推行的宪法革命，尼克松总统在挑选大法官候选人时强调，“要么是与他的意识形态没有区别的南方民主党人，要么是与民主党参议员政治交易的受益者”。基于这种认识和选任办法，与总统同一党派且司法理念符合政党思想的候选人，往往成为最高法院大法官的概率较高。

第三，专业化趋势。在两百多年的美国历史演进中，联邦最高法院大法官的人选也曾经历了从政治经验丰富的政治精英到专业基础雄厚的法律人才的转变。建国初期的最高法院，多由制宪会议代表以及联邦政府各行政和立法分支的政治精英担任，再加上最高法院管辖权受到限制以及联邦政府职能尚未完善的原因，单凭两党政治妥协下累积的经验，许多案件并不需要专业的法律知识也可以解决，甚至在杰克逊总统执政时期，“政党分赃制”也适用于司法人员的任命上，杰克逊总统将其亲信和属下安排进了最高法院而不考虑其是否能够胜任。不过，随着美国社会的发展，联邦最高法院受理案件类别和数量陡增，便对大法官的专业素养提出了新的要求。作为对这种需求的回应，美国在内战后政府开始发展依托于高等院校的法学专业教育，至富兰克林·罗斯福“新政”后逐渐完备。因此，学习法学专业知识，获取顶尖院校法学学位，成为步入最高法院的必备条件。正因为如此，最高法院的大法官多出身于法学名校，例如，威廉·布伦南大法官毕业于哈佛大学法学院，鲁斯·金斯伯格大法官毕业于哥伦比亚大学法学院，威廉·伦奎斯特大法官则毕业于斯坦福大学法学院。

第四，地域性分布。内战之前，因为“巡回骑乘”制度和州权主义的影响，大法官的任命非常看中地域背景，尤其是独立战争期间发挥很大作用的部分州一般都会在最高法院拥有大法官席位，故有“新英格兰席位”“弗吉尼亚－马里兰席位”“纽约席位”“宾夕法尼亚席位”等稳定的席位。但内战后，随着巡回法院最终被上诉法院替代，加之美国版图的扩大，不同地区的大法官都有机会进入最高法院。因此，提名大法官的地域因素逐渐弱化。

第五，种族和性别因素。在美国早期史上，联邦最高法院大法官队伍中并没有少数族裔和女性的位置，20 世纪 60 年代民权运动后，种族和性别因素开始成为总统提名大法官所要考虑的重要因素。民权立法作为民权运动的重要成果，其废除了种族隔离制度，提供了对种族、性别相关议题的法律保障。约翰逊总统甚至提出了著名的“肯定性行动计划”，以补偿歧视行为对弱势群体造成的损失，禁止联邦项目的参与者存在歧视行为，要求政府和企业在招收雇员时预留少数族裔和女性的岗位。在这一背景下，前期联邦最高法院没有一位少数族裔或女性大法官的事实立刻受到了广泛关注，约翰逊总统旋即于 1967 年正式任命瑟古德·马歇尔大法官为最高法院历史上第一位黑人大法官。在此之后，1981 年里根总统任命了第一位女性大法官桑德拉·戴·奥康纳，1993 年克林顿总统任命德裔犹太人鲁斯·金斯伯格为最高法院第二位女性大法官，2022 年拜登总统又任命了美国历史上第一位黑人女性大法官布朗·杰克逊，由此种族和性别因素在联邦最高法院大法官构成上成为一个主要特点。

二、美国联邦最高法院权力从被动到能动的转变

作为联邦政府的司法权主体，最高法院的制度结构是由《1789 年司法法》建构起来的。但相比于总统和国会，在合众国建立初期，联邦最高法院甚至都没有自己的专属办公地点，不难想象其权力和地位。从最高法院的职权来看，1787 年宪法将最高法院初审权主要限制在联邦法律层面，因为建国初期州权的强大，联邦政府的整体权力体系尚在构建中，其职能仅仅包括处理州际贸易等少部分权力，所以导致了最高法院“在成立的头三年，最高法院实际上任何事情也没有做”，“巡回骑乘”反而成为大法官们的主要工作内容。由此可见，最高法院当时的职权被动且空泛，许多宪法中隐含的最高法院权力都未能利用。

最高法院权力从被动转为主动的标志性案件，是 1803 年的“马伯里诉麦迪逊案”。该案确立了联邦最高法院的“司法审查权”，其有权宣布国会立法违宪，确立了最高法院的司法权威。在此之后，凭借“司法审查权”，最高法院在经济权力方面提出了“契约条款”和“最高条款”等宪法概念，将企业法人适用于重建修正案来维护铁路公司权益；在民权方面将《权利法案》适用于各州，进一步发挥宪法第 14 条修正案当中的“平等保护条款”“豁免条款”“正当程序条款”的作用。至此，最高法院已经彻底扭转了在联邦政府中的被动地位，成为美国宪政体制中不可或缺的一环。

（一）最高法院“司法审查权”的确立

1787年《联邦宪法》对司法权做出了概念上的界定：“一切基于本宪法、合众国法律以及根据合众国权力所缔结或将缔结之条约所发生之普通法与衡平法案件”可由最高法院受理，同时，以合众国为当事人的诉讼、各州之间的诉讼、各州公民之间的诉讼、同州公民间要求占有他州让与土地的诉讼以及一州或其他公民与外国或外国公民之间的诉讼都属于最高法院的司法管辖范围，更为重要的是，最高法院“有受理关于法律与事实之上的上诉司法权”的条款，使得最高法院在对联邦法律拥有初审管辖权的情况下，又获得了对下级法院判决的上诉管辖权。值得注意的是，因为制宪会议并没有明确规定州法院和联邦法院的等级关系，也没有规定联邦最高法院是否有权对州最高法院的判决进行司法审查，所以最高法院的“司法审查权”只是暗含在美国宪法中，具体的司法实践尚未展开。

美国各州（除1812年加入联邦的路易斯安那州）继承了英国普通法系中的“法官造法”原则，这一原则赋予各州司法官员很大的自由裁量权，尤其是对各州法律合法性的司法审查。1780年新泽西州法院就曾开会抨击了该州1778年通过的一项关于惩罚通敌罪的法律，认为其“违反了新泽西州的宪法”，理由是6人组成的陪审团进行定罪是不合理的，即便关于该案的史实记录较少，其依然被看作是美国法院司法审查的先例。1782年弗吉尼亚州上诉法院判决的“共和国诉卡顿案”则更为明显地突出了法院“司法审查权”。该案的判决意见十分明确：“法院有权宣布立法机关及其分支颁布的法律违宪和无效。”在1784年著名的“拉特格斯诉沃丁顿案”中，州法院宣布允许对英国占领纽约期间占有财产的人提出非法侵占诉讼的法律违宪，该案因为汉密尔顿作为被告辩护人而轰动一时，并形成在低级法律违宪时自动被权威更高的法律代替的惯例。由此可见，1787年宪法制定前的各州法院其实早已通过审理相关案件的方式确立了“司法审查权”，为后来联邦最高法院确立“司法审查权”奠定了司法基础。但费城制宪会议受到州权主义者的影响，为了体现对各州司法体系的尊重，1787年《联邦宪法》才没有明确列举这项权利。

在最高法院正式建立后，联邦法院的法官们就将确立“司法审查权”提上了日程。在1796年的“韦尔诉希尔顿案”（Ware v. Hylton）中，英国债权人依据《英美合约》要求弗吉尼亚州债务人希尔顿偿还债务，而希尔顿则依据弗吉尼亚州在独立战争期间颁布的允许将英国人债权进行充公的法律拒绝还债，最高法院最终启用了宪法第 6 条的“最高条款”驳回了希尔顿的诉求，认为英美两国签订的条约在法律效力上高于弗吉尼亚州的没收法。同一年的“希尔顿诉美国案”（Hylton v. United Stated）又涉及 1794 年国会颁布的《马车税》法案合宪性问题。原告希尔顿以宪法禁止联邦征收直接税为理由，控告该法违宪。在经过财政部长汉密尔顿的劝说后，最高法院大法官最终裁定马车税税种为间接税，因此符合宪法规定。由此不难看出，前者使最高法院维持了对州的“司法审查权”，后者则表明最高法院有权裁定国会立法的合宪性。

1803 年的“马伯里诉麦迪逊案”，标志着“司法审查权”的最终确立。如上文所谈到的，该案起源于“午夜法官”的任命，因为联邦党人在 1801 年总统选举中败北，即将卸任的联邦党人总统亚当斯为保存同民主共和党人抗衡的实力决定改组联邦法院，任命了 16 名联邦巡回法院法官，国务卿马歇尔也被安排至最高法院担任首席大法官，由于 16 名巡回法院法官的任命状需由国务卿发出，忙于就职最高法院首席大法官的马歇尔没能在离任前发出这些任命状，之后上台的杰弗逊总统十分厌恶联邦党人强行控制司法机关的政治行为，于是扣押了这些任命状，导致 16 名所谓“午夜任命”的巡回法院法官失去了工作，包括马伯里在内的 4 名失业者便将现任国务卿麦迪逊告上最高法院，要求其交出任命状。在审理此案过程中，马歇尔大法官首先肯定了马伯里等人有权得到经由总统和国务卿签署的合法任命状，之后肯定了联邦法院有义务在公民权利受到侵犯时进行司法救济，但在“是否该由最高法院下达强制执行令，要麦迪逊将委任状派发给马伯里”问题上，马歇尔大法官给出了否定的回答。首先，国务卿并不属于大使、领事等外国使节或州政府一方当事人等被告类别，最高法院没有初审管辖权，只有上诉管辖权，马伯里应该在低级法院提起对麦迪逊的诉讼；其次，马歇尔大法官认为《1789 年司法法》是违宪的，因为联邦最高法院从根本上是审查和解释宪法和法律的司法机关，该司法法规定的“在法律原则和习惯所容许的范围内，联邦最高法院有权向联邦政府现职官员下达命令，命其履行法定义务”条款赋予了联邦法院行政管理职能，非法扩大了联邦法院的权力，损害了分权与制衡的宪法精神，这是最高法院历史上第一次宣布国会立法违宪。但联邦最高法院避免了同府会的正面冲突，在宣布国会立法违宪的情况下，又判定马伯里未经正当程序控告麦迪逊而结案。一时间原本做好准备抗拒最高法院命令的民主共和党人哑口无言，他们试图弹劾马歇尔大法官的计划也只得作罢。

"马伯里诉麦迪逊案"奠定了最高法院"司法审查权"的政治基础，得到了来自总统和国会的共同默许，马歇尔大法官的政治智慧在该案中得到了充分展现，不仅调和了两党之间的政治矛盾，还维护了联邦政府的团结。不过，马伯里案涉及的是联邦立法的合宪性问题，对于最高法院能否宣布州法律违宪并没有给出具体意见，所以最高法院还要等待涉及州法律合宪性案件才能有机会确立完整的"司法审查权"。在 1810 年"弗莱彻诉佩克案"（Fletcher v. Peck）中，最高法院便将"司法审查权"适用于州立法的合宪性问题上。该案涉及佐治亚州议会受贿和公民财产权问题，因为 1794 年佐治亚州议会立法将该州以西的亚祖地区分成 4 部分廉价卖给了 4 个土地投机公司，这些投机公司立即就以高昂价格出售土地。不过，随着贿赂议员行为的披露，该立法立即遭到了佐治亚州民众的声讨，新一届国会为了缓解民众不满，直接废除了土地法，并宣布根据该法律进行的土地交易无效，这导致了已经从投机商中购买土地的弗莱彻瞬间失去了土地所有权，其被迫对投机商提起诉讼。马歇尔大法官认为，弗莱彻的购买土地行为是合情合法的，不能因为新立法就剥夺其土地所有权，马歇尔进一步引用宪法中的契约条款，将佐治亚州废除土地法的行为视为"公民权利剥夺法案、追溯既往的法律或损害契约义务的法律"。根据马歇尔大法官判决，弗莱彻的财产权不得被强制剥夺，佐治亚州议会需出台新的法律维护已经购买土地的买主的合法财产权。弗莱彻案既表明了"各州受制于其契约义务"，又确定了"最高法院拥有裁定州法违宪的权力"。至此，联邦最高法院的"司法审查权"得到认可和完善，最高法院自身的权威也得到了提高。通过"马伯里诉麦迪逊案"以及其后的一系列司法案件，联邦最高法院司法主权地位得到了真正的确认，一定程度上限制了各州的权力，维护了美国联邦政府的权威。

（二）最高法院权力由被动转向主动的具体表现

美国内战之前，最高法院的判例主要涉及“联邦制的性质以及与此相关的奴隶制问题”，“司法审查权”确立后，最高法院在界定联邦与州的权力关系方面发挥越来越重要的作用。能够反映这一点的便是“麦卡洛诉马里兰案”，该案涉及的是第二合众国银行的合宪性问题以及各州是否有权对联邦政府机关征税问题。早在第一合众国银行建立时，南部各州就表示强烈反对，认为合众国银行只会为北部工商业的发展提供资金支持，南部则不会受益，但是联邦党人汉密尔顿却坚持认为建立合众国银行是联邦政府应对复杂社会经济形势的必要措施，宪法也允许联邦政府为了统筹全国经济建立相应部门。不过，因为宪法的确没有建立合众国银行的具体条款，所以第一合众国银行到 1811 年就停止运行了。紧接着 1812 年的英美战争使得联邦政府负债累累，各州在战争期间私自印发纸币，造成了财政慌乱，严峻的经济形势再次要求联邦政府组建第二合众国银行来整顿经济。第二合众国银行发行的货币具有全国流通的性质，各州不得不向该银行借款来缓解自身的通货膨胀，致使合众国银行有控制各州货币的发放数量，再加上“合众国银行中 80% 的资本额为私人拥有，4/5 的董事是由股东选举产生，这也使得董事们为股东们的私利奔走，加剧了合众国银行分支与州银行之间的矛盾”。其中，马里兰州便通过了对第二合众国银行巴尔的摩分行征税的立法决定，作为分行代理人的麦卡洛最终将马里兰州告到最高法院，麦卡洛案由此产生。在该案中，马里兰州的辩护人又将州权主义理论照搬了过来。一是强调联邦政府由各州共同建立，主权在州；二是宪法没有明确规定建立合众国银行，宪法中未明确列举的权力应由各州保留，否定了第二合众国银行的合宪性。但马歇尔大法官并没有因为第一合众国银行被废止而向州权主义者妥协，其先是表明联邦政府的权力来源于美国人民，是美国人民让渡出一部分权利来组建联邦政府以维护公共利益，之后强调宪法和联邦法律是合众国的最高法律，各州的法官都应受其约束，后者的宪法和法律中有与之相抵触的内容，应以前者为遵循原则，此举肯定了合众国银行的合宪性。马歇尔大法官最后解释道，即便各州拥有征税权，也是限制在其主权管辖范围内的，如果允许各州对合众国银行征税，那么这种权力就会扩展至对海关等联邦政府部门的征税，完全破坏了联邦制的权力结构。在经过马歇尔大法官充分论证后，最高法院最终以 7：0 的投票结果支持第二合众国银行。与此同时，“麦卡洛克诉马里兰案”还引出了最高法院的“解释宪法‘默许权力’原则”。在该案中，马歇尔大法官对“联邦”概念的解读更多是将各州有机地结合在一起，防止各州的分离运动。正是在马歇尔的领导下，最高法院将制宪者所建立的联邦结构转变成了一个甚至足以抵抗和承受内战冲击的国家。

除联邦制问题外，奴隶制是美国宪法遗留的另一大问题。制宪者们对奴隶制的态度，从人权和人道角度并不赞成和推崇，但从保护种植园经济和南北政治妥协的角度又不得不认可暂时的保留，而且他们原本以为奴隶制会随着烟草种植业的衰落而自行消失。然而，随着棉花种植业的兴起，使得奴隶制起死回生，南方因此形成了以种植园经济、民主党执政以及种族歧视与隔离为一体的黑人奴隶制度。从 19 世纪 30 年代开始，自由州和蓄奴州围绕西部领土争端问题的讨论已经进入白热化阶段。虽然有 1820 年《密苏里妥协案》、1850 年的美墨战争所得领土妥协案以及 1854 年《堪萨斯—内布拉加斯法案》的立法成果，但随着堪萨斯冲突的出现，通过府会立法来解决奴隶制问题的方式已经失效，而此时北部和中西部又进行了政治重组，形成了以废除奴隶制为主要目的的共和党，因此，面对当时的政治局势，最高法院必须选择从司法角度解决奴隶制的存废问题是无法避免的，其突破口是涉及一名黑人奴隶德雷德·斯科特自由身份问题的 1857 年“斯科特案”的联邦最高法院裁定。斯科特随主人在自由州伊利诺伊和威斯康星准自由州居住两年，随后返回了密苏里州，在主人去世后，斯科特上诉密苏里巡回法院要求获得自由身份，并最终上诉至最高法院。首席大法官罗杰·坦尼在判决意见书中否定了黑人奴隶斯科特的美国公民身份，认为“黑人不包括在宪法‘公民’一词之中，也不打算包括在宪法的‘公民’一词之下，因此不能要求宪法为黑人提供和保障任何权利及特权。相反，他们在美国建国时被认为是从属和低等的存在”，随即宣布《1820 年密苏里妥协案》违宪，并指出国会没有权力未经正当法律程序剥夺公民的自由和财产权，更没有权力规定在北纬 36 度以北禁止守法公民拥有奴隶这种财产。斯科特案迎合了南部蓄奴派坚持的联邦政府不能阻止任何一州的公民把在法律上已获得其家乡州认可的财产带入准自由州（威斯康星）地区，联邦政府只是各州代理人的观点，无视了北部自由派捍卫国会作为最高立法机关的权威的努力，最终从司法角度上肯定了黑人奴隶制的合宪性。由于最高法院拥有美国宪法的释宪权，斯科特案判决直接抹杀了南北双方通过合法渠道进行协商和妥协的可能，成为内战爆发的原因之一。

美国内战后，由于斯科特案的消极影响和引起的社会不满，最高法院任凭共和党人控制的国会通过 1867 年《重建法案》，对前南方邦联各州进行军事占领，连续通过三条宪法修正案废除了黑人奴隶制，给予了黑人美国公民资格和选举权，并设立“平等保护条款”维护立法成果。但后来联邦最高法院在“屠宰场案”（Slaughter–House Case）中，确立了合众国公民和州公民的双重公民资格概念，裁定黑人只享有联邦公民权利，直接缩减了重建修正案对黑人公民权利的保障。随着 1873 年经济危机的爆发，转移了两党的注意力，进而造成了“局部政治重组”和“重建政治妥协”局面。而后，美国垄断资本主义在镀金和进步时代的快速发展，也使得最高法院形成了“契约自由”的司法原则，站在企业的立场上维护财产权。例如，1905 年“洛克纳案”就是此种司法立场的体现。该案宣布保障面包工人健康工作的《面包坊法》违宪，支持劳工合同的不可侵犯性，反对政府对企业运行的干预；在 1935 年的“谢克特家禽公司诉美国案”中，最高法院认为国会不能将立法权委托给总统行使，国会将关于制定全国各行业的公平竞争规则的权力赋予罗斯福总统是违宪行为，这意味着 1935 年 1 月的《全国工业复兴法》违宪。而一年后的“美国诉巴特勒案”，又认为联邦政府在为农民提供公共援助时，不得附带强制接受援助的附加条款，《农业调整法》也因此被判违宪。最高法院这一系列否定“新政”立法的判决，直接激化了其与罗斯福总统的矛盾，“法院填塞计划”由此诞生。虽然“法院填塞计划”最终并没有成功，但罗斯福总统的高支持率以及经济形势却导致联邦最高法院转变立场，即“抛弃最高法院的自由放任主义、社会达尔文主义，选择罗斯福政府由国家干预社会经济生活、在一定程度上抑制垄断资本、改善群众处境以挽救资本主义制度的政策”，并且最高法院在 1938 年的“美国诉卡罗林产品公司案”中，公开支持“新政”立法，标志着最高法院在经济领域开始采取尊重立法的司法克制理念。

需要指出的是，在“美国诉卡罗林产品公司案”中，哈兰·斯通大法官在判决书中的脚注第4条中却明确表示，最高法院的司法克制并不适用于民权问题，相反，强调“对涉及个人基本自由和权利的立法采取‘严格审查’标准”。正是这个脚注表达的判案理念，奠定了二战以后最高法院在维护弱势群体合法权利方面的绝对主动性，带来首席大法官沃伦开启的宪法革命，将《权利法案》吸纳进第14条修正案，将其适用于对各州的司法审查。二战后世界范围内的民主化浪潮，美国本土的种族隔离制度遭到国内外的一致批评，民权运动也随之兴起，进一步推动了最高法院向自由立场的转变。在1954年“布朗案”中，最高法院废除了南方种族隔离制度，明确宣布种族隔离剥夺黑人学生平等接受教育的机会违反宪法的“平等保护条款”，推翻了最高法院在1896年“普莱西案”中“隔离但平等”的观点；在刑事被告权利方面，最高法院通过“米兰达案”（Miranda v. Arizona）、“吉迪恩案”（Gideon v. Wainwright）以及“马普案”（Mapp v. Ohio），赋予了刑事被告米兰达免费律师辩护权以及排除非法证据的权力，一定程度上减少了弱势群体在作为刑事被告时遭遇到的不公正审判。有学者对此评论道：“沃伦法院对美国社会发展和国家政策制定所起的影响，要超过其他任何一个时期的最高法院。在其存在的16年中，沃伦法院突破了联邦宪法对最高法院权辖范围所作的诸多限制，在美国当代社会的价值观念转型和国家政策制定中发挥了积极作用。沃伦法院对国家政治事务的深切关注，使联邦最高法院从一个司法裁判部门变成了一个积极影响国家政策制定甚至在很多问题上主导美国社会发展方向的政治决策机构。”

在女性权利方面，最著名的是关于女性堕胎权的“罗伊案”（Roe v. Wade）。在该案中，联邦最高法院裁定得克萨斯州刑事堕胎法违宪，因为该法规定只有在女性生命受到严重威胁时，才会允许其堕胎。最高法院认为，“（得州禁止堕胎法）不考虑女性的怀孕阶段和其他利益，违反了宪法第14条修正案的正当程序条款，该条款保护女性不受州行为干预的隐私权，包括女性终止妊娠的权利”。同时，布莱克门大法官在其撰写的多数意见中提出了著名的“三月分期制”，即在女性怀孕最初3个月，堕胎的决定及其实施必须由孕妇的主治医生判断；在3—6个月之间，州在维护胎儿生命权的利益信服度得到增强，可以立法管制女性堕胎；在6—9个月属于晚期堕胎，州为了维护其对胎儿潜在生命权的利益，可以禁止女性堕胎。根据这一里程碑式的判决，美国大部分州的堕胎法一夜之间被全部废除，向女性提供合法堕胎服务的堕胎诊所陆续增加。

在言论自由方面，1989年的“焚烧国旗案”（Texas v. Johnson）较为典型，在此审理案中，最高法院宣布得克萨斯州国旗法违宪，肯定了“象征性”言论自由，认为焚烧国旗是一种符号表达形式，与口头演说形式相同，受到宪法第一修正案的保护。关于LGBTQ群体的自由判决，则在2015年的“奥贝格费尔诉霍奇斯案”充分体现。最高法院最后宣布同性恋婚姻合法，有权在各州取得结婚证书。

总而言之，美国内战后，通过上述一系列案件判决，最高法院在公民自由以及保障弱势群体合法权利方面几乎掌握了主动权，许多自由判决牵动着联邦和各州立法的兴废，凸显了联邦最高法院的司法能动性，甚至“从1953年到2003年的半个世纪里，美国联邦最高法院共判决89个国会立法全部或部分无效”。

三、美国联邦最高法院的价值取向

（一）传统的保守与审慎

从司法哲理上讲，就司法审查对象和范围的不同，以及通过审查来对宪法进行严格还是宽泛的解释，是判断不同时期美国联邦最高法院司法价值取向的标准。通常来看，如果动用“司法审查权”对宪法条款赋予了新的含义，那么联邦最高法院便具有自由价值取向，相反，如果最高法院很少动用“司法审查权”，即便对联邦和各州法律进行审查时也仅仅适用基础审查标准，只利用宪法文本明确规定的条款，遵循判决依据已经过时的先例，那就说明最高法院就是偏向保守价值取向。根据不同的司法价值取向，最高法院也顺势形成了司法克制和司法能动的司法哲学理论。司法克制主义主要指“法官在寻求立法原意的基础上，尊重成文法和先例，在解释的过程中尽量保证对立法机关和行政机关的尊重”，避免将法官自身的精神信仰和政治倾向施加到案件判决当中，同时对法院的司法审查和法官的自由裁量权进行限制，尤其是涉及政治问题审案。司法能动主义则是指法官利用“司法审查权”更多地维护社会公正，“不拘泥于先例和成文法的字面含义进行创造性和补充性解释，以回应当下的社会现实和社会演变的新趋势，并对各种政治、社会问题给予干预的司法理论和方法”。

建国伊始至罗斯福“新政”初期，最高法院多呈现出保守的司法价值取向。1803 年，马歇尔大法官为最高法院确立“司法审查权”后，通过“麦卡洛案”引出了宪法条款中的“默许权力”原则，扩展了最高法院司法审查范围。在 1819 年的“达特茅斯学院案”（Dartmouth College v. Woodward）中，达特茅斯学院作为 1769 年由英王颁发特许状建立的私立学校，在独立战争后被新罕布什尔州政府擅自修改该校章程，成立州委员会对学校进行管理，试图把达特茅斯学院转变为公立学校。马歇尔大法官判决学院最初章程的合法地位，章程遂受到宪法契约条款的保护。在 1824 年“吉本斯诉奥格登案”（Gibbons v. Ogden）中，围绕吉本斯和奥格登的汽船航行权限的争议，马歇尔大法官宽泛定义了宪法赋予联邦政府的商业权力，将商业权力范围扩展至各州内部的商业往来。坦尼法院则在“纽约州诉米尔恩案”（New York v. Miln）中，将治安权归为由各州保留的权力。纽约州政府规定所有船主必须提供登陆纽约市乘客的信息名单，包括姓名、住址等。在此案中，坦尼法院回避了联邦商业权力条款，认为州有权采取必要措施保护公民健康、安全和福利的权利。在后来的“斯科特案”中，坦尼大法官更是站在各州立场，论证了奴隶制的合法性。坦尼大法官认为，美国《联邦宪法》是由各州派代表制定的，联邦是由各州牺牲一部分权力共同组成的，所以作为美国公民的自由身份也是由各州代表在制宪会议上确定的，“在宪法通过时被各州承认为各州公民的人，也就成为这个新的政治体的人，其他人则都不是”，黑人奴隶更不可能成为美国公民的一员。坦尼大法官还否决了《1820 年密苏里妥协案》等国会立法，限制了联邦政府对各州事务的管制范围。在内战后，最高法院又凭借 1873 年“屠宰场案”将原本保护黑人公民权利的“重建修正案”转变为保护契约自由和企业利益的判案依据，形成了“实质性正当法律程序”概念。其实，正当法律程序条款在《权利法案》的第 5 条修正案中就已经提出，后来在第 14 条修正案中适用于各州。正当程序一方面指法律程序方面的“程序性正当程序”；另一方面是指程序合法的同时，“联邦和各州的行为也不能损害公民的生命、自由和财产”，即“实质性正当程序”。该原则在 1905 年“洛克纳案”中被完整适用。在该案中，最高法院否决了纽约的《面包坊法》，维护了企业与工人签订的劳工合同的不可侵犯性。此后，最高法院还否决了最低工资法，对美国进步时代的改革立法几乎持否定态度，直到最高法院通过“巴特勒案”和“谢克特案”等判决连续否决《工业复兴法》《农业调整法》和《最低工资法》等“新政”立法时，最高法院的保守倾向达到巅峰，但经过罗斯福法院改组计划之后，最高法院才开始转向。

最高法院呈现保守价值取向的原因有多种。首先，美国革命原本就有非常强的保守性。对此，英国政治学家埃德蒙·伯克对北美殖民地的独立十分赞赏，认为“美国革命是北美殖民地和美国人民对原本就已经形成的自治权力和个人权利的自然继承，没有出现法国大革命那种尖锐冲突的现象，直到宪法制定时，除了独立战争期间的亲英派和独立派人士的冲突和谢斯为代表的农民起义外，整个社会秩序是比较平稳的，这导致 1787 年《联邦宪法》也同样具有很强的保守性”。进一步说，拥有主权的联邦政府以及司法权的确立都是为了防止民众的暴政，总统实行间接选举，选举权的财产资格限制，国会众议院议员席位也是由各州政治精英角逐等，都反映出这部宪法看重的是共和而非民主、秩序而非变革、财产而非权利，这种对人民大众的防范和秩序的强调都是保守主义政治价值观的体现。其次，最高法院继承了英国普通法传统中的遵循先例原则，如果不和宪法原则产生根本性冲突，最高法院很难推翻之前做出的判决，同时，大法官又由总统提名经参议院确认的非民选法官，享有终身制的大法官们在获取民意和了解社会发展形势方面无法与立法机关和行政机关相比。19 世纪末 20 世纪初期，工业化和城市化发展导致了大企业内部的劳工权利问题日益突出，加之州际贸易的增加、政府腐败等各类问题，各地发起了美国历史上著名的进步主义运动。在运动中，媒体揭发政府腐败问题，工人控告企业的严重剥削，原本自由放任的古典自由主义已经无法解决美国社会遇到的新问题，联邦和各州政府相继出台法律对经济进行干预，缓解社会矛盾。但固守自由放任立场的最高法院抓住企业的契约自由和财产权的神圣性不放，否决了一系列具有现代自由主义性质的经济立法，站在了人民的对立面，阻碍了民主进程。最后，尽管“新政”之前的最高法院在很多情况下都是秉承司法能动的司法哲学来判案的，比如马歇尔大法官确立的“司法审查权”以及坦尼大法官对治安权的确立以及“实质性正当法律程序”概念的提出都是能动的表现，但这些所谓能动的司法审查，都是基于制宪者意图严格解释宪法的立场进行的，“那个时代的宪法争论表明……如果恰当的解释不能得出宪法文件的确切含义，那么司法审查的必要条件也就不具备了”。即便最高法院利用第 14 条修正案的正当法律程序条款没有明确适用于哪些方面的“权力真空”，进而创立了实质性正当程序概念，但是这一概念却成了最高法院“扩大财产权保护范围”的工具，并不能算赋予宪法以新的含义，更不用说顺应时代发展要求，这与后来沃伦法院实行的司法能动主义有着本质上的区别。

（二）沃伦法院的司法能动主义

沃伦法院是美国联邦最高法院最重要、最具影响力的法院。沃伦法院在民权领域采取自由立场，完美地践行了司法能动主义，进行了一系列自由判决，在保障弱势群体利益、维护社会公正方面取得重大历史进展。从厄尔·沃伦于 1953 年 10 月就职最高法院首席大法官，到 1969 年 6 月 23 日退休的 16 年为时期，随着古德堡和马歇尔分别在 1962 年和 1967 年进入最高法院，最高法院正式形成了以沃伦、布莱克、道格拉斯、布伦南、古德堡以及马歇尔大法官为主体的自由派多数阵营，这让沃伦法院有能力在言论自由、种族歧视、刑事被告权利等方面推翻保守的判决先例，保障公民权利。

由于早期受社会达尔文主义的影响，联邦最高法院在 1896 年的“普莱西案”中，正式肯定了美国南部的种族隔离制度，“隔离但平等原则”便成为了最高法院此后半个多世纪的指导原则。但随着二战的爆发，大量黑人参军并与白人并肩作战的事实逐渐改变了部分白人对黑人的种族偏见，加之世界范围内尤其是非洲国家陆续独立的影响，作为超级大国的美国，其内部存在的种族歧视和种族隔离制度遭到国际社会的批评，国内黑人在全国城市联盟、全国有色人种协进会等民权组织的推动下，杜鲁门总统于 1948 年签署了第 9981 例行行政命令，取消了美国军队中的种族隔离，而美国南部整个的公共设施的种族隔离依旧没有改变，最终导致了 1954 年“布朗案”（Brown v. Board of Education of Topeka）的判决。在该案判决中，沃伦大法官认为，“只有承认黑人是低等的，才有可能维持‘普莱西案’的隔离但平等理论”。从这一基准出发，最高法院最终推翻了“普莱西案”，宣布黑人不能进入白人学校上学以平等享有教育资源的制度违反了宪法第 14 条修正案的“平等保护条款”，否定了种族隔离的合宪性。但南方各州政府据此对“布朗案”等案的判决进行了大规模的抵制，所以到 1964 年，南方 11 个州中只有 2% 的黑人学生真正进入黑白合校的学校学习。正因为如此，美国黑人民权运动一直尝试在立法方面推动废除种族隔离和消灭种族歧视的法律出台。在此背景下，1962 年沃伦法院在“贝克诉卡尔案”（Baker v. Carr）中判决，田纳西州众议院议员席位分配不公，即在议会议席分配中未能实现“平等保护条款”，议席所代表的人口数目的不平等。因为田纳西州的经济发展早已改变了各个选区的人口数量，所以在普选制的前提下，人数少的衰败选区与繁荣的人口众多的选区选票价值十分不平衡，异化了“一人一票制”的民主规则。但根据 1946 年最高法院在“科尔格罗夫诉格林案”（Colegrove v. Green）所持的立场，认为议席分配不公属于“政治问题”，应交由立法机关解决，最高法院作为司法机关“不应该进入这一政治棘丛”。不过，最高法院在布伦南大法官的带领下，闯入了所谓的“政治棘丛”，而对各州的众议院选区划分进行司法干预，“标志着长期存在的议席分配不公行为第一次得到了有效遏制”，公民的政治权利也会受到最高法院的强力保护。1947 年“吉迪恩诉温赖特案”又使最高法院在刑事被告权利问题上迈进了一步。该案将宪法第 6 条修正案适用于各州，要求当刑事被告没有经济能力聘请律师为自己出庭辩护时，各州必须为被告免费提供律师。此外，沃伦法院还在“《纽约时报》案”中扩展了对新闻自由的保护范围。《纽约时报》因为刊登了诽谤蒙哥马利市民选市政议员沙利文的内容而被告上法庭，最高法院认为，“除非能证明报纸明知诽谤性声明是错误的而予以刊登，或出于疏忽没考虑其真实性”，否则该市政议员不能获得新闻媒体的赔偿金。“《纽约时报》案”是一项具有划时代意义的重要判决，它实际上是为新闻媒体批评政府官员的各类新闻报道大开绿灯，特别是为新闻媒体

“敢把总统拉下马”式的新闻调查和报道自由提供了前所未有的法律保障。

综上，沃伦法院的司法能动主义的核心是对保守先例的大规模颠覆，从确立种族隔离的“普莱西案”到划定政治棘丛的“科尔格罗夫案”的重新解释都反映出这一特点，并且在沃伦法院的14年间，遭到否决的国会立法就多达23个。伴随着抛弃保守先例的司法实践，沃伦法院开启了一场宪法革命，将《权利法案》“吸纳”进宪法第14条修正案中，“通过司法审查这一独特而又权威的宪法解释”，同时又将《权利法案》的“适用领域从约束联邦政府扩大到约束各州，使其中列举的各项权利对各州具有同样的制约作用，从而实现《权利法案》保护的联邦化”。比如宪法第1条修正案对于言论自由和新闻自由的保护，也被纳入第14条修正案的保护范围，第5条修正案中的“不可强制自证其罪”条款，被适用于刑事被告权利领域的案件之中。更重要的是，沃伦法院对自由权利的保护一定程度上弥补了美国民主制度的漏洞，把“少数人的权利保护作为民主核心”，强调公平对待是民主的一个必要的前提条件。进一步说，沃伦法院的核心思想就是“通过行使司法权以判决方式，保护所有公民的尊严与平等，最终使民主包含了实质正义的内容”。在沃伦大法官退休后，布伦南、道格拉斯等大法官继续坚持沃伦法院的司法能动主义，又宣判了“罗伊案”“弗曼案”“里德案”等民权案件，最终承认了女性堕胎权，废除了死刑以及禁止性别歧视，因此，沃伦法院能动主义的自由判例，至今仍是关于美国民权司法案件的主要判决依据。

四、重建与美国联邦最高法院对黑人的态度

“重建”（Reconstruction）是美国历史上一个特殊且重要的时期，其所要解决的问题，不仅涉及内战后南方对北方经济制度和经营方式的认同与接受，而且关乎战后美利坚合众国国家秩序的重建。关于美国重建时段的界定，学界传统上将其划定为内战后期或者战争结束后联邦政府为使南方各州在新的历史条件下重新加入合众国所实施的军事管制时期，时间上大致划在1863—1877年之间。这种分期方法主要是考虑到国会和总统对内战后南方治理所发挥的作用，并且一般认为1877年军事管制任务的完成标志着重建时期的终

结。但事实上，在1877年联邦政府退出对南方管制以后，最高法院仍然在处理着涉及黑人公民权的相关案件，继续进行着“司法重建”，这种重建甚至持续到19世纪90年代。

（一）最高法院对政府军事管制的态度及转变

内战结束后，美国南部进入了重建时期。在重建初期，最高法院大体上赞同联邦政府对南方的军事管制政策，并没有对立法和行政权进行过多的干预。关于这一时期最高法院的政治立场，从“密西西比诉约翰逊”和“佐治亚诉斯坦顿”两个案件的判决中可见一斑。在“密西西比诉约翰逊案”中，最高法院认为，“他们对执行权与政治义务缺乏司法管辖权，从而避免了最高法院否决或者禁止约翰逊总统执行1867年3月2日和23日国会通过的两部重建法案”。在诉讼案中，原告方“请求最高法院永久地禁止与限制约翰逊——一位田纳西公民以及美利坚合众国总统；以及为那一目的指派的官员和机构——尤其是密西西比州所在军区的军队指挥官，以任何方式执行国会颁布的通常叫做重建法案的两条法案”，并且控告“安德鲁·约翰逊总统违反宪法，侵犯了各州的神圣权利”。在受理此案的过程中，最高法院一定程度上听取和接受了时任美国总检察长亨利·斯坦伯里为总统所做的辩词，并做出了较为适宜的判决。在辩词中，斯坦伯里检察长引用了大量的事实和案例，坚持认为“法院的司法权力不能侵犯行政首脑的行政（执行）权”，以此表明了当时强势国会和总统不希望甚至不容许最高法院过多介入重建过程的政治立场。而最高法院恰好借着斯坦伯里检察长关于法院无权干涉总统行政（执行）权的理由，最终做出了“本院对一条命令总统执行其行政使命的法令没有司法管辖权；并且，我们不应该受理有关任何这样法令案件”的判决。最高法院就密西西比诉约翰逊案所做出的判决，实际上已经绕过了重建法案的合宪性问题，而仅仅宣布法院无权受理涉及行政权和立法权之间关系的法令，并表明最高法院不能随意地干涉总统的执行权和国会的立法权。当时与之相类似的，还有“佐治亚诉斯坦顿案”。在这起案件中被佐治亚州起诉的一共有三位政府军界官员，他们分别是战争部长斯坦顿、军事将领格兰特和第三军区（内含佐治亚、佛罗里达、亚拉巴马三个州）的少将波普，三位政府军官受到了与诉约翰逊总统案中同样的指控。不过最高法院“拒绝把总统的责任与其下属军官的责任做任何区别”，因而其也同样以没有司法管辖权为理由，拒绝了对这一案件做出宣判。

通过对上面两起诉讼案的判决，最高法院已表明了在重建初期所抱有的政治态度，即对国会和总统所倡导的对南方叛乱各州实行军事管制的默许；同时，由于最高法院这一明朗的政治立场，也使南方各州试图诱使其对重建法案进行违宪审查的企图遭到了失败。然而，随着时间的推移和政局的变化，最高法院对政府军事管制的态度亦发生了转变。而最高法院态度变化的原因如下：首先，1873年美国经济危机的爆发，直接导致政府财政和资金紧张。同时，联邦政府对南方的军事管制，不仅耗资巨大，而且从保护黑人民权并争取其选票的角度来看，收效并不显著，加之南部各州回归合众国的任务在1870年就已经基本完成，所以此时政府内外必然要尽快结束军事管制的状态。第二，政党政治的转变。随着黑人获得自由身份并开始有意识地争取公民权，白人亦日益感受到某种程度上的危机。关于这一点，正如美国学者高德曼所说：“在‘白人至上’观念受到挑战时，白人共和党人和民主党人的区别并没有太大。”尤其需要指出的是，伴随重建中后期政治局势的变化，最终使国会议员们纷纷背弃共和党而转投民主党。并且，此时在共和党内部又掀起了一股主张妥协的浪潮，一改共和党重建初期的政治价值取向，转而使“每一个共和党人都已经变得对各州的军事管制十分憎恶”。正是在这一背景下，最高法院的政治态度发生了变化，从初期理解和默许政府军事管制，防范和抵制南方种族主义势力，转而对后者持默认甚至是支持的态度。

（二）最高法院对《宪法》第14条和第15条修正案的偏狭解释

1873年以后，最高法院在政治态度上的转变，主要体现在1873年“屠宰场案”（Slaughter-House Cases）、1876年“合众国诉里斯案”（United States v. Reese）和“合众国诉克鲁克香克案”（United States v. Cruikshank）等几个重要案件的判决中。1873年的“屠宰场案”，原本与黑人民权问题并无直接的关联，原告和被告都不是黑人，而分别是公司和州政府，但大法官米勒在判决书中对公民特权与豁免的解释，却把原本可以广泛保护黑人公民权的宪法第 14 条修正案引向了偏狭的领域，使案件与黑人公民权紧密联系在了一起。在屠宰场一案中，米勒法官首先引用了宪法第 14 条修正案第一款的前两句，“所有在合众国出生或归化合众国并受其管辖的人，都是合众国的和他们所居住州的公民”，以及“任何一州，都不得制定或实施限制合众国公民的特权或豁免的任何法律”。然后，米勒进一步指出：前一句提到了合众国和州公民，而后一句只提到了“合众国公民的特权或豁免”。据此，米勒法官又得出了如下结论：“很明显，（美利坚合众国的公民）根据不同的特征和境遇，个体拥有彼此不同的美利坚合众国公民权和一个州的公民权。”并引申出“对州公民的特权与豁免领域的限定，不在于联邦而在于州”的结论。根据米勒的判决，最高法院需要保护的就只剩下《权利法案》中明确规定的一些权利、第 15 条修正案和强制法案所共同保证的选举权。因此，在此案判决过程中，米勒法官不仅人为创造了“二重公民”原则，同时还为最高法院拒绝为黑人提供除《宪法》和联邦法律所明确列举以外的大量民事权利找到了托辞。值得注意的是，米勒法官在判决书中，多次强调第 14 条修正案的立法目的，在于约束“州立法”“州法院”“州政府”等机构，是针对“州行为”，并不涉及个人，所以，公民个人侵犯他人权利的案件不在宪法第 14 条修正案的适用范围内。同时，米勒法官通过此案判决所确立的“州行为”原则，实际上也大大地缩小了最高法院对黑人民权的保护范围。关于“屠宰场案”判决的负面影响，美国宪政学家帕梅拉·布劳德温做出了客观的评判。他认为，最高法院的判决，“狭隘定义了国家公民权，严重地限制了第 14 条修正案的管辖范围”，并开始了“司法权力从重建中撤退”的进程，将黑人基本公民权的问题丢给了对后者来讲更加缺乏公正性的州法院，为黑人获得公民权设置了更难逾越的司法障碍。1876 年，最高法院又审理了“合众国诉里斯案”和“合众国诉克鲁克香克案”两起与黑人公民权有关联的案件，并直接涉及最高法院对 1869 年通过的宪法第 15 条修正案的解释，因为“美国诉里斯案是最高法院第一次解释第 15 条修正案”。此案件起因于 1874 年联邦司法部长威廉斯和副检察长菲利普斯对两名选举监察员海勒姆·里斯和马修·福希的提起诉讼，原因是他们在肯塔基州列克星敦市市政选举的监察工作中拒绝接收和计算美国非裔公民威廉·加纳的选票。联邦公诉方认为里斯违反了 1870 年的第一强制法案（The Enforcement Act of 1870）的第三和第四条，官司上诉到最高法院。这个案件的焦点在于最高法院需要裁定第一强制法案这两条的内容是否是根据宪法第 15 条修正案最后一款规定而制定的“适当立法”。最高法院认为“第 15 条修正案没有授予选举权给任何人”，“（过去）对这种（基于种族、肤色以及之前曾经为奴隶的状态）歧视的反对并没有宪法保障”，但“只有当在选举中有意地剥夺权利是基于种族、肤色或之前曾为奴隶的状态的情况下，国会才能干预，并进行‘适当的立法’”。进一步说，按照最高法院当时对第 15 条修正案的解释，只有能证明剥夺选举权的行为确实是基于种族歧视时，国会才有权干预，否则干预就是违反宪法第一条第四款的规定。正因如此，最高法院做出了最终的判决：“这个（强制）法案的第三和四条超越了权限，因此，它们是未经宪法授权的。”最高法院通过对“里斯案”的判决，不仅无情地打击了本已岌岌可危的联邦政府军事管制，并且，由于失去了第一强制法案第三和第四条的保护，黑人权利的伸张变得更加艰难。最高法院在“屠宰场案”和“里斯案”中对宪法第 14 条和第 15 条修正案的偏狭解释，已使联邦军事管制千疮百孔，而“克鲁克香克案”对以上两个司法判例的遵循与重申，则进一步加速了军事管制时期的终结。“克鲁克香克案”起源于白人与黑人因选举问题引发的武装冲突，在此案判决中，最高法院首先遵循了“屠宰场案”的判例，强调联邦公民权与州公民权的不同，以及联邦政府和公民所定居的州政府之间的权责区别。时任首席大法官的韦特强调两种政府的分权，并指出联邦政府受宪法所明文规定权力的限制，其他的权力则由各州和人民保留。之后又重申了马歇尔首席大法官所尊崇的宪法第 1 和第 2 条修正案中只能用于限制联邦权力，而不能用于限制州权力的规定，并断言正当程序原则和平等保护原则在本案中都不适用，因为宪法第 14 条修正案是用来约束州行为的。紧接着，最高法院又重申了“里斯案”中关于第 15 条修正案的判决，并将其与“屠宰场案”创立的“二重公民”原则合二为一。最高法院认为，“在州选举中投票的权利是来源于州，免遭被禁止的歧视的权利是来源于联邦”，“（原告）指控被告们出于种族、肤色以及曾为奴隶的状态的原因阻止这个黑人党派行使他们的选举权，但没有证据证明他们干涉选举权的意图是出于种族等原因，也就是说被告们并没有侵犯黑人党派的受合众国宪法和法律保护的权利。我们可能怀疑种族是引起双方敌对的原因，但这一点并没有为充分的证据所证明”。

通过上面几个司法案件和最高法院的最终判决，宪法第14条和15条修正案对黑人权利的保护作用，实际上因最高法院的偏狭解释而大打折扣。军事管制结束之后，最高法院虽稍微改变了在重建后期的保守态度，修改了“宪法第15条修正案没有授予任何人选举权”的判词，但基于传统的“联邦—州”观念的“二重公民”和“州行为”原则，却还是保留下来了，这直接阻碍了黑人获得基本公民权。

（三）最高法院在黑人选举与陪审权上的政治立场

重建时期与公民身份定位紧密相连的，是黑人选举权和陪审权问题。南方军事管制结束后，最高法院对黑人选举权的关注，在一定程度上是因为19世纪七八十年代政治腐败的猖獗，最高法院试图以此为切入点参与到选举腐败的治理当中。但由于治理腐败方案并没有得到最高法院所有法官的一致赞同，故而，方案最终的焦点被反对派引到了有关黑人选举权的宪法第15条修正案的再度解释上。19世纪80年代，在著名的“西博尔德单方诉讼案”（Ex Parte Siebold）中，韦特法院在判决书中有意回避使用“种族”和“黑人”的表述；但在与“西博尔德案”相类似的“克拉克单方诉讼案”（Ex Parte Clarke）中，菲尔德和克利福德大法官却在不同意见中提到黑人选举权的问题，即“关于有色人种的选举权”，不过，即使这样，他们并不同意将联邦选举管理权收归联邦法院，也不希望最高法院再涉足选举领域。他们的用意在于，继续用之前对第15条修正案有关黑人选举权问题的狭隘解释，给法院中支持收归选举管理权的多数派制造障碍，进而迫使后者就范，在选举权问题上知难而退。因为最高法院要获得选举管理权，就得推翻此前法院得出的“宪法第15条修正案没有授予任何人选举权”的结论，并为此增加司法责任。然而，少数派却低估了多数派试图使最高法院参与选举腐败治理的决心。正是由于在“克拉克单方诉讼案”中的分歧，最高法院关于选举权的讨论，很快就转到了黑人公民权领域，1884年的“三K党案”，也称“亚尔伯勒案”（Ex Parte Yarbrough），又为最高法院提供了一个重新介入此问题的机会。“三

K 党案”起源于三 K 党暴徒雅斯佩尔·亚尔伯勒和他的两个兄弟以及其他 5 人向最高法院申请人身保护令状。此团伙 8 名成员因为在 1883 年佐治亚的选举中合谋用暴力手段威胁非裔公民贝里·桑德斯，并给后者造成伤害，以阻止其行使选举权；在后者顺利行使选举权后，前者又对后者进行了残酷的殴打与虐待。三 K 党之所以这样有恃无恐地暴力威胁和剥夺黑人选举权，是因为最高法院为了结束军事管制，在“里斯案”中对第 15 条修正案进行了偏狭解释。但为了使最高法院介入选举问题理由充分，以米勒为代表的最高法院多数派在“三 K 党案”的判决中，竟然推翻了前期“美国《宪法》没有授予任何人选举权”的判词，转而宣称：“第 15 条修正案……明确地说明：选举权被看作是对国家政府来讲最重要的，并且它并没有被留给各州成为其所独自控制的。”紧接着，法院判词又进一步强调“第 15 条修正案确实由于其本身的权限，在实质上授予了黑人（作为一个与白人相等的种族）选举权，国会有权力保护这种权利并（在必要时）进行强制实施”。客观地讲，最高法院在“三 K 党案”中政治立场的转变，在一定程度上有助于其对黑人选举权的保护，但“屠宰场案”所传承下来的“二重公民”和“州行为”原则，却一直被最高法院奉为圭臬，这直接影响了有关黑人陪审权案件的判决。

陪审团是美国法院审判制度的一个重要组成部分。陪审团的产生方式是：“一般在审判之初，由法官和控辩双方律师一起从当地居民的名单中随机挑选。”陪审团在全程听完案件控辩双方的陈述和辩护后，举行闭门会议，负责认定案件的事实部分，并对被告是否有罪做出表决，因而陪审团对审判环节起着至关重要的作用。正是由于陪审团地位与作用的重要性，迫使最高法院在“斯特劳德诉西弗吉尼亚案”（Strauder v. West Virginia）中有了改变。斯特劳德是一个被西弗吉尼亚州俄亥俄郡的地方法院指控犯有谋杀罪的黑人，但根据西弗吉尼亚大陪审团组织法规定：“所有年满 21 周岁的白人本州公民都有担任陪审团的义务。”因而，斯特劳德认为州法排斥黑人作为陪审团成员，于是乎上诉到最高法院。经过取证和调查后，法院裁定西弗吉尼亚关于陪审团的法律条款“是一项歧视性条款”。与此相似的案件还有 1880 年的“弗吉尼亚单方诉讼案”（Ex Parte Virginia），其性质也是属于黑人“争取公正司法审判的平等权利和免于不友好歧视的豁免权”。无论是“斯特劳德诉西弗吉尼亚案”中的州立法行为，还是“弗吉尼亚单方诉讼案”中的州司法行为，都有明示的法律条文作为证据，所以最高法院可以按照1875年《民权法案》的文本和宪法第14条修正案的精神，保护黑人的某种权利，而宣布州法的违法与违宪结果。值得注意的是，最高法院对黑人的这种“保护”，只能是在州法律和州行为的前提与原则框架之内，一旦不在其中，最高法院对黑人权利就很难施行保护。例如，“在弗吉尼亚诉里弗斯案”中，虽然情形类似，也是关于黑人陪审团的案件，但由于在此案中没有任何州法律和州行为参与其中，所以最高法院最终裁定“法院对此案没有管辖权”，黑人权利便无法得以保障。进一步说，即使在个别甚至是一些案例中黑人的陪审权得到了“保护”，最高法院对此问题的保守和消极态度，也必然使黑人权利的获得只能是“橡皮图章”。因为只要各州不是以立法、判决、行政等州系统内的官方手段来剥夺黑人的陪审权，而是暗中串通勾结，最高法院就不会像“斯特劳德诉西弗吉尼亚案”和“弗吉尼亚单方诉讼案”那样做出有利于黑人的判决。在此前提下，即便侵害黑人陪审权的确是州权所为，也并不表明黑人权利就能够得到保护。1898年4月25日，最高法院审结的“威廉斯诉密西西比案”（Williams v. Mississippi），便能很好地说明这一问题。在这一案件中，面对明显带有种族歧视色彩的密西西比州规定（根据该州相关法律，公民选举登记前，需要做文化水平测试，以及大陪审团成员必须有读写能力）时，最高法院最终做出了不利于黑人的判决。最高法院认为，密西西比州关于陪审团和选举登记的立法，“不是原告所断言的，州宪法或法律在选举特权或者参加陪审团的特权与责任上明确地歧视‘尼格罗人种’（Nigger）”。“这些立法是给所有人施加限制的”，且“（这些立法）同时涉及能力较弱且堕落的白人和黑人……因而既不能说其拒绝提供法律上的平等保护……又不能说明实施法律是邪恶的和有歧视性的”。法院还认为，“法律执行的效果和诉讼人数，并不能证明该州法在动机上是针对黑人的”。最高法院的这一判决，使黑人又回到了难以举证的老路上，助长了南方各州通过立法的方式间接剥夺黑人陪审权的气焰。

从这个意义上说，重建时期最高法院在黑人选举和陪审权上所提供的“保护”，还只是浮于表面的，而非实质性的。更糟糕的是，最高法院在南方种族隔离问题上所持的默许与肯定态度，使得黑人在内战后一个相当长的时期里不得不生活在“隔离但平等”原则所建构的南方社会中。

（四）最高法院对待南方种族隔离问题的态度

在美国，南方各州对黑人的种族隔离，从非裔作为黑奴被贩运到北美大陆起便如影随形，甚至可以说，种族隔离已成为南方美国人习以为常的一种生活方式。内战前，种族隔离仍属于社会问题，而内战结束以后，随着黑人身份的转变及其争取基本权利的强烈意识，种族隔离又上升为政治问题，尤其是法律与宪政层面的问题。

重建时期最高法院第一次接手的种族隔离案件，是涉及黑人平等乘坐客运船权利的“霍尔诉德奎尔案”（Hall v. DeCuir）。在该案审理过程中，最高法院声称用“如果公共利益需要某种立法，那么它必须来自国会而不是各州”，进而否定了路易斯安那州在军事管制期间制定的相关立法。不过，最高法院在判决中，却以州际贸易条款回避了对1875年《民权法》中第一条“不论种族、肤色以及之前曾为奴隶的状态，都有平等的享受旅店酒馆、公共交通、剧院等其他公共娱乐设施的权利”的规定。最高法院这种回避的态度，虽暂时没有给黑人权利保障造成更大的损害，但助长了南方种族主义的泛滥。不仅如此，即便南方的种族隔离继续蔓延，在1883年的“民权系列案”（Civil Rights Cases）和“佩斯诉亚拉巴马案”（Pace v. Alabama）中，最高法院还是默认了南方的种族隔离政策。

“民权系列案”是由“美国诉斯坦利案”“美国诉瑞恩案”“美国诉尼克尔斯案”“美国诉辛格莱顿案”“罗宾逊夫妻诉孟斐斯”“查尔斯顿铁路公司案”等案件组成，其中斯坦利和尼克尔斯案涉及拒绝有色人种使用旅馆和酒店的权利问题；瑞恩案和辛格莱顿案是关于剧院拒绝黑人坐在特定座位或者拒绝黑人进入剧院的问题；而罗宾逊夫妇控告孟菲斯与查尔斯顿铁路公司案则是涉及拒绝黑人罗宾逊夫人就坐在女士车厢的问题。这些案件于1883年3月29日合并成“民权系列案”，并开始由最高法院进行审理。最高法院在这组案件的审理中，直接否定了1875年《民权法》第一条的合宪性。多数法官认为，根据第14条修正案的文本分析，“只有具有某种特点的州行为才是被其禁止的，个人侵犯其他人的权利，不属于此修正案的适用范围”。可见，在南方种族隔离问题上，最高法院依然在继续遵循从“屠宰场案”以来就反复强调的“州行为”原则。关于“州行为”原则，最高法院又做了进一步的阐释，并找出了其《宪法》依据。如果说以否定性、禁止性、纠正性授权开头的第 14 条修正案的最后一款是授权国会可以立法保障具体的民权的话，那么，它就是基于这样一个假定，即“如果州被禁止以某种特定方式对某一主体进行立法和行动（行政 / 司法），并且国会被授权禁止前者的行为”，那么，这种立法和行为，实际上是与“宪法未授予合众国、也未禁止各州行使的权力，由各州各自保留，或由人民保留”原则相悖的。在“民权系列案”的判决意见中，大法官布拉德利还列举了相关的案例，客观上有利于州的辩词。布拉德利认为，“宪法禁止州通过损害契约的法律，而这既没有赋予国会订立管理普通契约执行的法律权力，又没有授予联邦法院关于合同问题的司法权，以便可以使当事人一方就某具体契约在联邦法院进行上诉”。换句话说，当时法院只承认国会通过第 14 条修正案获得的禁止州进行侵害民权的立法、行政、司法的权力，而并没有获得为保护公民权而进行具体立法的权力。至于“主要能直接作用于个人行动”的第 13 条修正案是否能成为 1875 年《民权法》的《宪法》依据的问题，布拉德利大法官明确指出，“第 13 条修正案不是关于种族、阶层、肤色区别的问题，而是关于奴隶制的问题”，只要“不涉及一个人对另一个的隶属”，并不涉及《宪法》第 13 条修正案，而第 15 条修正案无论怎样解释，都只涉及选举权，因此与本案无关。当然，在“民权系列案”审理与判决中，最高法院也出现了明显的意见分歧，哈兰大法官甚至毫不客气地指出，判决“太过狭隘且矫揉造作”和“牺牲了宪法修正案的实质与精神”，并认定宪法第 13 条和 14 条修正案都能作为 1875 年《民权法》第一条合宪性的基础。此外，哈兰大法官还引用了大量的先前判例，分别阐述了在水陆交通运输工具上、旅馆以及公共娱乐场所里黑人应该享有的权利与服务，力倡种族平等。但遗憾的是，哈兰大法官的意见在当时的最高法院属于极少数派，势单力孤，没有得到强有力的支持。在这种政治格局下，最高法院不仅将禁止公共设施实行种族隔离的 1875 年《民权法》判作违宪，还进一步承认了“州行为”原则的合宪性。

在“佩斯诉亚拉巴马案”中，最高法院的态度和最终判决，更进一步助长了南方的种族主义气焰。“佩斯诉亚拉巴马案”，起因于黑白族裔之间的通婚问题。根据亚拉巴马州的法律规定：黑人与白人通婚违法，并以通奸罪论处，且其刑罚远远高于白人间通奸。原告黑人佩斯因此被判罪，其不服原判，上诉至最高法院，并认为亚拉巴马州法违反《宪法》第14条修正案第一款“平等保护条例”。但在审理此案中，最高法院多数意见却认为，“在亚拉巴马同种族两性结婚都合法的前提下，并没有剥夺某一种族结婚的权利；而跨种族两性通奸虽然比同种族两性通奸刑罚重，但这种刑罚惩罚的是通奸的双方，无论是白人或者是黑人，男女双方获得的惩罚都是一样的”，因而最高法院判决，该法令提供的是一种平等保护，而不是一种歧视。最高法院的上述判决，巧妙地避开了禁止跨种族通婚和加重严惩跨种族通奸的法令，实质上默许了种族隔离制度这一事实，而紧紧抓住平等保护条例中的“平等”做文章，对隔离所反映出的歧视和不平等的事实却视而不见。从这一点来看，最高法院在“佩斯诉亚拉巴马案”中所持的态度及其做出的判决，为后来著名的“普莱西案”（Plessy v. Ferguson）所最终确立的“隔离但平等”原则做了司法上的铺垫。

“普莱西案”起因于一位有7/8高加索血统和1/8黑人血统的黑白混血青年荷马·A.普莱西。1892年6月7日，普莱西在前往科温顿的路上乘坐火车时，拒绝遵守路易斯安那州1890年制定的隔离乘车法，坐到了白人车厢里，于是普莱西被捕，并被判有罪，后者不服，上诉至最高法院。正是在此案审理和判决中，最高法院创立了一条新的“隔离但平等”原则，进而回避为黑人提供使他们避免与白人隔离的平等保护，所以，美国宪政史学者查尔斯·洛夫格伦称其为“一个预谋好的测试性案件”，目的是检验《宪法》第13条和14条修正案的平等保护条款是否在《民权法》被宣布违宪后仍能保护黑人免遭各州立法的歧视。当时最高法院对“隔离但平等”原则做了如下阐释：“修正案的目的，毫无疑问是强制执行两个种族在法律面前的绝对平等”，但“（其本意）不可能是要实行区别于政治平等的社会平等”，“法律允许甚至要求隔离……并不必然包含一个种族地位低于另一个种族的意思”，而制定种族隔离法令确实在“州的权限范围内”。紧接着，最高法院又继续将政治地位和社会地位截然分开来谈，以证明黑人在政治上的“平等”与其在社会生活中的“隔离”并行不悖的论点。在肯定了黑白种族在政治上必须“平等”之后，最高法院又表示“如果一个种族在社会生活层面中低于另外一个种族，联邦宪法也无法将他们放在同一层面”。尽管哈兰大法官仍站在少数派观点上发表了不同的意见，并阐明“从宪法和法律上看，这个国家不存在处于优越地位、支配地位、统治地位的公民阶层，这里不存在种姓制。我们的宪法不区分肤色（color-blind）”的观点，但其本身也未能将反对种族隔离的事业坚持到最后，相反，“隔离但平等”原则却在1899年“卡明诉里士满郡教育委员会案”（Cumming v. Richmond County Board of Education）的判决中，获得了最高法院的全体赞同和一致通过。

“卡明诉里士满郡教育委员会案”是关于公立学校中实行的种族隔离——黑白分校制度是否符合《宪法》的案件，起因于里士满郡教育委员会运用其手里的公共资金，资助一个为白人孩子提供教育的公立学校，而为节省资金关闭了给黑人孩子提供教育的公立学校。哈兰大法官代表最高法院宣布了判决意见，并认定：教育委员会用黑人和白人共同缴纳的税款税金，资助白人学校而关闭黑人学校的行为，并不是实行黑白分校政策本身，不属于种族隔离与歧视范畴，是“滥用了其裁量权”。最高法院对“卡明诉里士满郡教育委员会案”的判决，实质上默认了“隔离但平等”原则的合宪性，标志着最高法院最终就南方的种族隔离问题达成了一致。

在整个重建时期，从最高法院一系列司法案件的判决中可以看出其对待黑人公民权的立场变化：从默许到反对，再到部分支持，最后发展到完全漠视，尤其是经过1896年的“普莱西案”和1899年的“卡明案”的判决，最高法院对南方的种族隔离问题进一步表现出默许与肯定的态度。正是由于最高法院在重建时期所持的这种政治立场，形成了美国规避黑人基本权利的“二重公民”“州行为”“隔离但平等”三大原则，并成为一个时期里阻碍美国黑人获得基本公民权的主要司法因素。那么，是什么原因导致重建时期最高法院态度摇摆、不能坚定地且全心全意地维护与捍卫《宪法》和为黑人伸张权利呢？要回答上面的问题，我们应该着眼于美国分权制衡的政治体制、“白人至上”的社会价值观和当时落后的司法体制等几个主要因素。

首先，从美国政治制度上分析，其特点主要体现在“分权与制衡”上。

在宪法构建的政府权力框架中，纵向上是联邦制，即政府权力分割于联邦、州及地方政府之间；横向上分割于立法、行政与司法三个部门之中。美国执掌权力的各个部分：联邦与州之间，立法、执行、司法三者之间，都有各自的权力边界。在此前提下，"州行为"原则在一定程度上反映了内战前联邦和州的传统权力边界，以致国会立法机构要求联邦最高法院保护原属于州管辖范围内的一些黑人权利时，法官们却抱怨道："立法机关设置一张法网，它足够网罗所有可能的犯罪者，把这一网的人都送到法院，然后询问我们谁应该被拘留，谁应该被无罪开释……这是超出了《宪法》权限，试图越权行事……"正因为如此，重建时期在涉及黑人民权案件的受理与判案中，最高法院往往是采取谨慎且保守的态度。

其次，从美国传统的社会价值观上看，"白人至上"的社会观念占据主导地位。在多数白人看来，黑人是低于他们的人种，即使是《独立宣言》的起草人杰弗逊也不能免俗。杰弗逊曾做过这样的判断："黑人，不管生来就是一个独特的人种，抑或由于时间和环境使然而成为一个独特的人种，肉体和精神的天赋都比白人差。"杰弗逊即便声称将来有一天，黑人应该享有《独立宣言》中列举的天赋人权，但他仍然认为，黑人享有这些权利，只能在非洲或者加勒比海地区，而不是美国。麦迪逊也总是"把黑人的解放与将黑人移民到美国境外的思想联系起来"，并强调美国公民的同质性问题。杰弗逊同样反对黑人和白人通婚，他认为"奴隶获得自由后……与主人通婚"会"玷污主人的血"，因此（黑人）"在获得自由后"将会"被迁送到不至于发生混血的地方"。杰弗逊和麦迪逊的这一思想，实际上与林肯将解放后的黑人送去殖民地的想法几乎别无二致：一方面他们都抨击奴隶制，并认为它是一种不道德的制度，黑人应该获得自由；另一方面他们又认为黑人不能享有与白人平等的地位，而且为了避免黑白种族的接触，应该把黑人送到美国本土以外的地方，但当时的美国现实条件又不能马上解决黑人移民海外的问题。正是基于这种传统的社会价值观和美国当时的实际情况，重建时期解决黑人问题的最好办法，便是接受南方的种族隔离政策，所以最高法院便一致通过了"隔离但平等"原则。

最后，从当时的美国司法体制上看，最高法院审判制度改革的滞后性，尤其是落后于时代的巡回制度和无法择案而审的审判制度的限制，不仅为法院判案设置了重重障碍，而且使其无法将较多的精力投入到更多涉及黑人权利问题案件的审判上。从1789年《联邦司法法》出台到1891年《埃瓦茨法》颁布，此间美国最高法院的每一位大法官都负担着极其耗费时间与精力的巡回任务。对于重建前的美国来说，法院的巡回制度不仅可行，且有充分利用人才资源和使法官了解更多案情的优势，但对于领土面积庞大的重建时期的美国来讲，巡回制度对大法官们来说，便成为一种极为沉重的负担。更为糟糕的是，重建时期最高法院还在实行强制复审制度，州法院和地区法院上诉的案子，最高法院必须接手和受理。繁重的审判任务，不仅使最高法院法官处于疲于奔命状态，而且导致法院审判效率低下。在当时的条件下，最高法院接手超期超时的案件，往往成为一种常态。例如，1876年上诉的案子，到了1882年才能由最高法院接手，可到那时关于该案的材料可能已不再充足。美国最高法院这种审判制度的滞后性问题，甚至直到1925年才得到较为妥善的解决。因此，重建时期最高法院即便主观上想为黑人争取权利，客观上也常常受到限制，何况最高法院一直持有保守且消极的司法态度。

思考题

1. 阐述美国早期“司法审查权”的由来及其作用。
2. 分析美国最高法院保守主义倾向的利弊之处。
3. 论述沃伦法院司法能动的影响和局限性。

参考文献

［1］　白雪峰：《美国沃伦法院述评》，《南京大学学报》2005年第4期。

［2］　［美］伯纳德·施瓦茨：《美国最高法院史》，毕洪海译，北京：中国政法大学出版社，2015年。

［3］　丁则民：《美国通史》（第三卷），北京：人民出版社，2002年。

［4］　郭巧华：《约翰·马歇尔与“麦卡洛克诉马里兰”案》，《史学月刊》2015年第5期。

[5] [美]霍维茨:《沃伦法院对正义的追求》，张志铭译，北京：中国政法大学出版社，2003年。
[6] 胡晓进、任东来:《保守理念与美国联邦最高法院——以1889—1937年的联邦最高法院为中心》,《美国研究》2003年第2期。
[7] 刘绪贻:《富兰克林·罗斯福与联邦最高法院斗争的性质》,《历史研究》1990年第4期。
[8] 李道揆:《美国政府和美国政治》，北京：商务印书馆，1999年。
[9] 李辉:《司法能动主义与司法克制主义的比较分析》,《法律方法》2009年第2期。
[10] 李丹、张庆熠、任东来:《美国联邦最高法院大法官制度》,《南京大学学报》2010年第2期。
[11] 倪春:《论北美殖民地村镇自治制度》，硕士学位论文，西南政法大学2008年。
[12] 任东来:《吹响结束种族隔离制度的号角：布朗诉托皮卡教育管理委员会案》,《南京大学法律评论》2002年第2期。
[13] 任东来、陈伟、白雪峰等:《美国宪政历程：影响美国的25个司法大案》，北京：中国法制出版社，2004年。
[14] 任东来:《民众为何支持：美国最高法院的历史轨迹》，北京：中国法制出版社，2014年。
[15] [美]塞缪尔·莫里森:《美利坚共和国的成长》(上卷)，南开大学历史系美国史研究室译，天津：天津人民出版社，1980年。
[16] [美]斯坦利·I.库特勒:《最高法院与宪法：美国宪法史上重要判例选读》，朱曾汶、林铮译，北京：商务印书馆，2006年。
[17] [美]托马斯·杰弗逊:《杰弗逊选集》，朱曾汶译，北京：商务印书馆，1999年。
[18] [美]沃尔夫:《司法能动主义：自由的保障还是安全的威胁》，黄金荣译，北京：中国政法大学出版社，2004年。
[19] [美]威廉·伦奎斯特:《伦奎斯特谈最高法院》，于霄译，上海：上海三联书店，2014年。
[20] Austin Scott，Holmes vs. Walton：*A Chapter in the History of Judicial Power and Unconstitutional Legislation*，American Historical Review，1899.
[21] Charles A. Lofgren，*The Plessy Case：A Legal-Historical Interpretation*，New York：Oxford University Press，1987.
[22] Dred Scott v. Sandford，60 U. S. 393 (1857).
[23] Edited，Printed and Published under the Authority of An Act of Congress，and under the Direction of the Secretary of State，*The Statues at Large of the United States of America，from December 1873 to March 1875，and Recent Treaties，Postal Conventions and Executive Proclamations*，vol. 18-Part3，Washington，D. C.：Government Printing Office，1875.

[24] Fletcher v. Peck，10 U. S.（6 Cranch）87（1810）.

[25] Frank J. Scaturro，*The Supreme Court's Retreat from Reconstruction：A Distortion of Constitutional Jurisprudence，* Westport：Greenwood Press，2000.

[26] Heldon Goldman，Austin Sarat，*American Court Systems：Readings in Judicial Process and Behavior，* San Francisco. H. Freeman and Company，1978.

[27] John William Wallace，*United States Reports，Supreme Courts vol. 71 Cases Argued and Adjudged in The Supreme Court of The United States.* December Term，1866，Washington，D. C.：W. H. & O. H. Morrison，Law Publishers and Booksellers，1867.

[28] J. C. Bancroft Davis，*United States Reports，Supreme Courts vol. 109 Cases Adjudged in The Supreme Court at October Term，1883，* New York and Albany：Banks & Brothers，Law Publishers，1884.

[29] J. C. Bancroft Davis，*United States Reports，Supreme Courts vol. 110 Cases Adjudged in The Supreme Court at October Term，1883，* New York and Albany：Banks & Brothers，Law Publishers，1884.

[30] J. C. Bancroft Davis，*United States Reports，Supreme Courts vol. 163 Cases Argued and Adjudged in The Supreme Court at October Term，1895，* New York and Albany：Banks & Brothers，Law Publishers，1896.

[31] J. C. Bancroft Davis，*United States Reports，Supreme Courts vol. 170 Cases Argued and Adjudged in The Supreme Court at October Term，1897，* New York and Albany：Banks & Brothers，Law Publishers，1898.

[32] New York v. Miln，36 U. S. 102（1837）.

[33] Nicolas Barreyre，The Panic of 1873，the End of Reconstruction，and the Realignment of American Politics，*Journal of the Gilded Age and Progressive Era，* 10：4 Oct. 2011.

[34] Pamela Brandwein，*Rethinking the Judicial Settlement of Reconstruction，* Cambridge：Cambridge University Press，2011.

[35] *Reports of Cases Argued and Determined in the Court of Appeals of Virginia，* Richmond：P. Cottom，1823.

[36] Roe v. Wade，410 U. S. 113（1973）.

[37] Robert M. Goldman，*Reconstruction and Black Suffrage：Losing the Vote in Reese and Cruikshank，* Lawrence：University Press of Kansas，2001.

[38] William T. Otto，*United States Reports，Supreme Courts vol. 106 Cases Argued and Adjudged in The Supreme Court of The United States. October Term，1882，* New York：Banks Law Publishing Co.，1904.

第五讲　美国联邦官僚

关于美国文官制度和联邦官僚的研究，美国历史学家范里普撰写的《美国文官制度史》和政治学家舒尔茨等的《美国文官改革政治》等专著最具代表性，也更具权威性，是国内学者研究这一领域的主要参考书籍。武汉大学王锦瑭教授发表在《世界历史》杂志上的《论美国联邦文官制度改革》一文，是国内较早且颇具代表性的研究成果。此外，本教程作者也常年从事这一领域研究，发表专题论文近40篇，出版专著3部，作者的博士论文便以《行政集权：现代美国官僚政治研究》为题。在研究美国官僚政治的过程中，作者还注意美国联邦政府腐败这一政治现象，并以此为题发表了数篇论文，就美国官僚的内涵与外延进行了更为深入的学术探索。对美国联邦官僚而言，自杰克逊政府“大众政治”兴起后，“政党分赃”便成为总统任用官员的主要途径，出现了严重的政治腐败现象。1883年美国联邦政府出台《彭德尔顿法》后，文官的录用便纳入竞争考试机制，政府官员实行职务常任制，并坚守政治中立。如此一来，联邦政府的政治腐败才得以缓解。但值得注意的是，20世纪以来，获得“独立”地位的职业官僚，凭借着特殊的身份和掌握知识及信息的优势，逐渐演变成联邦政府中的一支重要的政治力量。此外，在政府中依赖国会支持和在社会上依靠利益集团的配合，职业官僚一定程度上对总统权力形成了某种新的制衡，使政府中传统的三权制衡体制通过官僚得到了新的平衡，所以官僚也被称为政府的“第四部门”。

一、“政党分赃”与美国文官制度建立

美国职业官僚势力的发展，与文官制度的建立密不可分，文官制度的建立直接源于“政党分赃”和政府腐败的出现，而这一系列政治现象的出现，又都与杰克逊总统存在着关联，因此，杰克逊主政白宫是美国政治制度史上的一个重要拐点。

（一）杰克逊与“政治忠诚”

杰克逊政府不仅是美国历史上一个时间上的拐点，更是一个政治上的分水岭，更确切地说，杰克逊总统为美国“开创了一个以‘政府掌握在人民手里’的口号为标志的时代”，即“大众政府”时代。在旧有的“绅士政府”模式没有完全被取代和新的“大众政府”还没有完全形成的转折时期，作为“平民”出身和代表西部利益的候选人，杰克逊参加1828年总统竞选，格外引人注目。1828年杰克逊参加总统大选和最终获胜，不仅给美国政治带来了巨大的变化，而且在他1829年入主白宫后，开始了美国政府模式从“绅士政府”向“大众政府”的转变历程。

比对“绅士政府”时期，杰克逊“大众政府”对联邦官员的选任已不那么特别看重家庭出身和社会背景，即便看重品行和才能，也必须服从政治需要这一前提，或者说，更多地看重的是党派属性。虽然刚开始的时候杰克逊总统还有些遮遮掩掩，并承诺过“我任命的联邦官员是‘功绩制’与政治忠诚的一种结合”，但在“功绩制”与“政治忠诚”发生冲突时，他自然还是倾向后者。杰克逊不仅明确表示“我所挑选的有知识和有才能的官员，必须能够保证在各个方面与政党进行有效的合作，并对政党表示忠诚”，而且在就职后不久，便在向国会提交的第一个年度咨文中，还递交了一份带有“政治庇护”和“政党分赃”色彩的联邦官员任命名单。在这份任命名单中，杰克逊总统已经完全打消了先前留给“功绩制”位置的念头，而“政党忠诚”已占据主导地位。所以说，从杰克逊总统开始，美国联邦政府在选任官员时，“把官员的政治倾向和党派属性看得比先前任何时期都重要”。在杰克逊“大众政府”模式下，政府官员的选任一定程度上淡化了“绅士政府”时期的家庭出

身和社会背景，给更多中下层人士提供了平等竞争的机会，但值得注意的是，在这种政府模式的转变过程中，伴随政党政治的兴起及其对政府的不断渗透，特别是“政党分赃”的逐渐盛行，不仅使人们预期的民主内涵大打折扣，而且也使政府腐败在美国悄然出现。

（二）“政党分赃”下的政府腐败

“政党分赃”是美国政治中一个特有的现象。从19世纪二三十年代开始，伴随美国政党力量的加强和政治作用的凸显，大选获胜的新总统上台后，通常把政府官职通过“分赃”的形式，分发给同党成员特别是同党中为其竞选出力的亲信，于是，便产生了在政府官职上轮流坐庄的“政党分赃”（Spoils）。“政党分赃”产生的根源主要在于当时在美国政府中政治与行政之间的划界不甚清楚，政府规模和功能还十分有限。在此前提下，新总统通过“封官许愿”，既可以协调本党内部矛盾，又可以控制政府。在美国，“政党分赃”干预和影响总统大选以及“新政府”组成后政府官员的选任，通常始于在杰克逊政府时期。换句话说，从杰克逊总统开始，在“大众政治”理论光辉的照耀下，“政党分赃”受到鼓励和合理化，美国联邦公共机构管理改变了“绅士政府”时期选官注重出身、品行、能力和才华等原有的方向，转而看重党派倾向和政治忠诚。因此，“政党分赃”主导下的官员选任制度的这一变化，不仅带来了官员素质和行政效率下降，而且引发了政府腐败。关于政府腐败和反腐防腐问题，实际上早在美国建国初期，合众国的缔造者华盛顿、杰弗逊和汉密尔顿等人就已注意到，并一再撰文表达对建立“良好政府”和防止出现“专制与腐败政府”的政治愿望。特别是杰弗逊，他还具体谈到“美国梦就是要求在这片土地上远离工业主义所带来的腐败”，甚至提出“大城市暴民的存在，坚定了支持建立纯洁政府的信念。这一点，如同强壮的机体对身体疾病的抵制一样”。美国建国者们的这些论述的确高瞻远瞩，在一定时期内左右甚至主导着美国官员的选任和政府的组成，也才曾有过美国历史上的“廉洁”和“清明”的“绅士政府”时期。但需要指出的是，美国建国者治理政府的思想，在一定程度上带有理想主义的色彩。在很多情况下，他们是站在贤人和绅士的角度来看待政府组成，并且，按照他们个人的品格修养和道德标准来看待政府官员，而往往低估了人性的弱点和权力的腐蚀性。然而，与其良好愿望相反，“腐败是人性中物欲发展到极致的必然产物。无论作为个体的人，还是作为群体的人群，贪欲是最突出的本性，也是人们难以超越和克服的弱点。尽管人类社会出现以来，许多国家和政府一直都在尝试通过道德和宗教等正面教育手段，来提升人们的境界和抑制或者克服人性中恶的本性，但历史事实证明，除了极少数圣人、贤人和伟人以外，多数普通人在利益诱惑面前，都是无法做到无动于衷。因为人不是天使，所以他们无法抵挡和抗拒金钱、利益和权力等对其的诱惑。因此，当主观上贪欲膨胀和客观上又存在便利条件的时候，腐败行为发生的几率就会直线上升”。同时权力更是诱发腐败的关键因素，“因为权力具有天然的诱惑力和腐蚀性，并易于与人性的弱点相吻合”。因此，随着时间的推移和政府的演进，美国人也无法克服人类自身所具有的局限性，人们对利益和权力的追逐最终还是颠覆了美国国父们的理想，特别是伴随杰克逊政府时期“政党分赃”的盛行，政府腐败也就成为美国不可避免的政治现实。

在这个意义上，“政党分赃”与政府腐败，便成为一对孪生兄弟，并逐渐演变成19世纪中后期美国历史上一个严重的政治和社会问题。而这对兄弟的降生，恰好始于杰克逊的“大众政府”取代早期“绅士政府”的转变过程中。正是在这一过程中，“美国的公共机构遭受了相当大的堕落与腐败的阵痛”，这也是杰克逊总统的反对派辉格党人所谴责和抨击的“行政篡权”和“制度腐败”。因此，杰克逊总统不仅开创了“大众政府”时代，而且在他把“政党分赃”引进政府以后，便开了美国政府腐败之先河。于是，从杰克逊进入白宫开始，直至1883年新型官员选任的文官职务常任制度建立为止，美国联邦政府便经历了一个历史上较为严重的腐败时期。

杰克逊政府之后，腐败更为严重的要数格兰特政府，所以随着格兰特政府腐败案的频频曝光，1877年上台的海斯总统曾在海关税收和邮政系统内部进行整顿，试图治理政府腐败，新总统甚至成为当时美国民众“恢复国家公共机关纯洁性”的希望。但海斯总统的改革仍没有达到预期效果。所以，到了19世纪80年代，美国人又把治理官场腐败的希望寄托在来自俄亥俄州的共和党众议员詹姆斯·A.加菲尔德身上。与海斯总统一样，为了赢得竞选成功，加菲尔德曾表示支持政府改革和反对腐败，并为此赢得了微弱的多数选票。但在1881年就任总统后，加菲尔德并没有真正兑现其竞选承诺。首先是加菲尔德政府没有认真调查和处理共和党人邮政官员的欺诈案，这是一起在当时影响较大的政府欺诈案。在此案件中，共和党邮政官员挪用了政府上千万资金，用作共和党和相关负责人的个人经费。同时，作为共和党“顽固派”的代表，加菲尔德总统对“政党分赃”情有独钟，所以在政治实践中，他对改革吏制和治理政府用人上的腐败，自然缺乏足够的兴趣和动力，甚至在他短暂的任期内，大批政府官员仍然是“政党分赃”的受益者。这种政治、意识和价值取向，也就决定了总统对改革和治理政府的态度。所以，当来自俄亥俄州的民主党参议员乔治·彭德尔顿提出关于通过建立文官制度委员会和以竞争考试为基础的“功绩制”改革议案的时候，加菲尔德总统便以“通过考试任命官员已经足够，彭德尔顿的建议未免走得太远了”为由，驳回了议案，而没有进一步推进政府治理。然而，具有讽刺意味的是，1881年7月，当加菲尔德总统在首都华盛顿火车站被求职未成的共和党人吉托枪击身亡的时候，实际情形却是“总统一个人单独促使《彭德尔顿法》议案获得了通过”。这是美国历史上由喜剧总统上演的一场悲剧大戏，是半个多世纪以来“政党分赃”盛行而酿成的最大苦果。吉托之所以铤而走险地枪杀总统，是因为总统在官职分赃上的不均而造成的求职者极端心理和行为。甚至在总统遇害前的1881年3月26日，吉托还在做最后的努力，他写信给加菲尔德，请求总统赐予职位，并提醒总统“不要忘记在上一年总统竞选中，我为总统先生当选所效尽的犬马之劳”。总统的漠视和拒绝，最终把吉托逼上了绝路。加菲尔德总统遭遇枪击，像一声巨雷在美国上空炸响，它最终改变了公众和舆论对“政党分赃”的看法。因为总统遇害“像阴影一样，久久地萦绕在美国公众的心里。特别是当人们把这位内战时期的将军与此时的枪下冤魂进行比对的时候，总统自然也就成为美国民众敬仰的英雄。同时，由于总统的遇害，也永远抹去了人们对‘政党分赃制’的幻想”。

从杰克逊执政开始到1881年加菲尔德遇害身亡，美国联邦政府经历了一个历史上最为严重的腐败时期。首先，大量的政府官职被总统和政党垄断，作为犒赏和馈赠的“礼品”，分发给那些同党亲信和追随者；其次，卖官鬻爵猖獗，特别是内战以后，出钱购买政府官职的事例比比皆是，甚至国会议员手中也有大量的联邦政府职务可以出售和馈赠；最后，官员贪污腐化盛行，私人利益集团不惜重金收买政府官员，而许多官员往往把公职权力作为交换条件，中饱私囊。但需要指出的是，面对这种官场的腐败乱象和美国传统道德的沦丧，在一个相当长的时期里，除了那些来自东北和美国代表传统政治文化的改革家提出批评外，并没有引起公众和舆论的特别关注和重视，甚至在一定程度上人们还对其持容忍和接受的态度，任其发展泛滥。只是到了 1881 年总统遇害后，舆论和公众才开始对政府腐败进行鞭挞。究其原因，主要是人们对“民众政府”的偏爱心理所致，以及随之而来的对“政党分赃”下公民平等参与政治机会的认同。

（三）《彭德尔顿法》与文官制度建立

加菲尔德总统遇害不仅使舆论哗然，而且使公众的政治态度也发生了急转。改革家及时抓住这一时机，发起舆论攻势，对公众展开宣传教育，进而推进政府的改革和治理。例如，改革家伊顿在总统遇害后不久就宣布：“吉托事件的根源在政府内部，是‘政党分赃制’的必然结果。这一事件的意义就是促使我们好好反思一下我们的政府。从成千上万种杂志上刊出的文章，从每一个部分、每一个层次以及每一个事实中，我们似乎都听到了混杂又焦急、羞愧与憎恨的哀怨声。”纽约文官制度改革协会还出资赞助出版界，为加菲尔德总统撰写传记，并宣传他的政府改革思想。甚至当时一家颇为有名和广受欢迎的卡通画报《普克》（Puck），还登载了一幅吉托的漫画。漫画上的吉托一手握着枪，另一手拿着一封事先写好的威逼总统信。信上写道：“是分给我职位，还是给你的性命？”这一时期改革家所发起的宣传攻势，不仅在公众中产生了强烈的震撼，而且加快了政府治理的步伐。人们终于丢掉对“政党分赃”的幻想，把这一现象与腐败、堕落、道德败坏、邪恶和凶杀等同来看。此时无论是政府改革家还是舆论和普通公众，都开始对治理政府腐败和建立新型的官员选任制度抱有一定的热情。因为发生在眼前的凶杀案，使人们自然联想起以往发生在政府内的腐败案，所以，行动起来治理腐败，已成为当时美国民众的基本共识。1882 年初，康奈尔大学校长安德鲁·D. 怀特已留意到这一点，他记述道："此时美国人们正在认真地进行思考与反省：近期詹姆斯·A.加菲尔德总统遇害的阴影，已经深深地印在全国公众的心里。……以前对改革不很热心的一些报纸，现在不仅承认了改革是必要的，而且也开始重视舆论的压力。"因此，为了迎合改革家、舆论和公众的心理，加菲尔德的继任者阿瑟总统就自然而然地肩负起治理政府腐败的重任。1883 年 1 月 16 日，总统签署了国会通过的、由先前民主党议员彭德尔顿提交的改革议案，即《彭德尔顿法》（Pendleton Act）。《彭德尔顿法》最终用公平竞争考试选任官员的文官制度取代了"政党分赃"，对美国政府用人制度进行了彻底的改革，治理了此前官场腐败的乱象。

《彭德尔顿法》的主要条款包括：第一，文官必须通过竞争考试，择优录用；第二，文官不得因为政党关系等政治原因被免职，也不得强迫文官参加政治活动或提供政治捐款；第三，文官在政治上要保持"中立"。同时条款又规定：在联邦政府内建立主管文官事务的文官委员会。通过《彭德尔顿法》，不仅建立了美国常任文官制度，而且在美国历史上第一次确立了联邦政府用人制度的三项基本原则：即竞争考试（Competitive Examination）、职务常任（Tenure）和政治中立（Political Neutrality）。

竞争考试原则第一次把政府用人制度建立在"功绩制"（Merit）的基础之上，堵住了不称职官员进入政府的"前门"，即滋生腐败的"灰色通道"。这项原则规定：以后政府在录用官员的时候，需进行通过竞争考试而不是政治或其他手段和途径；在补充政府职位与官员晋升的时候，也仍然强调以"功绩制"为原则。为了有效地保障公开竞争考试与"功绩制"原则，根据《彭德尔顿法》，美国联邦政府建立了由两个党派成员组成且相互制衡的文官委员会。新原则还进一步规定："政府官职通过公开考试向社会所有的人敞开，为所有的人提供公平的机会，而不考虑应聘者来自的经济、社会、宗教、地域、家庭和种族背景等。"在这个意义上，竞争考试原则，不仅保证了联邦政府官员的素质，而且保证了来源的广泛性。还需指出的是，在《彭德尔顿法》中，改革家们对早期杰克逊总统所提倡的"公共机构选官中实行'平均主义'与'机会均等'的原则"的合理之处，仍持肯定态度，并保留了相关的内容。但新法律与杰克逊的思想有所不同，杰克逊的"民众政治"是以对政党的"忠诚”为标准，而《彭德尔顿法》则是以官员的能力为前提，当然也看重官员的道德素质。

职务常任原则第一次把联邦政府官员分成两个集团，即职业文官与政治官员集团，根除了“政党分赃”对政府官员选任上的影响，撼动了政治腐败的根基。行政官员通过竞争考试进入政府，并被划入“职位分类”系统中，成为终身任职的官员，不与总统共进退；政治官员通过选举和政治任命进入政府，不是终身任职，与总统共进退。实际上，在以往的吏制改革中，美国政府改革家们也都试图从行政与政治官员的划分上堵住腐败的漏洞，为政府的连续与稳定找到一种好办法，但都没有获得成功。其原因一方面由于当时的政府规模与职能还没有后来那么庞大，另一方面也在于那时的政治与行政的分工和界限也不像后来那样明晰。而《彭德尔顿法》对两种官员集团的界定和划分，既是美国政府管理在理论上日臻成熟的标志，也是政府治理在实践上的突出成果。虽然文官制度建立之初，划入职业文官系统的官员数量还不是相当可观（大约占联邦政府官员总数的10%—15%，后来发展到85%—90%），但它却代表一种发展趋势，表明美国的政府管理已进入了一个法制化和科学化的时代，行政官员摆脱政治家的控制已具备了合法的理论和制度依据。由于文官终身任职，消除了过去那种由于政府频繁更迭而带来的政治腐败和官场乱象，既保证了政府的连续与稳定，又使之廉洁与高效。

政治中立原则第一次把行政官员从政治的控制与束缚中解放出来，使之成为独立的行政力量，减少了腐败发生的可能和概率。如果说竞争考试解决了官员素质和能力问题的话，那么，职务常任和政治中立则保证了文官的身份和地位。因为正是在政治中立原则下，文官才有独立的人格和独立的工作准则，不再听命于总统和政治家的摆布。在这个意义上说，《彭德尔顿法》为文官“政治中立”提供了法律保障，反过来，文官的“政治中立”也使政府的连续与稳定、廉洁与高效成为可能，特别是在政党纷争的激烈大选和政府更迭的过程中，一方面，政府的正常运转，在很大程度上要依赖于这些没有政治倾向和在政治上保持“中立”的职业文官，另一方面，政府的反腐与廉政建设，在一定程度上也有赖于文官的自律与通力合作。

因此，无论从行政还是政治意义上来说，《彭德尔顿法》都是“美国联邦政府管理史上的一个重要里程碑”，是19世纪美国国家治理上所取得的重要成果之一。从行政意义上来说，由于有了《彭德尔顿法》，美国政府官员的选任不再以长官的主观意志与兴致为标准，而是以“功绩制”原则为客观标准，杜绝了卖官鬻爵、任人唯亲、政治庇护和其他一些腐败现象，使官员的录用成为联邦政府选贤任能的过程，从而达到了提高官员素质和工作效率的目的；从政治意义上来说，由于有了《彭德尔顿法》，不仅使文官的职位不再是政党和政治家“分赃”的对象，而且也使文官本身从政党的控制下解脱出来，不再作为政治家手中的“玩物”，而是作为以“民主方式选举出来的政治家手中的中立的工具”，从而确立其独立的人格、身份、地位和尊严，并使之成为廉洁政府的维护者和职业道德的守护者。

二、文官制度对美国政府权力结构变化的影响

（一）文官制度在政府权力结构中的定位

美国政治权力结构的特点是“分权与制衡”。由于新大陆特殊的地理环境和政治文化及社会形态，在早期国家创制中，美国更多地接受的是孟德斯鸠的“三权分立”学说。美国《联邦宪法》在第一、二和三条中所建立的联邦政府的架构，与法国近代启蒙思想家孟德斯鸠所赞颂的三权制衡理论是一脉相承的。但按照“分权与制衡”理论所建构的美国政府体制，立法权与行政权的行使较为积极和主动，而司法权则相对消极和被动，所以文官制度发展对前者的影响也更为明显。在立法和行政权力结构中，一方面，国会是最高立法机关，负责制定法律，但国会的法案必须在总统签署以后方能生效成为法律。总统可以对国会的法案行使否决权，如果国会两院再以2/3票数重新通过被总统否决的法案，法案便可生效为法律。在提出、签署、否决到再次通过法案的整个过程中，总统与国会之间达到了一定程度上的权力制衡。另一方面，总统虽是行政首脑，有权任命内阁部长、行政机关的长官、联邦法院的法官及驻外大使等政治官员，但总统的任命必须得到国会参议院2/3多数票同意才能生效。不仅如此，美国政治权力的制衡，还延伸至各种权力内部的关系之中，文官制度便是行政部门内部政治与行政之间分权和制衡的产

物。但当文官制度得到进一步发展和文官集团演变为美国权力结构中的一种重要平衡力量以后，它又影响了立法权与行政权之间的关系，并从行政的角度反过来对政治产生了新的制衡。在这个意义上，美国文官制度的创设和发展，既是对政党政治的超脱，又是对政治权力的制衡。在20世纪政府权力向行政部门倾斜和以总统为代表的行政权扩张的时代，文官对美国政治权力的制衡和调节能力得到了凸显。首先，文官在行政权内发挥着强有力的制衡作用。从职位归属上看，文官是行政官员，总统是其最高行政长官，但文官又与政务官有别，他们的入仕、录用、任职以及管理并不由总统来决定，而全部纳入文官考试、分类、考核与保障等管理体系。身份与职业的特殊性，在一定程度上决定了文官并不完全隶属于总统和行政长官，相反，他们在许多情况下还能制约后者对其行为所负的责任，并对总统权力形成强有力的制衡。文官的这种权力制衡能力，可能是美国“国父”和文官制度创立者们都未曾预见到的。尤其在20世纪政府规模不断扩大和文官集团日益崛起与膨胀的背景下，文官制衡总统的能力越来越强劲。作为政府的知识精英，文官可以通过参与政治决策的形式来制约总统；作为政府的行政专家，文官可以通过提供方案、资料和信息等途径来影响总统决策；作为政府的政策执行者，文官可以在执行政策与法规的过程中拥有很大的自主权，甚至可以改变总统政策的初衷。所以，在20世纪的美国历史上，“每位总统都遇到过这样一个问题，即如何防止职业文官阉割总统的政策”。

（二）官僚集团对政府权力结构的影响

文官对20世纪美国政治权力格局的影响，源于其自身的优势和行政体制的设计。首先，文官是一个具有专业知识和技术、职务常任、掌握各种信息和熟悉政府工作程序的集团。在制度与法律的保护下，文官负责处理日常行政事务、掌握国家管理的具体过程。特殊的身份和权力，便决定了其重要的政治地位：他们既把握政府的行政运作，又掌控政府的政策走向，以至于人们产生了“只有职业官僚才是真正的联邦政府”这样的印象。此外，“以美国方式发展而成的分权制远没有创造出一个服从总统意志的行政工具”的制度因素，不仅使文官有能力摆脱总统的控制，并反过来限制了总统的行政领导能力。

其次，文官在立法权与行政权之间起着调节平衡的作用。从美国宪政体制设计上看，立法权和行政权既要彼此“分立与制衡”，又需要有效地协调与配合。但在美国的实际政治运行中，常常会遇到因宪法有意抑或无意而造成的立法与行政之间的权力边界不甚清晰而出现的权力“阴影地带”，在20世纪政府规模扩大和责任增多的背景下，因双方不断闯入这一地带而导致的权力摩擦与冲突异常激烈，而在双方权力冲突的过程中，文官则常常扮演着调节人的角色。

美国特殊的政治与行政关系和二元行政管理体制，决定了文官不仅直接服务于总统，而且服务于国会。根据美国宪法创制，总统虽是行政首脑，掌管行政部门，但宪法同时也将某些管理行政机构的权力赋予了国会，于是，在联邦政府内部便形成了文官与总统和国会之间“一仆二主”三角关系的局面。在这种特殊的关系中，国会和文官在与总统权力冲突的目标上时常契合，二者形成政治联盟关系则成为美国的一种特殊政治现象。在与总统权力冲突的过程中，国会常常把文官当作可信赖的力量，文官也把国会作为坚强的政治后盾。国会有时甚至采用直接授权一些高级文官在行使职权时可以不受总统控制的办法来牵制后者，使文官具有了与总统直接抗衡的法律依据，并进一步扩大了文官制度对美国政治权力结构的影响。

综上所述，20世纪是美国行政权扩张的时代，但文官制度的发展，尤其是作为行政主导力量的职业官僚集团的崛起与膨胀，不仅减弱或者延迟了总统行政集权的强度和进程，并且在一定程度上扭转了20世纪以来国会权势衰微的局面。当然，文官对行政权内总统权力的制衡和对立法权与行政权之间冲突的调节，可能并不能从根本上扭转20世纪以来美国行政权不断扩大和立法权相对萎缩的趋势，但却在一定程度上使向行政权倾斜的美国政治权力结构获得了一种新的平衡，并最终使其仍能在宪法所设定的框架内平稳地运行。

三、美国国会和官僚对总统的制衡

（一）国会立法权的委托与美国官僚的特殊地位

如第一讲所述，国会是美国联邦政府的立法机构，主要职能是制定法律。

宪法授予国会如此重要的权力，是源于“制宪先辈们对强大的行政权抱有一种极大的不信任和恐惧感，而把立法权交给了由多数人组成的国会，并使其成为美国政府的核心权力机构”。但需要指出的是，国会立法权，一方面受最高法院的司法监督和审查，另一方面也受总统立法否决的牵制。从这个角度说，“国会也并没有真正垄断过立法权”，相反，还会常常通过立法委托的形式，拓展政府立法行为。国会立法权委托的对象，通常主要集中在总统和行政部门的官僚身上。国会对总统立法权的委托，在很大程度上是带有“被动性”的特点，是国会不得已而为之；并且，国会对总统立法权的委托多发生在20世纪以后，尤其是20世纪30年代以后。总统对国会立法的介入，很大程度上是通过对国会立法的建议权和否决权。通过这两种权力，总统实际上一直在参与国会立法工作。尽管宪法没有明文规定总统是“立法者”，却规定总统可以不时地向国会提供国家发展状况信息和建议国会采取必要与可行的立法手段，这就是总统对国会立法的“建议权”。根据宪法的规定和美国政治的现实，在美国政治生活中，“国会往往把许多重要的立法议案创议权委托给总统，使后者逐渐演变成为美国联邦政府主要的立法者之一”。一般来说，总统每年向国会提交的国情、预算和经济三大咨文，实际上就是国会的一个全面立法议案。通过国情咨文，总统不仅向国会通报政府工作，而且还可以给国会的立法提供宏观信息；通过预算咨文，总统可以向国会提供联邦政府所需资金数额，以便获得国会的财政拨款；通过经济咨文，总统可以向国会通报国家经济状况和形势，并可以给国会提供经济改革建议。除了使用宪法授予的立法建议权以外，总统还会利用与一些议员的特殊关系，采取说服与劝导的方式，使后者支持总统的许多特殊立法议案。现代总统还常常通过书信、电话或者会晤的形式，与议员交流一些尚未成为法律的议案；或者委派助手去国会山游说当面陈述总统的意图，争取国会支持总统提出的一些特殊立法议案；抑或利用与媒体、公众见面和使用电视等大众传播手段，使总统的立法议案“走向公众”，得到社会的支持。

总统的立法否决权，在一定程度上说也是国会委托立法权的一种特殊形式。根据宪法分权原则，国会所通过的任何法律必须由总统签署方能够生效，这就意味着总统对国会通过的法律也拥有否决权。总统行使否决权，通常的做法是：把一个没有签署的法律和否决的理由说明一同退回到国会，由国会再进行处理。国会的对应做法则是：修改该项法律再送交总统签署；或者让当时出席会议的2/3议员的投票通过，使总统对法律的否决无效；此外，如果总统在10个工作日以后没有把否决的法律送还国会，该项法律不需要总统签署便自动生效。在美国早期历史上，总统使用否决权通常是比较谨慎的，但从19世纪中后期安德鲁·约翰逊政府开始，总统使用否决权的频率则越来越高。例如，安德鲁·约翰逊总统曾否决过21个国会通过的法律，格兰特总统否决过45个；20世纪以后，富兰克林·D.罗斯福总统则是否决国会法律最多的总统，总数超过500个；20世纪最后一位总统，克林顿总统也否决过27个国会法律。

国会把一部分立法权委托给总统，固然有助于强化总统在联邦政府决策中的地位，但同时也增加了职业官僚对政策决策参与的可能性。在美国联邦行政部门中，总统虽是行政首脑，但在规模和功能日益庞大的现代政府中，仅凭总统一人甚至包括几百名政治任命的官员是不能管理政府的，尤其是以总统为代表的政治家在缺少专业知识与技术的前提下，许多法律的实施包括对立法细则的制定和解释，必须依赖职业官僚。这一前提便决定了国会对官僚立法的委托，既带有“主动性”又包含“合作性”的特点。国会把一部分立法权委托给官僚，一方面是为了解决国会议员对许多带有专业和技术领域立法困难的问题；另一方面也是出于限制总统权力扩张的需要。与对总统立法权委托相比，国会对官僚立法权委托早在19世纪末就已经开始。从19世纪末到20世纪末，在国会的特殊法律下，联邦政府建立了许多独立管理机构。根据国会的特殊法律和授权，这些机构既拥有行政权，又拥有准立法和准司法权。国会对官僚立法权的委托，在一定程度上正是通过建立独立管理机构并授权这些机构拥有“准立法权”和“准司法权”的形式得以实施的。尤其是“伴随政府内部管理责任的增多和政府外部各种利益集团压力的加大，国会越来越倾向于建立一些独立管理机构，同时授予这些机构在管理一些特殊领域以较大的权力”。以国会建立州际商务委员会为例，便可以说明国会对官僚立法委托的动议和官僚在立法委托过程中的优势地位。1887年，国会建立州际商务委员会的初衷，是为了管理全国铁路系统和治理当时铁路管理系统混乱的秩序。1887 年以前，由于全国铁路系统没有统一的管理，带来了在运输价格等方面政出多门的局面，结果严重地损害了那些依靠运输来销售农产品的农业经济集团的利益。因此，在农业经济利益集团的压力下，国会决定建立管理全国商务包括管理铁路运输价格的州际商务委员会，并把许多管理权力包括制定竞争规则和统一价格等具有立法权性质的权力等都委托给了这一独立管理机构及职业官僚。国会之所以这样做，一方面是因为没有足够的时间去调查这些混乱的经济案件，也没有能力制定详细的管理法规来限制因为铁路系统管理混乱而带来的不公平竞争局面；另一方面是管理州际商务所涉及的面既宽泛又复杂，如果国会介入，有时甚至可能充满政治风险。在这种情况下，国会通过建立州际商务委员会并授权其具有某些制定商务管理法规等立法权的形式，既补齐了当时美国政府由于没有统一的商务管理法规和管理机构的短板，平息了农业经济利益集团的不满情绪，又解决了国会议员因对某些具体经济领域专业不熟而带来的决策困难的问题。更为重要的是，通过建立州际商务委员会，国会避免了一些不必要的政治风险，最终达到制衡总统行政管理权力的目的。因为“通过建立一些独立管理机构，国会先前调解利益集团冲突的重任，自然就转移到职业官僚身上，使其成为决策的核心和焦点”。20 世纪 30 年代以后，随着总统权力扩张趋势的加重，国会更倾向于通过建立独立管理机构和直接影响行政部门的形式，进一步分化总统与职业官僚的关系，并尽可能地掣肘总统对行政部门的管控。国会经常使用的方法包括：亲自为一些行政部门确立合法的内部结构，使其对人事管理尤其是对职业官僚的管理拥有较大的自主权；授予行政部门高级职业官僚以直接的立法权力，以便在行政管理中能够规避总统和部门长官的介入；通过国会立法的形式，制定详尽的人事管理程序；通过下拨一些具体款项，限制总统和行政长官的行政处理权限；国会委员会对许多行政决策实施强制的正式或是非正式的立法否决；国会对许多中高级职业官僚进行直接的管理指导；在联邦政府行政机构人事部门的关键职位上，培植亲国会势力。

在国会不断把大量的立法权委托给行政部门的时候，职业官僚也在积极地参与国会立法的起草和创议。据统计，在 1937 年一年中，国会通过的公共立法议案 2/3 的创议是直接来自行政部门。甚至到 20 世纪 60 年代，“由国会通过的大量公共立法并不是由国会议员提出的，而是由联邦政府行政部门中一些特殊管理机构的职业官僚提出的”。由于美国政治体制的特殊性和国会议员在现代政府决策中专业知识方面的局限性，使国会议员较为倾向在政府中获得对其立法工作支持的力量，而职业官僚自然成为国会青睐的对象。国会不仅愿意与官僚合作，更倾向与其结盟。20世纪中期，为了获得对退伍军人优待法的修改，国会就曾与退伍军人管理部门职业官僚合作，并最终得到了后者的支持；此外，为了修改甚至取消在特殊领域对农业价格的补贴，国会也不得不获得农业部相关职业官僚的支持；为了实现修改现存证券法律计划，国会又必须取得证券交易委员会的赞同；等等。在二者合作的过程中，不仅使行政部门的职业官僚实现了对国会立法过程的全程参与，而且还呈现出“职业官僚在政府立法中处于既稳定又具有决定意义地位”的局面。更为重要的是，在国会把大量立法权委托给行政部门的过程中，职业官僚还获得了一定的司法权。从政治学的角度分析，在政府权力结构中，司法权虽通常处于“监督”和“裁决”的地位，但司法权的实施又必须与具体的案例连在一起，特别是在涉及行政部门的具体案例的时候更是如此。例如，当州际商务委员会或者上文提到的其他国会设立的独立管理机构在处理本部门具体问题的时候，它们既拥有立法权，又拥有司法裁决权。还有，当联邦信息交流委员会对某些机关或是企业颁发广播许可证的时候，实际上这一机构就在行使它的司法权。因为颁发许可证的过程，也是其卷入具体案件的过程。在这个过程中，官僚既要解释本机构所颁布的法规，有时也涉及对国会颁布有关法律的应用。在这个意义上，职业官僚在处理具体事务的时候，他们不仅从国会那里得到了立法权的委托，同时也得到了司法权的授予。

（二）官僚在美国政府立法中所发挥的作用

从宪政理论上分析，美国联邦政府的立法和政治决策过程，是由国会、国会委员会、国会小组委员会以及总统和政党等的政治参与活动构成的，官僚作为维持政府日常机器运转的行政因素，也只是具有实施与执行法律的权力。但从政治实践上来看，由于美国分权制制衡体制和二元行政管理的特殊性，尤其是职业官僚的二元身份和属性，使其“直接或者间接参与国会立法和政治决策过程，不仅可能，而且逐渐成为美国的一种政治现实”。

首先，通过国会立法权的委托，官僚便能直接参与立法过程。随着美国联邦政府规模的不断扩大与职能的日益增多，19世纪末期开始，国会就将部分立法权通过建立联邦政府独立管理机构的形式委托给职业官僚。从19世纪末建立的州际商务委员会到20世纪末建立的核能管理委员会，职业官僚在他们的具体管理工作中，已在不断地直接介入立法过程，尤其是一些独立管理机构通过对本部门法律与法规的制定以及对国会提出立法建议等形式，直接参与国会立法的程度更为深入和广泛。

实际上，政府相关独立管理机构对具体法律与法规的制定，本身就涉及对国会法律的详细解释和引申，而国会通常又会毫不迟疑地把这些权力授予了职业官僚。关于这一点，正像美国学者沃尔所观察到的：“那些管理政府日常工作的独立管理机构所制定的大量关系国计民生的法律与法规，在某种程度上甚至超过国会的立法业务。并且，与国会相比，它们在实施立法活动中所受到的外部压力相对较小。”我们可以以职业安全与健康管理委员会为例，来进一步说明这一问题。根据1970年国会通过《职业安全与健康管理委员会法》，美国联邦政府建立了职业安全与健康管理委员会，并授权委员会负责管理雇员的职业安全和健康。委员会建立之初，就曾制定了多个工作安全标准法规，后来职业安全与健康管理委员会还站在公众利益的角度上，颁布了一个管理工业健康保健和防止职业病蔓延的法规。法规就免除职业综合病和防止工业污染对雇员身体直接危害等问题，进行了直接的规范，甚至还详细地制定了相关企业雇主必须遵守的保健标准。不仅如此，由于官僚所具有的专业知识、管理经验和长期任职等优势，他们还可以对联邦政府外交与军事政策的决策产生较大的影响。伴随二战后美国大国地位和责任的提升，总统外交决策权急剧膨胀，在此前提下，官僚在政治上的决策能力也随之提高。与国会相比，总统的一元领导结构尽管有利于其决策的迅速与果断，但要完成管理如此复杂与艰巨的外交与军事任务，仅凭总统一人甚至包括其他几百名政治家也是很难做得到的。从政治学理论上分析，政府权力越大、越集中，权力下移的可能性也就越大、越快。在这个意义上，第二次世界大战以后，伴随总统外交与军事决策权的增大，职业官僚对其介入的程度也同样越来越深。例如，第二次世界大战后，根据国会立法在国防部内建立的一些独立管理机构，有时不仅能够影响联邦政府军事政策的形成，甚至还能影响总统军事与外交的决策。

其次，通过向国会提供方案、资料与信息等，官僚亦可间接参与立法过程。由于职业官僚拥有专业知识、技术与能力、任职时间长和政治上不受任何党派及政治势力控制等优势，他们不仅是联邦政府中最具有文化底蕴的“知识精英”集团，而且是联邦政府中积累资料与信息最多的“数据库”。正因为如此，美国政治舞台上的各种政治力量尤其是国会和总统在其政策决策与执行中都希望得到官僚的支持，并利用他们所掌握的知识、资料和信息服务。反过来，官僚也试图利用自身的优势来影响政府的政策决策和执行，并积极参与政治。

自1883年文官制度建立以来，美国官僚就在朝着职业化的方向发展。职业化发展的趋势不仅提高了职业官僚的业务水平，而且提高了他们的社会与政治地位。“职业化方向也促使职业官僚增强了团队观念和自尊意识。”美国文官还具有“专才”的特点，这一点与英国职业文官的“通才”有所不同。由于美国是在新大陆上建立起来的国家，文官制度从19世纪建立伊始，就偏爱选任“专才”。“专才”倾向强调文官应该是某一领域的专家。例如：气象局在招收文官的时候，就倾向录用气象学家或是接受过气象专业训练的大学生；环境保护局倾向录用化学专业或是环境保护专业方面的人才；公共健康局倾向录用医学专业或是生物学专业方面的人才；统计局倾向录用数学或是统计和会计学专业方面的人才；农业部和国防部倾向录用农业技术师或政治学和战略学专业方面的人才；等等。美国文官制度“专才”的特点，使官僚对政治过程的渗透力和影响力远远大于英国。换句话说，美国在文官录用上偏爱“专才”，恰恰“为美国文官参与政府政治决策与执行提供了更为便利的条件”。此外，与政治家不同的是，职业文官职务是“常任”的。19世纪末文官制度建立的时候，为了改变“政党分赃”带来的政府政治动荡和政府工作的不连续问题，改革者决定把行政与政治分离开来，并规定职业文官职务常任。因此，职务常任不仅为职业官僚积累政府工作经验和管理资料提供了良好的条件，而且也为他们日后参与政治决策奠定了坚实的基础。更为重要的是，职业官僚还可以利用自身“中立”的身份，隐性地参与政治和立法决策，这与英国职业文官有着很大的不同。造成美国官僚主动但隐性参与政治决策的主要原因在于：第一，国会与总统权力的冲突，往往影响官僚的政策执行，特别是国会与总统分享行政部门管理权，使官僚又处于“一仆二主”的地位；第二，美国社会纷繁复杂，来自利益集团的压力也会影响职业官僚的政策实施；第三，职业官僚作为行政部门主要的因素，他们在政策的实施与执行过程中，往往也与总统发生冲突。故此，在美国这种特殊的政治与社会背景下，职业官僚为了使自己处于有利的地位，一方面利用国会与总统的矛盾和冲突，并通过获得国会立法权委托或对国会立法提供信息咨询等形式，积极参与政策决策；另一方面充分利用社会利益集团的支持，获得自主实施和执行政策的社会力量。

最后，通过自主实施与执行法律，官僚实际上也在参与立法过程。从理论上讲，实施与执行政府的法律与政策是职业官僚的本职工作。根据政治学理论观察，文官制度的建立，其宗旨就是把政府从事政治决策的官员与从事行政事务的官员区分开来，前者是通过竞选或者政治任命的途径进入政府，他们的任务是制定政策，而后者是通过公开考试的办法被录用到政府，他们的任务是执行政策。然而，从政治实际来看，由于政治与行政是一个连续的过程，所以，人们很难判定政策的决策在哪里结束，而政策的执行又从哪里开始。从这种意义上理解，真正的政治与行政划分，或者说真正区分政策决策与执行，在政治实践中是很难得以实现的。

尤其值得注意的是，由于国会和总统在决策中的矛盾与现代政府决策的复杂性等因素所致，国会议员在制定立法的时候，他们往往有意或无意地把许多立法制定得比较宽泛且灵活，从而给职业官僚在实施与执行政策时留有一定的空间和余地。例如，在制定联邦贸易管理法和职业安全与保障法的时候，国会就有意留给主管这一领域的职业官僚在实施与执行法律过程中较大的自主权。这种自主权的意义在于：官僚可以根据他们的理解与兴致来决定把一项法律或者政策贯彻到什么程度。在这种情况下，就会出现美国政治学家希尔斯曼所注意到的那样：“有时，一项政策制定出来并获得了批准，但执行政策的人把它引向完全不同的方向，达到完全不同的目的。有些政策则根本没有得到执行。”从这个角度来说，具有执行法律自主权的职业文官，“如果不能随意决定政治目标的话，他们也完全可以对政治目标加以破坏或施加影响。如果说他们不能制定计划，他们却可以破坏计划”。因此，通过自主实施与执行法律形式，实际上职业官僚每天也都在参与立法的实际过程，并在立法中发挥着重要的作用。

四、美国总统与官僚之间的关系

从行政功能来看，职业官僚与总统同属于联邦政府行政部门的重要因素，并且二者之间存在着隶属的关系，总统是官僚的行政领导。从政治体制特征来看，总统对官僚的行政领导权，又受到其他政治因素特别是国会和最高法院的制约。从政治与行政之间的关系来看，官僚与总统的关系，又是行政与政治分离的结果，特别是职业文官制度的建立，使官僚在某种程度上具有很强的独立性。

（一）总统具有管理行政部门的权力

总统具有的管理行政部门的权力，一方面来源于宪法的授权，另一方面来源于美国政治实际中的国会临时授权和总统积极主动扩权。美国《联邦宪法》第二条第一款规定：“总统是行政部门的首脑，有权监督行政部门对法律的忠实执行与有效实施和有权提名并在参议院的同意下任命各行政机构和部门的长官。”因此，现行总统在管理行政部门中的许多具体与有形的权力，例如对行政下属官员的任免权力、发布行政命令的权力、准备年度联邦政府预算的权力与管理联邦政府开支以及配备“白宫办事机构”人员、重新组织一些机构、部门和设计政府计划权力等，往往是美国政治现实中的国会授权和总统的政治领导能力扩张的结果。

第一，任命官员的权力。尽管联邦官僚机构由280万工作人员组成，但总统实际上任命的人数仅为2500人，其中，大约600人参与政策的制定，其余职务由总统委任。许多专业行政机构的职位会有空缺，原因是总统找不到能够胜任的人。任命候选人经常会受到职业官僚的阻碍，这些官僚既了解正在进行项目的情况，又具有相关技能，而且也很有经验；同时，几乎不受他们名义上领导的监督。政治领袖有时候也会“变得消极”，他们会屈服于这些职业官僚，并且受到他们的控制。由于大多数官僚是职业文官，因此对于总统来说，当另一个政党长期掌权白宫后，他对整个机构进行控制就非常困难，于是有些总统就会寻求一些解决办法。尼克松通过增加他在白宫的人手，并将重要项目的控制权交到这些人手中来实现扩大自己的权力。有时候还具有改组官僚机构的权力，总统可以通过改组官僚机构来体现他们的优势，但是这活动通常仅限于总统计划中的一两个关键项目。例如卡特总统创建教育部，以履行他在竞选时强调要重视教育事业的诺言，同时也以此来取悦一个主要的竞选支持团体，即教师联盟；出于与卡特总统创建教育部时本质相同的原因，里根总统在 1980 年的竞选中承诺要取消教育部和能源部。

第二，发布行政命令的权力。从政治实践上来讲，从美利坚合众国建立以来，以宪法第二条为理论依据，总统发布了大量的具有法律效力的行政命令和行政法令。实际上，现代许多美国总统都是追随老罗斯福行政权力的“乘务员职位”（Stewardship）理论，即除非宪法或法律禁止，否则，总统可以根据宪法第二条授予的行政权力，只要他们认为必要或对国家利益攸关，他们就可以采取任何行动。因此，行政命令一直是总统行使的一种比较宽泛的“行政特权”。不仅如此，在美国历史上，总统的行政命令一直在总统政策的制定中起着主要的作用。20 世纪以来，总统在政府的许多关键领域如在人权领域、稳定经济领域等都曾发布过行政命令。例如，在人权领域，1943 年，富兰克林·罗斯福总统通过行政命令的形式，建立了一个公平雇用实践委员会（Fair Employment Practices Commission），以阻止在雇用政府文职雇员和军事人员的时候带有种族歧视的倾向。

第三，管理预算的权力。总统通过行政管理和预算局（简称 OBM）对官僚机构进行预算控制，因此 OBM 主任必须是总统信任的盟友。同时，如果总统干涉有效，OBM 必须对总统的计划进行支持。但即使 OBM 必须接受每个部门的预算基数（即前一年的预算费用，经通货膨胀率调整后）来进行预算，包括比上一年预算增多的部分，称为“增加额”预算。尽管 OBM 有自己的预算专家，但他们几乎不会对各部门上报的预算基数提出异议，而是将更多的精力放于“增加额”上。如果有任何机构感觉预算被削减，则这个事实可能会告诉支持它的利益集团和国会听证会，由此产生的群众呼声可能会迫使总统恢复该机构的资金或者也可以不经过总统，由国会拨出一部分钱付予该机构。而有时总统可能会支持“增加额”预算，原因仅仅是为了避免与国会发生冲突。

（二）文官特殊身份对总统权力的制衡

由于文官制度的建立，美国职业官僚不仅从管理意义上独立于总统的行政管理体制之外，而且由于美国联邦政府分权与制衡的政治体制，职业官僚还从政治意义上与国会和某些社会利益集团存在着某种密切的联系。从这种意义上来说，官僚在履行行政职能的时候，他们不仅要考虑总统行政部门的要求，而且更直接满足国会委员会和某些利益集团的需求。因此，文官制度建立以后，特别是20世纪以后，总统不仅对行政部门官员任命的数量越来越少，而且对行政部门的领导能力也越来越弱。

第一，联邦政府行政部门规模较大、具有复杂性和分散性的结构特点。20世纪以来，联邦政府不仅规模不断扩大，而且政府的责任也日益细碎和复杂。现代美国联邦政府，特别是行政部门官僚的工作，已经深入到国家的每一个社区，并接触到公民的从生到死的每一个细节。在这种情况下，总统所能提供给官僚的政治领导方向也就相对比较困难。此外，来自美国政治多元性和权力管辖重叠交叉的因素，不仅导致了总统为领导行政部门要付出更多的努力，而且使总统的领导工作复杂化。

第二，官僚的行政惯性以及对总统施行的制衡。任何政治体制下，官僚都有“惯性”的特点。在这个意义上，对总统来说，要开展一项新的行政工作是困难的，要中途停止或者对一项正在进行中的工作进行比较大的改变更是难上加难。这就是官僚的惯性。与官僚惯性相关的并使总统烦恼的是官僚机构及其活动能量。这种能量的大小往往涉及由公共法律所委托给联邦政府活动的数量、每年国会拨款分配额以及完成这些活动所雇用文官的人数等。通常来说，这些活动数量、所需经费和投入人力都数额巨大，同时也与某些利益集团利益攸关，所以即使总统试图缩减甚至限制在这方面的预算也是很难办得到的。换句话说，即使总统有能力影响联邦政府预算的形成，但由于预算周期的变化需要一个过程，也许在这个过程中总统的任期已届满。

第三，政治任命官员对职业文官的依赖。总统的行政工作主要依赖政治任命官，在这样的行政体制下，每一届政府开始的时候，任命政治官员包括组织内阁和“白宫办事机构”，往往是总统面临的一项比较艰巨的任务。因此，政治任命官员的先天不足、职业文官所具有的优势与联邦政府行政部门中总统、政治任命官员、职业文官三级结构的特殊性，不仅使文官可以直接控制政治任命官员的行为，而且也可以通过政治任命官员进一步间接制约总统的政治行为。此外，职业文官在长期任职过程中所积累的政治经验和掌握的政府资料，也是政治任命官员所无法比拟的。更为重要的是，职业文官还可以通过与国会议员和国会委员会甚至院外利益集团建立某种固定联系来抬高自己的身价，这也是政治任命官员所望尘莫及的。

思考题

1. 试论《彭德尔顿法》所建构的美国职业文官制度的特点。
2. 阐明 20 世纪美国文官势力崛起及其对美国联邦政府权力结构的影响。
3 剖析美国职业官僚与国会、总统和利益集团之间的关系。

参考文献

［1］　［美］爱德华·L. 格莱泽、克劳迪娅·戈尔丁:《腐败与改革：美国历史上的经验教训》，胡家勇等译，北京：商务印书馆，2012 年。
［2］　任爽、石庆环:《科举制度与公务员制度：中西官僚政治比较研究》，北京：商务印书馆，2001 年。
［3］　任建明、杜治洲:《腐败与反腐败：理论、模型和方法》，北京：清华大学出版社，2009 年。
［4］　石庆环:《英美文官制度的差异及其历史影响》，《世界历史》2001 年第 6 期。

［5］ 石庆环:《20世纪美国文官制度与官僚政治》，长春：东北师范大学出版社，2003年。
［6］ 石庆环:《美国文官群体研究》，北京：社会科学文献出版社，2011年。
［7］ 石庆环:《杰克逊总统与美国联邦政府腐败之缘起》,《贵州社会科学》2015年第4期。
［8］ 石庆环:《美国联邦政府治理腐败研究：从1883年〈彭德尔顿法〉的视角观察》,《求是学刊》2015年第3期。
［9］ 石庆环、刘博然:《国会与官僚：美国联邦政府权力制衡的隐性因素》,《辽宁大学学报》2018年第6期。
［10］ Charles Sellers, *The Market Revolution: Jacksonian America, 1815—1864,* New York: Oxford University Press, 1991.
［11］ Douglas R. Arnold, *Congress and the Bureaucracy: A Theory of Influence.* New Haven: Yale University Press, 1979.
［12］ David A. Schultz et al., *The Politics of Civil Service Reform,* New York: Peter Lang Publishing, inc., 1998.
［13］ Emest S. Griffith, *Congress: Its Contemporary Role,* New York: New York University Press, 1961.
［14］ Edward Sidlow et al., *America at Odds,* Belmont, CA: Wads-worth/Thomson Learning, 2002.
［15］ Herring E. Pendleton, *Public Administration and the Public Interest,* New York: Mc-Graw-Hill, 1936.
［16］ Lloyd W. Warner et al., *The American Federal Executive: A Study of the Social and Personal Characteristics of the Civilian and Military Leaders of Federal Government,* New Haven: Yale University Press, 1963.
［17］ Paul P. Van Riper, *History of the United States Civil Service,* Evanston, Illinois: Row, Peterson and Co., 1958.
［18］ Peter Woll, *American Bureaucracy,* New York: W. W. Norton & Company. Inc., 1963.
［19］ Rober G. Dixon Jr., *Congress, Shared Administration and Executive Privilege, In Harvey C. Mansfield, Congress Against the President,* New York: Praeger Publishers, 1975.
［20］ Robert Maranto, *Politics and Bureaucracy in the Modern Presidency: Careerists and Appointees in the Reagan Administration,* Connecticut: Greenwood Press, 1993.
［21］ Ronald N. Johnson et al., *The Federal Civil Service System and the Problem of Bureaucracy: The Economics and Politics of Institutional Change,* Chicago: The University of Chicago Press, 1994.

第六讲　美国政党政治

政党是美国民主政治主要的工具和支柱，美国又是典型的两党制国家。美国绝大多数的政府公职人员选举和任职都与政党存在着关联性，进一步说，成功上任的公职人员将各自代表的政党意志上升为公共意志，进而制定和出台符合选民利益诉求的公共政策。国内学界关于美国政党的研究成果十分丰富，其中张兹署所著的《美国两党制发展史》，是国内研究美国两党制度具有代表性的研究成果。该书不仅从理论上阐释了美国政党制度的分期和两党制度产生的背景，而且按照历史叙事方法系统阐述了两党制度在美国两百多年历史上的演变轨迹及相关规律。台湾学者张宝树在四次赴美考察后所完成的《美国政党与选举制度——以一九八四年美国大选为实例》一书，也具有很大的学术价值，该书将美国的政党和选举制度作为整体研究对象，诠释了两党制形成原因、政党组织结构的特点以及组织发展趋势。张定河在《美国政治制度的起源与演变》一书中，也详细介绍了美国政党制度的源起以及两党制的历史演变，同时总结两党制的特点，对美国政党政治的发展趋势作出预测。李道揆所著《美国政府和美国政治》一书，同样从历史的角度阐述美国两党制的历史演变，将美国政党制度的发展过程分为了建国后的创建时期、杰克逊总统执政时的相对稳定时期、内战结束后的两党稳定时期以及进步主义运动后的改革时期。此外，王希在《原则与妥协：美国宪法的精神与实践》一书中，又为研究美国政党政治提供了一个全新的视角和方法。该书以司法案例为叙述线索，将美国历史上的重大事件作为关键节点，多角度观察和阐释政党在宪政体制下的角色和参与政治角逐的影响。

现代意义上的政党，往往体现着某些利益集团的意识形态，政党在保证其政治纲领符合利益集团核心利益的同时，还要考虑和照顾到民众的切身需求，以此来获得民众的支持，扩充自身的选民基础，进而在关键公职人员的选举中胜出。了解美国政党的形成和发展，对认识美国政党政治、两党制传统以及政党对当今美国政治演变趋势的影响都具有较大的意义。

一、美国两党政治的雏形

（一）立国道路之争与早期两党雏形

从政治学理论上分析，政党初期所显现的是政见和派别的分野。实际上，美国在独立战争期间就存在不同派系之间的政治矛盾，例如，主张北美殖民地独立的“革命派”就与同英国王室联系密切的“效忠派”存在着较大的政见纷争，但当时两者都并没有形成各自清晰的政治主张，更没有处于完整的国家权力架构之下，两者也就不能算作严格意义上的政党，甚至两者之间的矛盾冲突也不能被严格看作是政党之间的相互博弈，而且独立战争胜利后，“效忠派”也最终销声匿迹了。

美国建国之初，包括华盛顿总统在内的开国元勋们大都对政党抱有敌视态度，厌恶结党营私的政治行为，但政治精英们在尝试刚刚构建的宪政制度时，也很难保持政见一致，因此，寻找和联合政见支持者来保障相关议案在国会获得通过的行为同样不可避免，不同立场的党派纷争也会不自觉地出现。1790 年 1 月，在第一届国会的第二次会议上，国会议员们就偿还政府在独立战争时期所欠债务的问题发生了严重分歧，以汉密尔顿为首的联邦党人主张依靠联邦政府开拓新税源的方式偿还债务，联邦党人这种明显扩大联邦政府权力的还债计划，立即遭到了杰弗逊和麦迪逊等反联邦党人的强烈反对。后者认为，联邦政府财政权的扩大会侵犯州的部分权力，而且对大多数已经偿还债务的南部州十分不公平。但由于当时联邦党人势力强大，汉密尔顿又身兼财政部长一职，麦迪逊等反联邦党人力量较为软弱和分散，所以反对并未奏效，汉密尔顿计划最终得以通过。事后，联邦政府和联邦党人都在偿还债务的过程中提高了自身的威信，但是联邦政府部分财政官员贪污腐败等问题也产生了不小的负面影响。尽管如此，1790 年 12 月 31 日，汉密尔顿又向国会提出报告并要求设立合众国银行，进一步申明联邦党人的政治态度。报告不但提出设立合众国银行对补充联邦政府可用资金的重要意义，而且还抛出宪法“隐含权力”的理论。在华盛顿就该提案是否合乎宪法而征求内阁成员意见时，汉密尔顿不仅具体论证了合众国银行在提高联邦政府的信用和发展工业中起到积极作用，并在理论上宽泛地解释了宪法权力。汉密尔顿认为，设立合众国银行尽管不是宪法所明确列举的国会权力，但它引申自“必需和合适”的宪法条款，合众国银行对于征税、贸易和提供公共防务经费都是必需的，而这些权力都属于宪法文本直接赋予国会的权力，况且宪法也没有明令禁止设立联邦金融机构。反联邦党人杰弗逊则从狭义解释宪法出发，认为汉密尔顿设立合众国银行的动议是违宪的，联邦宪法并没有赋予国会设立合众国银行的权力，设立合众国银行对国会行使宪法列举权力并不是“必需和合适的”。由此可以看出，双方就设立合众国银行问题已产生明显的政治分歧。华盛顿总统权衡利弊之后，最终还是接受了联邦党人汉密尔顿的意见，签署了银行法案。汉密尔顿对《联邦宪法》的“宽泛解释”，为日后最高法院首席大法官约翰·马歇尔的“默许权力论”的适用奠定了基础。

在上述政治博弈接连失利后，反联邦党人杰弗逊和麦迪逊仍然主动回击与政治动员：一方面他们批评汉密尔顿的行为威胁到共和制政体，另一方面加紧团结反联邦党人的这种力量，并于 1791 年组建民主共和党，增强与联邦党人政治对抗的实力。1793 年，欧洲大陆法国大革命和英法战争相继爆发，在对待这场战争的态度上，联邦党人和反联邦党人之间的政治分歧加剧。法国革命刚刚爆发时，得到了美国各阶层人士的欢迎，法国人将巴士底狱的钥匙送到了华盛顿手中，以此来表达两国革命的亲密关系。但随着法国革命走向极端，联邦党人对这场革命充斥着血腥暴力和无政府主义产生了反感，并认为革命与相对保守的美国独立战争少有共同之处。此外，由于英法战争的爆发，美法同盟关系迫使华盛顿政府必须做出干涉欧洲战事抑或保持中立的选择，因而，希望维持英美贸易的联邦党人汉密尔顿主张中立，并拒绝接纳法国公使。但与之相反，民主共和党人杰弗逊则把法国革命看作人类历史上所从事的最神圣的事业，甚至认为，不管革命引起了怎样的破坏和暴行，它最终都会在秩序和自由的成功中结束。杰弗逊还满怀激情地说道："全世界的自由取决于这场斗争的结果，我宁愿看到半个世界遭到破坏，也不愿意看到它失败。"基于这种政治理念，杰弗逊要求维护美法同盟，同法国保持商业联系。但需要指出的是，实际上当时无论联邦党人还是多数民主共和党人，他们都希望美国保持中立。对于刚刚建国不久的美国来说，发展经济和巩固宪政体制才是最重要的。从看待英法战争和法国大革命的不同态度，可以看出美国早期党派的雏形和两党在意识形态方面对自由的不同解读。

英法战争期间，英国对美国的贸易船只进行劫掠以打击美法贸易，华盛顿政府为了缓和美英矛盾，便于1794年5月派遣身为联邦党人的约翰·杰伊赴英谈判，并在同年11月19日签订《杰伊条约》。该条约虽然取得了英军撤离北美的承诺，但要求美国密西西比河流域向英国开放以及限制美国与西印度群岛贸易等条款，明显侵犯了美国的领土主权和贸易自由权。1795年3月，《杰伊条约》的各项条款在费城的报纸上被披露后，立即在美国引起轩然大波，全国各地的民众纷纷集会，反对签订该条约。民主共和党人抓住这一机会，指责联邦党人杰伊出卖国家利益，向自由的敌人——英国可耻的投降，最后杰伊被迫辞去最高法院首席大法官的职务。在对待《杰伊条约》问题上，汉密尔顿和大部分联邦党人则认为，不论付出怎样的代价，都必须保持对英国的和平，因为美国全国税收大部分来自关税，90%的商品进口来自英国，最重要的是，战争会切断新英格兰地区与英国的贸易往来，使汉密尔顿的财政制度改革陷于崩溃。因此，汉密尔顿力挺《杰伊条约》，并通过联邦党人自己的报纸以及集会游行声援《杰伊条约》的批准，最终联邦党人控制的参议院以2/3多数通过了该条约。与此同时，民主共和党人则在国会为履行《杰伊条约》而拨款的问题上发起党内讨论，并在1796年4月举行了被称作美国国会史上第一次党团会议的秘密会议，以听取党内对《杰伊条约》的意见，进而拉拢民众以及地方党员的支持。民主共和党人虽未能阻碍《杰伊条约》的通过和实施，但他们与联邦党人对峙的活动开始扩大到全国范围，增强了政治动员能力。1796年，华盛顿宣布不谋求连任总统的决定，直接把当年的总统大选推上了两党政治角逐的舞台。大选结果，联邦党人约翰·亚当斯最终胜出，杰弗逊则以3票之差成为副总统。但为了赢得下次选举，民主共和党人在争取民众支持的同时，着重建立和完善自身的政党组织机构，例如，在各州设立了不同层级的政党委员会，并改革一些州的选举总统选举人的制度。

联邦党人在亚当斯执政期间，颁布了《外国人法》和《煽动叛乱法》，用来压制美国民众对美法战争的反战言论，联邦党人这种明显侵犯公民基本权利的立法行为使得其在民众心目中的威望大打折扣，并且，在1812年美英战争爆发后，联邦党人控制的新英格兰地区自行成立了新英格兰联盟，联邦党人单方面与英国进行贸易，甚至派遣代表前往英国商讨新英格兰脱离联邦等问题，然而，随着美国取得战争的胜利，新英格兰联盟顿时陷入了尴尬的境地，联邦党因而逐渐衰落，并在1825年解散了自己的国会党团。此时主战的民主共和党人在战争中获得民众的广泛认可和支持，于是，他们利用“新英格兰事件”抨击联邦党人的懦弱和自私，进而扩大本党的政治影响力。因此，1800—1824年的20多年时间里，民主共和党依靠积累起来的政治优势一直作为执政党而存在，至此，美国“第一政党体制时期”的联邦党和民主共和党的对立基本结束。

在1824年总统选举中，由于安德鲁·杰克逊、昆西·亚当斯、亨利·克莱和威廉·克劳福德四位总统候选人都没有获得绝对多数的选举人选票，国会众议院只能根据宪法投票选出总统，由于克莱和亚当斯事先的政治交易，众议院最终宣昆西·亚当斯胜出。但值得注意的是，1824年的大选却带来了民主共和党的分裂，杰克逊及其支持者成立了民主党，而克莱和亚当斯则联合结成国家共和党，1834年改组为辉格党，也就是现在美国共和党的前身。从这个意义上说，现今美国民主和共和两大党的政治格局，实际上是19世纪二三十年代民主共和党分裂后进行政治重组而形成的。

（二）早期两党争论的实质

美国建国初期党派之争的焦点，在于建立一个什么样的政府：联邦党人的主要目标是要建立一个强有力的联邦政府，而反联邦党人则主要坚持州权不受侵犯，地方政府保持一定的独立性。

当时联邦党人代表汉密尔顿将自己的政治信念概括为：第一，为了国家的尊严和幸福，必须建立联邦；第二，为了保持联邦必须存在一个有效的政府。在汉密尔顿看来，政府权力过大会导致专制，权力太小也会使国家陷入无政府状态。建国初期，在借鉴英国的财政措施和制定联邦政府的财政政策时，汉密尔顿的目标不仅是为了要结束财政的紊乱状况，同时还要扩大联邦政府的权力范围以及加强联邦政府的权威，特别是把扩大联邦政府权力和维护新英格兰地区的商业、制造业者的利益作为主要目标，而相对地忽视南部的种植园主、农民以及其他小生产者的利益诉求。与之相反，民主共和党人的施政理念更多地代表州权和农业经济。杰弗逊等人深受法国启蒙思想家孟德斯鸠、卢梭、马布里及英国哲学家洛克的影响，相信“天赋人权”学说以及消极自由的合理性，主张实行有限政府理论，认为管得最少的政府是最好的政府，对联邦政府的权力集中和扩大十分敏感，进而维护各州的部分主权免受联邦政府的侵蚀。在经济上，民主共和党信奉重农主义学说，他们的理想社会是由农民和手工业者组成的自由民主的农业社会，农民是社会的主人，“他们与国家的自由和利益合成为一体”。杰弗逊还理想化地认为，农业社会可以避免欧洲工商业发展所带来的阶级对立和不平等现象。概言之，汉密尔顿代表的联邦党人希望权力集中，强调联邦政府完善职能的重要性；杰弗逊和麦迪逊代表的民主共和党人则希望分散权力，强调共和制若无民主的基础就不值得施行，进一步说，两党对建国初期的国家道路的选择和二元联邦制的认知，是这场政治争论的根源。正是在这种争论的过程中，美国两党制雏形逐渐显露。由汉密尔顿财政措施所引起的争论和冲突，特别是关于创建合众国银行的争论，渐渐形成联邦党和民主共和党的两大政治派系。汉密尔顿政策的反对者杰弗逊和麦迪逊开始组建民主共和党，并得到农民、南部的拓荒者以及部分反对东北部工商业集团的种植园主的支持，与得到新英格兰地区的商业和金融集团支持的联邦党人在国会形成对峙局面。

在此期间，两党的参政手段和组织结构都有一定的丰富和发展。1793—1797 年第二届华盛顿政府期间，杰弗逊就曾提交一份制定反英国歧视的商业提案，以此来代替汉密尔顿的亲英的财政制度，改变以往民主共和党只是单纯反对联邦党人提案的被动地位，反对党有权提出替代性法案的这一历史传统也被保留至今。为了更好地交流和统一党派内部议员的意见和立场，有组织的党派会议随之在国会内出现。主要表现为当一项议案被付诸投票前，意见相同的议员常常会碰头磋商，统一意见，例如，民主共和党人为讨论《杰伊条约》而进行的国会第一次党团会议。党团会议也被称作政党“核心会议”，早期指政党内部在决策或选举领导人之前的秘密性的“碰头会”，1796年总统选举之后，国会多数党的“核心会议”拥有提名总统候选人的权力，直至1824总统选举后才被取消。由此可知，早期国会党团会议是国会内政党组织的雏形，其功能是串联党派成员，统一投票立场，同时也是党派活动组织化和公开化的开端。随着政党组织的发展，两党的活动范围也逐渐由国会内部扩展至全国，尤其是在1796年政党提供总统候选人后，为了获得足够的选举人票，两党不得不加强和各州以及地方党员的联系。同时，围绕《杰伊条约》以及《煽动叛乱法》进行的争论，同样也扩大了两党的群众基础，使得原本属于国会内部政治精英的不同派系开始演变为具有全国性质的政党，为日后的杰克逊“大众政府”奠定了基础。

二、内战与美国现代两党政治的形成

（一）内战前美国政党演变

1828年总统大选中，杰克逊作为民主共和党总统候选人参与竞选。在纽约州政客马丁·范布伦的积极帮助和运作下，杰克逊接受了州权神圣不可侵犯的竞选纲领，得到了南部种植园主、纽约金融集团以及城市平民等利益群体的支持，最终在总统竞选中获胜，成为美国第7任总统，并将民主共和党改造为拥有政治纲领、专业助选人员和组织机构的民主党。杰克逊也是美国建国以来第一位平民出身的总统，他的上任标志着“传统意义上的权贵政治时代的结束，也显示了美国基层选民范围的扩大和新型政党组织运作的成功”。因为19世纪初期以来，美国各州宪法相继取消了选举权的财产资格限制，到19世纪30年代，除路易斯安那和弗吉尼亚等少数州之外，普通白人选民都获得了选举权，而不受宗教信仰和财产资格的限制。因此，随着各州选民投票率的不断升高，原本由各州议会选举总统选举人团的制度便改为由选民直接选举。选举制度的改革不仅打破了地方政治精英对总统选举的垄断，也促使两党重新考虑总统候选人的提名办法。随着时代的发展，由政党“核心会议”选出总统候选人的制度已经不符合选举权扩大后的大众政治特点，各州要求获得提名能够满足各州利益的相关候选人的机会，杰克逊就是在1825年被田纳西州议会提名为下届总统候选人的。到了1831年，总统候选人的提名权便由各政党的全国代表大会行使，各州派出的政党代表负责投票统一选出总统和副总统候选人，制定竞选纲领，并且，1832年5月21日举行的民主党首次全国代表大会，还要求候选人必须获得2/3的多数选票。两党各自的全国代表大会也分别于1848年和1856年选出民主党全国委员会以及共和党全国委员会，以此来合理分配各州大会代表的名额以及统筹协调全国各级政党组织的竞选工作。到19世纪中期，两党都有了从地方层面到全国层面的各级组织，但20世纪80年代以后，随着初选制度的健全与完善，美国两党全国代表大会和全国委员会发挥的作用逐渐变小，候选人提名也只是流于形式。

在杰克逊上台后，其维护州权政治承诺的执政特点之一，便是打压国会在联邦权力机关中的核心地位。1830年5月，杰克逊总统先是在否决了国会领袖克莱等人提出的依靠联邦政府修建肯塔基州公路的法案，而后又在1832年否决了允许合众国银行继续运行的特许状的法律，打压早期汉密尔顿倾力构建的联邦财政机构，并将合众国银行逐渐转变为地方性的宾夕法尼亚州银行。但杰克逊总统的以上行为激怒了当时的国家共和党人，他们在北部工商业集团以及部分南部种植园主的支持下，联合共济会等政治力量，在1833—1834年间组建辉格党，反对杰克逊总统动用行政否决权干预体现选民意志的国会法案的行为，主张提高关税以保护民族工商业的发展，也希望限制奴隶制的扩张，辉格党人威廉·哈里森、约翰·泰勒等人相继在19世纪40年代成为美国总统。于是，1840—1860年间，美国政治舞台出现了两党轮流执政的局面，美国现代政党制度也随之出现。

然而，随着奴隶制存废问题的矛盾在美国逐渐激化，刚刚形成的辉格党和民主党交替执政的局面便很快被打破。1853—1854年，国会在讨论内布拉斯加领土建州问题时，围绕奴隶制问题的《堪萨斯—内布拉斯加法案》获得通过。法案废除了限制奴隶制向西部地区扩张的《密苏里协定》，并将“人民主权论”上升为国家法律的地位，鼓励当地民众自行选择是否发展奴隶制，这等于否决了 30 多年来南北双方围绕奴隶制问题进行的政治谈判和妥协，完全打破了政治平衡。辉格党面对控制国会两院的民主党根本无法阻止法案的通过，该党在奴隶制问题上的骑墙态度最终导致该党走向分裂。与此同时，在反对《堪萨斯—内布拉斯加法案》的旗帜下，北部各州的废奴派人士、辉格党人、自由党人、自由领土党人、一无所知党人及反对奴隶制扩张的民主党人组成了共和党，使得北部原来分散的政治力量得到整合。共和党声称要追随当年杰弗逊等民主共和党人主张的“平等权利”，坚决反对在联邦的新领土上引进奴隶制，提出联邦所有的新领土都应为“自由土地”的政治纲领。至此，1840 年以来形成的民主党与辉格党两党制彻底崩溃。

事实上美国建国后，两个重要问题一直没有得到很好的解决：一是关于联邦与州之间的权力关系问题；二是关于奴隶制的存废问题。这两大问题互为表里，主张农业立国的民主共和党人就曾利用传统州权反对联邦政府权力范围的扩大，而后来的民主党人则利用州权不可侵犯以及各州有权退出联邦的理论捍卫奴隶制的存在和扩张。随着新州不断加入联邦，党派之间关于奴隶制争论走向极端化，内战不可避免。但在内战以前，无论是民主党还是辉格党，都没有彻底摆脱早期政党的传统，而且领袖个人和临时竞选组织相结合的方式也使得党纲的设立不具有稳定性，新建立的代表大会以及全国委员会等新组织尚在完善的过程中，领袖个人的魅力在团结政党力量中仍起着决定性的作用。

（二）内战时期两党政治的形成

1860 年美国大选时，共和党提名林肯为总统候选人，其党纲除了重申反对把奴隶制扩大到新领地上外，又补充了提高关税和制定宅地法的政策。林肯在选举过程中，还借助于美国革命时期便获得广泛共识的“天赋人权”和“人人生而平等”思想来给自己助选。此外，林肯还申诉了北部共和党人的主张，将奴隶制定义为局部性的体制，这显然是对当时坦尼法院的“斯科特案”判决的彻底否定。与此同时，民主党在 1860 年的总统大选中发生分裂。北部民主党人不同意南方民主党人将承认奴隶制合法性的条款明确写进宪法的要求，他们支持“斯科特案”的判决，要求联邦政府保障种植园主持有奴隶的财产权。双方因此分道扬镳，各自提名斯蒂芬·道格拉斯和约翰·布雷肯里奇为总统候选人，民主党的选票因此被分散，共和党候选人林肯最终胜选。林肯赢得了180张选举人团选票，超过其他3名候选人所得选票的总和，成为第一位当选的、影响力也是最长久的共和党总统。

林肯大选的获胜，意味着明确反对奴隶制的共和党将接管国家政权，即便林肯在就职前明确表明限制而不是废除奴隶制的立场，但依旧引起了南部种植园主的恐慌。于是，1861年2月8日，民主党控制的南方7个州相继宣布脱离联邦，正式建立美利坚邦联国，并在林肯就职后公开发动军事叛乱，挑起内战。在整个内战期间，共和党人领导了平定南方叛乱，直到最后胜利。此时民主党则一分为二：南方民主党控制着南部邦联并对联邦进行战争；北方民主党分为主战派与主和派，主战派支持林肯政府为维护联邦统一而战斗，并一度与共和党组成联盟，参加1864年总统选举；主和派则反对与南方进行战争，在后方进行反战宣传和组织反战运动，实际上起着从内部破坏战争的消极作用。

美国内战确因奴隶制而起，但本质却是一场挽救合众国和维护联邦统一的斗争。关于这一点，王希曾作出较为确切的分析：“内战是美国宪政制度对奴隶制问题长期妥协的必然结果。从体制上来讲，它是至今为止美国宪政的一个最大的失败。”内战的爆发，表明自联邦建立以来联邦制的性质以及奴隶制等问题并没有得到真正的解决。不过，联邦获得内战的胜利，在宣告奴隶制覆灭的同时，也正式确立了州权从属于联邦政府权威的权力关系，“州权至上”理论也逐渐被摒弃。

还需要指出的是，内战时期是美国政党政治史上一个特殊的历史时期。在这一时期，美国政党政治发生了明显的变化：一是1860年大选结束后，失败的民主党不接受选举结果，企图用暴力手段改变之，突破了以往政治冲突和妥协的传统行动范围；二是共和党的政治力量得到空前加强，共和党在1860年执政后几乎一直控制着总统和国会众议院而少有中断，直至20世纪30年代民主党人罗斯福上台执政才改变了这种政治局面。内战期间，共和党以绝对优势控制着国会两院，共和党议员和林肯总统相互配合，利用宪法赋予国会的战争权力，扩大了联邦政府在征税、拨款以及管理交通运输等方面的权力范围。更重要的是，共和党的绝对优势利于联邦政府根据战争形势及时颁布立法以做出调整，仅存的北方民主党议员因为人数太少根本无法阻止联邦政府的权力扩张和职能完善。在此期间，共和党控制的国会相继出台了《敌产没收法》《宅地法》以及《国民银行法》，进而满足联邦政府的战时需求，1862 年 9 月，林肯总统发表的《解放黑奴宣言》，更是从内部逐步动摇了南方邦联的统治基础。

（三）战后两党政治的成熟

内战结束后，美国两党政治进入一个新的历史时期，即民主与共和两党长期垄断国家政权的历史时期，时至今日，也没有第三党能够真正打破这种两党政治的格局。

内战结束后不到两年的时间内，为解决南方种植园主继续束缚黑人和维护内战成果，共和党控制的国会相继出台了三条宪法修正案，废除了奴隶制，赋予了黑人同白人同等的公民权利并禁止基于种族或肤色等标准剥夺黑人选举权，同时还颁布了《民权法案》，进一步维护刚刚获得解放的黑人公民权利。1867 年国会又通过《重建法令》，开启了激进的重建时代，联邦政府对前邦联各州进行军事管制，要求这些州废除《黑人法典》，建立种族平等的权力机关。此后，南方各州政府迅速被共和党所控制，部分来自北方的共和党人、被称为“提包客”的政治投机者以及一些自愿加入共和党的当地人共同组成了控制各州政府的南方共和党，所以，此时美国政党政治成为了共和党一党的单向政治行为。不过，民主党在失去了种植园主这一核心政党基础后，便一直寻求和拉拢新的选民群体来扭转共和党一党独大的政治局面。在 1876 年的总统大选中，民主党利用共和党分裂的有利契机，通过在南方的地方政党组织对人数占优的黑人进行恫吓，强迫部分黑人选民投票支持民主党候选人蒂尔登。虽然 1876 年总统大选共和党候选人海斯最终胜出，但民主党换取了结束南方激进重建的承诺，并在 1896 年的大选时，民主党人吸收西部平民党的选民群体后，实力逐渐得到了一定程度的恢复，而共和党则依靠北部工商业集团、工人和部分城市选民。至此，部分州形成了只支持一个政党的一党州，比如东北地区就是共和党的传统势力范围，而南部地区则成为民主党的传统票仓，这种情况直到20世纪60年代民权运动的发生以及共和党的“南部战略”的推行才得以改变，所以双方的公职候选人不必在一党州花费太多精力，重要的是将选民投票倾向不明朗的摇摆州转化为支持自己阵营的一方，从而形成了延续至今的美国大选的特点。

美国内战和重建时期，两大政党已经完全摆脱了早期政党的组织模式和观念，发展成为现代政党。在美国建国初期，政党实际上是一个以领袖个人为核心，由少数人结合起来的政治派别，没有严密和系统的政党组织，党的纲领就是领袖个人的思想和政策主张。随着美国内战和重建时期的结束，工业化和城市化的发展，自由劳动制与奴隶制的对立消失，民主党和共和党之间的政见分歧，便从原来的事关联邦存亡的重大原则问题开始转换为现实而具体的选民利益问题。与此同时，政党的功能在组织构建和利益约束上变得更加完善。政党政治继承了杰克逊政府时期形成的“政党分赃制”，各级政党组织提名、选举以及任命候选人的主要标准，便是该党员对党的忠诚度以及在总统竞选中付出的程度。“政党分赃制”也培养了一批忠诚于党的职业政客，他们在城市、各州乃至联邦建立“政党机器”，由党魁统一领导，控制市、州乃至全国的代表大会，候选人的提名往往由党魁掌握，这就使得各党的代表大会以及委员会的运作失去了公平性，违背了这些政党组织建立的初衷。在国会内部，通过对议事日程和专门委员会的席位分配，党魁掌握更多的控制本党议员的权力，在立法过程中，党魁负责集中本党议员的意志，确立本党在重大决策问题上的立场，拟定重大议案，并监督本党议员的投票。

重建之后美国政党政治的专业化运作，也使得政党不仅控制了国会和立法程序，而且对总统候选人的产生也有很大的控制力。此时，引导权力运作的不是国家原则和理想，而是政党内部各派权力博弈的胜负。这种政党政治在权力公共性大打折扣的同时，也标志着美国两党政治走向成熟。值得注意的是，“政党分赃制”下的权力运作在侵蚀公职人员选举的民主性时，还会滋生严重的官员腐败，降低政府的办事效率，将选民与候选人之间的距离再次拉开，使得公职人员并不能代表选民意志，也不能得到选民的认可。19世纪80年代伴随联邦政府进行行政机构改革，“政党分赃制”最终逐步走向了瓦解。与此同时，各州也陆续宣布各层级的政党候选人需由选民直接选举产生，国会参议院议员也从州议会选举改为由选民直接选举产生，预选制度开始建立和完善起来。1883 年《彭德尔顿法》的通过，解决了总统依靠“政党分赃”随意在联邦政府任人唯亲的问题，政府文职人员必须通过相应的选拔考试才能够被录用，并且在政治上保持中立。这些改革措施都使得美国的两党制更加完善。此外，伴随选民群体以及选民政治参与度的扩大和提高，又进一步加强了两党政治的民主性。

三、二战以来美国两党政治的演变

（一）二战后美国政党制度发展的特点

二战后两党交替执政是美国政党制度发展的主要特点。在 20 世纪头 20 多年的时间里，民主党主要扮演政府改革者的角色，其在改善企业与劳工关系、打击托拉斯等垄断资本以及扩大联邦政府权力等方面发挥着重要作用，而共和党却秉承古典自由主义，限制政府的权力扩张，维护垄断资产阶级的适当利益，特别是随着美国经济的高速增长，经济上采取自由放任政策的共和党在这一时期成为主要的执政党。但 1929 年大萧条的出现以及两党的应对措施，极大地改变了原有的两党政治格局。1929 年大萧条是美国历史上最为严重和罕见的经济大危机，它比 1837 年和 1873 年的经济危机更具有破坏性和持久性。共和党的赫伯特・胡佛总统在经济面临崩溃之际却依然拒绝动用联邦资金对地方经济进行全面援助，而民主党总统候选人富兰克林・罗斯福则强调联邦政府干预经济的重要性，并主张采用扩大财政赤字的办法刺激经济的增长，最终罗斯福赢得总统大选并一直连选连任至 1945 年去世。民主党也获得了以工会、部分工商业者、南方白人以及西部农民为核心的“新政联盟”的广泛支持，从而使得民主党掌控总统大选直到 20 世纪 60 年代末。

20 世纪以后，从西奥多・罗斯福到威尔逊，总统职位的宪政地位开始发生了根本转变，总统不再仅仅是一个执行立法部门命令的高级执行官，而开始成为真正的国家领导人、国家象征和国家权力的集中代表。总统有机会根据情况的需要建立联邦管理机构，能够利用和左右政党的运作。围绕总统选举，各政党必须准备面向全国的、更加公开和广泛的政党纲领，而总统候选人或总统通过选举和在职期间的政治活动，将本党的政治主张宣示出来，这种方式将总统变成了政党名义上和事实上的领袖，使得政党政治从 19 世纪那种不加掩饰的、纯粹利益交换的地方行为逐步变成一种具有意识形态实质的、具有集中政治导向的和全国意义上的政治化运动。

二战以后，美国两党政治的主要特征是两党均衡地交替执政，没有哪一个党执政超过三届，两党的社会经济政策越来越同质化，都是为了适应美国垄断资本主义的发展。民主党主张通过大幅度增加社会工程方面的财政支出及减少中下层税收的方式来刺激经济的发展，在“新政”联盟的支持下基本赢得了 60 年代末期之前的总统选举。共和党主张通过缩小社会福利政策覆盖范围，扩大军工支出，减少上层税收以促进企业投资的方式来促进经济发展。秉承保守主义立场的共和党也在 70 年代利用民权运动分裂“新政”联盟的历史背景下重新入主白宫，改变了“新政”自由主义理论在联邦政府施政上的主导地位，不过共和党总统在行使执政权时依然会受到民主党长期控制的国会的阻挠。共和党还在此时期发起“南部战略”，吸收“新政”联盟瓦解后的部分政治力量，其中就包括了南方保守派民主党人，这些带有种族歧视的南方白人对民主党消除种族歧视和扭转不平等的种族关系的自由倾向十分不满，最终加入了共和党。与此相反，民主党提倡增加社会福利开支，并照顾移民、黑人及其他少数族裔的平等权益，从而取得了经济较发达的东北部和西部沿海地区的支持。至此，美国两党的政治版图发生了又一次转变，共和党失去了东北部地区的长期支持，转而控制了南方以及中西部内陆州，民主党则失去了南方地区选民的支持，东北部以及西部沿海地区成为民主党的势力范围。

进入 20 世纪 80 年代后，共和党人罗纳德・里根担任总统，同时国会参议院也被共和党控制长达 6 年之久。保守的里根总统倾向于加强国防，对苏联采取强硬态度，在经济上支持减税，大幅削减社会福利开支。此外，里根总统提倡传统的家庭道德观，对限制枪支、自由堕胎、合法化同性恋群体婚姻以及废除死刑等问题持反对立场。在 2000 年大选中，共和党总统候选人乔治・布什和民主党总统候选人阿尔伯特・戈尔在佛罗里达州的选票非常接近，双方在佛罗里达州的角逐将直接决定本次大选的获胜者。在初期的机器计票完成后，戈尔落后布什不到1000张选票，戈尔的竞选团队因此以佛州选票存在设计缺陷为由，要求进行人工计票，不过人工计票的请求最终因为布什团队的上诉而被最高法院阉割，布什赢得大选胜利。此次大选不仅使两党之间的竞选结果需要最高法院的司法判决才能得出，而且暴露了美国总统采用选举人团制度间接选举的弊端，候选人戈尔以及后来的希拉里都是因为选举人团制度的传统在赢得多数普选票后依然败选的民主党人。诚然，选举团人制度能够延续至今固然有其一定的合理性。这一制度使人口较少或者经济欠发达的州，仍然可以通过固定的选举人选票要求两党候选人做出符合其利益的政治承诺。

（二）当今美国政党的角色定位和自我调整

美国政治史学家乔尔·西尔比根据政党在美国社会扮演的角色，把美国政党的历史时期分为三个时期：前政党时期——建国初期到杰克逊执政；政党时期——杰克逊到镀金时代；后政党时期——政党影响力衰落，当前所处的时期属于美国后政党时期。美国政党政治的衰落主要表现为选民投票率的持续走低，对联邦层面的两党政治关心的选民人数逐年减少。不同价值取向和权利诉求的选民群体随着美国社会的不断发展而变得盘根错节，各种利益集团之间的矛盾冲突也很难解决，这直接导致两党都无法完全控制府会两院代表美国人民进行统治，府会之间以及国会两院之间时常因为党派偏见而搁置原本早应通过的法案，致使联邦政府的财政赤字时常高居不下，20世纪90年代以来联邦政府的停摆现象时常发生。

美国政党政治具有权力分散和组织层级众多的特点。两党除了在国会党团和总统内阁的组织形式外，在州和地方设有基层选区、县（市）委员会以及州委员会以及与之相匹配的各级党代表大会，如县党代表大会以及州党代表大会等。不过，这些政党组织除自下而上选举党员代表外，并不是严格的上下级关系，互不统属，平日的组织活动具有很大的独立性，所以美国民众更关心所在社区的切身利益。此外，美国政党的服务型特点也较为明显，即两党组织在全国性竞选活动中发挥重要作用，为总统候选人筹集竞选资金，动员党内成员为候选人造势，国会议员的连选连任也越来越依赖于政党的支持。

美国是典型的两党政治国家，两大政党能够在美国长期保持交替执政的主要原因，除了两党实力强大且常常势均力敌以外，还在于美国政党政治中第三党的力量太过弱小。因为美国总统选举制度中采用“赢者通吃”规则，总统候选人只要保证获得超过半数的普选票即可获得该州的选举人票，国会议员议席的分配也采取多数代表制而不是欧洲多党制国家的比例代表制，这使得选民投票给第三党的意义不大，第三党的竞争力也被大幅削弱。在州和地方政党上，州的选举法是由长期控制州政府的两大党制定的，法律对两大党的候选人获取竞选资格的要求相对宽松，对第三党或独立候选人的要求则十分苛刻和复杂，这样就促成了两大政党对联邦和地方政治的长期控制。不过，第三党在加快两党的政治重组以及推进两党进行改革等方面发挥了积极作用，例如，镀金时代的平民党被民主党吸收后，西部农民的利益被民主党写入竞选纲领。

值得注意的是，现今的美国政党政治由于社会撕裂和政治极化的影响，已经深受党派意识形态化的影响，两党之间的政治共识和身份认同已经逐渐消逝，两党在经济决策、最高法院大法官的任命，乃至 LGBTQ 群体权利的社会议题都夹带了大量党派私利。特别是“国会山骚乱”以来，民主党控制的众议院在议长佩洛西的领导下，对前总统特朗普进行了包括弹劾以及以泄漏国家机密为由展开的调查在内的一系列政治报复行为，进一步加剧了政治宪法化现象。政客的丑闻和因党派斗争而造成的立法僵局，使越来越多的选民对党派主导的竞选政治感到厌恶。更为严重的是，美国民众对民主政治的真诚信仰为政治犬儒主义的情绪所代替，许多民众因而感到沮丧，进而以拒绝行使投票权来表达不满。

未来美国政党政治究竟能否回到正轨，两党的上层精英能否放下党派偏见以及个人恩怨在重大议题上做出政治妥协，重拾分权与制衡原则的精髓，而不是相互掣肘，互不妥协，这仍是值得深入探讨和研究的美国政治制度史议题。

思考题

1. 阐述美国制宪者对政党的定性及其主要理论。
2. 与早期政党相比，内战后美国政党组织模式发生了哪些形式上的变化?
3. 分析当今美国政治极化现象与政党极端倾向的关联。

参考文献

[1] [美]艾伦·布林克利:《美国史》，陈志杰、王辉等译，北京：北京大学出版社，2019年。
[2] 李道揆:《美国政府和美国政治》，北京：商务印书馆，1999年。
[3] 刘绪贻、杨生茂:《美国通史》(第1卷)，北京：人民出版社，2005年。
[4] [美]斯蒂芬·卡拉布雷西:《美国宪法的原旨主义——廿五年的争论》，李松锋译，北京：当代中国出版社，2014年。
[5] [美]桑迪·梅塞尔:《美国政党与选举》，陆赟译，南京：译林出版社，2019年。
[6] [法]托克维尔:《论美国的民主》，吉家乐编译，杭州：浙江工商大学出版社，2019年。
[7] 王希:《原则与妥协：美国宪法的精神与实践》，北京：北京大学出版社，2018年。
[8] 张兹署:《美国两党制发展史》，石家庄：河北教育出版社，2002年。
[9] 张定河:《美国政治制度的起源与演变》，北京：中国社会科学出版社，1998年。
[10] 赵忆宁:《探访美国政党政治——美国两党精英访谈》，北京：中国人民大学出版社，2014年。
[11] 张宝树:《美国政党与选举制度——以一九八四年美国大选为实例》，台北：台湾商务印书馆，1987年。
[12] 朱曾汶译:《美国宪法及其修正案》，北京：商务印书馆，2014年。
[13] Achen, Christopher H., Larry M. Bartels, *Democracy for Realists: Why Elections Do Not Produce Responsive Government*, N. J: Princeton University Press, 2016.
[14] Berelson, Bernard, Paul Lazarsfeld, William McPhee, *Voting: A Study of Opinion Formation in a Presidential Campaign*, Chicago: University of Chicago Press, 1954.
[15] Bernard Schwartz, *The Law in America: A History*, New York: McGraw-Hill Book Co., 1974.

[16] Chris Demaske, *Modern Power and Free Speech: Contemporary Culture and Issues of Equality*, Lanham: Lexington Books, 2008.

[17] Cornelius C. Cotter, James L Gibson, John F. Bibby, Robert J. Huckshorn, *Party Organizations in American Politics*, New York: praeger, 1984.

[18] Dvid W. Rohde, *Parties and Leaders in the Postreform House*, Chicago: University of Chicago Press, 1991.

[19] Hamilton, Madison Jay, *The Federalist Papersintroductions by Clinton Rossiter*, New American Library, 1961.

[20] J hon J. Coleman, *Party Decline in American: Policy, Politics, and the Fiscal State*, N. J: Princeton University Press, 1996.

[21] Kenneth P Vogel, *Big Money: 2.5 Billion Dollars, One Suspicious Vehicle, and a Pimp-on the Trail of the Ultra-Rich Hijacking American Politics*, New York: Public Affairs, 2014.

[22] Graetz, Michael J., *The Burger Court and the Rise of the Judicial Right*, New York: Simon & Schuster, 2016.

第七讲　地方自治传统与美国联邦制

1787年美国《联邦宪法》创立了联邦制，构建了新的政府权力框架。从横向权力结构上来看，联邦政府将行政、立法、司法的权力分别赋予总统、国会与最高法院，三者互不统属，但彼此制约，体现了分权制衡的宪政原则；在纵向权力关系上同样如此，州是美国地方的政治实体，在自身事务上有着较强的独立性。当州政府与联邦政府意见不合时，前者可以拒绝施行联邦政府的法令，甚至为保护自身利益可以宣布脱离联邦。内战后，尽管联邦政府的权威已经从实质上居于各州政府之上，所谓二元联邦制存在的各州离心倾向得到一定程度上的解决，但地方政府仍然保留着制定宪法等自治权力，进而防止联邦权力的高度集中与政体僵化。因此，从理论上弄清联邦与州和地方政府的权力关系，对于认识和了解美国自治传统和联邦制的运行机制有着重要的现实意义。

关于地方自治传统和联邦制的研究，法国政治游历家和学者托克维尔在《论美国的民主》一书中，最早开始对美国宪政体制进行考察。他曾称赞“美国的政治制度不受封建因素的影响，民主性强，民众政治参与度高”。美国学者约翰·菲斯克的著作《美国的公民政府及其起源》，也对美国早期建国史进行了详细介绍。国内关于美国地方自治和联邦制研究的成果也十分丰富，李剑鸣的《美国的奠基时代1585—1775》是美国早期史研究的重要成果，对北美殖民地、邦联政府和联邦政府的三种政治形态的缘起和发展进行了较为全面的阐述。刘祚昌的《论北美殖民地社会政治结构中的民主因素》一文，则对殖民地政府的自治特点进行了系统的研究。该文阐述道：“殖民地政府官员的选举虽然有财产资格限制，但实际上这种资格限制并没有被严格执行，殖民地时期的民众选举的民主性是毋庸置疑的，而且肯定了市镇议会的直接民主形式对殖民地自治的促进作用。”综上，国内外研究成果为本教程的写作提供了重要的资料和认识参考。

一、北美殖民地时期的自治传统

1777 年 11 月 15 日，第二届大陆会议通过的《邦联条例》明确表示，各州保留其主权、自由和独立，即便设有各州政府代表参加的邦联国会，但一票否决权的设定致使邦联国会在任何涉及各州利益的提案上无能为力，所以，1787 年 9 月 17 日，费城制宪会议上通过的《联邦宪法》，便创设了联邦制，在确立分权与制衡宪政基础上，树立了联邦政府的权威。尽管如此，州仍然保留了自治的地方传统，并以宪法的形式固定下来，在《联邦宪法》第 10 条宪法修正案中具体规定，“宪法未授予合众国、也未禁止各州行使的权力，由各州各自保留，或由人民保留”。以此宪法条款为依据，美国建国初期实际上州权与联邦权形成了分庭抗礼的局面，这种情况一直持续到内战以后。当然直至今日，州与联邦之间的权力格局仍然在联邦制界定的范围内，可见州权的重要性。那么，州权何以如此？要回答这一问题，就要从北美殖民地的自治传统中来寻找答案。

（一）北美殖民地早期自治的渊源

一般而言，北美殖民地是由英国移民所建立的 13 个殖民地所构成。在殖民地的发展演变过程中，不自觉地继承了宗主国地方自治的政治传统。1620 年，在美国先民近抵北美大陆的五月花号航船上，他们订立了《五月花公约》，决定“自愿组成‘公民自治团体’，拟定公正而平等之法律、规章，并保证遵守与服从之”。根据《五月花公约》所创建的公民自治体，虽然在机构建制和法律保障上还不够成熟和全面，并且所涉及的地域依然十分有限，但它却向世人昭示了美国先民设立民众契约来保障个人权利的自治精神与法治观念。1638 年，康涅狄格殖民地通过召开居民代表大会的方式制定了《基本法》，该法规定由自由民选举代表和政府官员组成大议会管理殖民地。之后，罗得岛殖民地居民也以同样的方式在 1673 年 8 月 20 日订立了《普罗维登斯协议》，赋予多数住户制定法令和规章的权力。在北美殖民地基层政治实体构建的过程中，1650 年新英格兰地区形成以了“市镇会议”为核心的权力架构。该地区的乡镇居民同样看重行使公民权利的自主性，他们通常在每年 3 月举行“市镇会议”，镇上所有的成年男子有权出席会议和提出相关动议，并选举市镇行政委员和出席殖民地议会的代表。此外，新英格兰“市镇会议”还拥有征税权、土地分配权等核心权力，行政委员对于市镇基础设施建设，也有规划以及制定规章制度的权力，并在“市镇会议”休会期间，负责处理市镇的日常事务。由此不难看出，北美殖民地基层政治结构体现着直接民主的特点，每一名市镇居民都有权在市镇会议上自由发表符合切身利益的提案，比如要求市镇行政委员缩减公共开支，反对向自己的土地征收任何赋税等。但随着时间的推移，新英格兰市镇会议制度逐渐走向了衰落，如康涅狄格的市镇大会开会次数逐年减少，并且在 17 世纪 70 年代后，市镇大会只限于批准行政委员所作的决定，不仅如此，原本对市镇大会负责并受到监督的行政委员的权力却逐渐增大，其拥有行政、立法及司法权力，委员会成员甚至有权向居民发出传票，命令他们到行政委员会议接受审查。正因为如此，当选行政委员对于控制市政就具有决定性作用，于是，资产以及社会威望占据优势的乡绅阶层很快便控制了该职位，原本的直接民主特性也不复存在。即便如此，新英格兰“市镇会议”的民主性质并未完全丧失，因为它仍享有以财产资格为标准的选举市镇官员权力，此种权力关系的变动以及权力的集中只是市镇内部政治力量的重组，并不会影响其自治地位。同英国城镇（尤其是自治市）在 13 世纪拥有英王颁发的特许状而取得自治权一样，北美殖民地的基层政治结构在各殖民地获得特许状的情况下，以直接民主为政治参与手段实行自治。

（二）北美殖民地自治的管理形式

北美殖民地大体上可以分为王室殖民地、业主殖民地以及公司殖民地。王室和业主殖民地由英王颁发特许状。根据英王颁发给各殖民地的《特许状》

规定，“殖民地一方面是一个经济组织，服务于私人或团体的经济目的；另一方面又是一个政治社会，拥有实行政治统治的合法权利。这种权利来自于英王的授予。殖民地不是全体英国人的属地，而和英国本土一样，是英王的领地，在政治和法律上与英国国民没有从属关系，而只服从英王的统治，任何人不得对特许状进行修改和废除”。

王室殖民地一般由英王派遣的总督进行管理，但王室殖民地大部分由后两种殖民地转化而来的，因为英王室在北美殖民运动初期并没有投入过多的精力来经营北美殖民地，独立战争前众多的王室殖民地只是在业主殖民地以及公司殖民地成型之后在英王的权威压力下逐渐转化的。公司殖民地除体现美国先民具有的自治精神、法治观念、法律平等和权利意识外，由于缺少英王所颁发的特许状，公司殖民地的政治实体十分不稳固，比如订立《五月花公约》的普利茅斯殖民地后来就被马萨诸塞殖民地吞并。北美殖民地最具代表性的当数业主殖民地，围绕英王特许状的规定，大部分业主殖民地建立了以总督、参事会以及议会为主要政治分支的政府结构。在这种政治权力结构中，总督掌握行政权，负有州管理政府殖民地的责任，参事会和议会分别扮演上院和下院行使立法权，更为重要的是，以上政治分支的参与成员必须由殖民地自由民投票选出，否则便违反了英王特许状，而马萨诸塞的总督、参事会和议会代表都是经殖民地自由投票选举产生。

从某种程度上说，在受英国殖民统治相当长的一段时期内，北美殖民地对于英国政府的组织模式和运作原理了然于胸，而当时英国所实施的政治制度，就是所谓的“君主立宪制”（constitutional monarchy）。美国人不仅熟悉英国政府的统治方式，而且很多美国人认为这是人类所创造过的最好的政治制度。英国对于北美殖民地的统治方式，就如同是对于英国国内政治制度和政府组织模式的翻版。但与英国本土地方政府相比，北美殖民地议会和地方政府拥有更多的自主管理内部事务的自治权。基于这一特殊的政治地位和权力来源，一方面形成了北美殖民地政府直接从属英王和地方自治的传统；另一方面也造成了各个殖民地“鸡犬之声相闻，老死不相往来”各自为政的后果。正因为如此，美国独立战争之前，各殖民地一直处于缺乏向心力和凝聚力的窘境，即使在独立以后，各殖民地也仍然很难接受在美国出现一个强有力的、统一的联邦政府这样一种政治现实，而依旧恪守它们的自治传统。此外，英王特许状对于各殖民地来说有非常重要的作用，因为只有英王的政治权威赋予了北美殖民活动的合法性。但值得注意的是，北美各殖民地争相获得特许状的目的，并不是要服从英王的直接统治，更多的是使北美殖民地成为英国本土主权的海外延伸，使得北美殖民地民众顺理成章地拥有英国本土居民相同的身份地位和个人权利，在避免形成下等身份的同时，更有权实行代表制选举符合殖民地利益的政府官员来处理内部事务。在这种认识和实践的基础上，北美殖民地既避免沦为受奴役的海外殖民地，又拥有了一定的自治地位。

（三）北美殖民地自治传统的影响

北美殖民地自治传统对于美国国家权力结构有着深远的影响，各州形成的自治体系成为了日后争取独立的强大政治力量。例如，在马萨诸塞州早期地方上实行自治，城镇本身在分配地产、选拔官吏方面拥有很大程度的自主权，当时不论是英国国王或英国议会，对马萨诸塞政府都没有任何发言权。当英国政府侵犯殖民地免税权时，各个殖民地政府都按照“无代表不纳税”而据理力争自身的合法权力。自治传统还培养了北美人民对于民主精神的尊崇，新英格兰“市镇议会”的直接民主选举方式，目的是调动市民政治参与的积极性，任何市民都可以通过市政机关提出利益诉求，即便后来“市镇议会”的职能逐渐被行政委员所代替，但以财产为选举标准的传统却为后来的美国代议制民主奠定了政治基础。

二、奴隶制与美国联邦制之间的关系

（一）黑人奴隶制和种植园经济的确立

19 世纪中期，当托克维尔在夸赞美国的民主值得全世界国家学习时，黑人奴隶制却在北美大陆得到巩固。内战爆发前，美国的黑人奴隶制是南部种植园经济的劳动力基础。为此，蓄奴州往往以“州权至上”的说辞来维护黑人奴隶制。

关于美国黑人奴隶制起源问题，史学界一直存在争议。如埃德加·汤普森和理查德·希尔德雷斯等学者认为，“非洲黑人最初被贩卖到北美殖民地时就变成了被奴役的奴隶，奴隶制也随之在北美殖民地确立”；但詹姆斯·巴拉却认为，黑人在最初踏上北美土地时，并不是真正意义上的奴隶，只是“作为海盗活动的猎取对象，而不是战俘（根据那个时代国际通行的惯例，只有战俘才可以被作为奴隶驱使），这些黑人仍受着国际法的保护，保持着自由人的身份”，从这个角度理解，“黑人奴隶制必须是北美殖民地在法律上确认黑人为奴隶时才得以确立”。还有一部分学者认为，黑人在最初到达北美殖民地时扮演着与当时部分下层白人相同的契约奴身份，这些黑人契约奴不同于后来的黑人奴隶，他们在完成劳作、履行契约义务后，可以和白人一样重获自由，甚至拥有土地等个人财产。就这一观点，美国学者约翰·拉塞尔认为，在 1619 年英国还没有奴隶制和奴隶法规的情况下，“殖民地都有被称为‘仆人’的人，他们在为主人服务期间，与主人的关系虽类似奴隶，但这种暂时的奴役必须与奴隶制作出区分。仆人和奴隶之间的区别是基本的和根本的，因为仆人失去自由是暂时的，而奴隶的束缚是永久的”。不过随着时间的推移，这种契约关系导致黑人生活愈发难以为继，他们逐渐接受了终身劳动，个人权利也遭到剥夺，并且最终以法律的形式确立下来。不同学者的观点不一而足，但以下几点可以确认：一是非洲黑人最早到达北美殖民地的时间在 17 世纪 20 年代左右，这些黑人是在大西洋三角贸易结束后被荷兰商人运往北美殖民地；二是黑人在北美殖民地的身份地位低下，即使不是奴隶，也已渐失自由，只有少数黑人获得了自由民身份；三是从 17 世纪 60 年代起，殖民地政府先后颁布法律确认了黑人的奴隶地位，以维护黑人奴隶制度。例如，1667 年弗吉尼亚州禁止黑人奴隶通过皈依基督教来摆脱奴隶身份，1692 年该州甚至强制种植园主用剥夺黑人奴隶的财产权的形式，来进一步“褫夺”黑人奴隶的个人权利。

由此可知，黑人在 17 世纪 20 年代被贩卖到北美大陆后，其身份地位在整体上呈现出下降趋势，大部分黑人从完成工作即可恢复人身自由的契约奴，逐渐沦为殖民地种植园主的私有财产。造成这一局面的原因，主要包括以下几点。

第一，黑人的特殊来源和特殊社会背景。黑人与殖民北美大陆的欧洲白人存在较大的文化差异。宗教信仰的差异以及语言的不通阻碍着双方之间的沟通交流和身份认同感的形成。随着 18 世纪殖民地族裔的多样化和欧洲白人数量的增多，英国裔与爱尔兰人、德意志人以及意大利人等欧洲族裔对皮肤黝黑的黑人的疏远和歧视愈发严重，缺少社会关系和对应资源支撑的黑人很难融入到白人社会之中，由白人建构的殖民体系更不会赋予他们与白人相同的公民权利和身份地位。在此前提下，一些黑人试图通过改换宗教信仰来摆脱受奴役的地位以便于融入白人社会，但最终仍被殖民地政府禁止。

第二，殖民地政府对黑人的严密管控。17 世纪末发生的培根起义对各殖民地造成的重大损失，使各殖民地政府对劳动力群体加强管控。其时，美国黑人数量已经达到 30 万之多，并时常参与到下层白人举行的反抗殖民地政府的起义中。于是，各殖民地政府进一步确立了黑人奴隶在法律上的底层地位，以南部殖民地为典型，形成了上层白人与中下层穷苦白人共同歧视和奴役黑人的社会形态。

第三，种植园经济也促进了北美殖民地黑人奴隶制的确立。17 世纪 60 年代末，在西印度群岛的甘蔗种植趋于饱和后，甘蔗种植园主便将甘蔗种植业扩展至卡罗来纳殖民地，同时把早已在巴巴多斯、牙买加以及安提瓜等地适用的黑人奴隶制生产方式移植到了北美殖民地。由于气候适宜，北美殖民地南部很快便形成了使用黑人奴隶为廉价劳动力的种植园经济。殖民者在殖民地南部开发了适应当地气候并有丰厚利润的烟草种植业后，廉价劳动力就成为了烟草种植者最迫切的需要。最初殖民者使用印第安人劳作，在印第安人口急剧下降后，转而使用大量契约奴，不过白人契约奴一般劳动 4 到 5 年便会获得自由并购买自己的土地，这种不稳定因素无法使烟草种植利益最大化。因此，在 17 世纪末逐渐处于弱势地位的黑人便成为种植园主获取廉价劳动力的又一选择。1680—1720 年，是北美殖民地劳动力转型的关键时期，在此期间，约 3000 名黑人被输入到美国南部。1700—1710 年，输入弗吉尼亚的非洲奴隶将近 8000 名。于是，黑人奴隶逐渐取代白人契约奴成为种植园的主要劳动力。在获得稳定的廉价劳动力后，有利可图的种植园经济又进一步刺激殖民地政府剥夺黑人奴隶的公民权利和所有财产，以此加强其与种植园主的人身依附关系，到 18 世纪 30 年代末，奴隶制已经成为南部烟草和稻谷种植地区的经济、政治和社会制度的基础。

值得注意的是，黑人奴隶制在北美殖民地南北方地区存在一定的差异。北部地区由于气候和土壤条件不适合大宗经济作物的大规模种植，虽然也确立了奴隶制，但并没有形成极具规模的奴隶制种植园经济，而是发展起中小规模的畜牧业以及纺织工业，这些经济结构都不需要大规模体力劳动，也不需要开拓大量土地来保证经济作物的产量，更没有足够的资金来维持大量黑人奴隶，这也导致黑人在北方尤其是新英格兰地区依旧拥有通过自身劳动获得自由的机会。此外，经济体制对于社会面貌的塑造具有直接作用，由于北方并没有形成南方各殖民地政府为维护奴隶制颁布的法律体系——《黑人法典》，所以南北双方的社会差异必然会出现后来制度上的冲突与摩擦，并最终导致内战。早在1787年《联邦宪法》制定时，北部自由州代表就有废除黑人奴隶制的意愿，而作为南部主要经济模式的种植园经济是不可能接受这一政治诉求，所以南北双方经过激烈的争吵和协商，最终通过了1787年《联邦宪法》。宪法虽通篇文献没有出现“奴隶制”字样，但也没有明确废除黑人奴隶制。相反，南部各州依据“没有明确禁止的州之权力由各州保留”的宪法修正案条款，取得了黑人奴隶制的合宪地位。此外，制宪会议基本主张美国众议院的议员席位分配要采取比例代表制，众议院议员人数取决于各州人口数量，这就使得自由人口较少的南部蓄奴州陷入了不利境地，蓄奴州代表立刻利用州权主义理论质疑众议院议员选举制度的反民主性，并且拉拢其他人口较少的州以大州压迫小州为由，反对该条款对各州平等地位的侵犯。在此条件下，制宪会议最终决定“各州人口数量具体包括所有自由人以及3/5的其他一切人等，包括在服役期之人”。显然，宪法为了平衡各州在众议院的政治力量，将蓄奴州庞大的奴隶人口按照3/5的数量计算在内。但问题在于，此时的蓄奴州奴隶制人口已经远远超出17世纪60年代奴隶制相关法律制定时期的数量，即便按照3/5计算，南部蓄奴州人数在总体上依然超过了大部分北方自由州，这反而导致了南部蓄奴州确立了众议院的优势地位，再加上包括华盛顿在内的众多开国元勋多为种植园主，蓄奴州曾长期受到美国总统的偏袒。然而，由于18世纪80年代烟草价格大跌，南部的烟草种植业前景十分暗淡，以此为依托的黑人奴隶制并不稳固，而且奴隶制问题并不是费城制宪会议的核心议题，所以当时无论州权主义者还是联邦主义者，他们更多地关心的是联邦政府与各州政府的权力关系及其权力分配问题，包括各州参与联邦政府的具体形式、联邦法律和州法律的效力关系以及对联邦政府的权力约束等问题。

18 世纪末和 19 世纪初，伴随英国工业革命的开始，使得全球棉花需求急剧上涨，棉花价格也直线上升。美国南部的气候正适合棉花种植，所以南部种植园主果断抛弃烟草转而种植棉花，并且，1793 年轧棉机的发明，直接促使美国南部的棉花生产效率得到根本性提高。1790 年，美国出产 150 万磅棉花，到了 1800 年，这一数字增长到 3650 万磅，而到 1820 年，则达到了 16750 万磅。1791—1800 年间，美国向英国出口的棉花增长了 93 倍，1820 年这一出口数字又增长了 6 倍。到了 1857 年，已经接近 2 亿磅。由于棉花出口的成功，南部的奴隶制种植园主为了赚取巨额利润，不断地扩大种植园规模，向北美大陆西部发展棉花种植业，买进了越来越多的黑人奴隶，通过完全控制黑人奴隶的劳动时间，实行帮派劳动制度来进行大规模的粗放式种植，使得美国南部奴隶制种植园经济起死回生。关于这一点，正如学者所指出的，“土地、奴隶劳动以及给予了种植园主对劳动力极大处置权的政治权力，这三者的特殊结合给那些支持种植园经济的人带来了极其丰厚的利润”。正因为如此，黑人奴隶制便成了南部经济赖以生存的主导生产关系，正式形成了以奴隶制种植园经济为主的南部上层统治阶层。

（二）联邦与各州在奴隶制背景下的权力之争

随着美国南部奴隶制种植园经济的发展，南北之间在关税“高与低”问题的矛盾便开始显现。严重依赖棉花出口的南部蓄奴州逐渐在关税问题上统一立场，要求联邦政府制定较低的出口税收法案，而北部却主张提高进口关税来保护工商业的发展，所以双方围绕关税问题进行了长期的政治博弈。

1828 年 3 月，国会通过了对工业原料以及纺织品征收高进口税的《关税法案》，这一明显有利于北部工商业集团的关税法案，立即遭到了南部蓄奴州的强烈反对，尤其是南卡罗来纳州。1828 年，在副总统卡尔霍恩的授意下，《南卡罗来纳申论》（以下简称《申论》）出台，要求废除《关税法案》。《申论》批评北部工商业集团通过体现多数人意志的立法机关出台有利于自身的联邦法律，这是对宪政精神的公然践踏，是多数人的暴政，置南部蓄奴州利益而不顾。不仅如此，《申论》的核心观点认为，各州有权根据实际情况宣布联邦政府法律违宪，且如果联邦政府不能有效维护各州利益，那么各州完全有权退出联邦而独立。这一观点完全是将联邦看作是最初 13 个州通过订立契约而组成的一个松散联盟，以此强调各州完整的主权，将各州视为“邦国”。在这个意义上，南北方关于关税问题的政治争议转而上升至联邦与各州的权力关系问题。此外，《申论》附带的抗议书中所提到的反关税法理由，明确指出南卡罗来纳的种植园经济必须依赖国外市场，而高关税不利于国外市场的发展，增加了种植园主的生产成本，阻碍棉花种植业的发展。南部蓄奴州还用“州权至上”来对抗联邦政府，甚至威胁退出联邦。《申论》从根本上是维护南部的黑人奴隶制度，关税问题实际上讨论的是黑人奴隶制问题。就《申论》抛出的州权理论，代表北部工商业集团利益的韦伯斯特参议员则申辩道：联邦是美国人民建立的，宪法是国家最高法律，各州没有权力自行决定退出联邦。

面对当时南北方的政治僵局，杰克逊总统承认了关税法案存在对南方的不公现象，但同时也驳斥了南部蓄奴州的州权理论，认为联邦不同于过去的邦联，而是一个拥有完整主权的国家，退出联邦等同于摧毁一个国家，这并不是宪法的初衷。为此，杰克逊总统还在 1829 年 3 月 2 日签署了《强制法案》，获得了使用军队强制征收关税的权力。在条件准备充足之后，杰克逊总统同意了亨利・克莱同南部蓄奴州代表达成的关税妥协方案，承诺在 10 年内将关税下降到 20%，这种低关税其实已经无异于自由贸易。随即南卡罗来纳州废除了《废止法案》，这场由关税问题引发的宪政危机告一段落。需要指出的是，这场宪政危机不仅为以后南部维护奴隶制提供了政治基础和斗争经验，而且结合“杰克逊式民主”，促进了美国“二元联邦制”在 19 世纪 40 年代的形成。所谓“二元联邦制”的宪政理论，就是指联邦与州在不同领域中拥有各自的管辖权，两者恪守各自的权限范围，联邦政府不能侵犯州权管辖的范围。所以当双方再度直接讨论黑人奴隶制存废问题时，南部依旧通过宣称州权主义理论这一政治“恫吓”，来维护自身种植园经济的利益。

19 世纪 60 年代在黑人奴隶制存废这一问题上，联邦与州的权力之争逐渐演化为南北方的军事冲突，最后以北方的胜利而告终，奴隶制也得以废除。美国建国之初，《联邦宪法》保留了黑人奴隶制度，这种与美国人民以自由民主为核心概念的精神信仰背道而驰的制度一直被人诟病。随着欧洲自由主义思想的兴起，本就触犯人类道德价值观的奴隶贸易陆续在欧洲各国被废除，美国也在 1807 年废除奴隶贸易。然而如上文所述，19 世纪 30 年代，棉花作为工业革命所必需的一种工业原料迅速取代烟草成为主导南方经济的支柱性农作物，南部种植园主们也在棉花种植带来的巨大利润的前提下，非但没有废除黑人奴隶制，反而巩固了奴隶制种植园经济，政治上继续维持黑人的奴隶地位，并联合实行非奴隶制耕作方式的农场主以及穷苦白人（多分布于阿巴拉契亚山脉以西的山地区域）建构了以白人为主的“统治民族的民主”结构，黑人奴隶被排斥在政治参与之外。在这种情况下，废奴运动再度兴起。以威廉·加里森为代表的废奴主义者通过创办报纸的方式，宣传废除黑人奴隶制，加里森在其《解放者》报上宣扬黑人和白人一样都享有“生存、自由和追求幸福”的权利，主张无条件立即废除黑人奴隶制。在他的影响下，反奴隶制协会也于 1833 年正式建立。同时，废奴主义者提出了将美国黑人遣送回非洲大陆的废奴思路，并不惜花重金购买了非洲的利比里亚土地作为美国黑人的非洲定居点，不过，废奴主义者的计划并没有得到大多数黑人的积极响应。但无论如何，此时废奴主义运动能够在突破南部各州的压制和封锁，为黑人奴隶解放寻求出路，一定程度上依旧为美国联邦政府最终废除奴隶制奠定了社会基础。

对于西部土地的争夺也是联邦政府与各州围绕奴隶制存废问题的重要斗争。因为各州都有两名国会参议院的议员代表，各州话语权因此平等，不受各州人口数量的影响，这是美国宪法为防止大州肆意侵犯小州利益而设置的制衡机制。不过，任何体现平等的制衡机制都有僵化的风险，国会参议院便受到奴隶制存废问题的影响而分裂成人数比对等的南方蓄奴州代表和北部自由州代表。因此，一旦有新州加入联邦，无论是自由州还是蓄奴州都将打破参议院的势力平衡，从而掌握立法机关的权力，进而扩张或限制奴隶制，所以南北双方都希望依靠参议院多数优势对西部土地的开发拥有主导权，1820 年《密苏里妥协案》便是在这一背景下达成的。在密苏里要求加入联邦时，此时蓄奴州和自由州在联邦 22 个州里各占一半，为了维持参议院的势力平衡，在肯塔基州议员亨利·克莱的提议下，马萨诸塞州被划分出一个缅因州作为自由州加入联邦，密苏里则作为蓄奴州加入联邦，该妥协案暂时解决了西部领土争端，但1854年的《堪萨斯—内布拉斯加法案》，则引起了双方的流血冲突。堪萨斯—内布拉斯加地区位于美国中部大草原地带，由于气候寒冷并不适合发展棉花种植业，不过南部种植园主依旧想占领这片土地，并抢先将部分种植园产业搬迁至上述地区，企图以此将该地区变为蓄奴州势力范围，南部的这一举动也加快了北方自由州民众向该地区移民的速度。1854年5月30日，面对堪萨斯—内布拉斯加的土地争端，参议院通过了以该地区名字命名的法案，著名的蓄奴派分子斯蒂芬·道格拉斯还提出了“人民自觉论”，即“奴隶制问题留待两个地区的人民去自行决定，实际上就是禁止在这些地区废除奴隶制”。取消对奴隶制西扩的限制直接导致双方加快向该地区派遣更多的民众来取得人口数量上的优势，最后该地区形成了分别支持蓄奴州和自由州的两个政府，并爆发了“堪萨斯内战”。这次战争被普遍看作美国内战的预演，也标志着围绕土地性质进行南北政治妥协的终结。在美墨战争结束后，为了妥善处理依靠战争取得的土地，亨利·克莱先是让加利福尼亚以自由州身份加入联邦，而后提议允许南部种植园主到北方自由州追回奴隶。克莱提议通过后，南部种植园主的权力进一步扩大，这些都是北方自由州所不能容忍的，更重要的是，南部种植园主的一系列胜利，加之其依靠宪法五分之三条款所取得的选民数量上优势，进而可以获得长期把持国会众议院和总统职位的权力。

为了扭转奴隶制在南方的不断扩张和选举不利的局面，1854年，北方和西部自由州的部分辉格党人、民主党人以及其他主张废除奴隶制的政治团体联合起来组建共和党，共同致力于黑人奴隶制的废除。然而，坦尼法院对1857年“斯科特案”宣判，剥夺了黑人奴隶获得美国公民身份的任何可能性，直接堵住南北双方围绕奴隶制存废问题进行协商和妥协道路，共和党更坚定了废除奴隶制的决心，而且1860年林肯以共和党人身份成功地当选美国总统，为进一步解决奴隶制问题提供了时机。当然，废奴力量的政治重组以及共和党人当选总统，使南部种植园主十分惊恐，于是他们又推出“二元联邦制”，作为维护奴隶制的理论工具。此时他们不仅强调各州有权自行处理黑人奴隶，而且还声称各州有权自行脱离联邦。正是在这一前提下，共和党和林肯总统意识到，只有通过战争的途径，才能铲除黑人奴隶制，也才能维护联邦政府的权威，减弱各州的离心倾向，重新确立联邦政府相对于地方政治实体的优势地位。正是经过惨烈的军事冲突和内战，美国才得以最终解决了奴隶制和南北分裂的问题。

三、美国联邦制的特点及其演变

（一）美国联邦制的特点

具有开创意义的美国联邦制，其核心特点在于分权制衡。而联邦制作为确立中央与地方之间权力关系的美国国家结构形式，不仅包括联邦政府内部各职能部门的横向权力关系，而且划定了联邦政府与各州之间的纵向权力范围。美国开创的联邦制为扭转美国政治危机、形成统一和具有权威性的美国政治实体做出了积极贡献。

横向上看，联邦政府掌握的行政、立法以及司法权力被分配给总统、国会以及联邦最高法院。国会是国家立法机关，由众议院和参议院组成，能够制定联邦法律以及通过宪法修正案，“规定和征收直接税、间接税、进口税与货物税”，掌握弹劾权，可以对包括总统在内的联邦官员进行监督或罢免。总统作为行政首脑，任期四年，有权发布行政命令，“可以要求每个行政部门的主管官员提出有关他们职务的任何事件的书面意见”，同时担任国家陆海军总司令，拥有指挥军队等权力。在制宪先贤的努力下，司法权从立法权中剥离出来，《联邦宪法》奠定了联邦最高法院的司法主权地位，联邦最高法院有权受理涉及联邦法律合宪性的各类案件，同时对各州案件的上诉享有管辖权和终审权，联邦最高法院大法官实行终身制，工资薪酬不受政治事件以及案件判决结果的影响而变动。尽管联邦政府的行政、立法以及司法部门分权明确，但是各部门之间的关系却并不是孤立的，相反，联邦政府内部存在着相互制衡的运行机制。由国会通过的法案或一致同意的命令以及表决结果都需要递交总统，由其批准和签署后才能够最终生效，如总统不批准，“即应连同他的异议把它退还给原来提出该案的议院，该议院应将异议详细记入议事记录，然后进行复议”。在复议后，国会能够以 2/3 多数推翻总统的否决，使法案正式成为联邦法律。此外，如果总统在接收到相关法案 10 天内仍然没有退还给国会，该行为也会被视为默认批准法案。国会掌握的弹劾权也需要众议院发起弹劾动议，再由参议院表决是否通过弹劾议案，如果弹劾对象为总统，则需要联邦最高法院首席大法官主持审判，“非经出席参议员 2/3 人数同意，不得被定罪”。同时，总统有权缔结和签订条约，但事先须获得参议院的意见和同意，“并须出席的参议员中 2/3 的人赞成”，总统对大使、公使及领事的提名也需要国会参议院的同意，总统必须定期向国会提交国情咨文，汇报联邦的运行情况。联邦最高法院对于联邦宪法和联邦法律具有最终解释权，可以宣布总统或国会通过的相关法案违宪，但是受到总统的提名推荐，获得参议院举手表决通过的候选人才可以正式成为联邦最高法院大法官。

从纵向上看，联邦政府与各州政府之间同样存在着各自的权力范围以及相互制衡的关系。根据《联邦宪法》，联邦政府除拥有行政权、立法权以及司法权三项重要权力外，还拥有制定关税、举债、管理各州之间以及国际贸易、铸币、邮政、外交以及募集常备军等具体权力，宪法第 1 条第 8 款还允许联邦政府“为了行使上述各项权力，以及行使本宪法赋予合众国政府或其各部门或其官员的种种权力，制定一切必要的和适当的法律”，这种弹性条款赋予联邦政府极大的“暗含性权力”，对联邦政府日后不断制定符合社会发展的公共政策以及适当调整权力关系作了铺垫。关于各州政府权力的列举并没有明确在宪法当中，而是体现在第 10 条宪法修正案之中：“本宪法未授予合众国、也未禁止各州行使的权力，保留给各州行使，或保留给人民行使之。”这是对各州自治传统的尊重，除独立主权外，各州依旧较为完整地继承大部分自治权力，比如治安权，各州政府有权“为保护和促进公共安全、健康、道德、便利和福利而管理个人权利和财产”。此外，各州内部的下级政府（县政府和市政府）通常受到州政府的管理和控制，属于垂直性的权力结构，州政府依靠资金援助以及制定下级政府的组织形式来确立政治权威。司法方面，各州原本的司法体系得到保留，包括州地方法院、州上诉法院以及州最高法院。其中，州最高法院的判决被视为解释州法律的终审判决，同时与联邦司法体系互不统属。即便如此，《联邦宪法》下的分权与邦联条例下的分权有一个重大区别，那就是联邦宪法把主权赋予联邦政府使其对内对外都代表国家，而州只是联邦的一个自治成员。宪法明确规定："各州不得缔结任何条约、结盟或组织邦联……不得铸造货……不得通过任何褫夺公权的法案、追溯既往的法律和损害契约义务的法律……"即便是对州法律拥有终审权的州最高法院依旧受到联邦最高法院的节制，联邦最高法院有权对部分州最高法院宣判的案件进行复审，同时对于涉及联邦法律的州法院受理案件拥有上诉管辖权。不过，在维护各州自治传统方面，联邦政府权力同样受到制约。比如联邦宪法规定联邦政府在未经州同意的情况下，不得擅自变更各州边界，更不能违反各州在国会参议院的平等代表权。此外，州政府也掌握着选举联邦公职人员的权力，国会参议员需要各州议会选举（后改为州选民直选）产生，总统候选人在国会政党核心小组失去作用后，基本由各州选出符合其利益的候选人进行大选。

总之，美国联邦制存在的横向和纵向两个维度的权力划分和权力制衡，较好地诠释了联邦政府和州政府在国家结构形式中所扮演的角色地位。横向维度的分权制衡既避免了联邦内部权力集中的可能，又加强了各部门之间的权力互动，防止出现多个部门分庭抗礼的局面；纵向维度的分权制衡，同样避免了中央专制政府的出现，而联邦政府的优先地位和对州自治地位的尊重，也减少了各州的离心倾向，有助于联邦的稳定与繁荣。

（二）联邦制演变的路径

尽管联邦制确立了联邦政府与州政府之间分权制衡的权力关系，但在权力机制运行的过程中，联邦政府内部以及两种权力主体之间发生权力争斗和矛盾摩擦是不可避免的，联邦制也随着两种权力主体主导地位的相对变化而不断演变。

从 1787 年《联邦宪法》制定到内战爆发前的这一历史时期，从整体上讲，州权具有相当大的影响力，而联邦政府在行使自身权力进入到传统的州权力范围时，经常受到各州政府的阻碍与反抗。不仅如此，联邦政府内部的派系斗争，往往也会利用宪法规定的各州"保留权"对意见不合者施加压力。例如，1791 年以汉密尔顿为首的联邦党人提出建立合众国银行的法案，主张构建全国性质的金融体系，缓解联邦政府的财政压力，增强联邦政府的权威，此举措立即遭到了以杰弗逊等人为首的民主共和党人的反对。后者认为，联邦党人肆意扩大联邦政府权力的行为与政治集权无异，声称宪法并没有明确列举联邦政府有权建立合众国银行的条款，所以该法案侵犯了各州的传统权益。虽然合众国银行最后得以建立，但在 1811 年营业期满后便被迫关闭。1789 年联邦党人和民主共和党人围绕《惩治叛乱法》合宪性的斗争，直接将联邦政府与州政府对立起来。当时控制国会的联邦党人为减少法国大革命对国内民众的影响，稳定因《杰伊条约》的签订而引发的民主共和党人的不满情绪，决然颁布《惩治叛乱法》等多部法律，规定联邦政府有权对威胁联邦政府统治的美国公民或外国移民实施逮捕，对于发表或出版不实言论或刊物的新闻机构可以查封。这种利用联邦立法权打压政治对手的行为，不仅激化了国会内部的党派矛盾，而且也明显地侵犯了被美国民众视为最重要的言论自由权。不过，民主共和党人却没有在国会的范围内与联邦党人论辩该法的合宪性，而是由杰弗逊和麦迪逊分别起草《肯塔基决议案》和《弗吉尼亚决议案》，宣称联邦宪法第一条修正案列举的言论自由权由州保留并遭到联邦政府侵犯，二人又以州的名义，宣布联邦法律违宪，原本属于国会内部两种政治派系的理念斗争，结果形成了州权与联邦政府权力的政治对抗，所以 1801 年杰弗逊出任总统后，《惩治叛乱法》及相关法律即被废除。

这一时期各州政府对联邦政府权力的直接对抗，还体现在州内联邦机构以及联邦法律的权威性上。1816 年第二合众国银行建立，其建设在部分州内的分行被视为侵犯州权而受到抵制，马里兰州于 1818 年通过法律向该州隶属于第二合众国银行的巴尔的摩分行征税，随即引发了州政府与联邦政府的权力对抗。马里兰州议会以及州法院全部支持州政府向分行征税，认为《联邦宪法》本没有赋予联邦政府成立国家银行的权力，作为分行的巴尔的摩银行属于地方性金融机构，州政府明显有权对其征税。该事件最终以司法审判的方式解决，联邦最高法院认为，联邦政府成立合众国银行以及分行的初衷立足于国家整体利益，符合联邦宪法赋予联邦政府的“暗含性权力”，国家的最高地位与州对联邦机构征税的权力是完全不相容的，因此，州政府无权向联邦机构征税。并且，在 1824 年“吉本斯诉奥格登案”中，联邦最高法院再一次强调了“联邦至上”原则，裁定州法律与联邦法律相冲突时，联邦法律具有优先地位，法院不得维持根据州法律得出的判决结果。

州政府与联邦政府的权力对抗在关税问题和奴隶制问题上更为明显。由于此时美国国内存在着不同的经济制度，要求高关税以保护民族工商业发展的东北部与主张低关税以进口生活所需品的南部农业地区产生了严重的政治分歧。由于联邦政府分别在1828年和1832年颁布提高关税的法案，南卡罗来纳州便召开州代表大会宣布高关税法案不会在本州获得通过，如果联邦政府强制执行，本州就会退出联邦。面对这样的威胁，联邦政府最终选择了妥协，承诺逐步降低关税，南卡罗来纳州也顺势撤销退出联邦的法令。关税问题的权力对抗同样适用于奴隶制问题，奴隶制种植园主为降低生产成本也希望联邦政府实行低关税政策，而奴隶制种植园经济作为南方经济的主导模式，也促使奴隶制种植园主站在州主权的立场对抗企图废除黑人奴隶制度的联邦政府，甚至演变出州权“神圣不可侵犯”等理论，最后依照州权主义者在关税问题上的斗争经验，再次选择退出联邦和分裂国家，最终引发了美国内战。

由此不难看出，在内战爆发前，虽然联邦最高法院重申了“联邦至上”原则，维护联邦政府以及联邦法律的最高权威地位，但州权往往会取得最终的优势局面。进一步说，一个州敢于对抗联邦政府的权威，便说明当时州权派有足够的力量抵制联邦政府权力的扩大。

内战结束后直至罗斯福“新政”时期，联邦政府逐渐形成对州政府的权力优势地位，州权则日渐衰落。首先，美国内战直接导致南部州权主义者赖以生存的奴隶制种植园制度的瓦解，南部受奴役的黑人获得解放；其次，国会颁布的宪法第14条修正案和第15条修正案提出了法律平等保护原则，将《权利法案》中原本由各州保护的基本权利纳入到联邦政府的保护范围中，并规定“国会有权以适当立法实施本条规定”，这相当于赋予联邦政府审查甚至废除不符合宪法要求的州法律的权力，直接从法律层面上改变了两者的力量对比，联邦政府正是利用此条款，对南部各州进行“激进重建”，派出联邦军队进行分区管制；最后，美国工业化以及城市化进程的加快也对联邦政府的统治力提出了新的要求。工业革命引发了美国社会关系的巨大变革，不断增多的跨区域性质的贸易数量、强大的垄断组织的出现、对国家经济命脉产业的控制以及美国外交地位的上升，代表国家利益的联邦政府的职能完善以及权力扩大已经不可避免。相反，州政府面对美国社会变革却显得能力有限，州政府的财政实力使其无法资助和管理诸如跨区域的项目建设，更无法同垄断组织抗衡。除此之外，面对因工业革命而出现的极具规模的工业城市群，州政府同样无法在财政上影响人口百万的工业城市建设，从而导致原本州内部的垂直权力体系发生松动，许多重要的工业城市取得了自治地位。

尤其需要指出的是，联邦政府在此时期颁布了1887年《州际商务法》，对铁路公司修建铁路的要求进行了明确规定，防止因恶性竞争导致的铁路运费的不稳定。针对垄断组织对国家经济的威胁，联邦政府又于1890年颁布了《谢尔曼反托拉斯法》，迈出了联邦政府管制垄断组织的历史性一步。1913年，联邦政府出台《联邦储备法》，建立以“联邦储备区委员会”为核心的联邦银行储备体系，全国8到12个分区分别成立联邦储备银行，并要求全国性的大银行必须加入联邦银行储备体系，储备委员会拥有调控各储备银行重贴现率的权力。联邦银行储备体系的建立，使联邦政府从此拥有了调控全国银行机构的分布和各地区信贷储供的权力。与之前建立合众国银行遭到各州政府强烈反对形成鲜明对比，20世纪初美联储的建立，足以说明联邦政府权力的扩大以及州权的缩小。

罗斯福“新政”时期则是联邦政府彻底转向“有为政府”或“大政府”的开端，甚至有学者认为，这是联邦政府集权化的开始。由于1929年经济大萧条的影响，全国经济面临崩溃的风险，几乎无法维持日常生活水平的美国民众对资本主义制度产生了怀疑，面对如此危机，州政府对于结束经济危机束手无策，反而需要联邦政府的大规模财政援助才能支撑几乎瘫痪的州经济。联邦政府转而抛弃了自由竞争的传统理念，代之以“新政”自由主义，利用宪法赋予的商业管理权，扩大联邦政府的权力，全面干预社会和经济领域里的各种关系。从最初局限在商业贸易领域，直至扩大到金融、工业、农业、交通运输、劳资关系、民权、健康福利及环境保护等各个领域。到“新政”时期原本具有竞争关系的“二元联邦制”几乎不复存在，联邦政府在联邦制权力关系中已经取得了主导地位。

综上，美国联邦制的演变路径，实质上是联邦政府与州政府政治关系的重新调整。联邦政府的权力扩大以及职能完善能够弥补州政府权力覆盖范围的不足，从而及时地调整施政方向，稳定社会秩序和促进发展，这既是时代的要求，也是美国资本主义发展的必然趋势。

思考题

1. 阐述北美殖民地自治传统的理论与实践渊源。
2. 试论美国联邦制的特点及其演变轨迹。
3. 概述黑人奴隶制的由来及黑人获得民权的艰难历程。

参考文献

[1]　程汉大：《英国宪政制度史》，北京：中国社会科学出版社，1995年。
[2]　[美]汉密尔顿、杰伊、麦迪逊：《联邦党人文集》，北京：商务印书馆，1980年。
[3]　胡乔木：《中国大百科全书》（政治卷），北京：中国大百科全书出版社，1992年。
[4]　刘祚昌：《美国奴隶制度的起源》（下），《史学月刊》1981年第5期。
[5]　刘祚昌：《论北美殖民地社会政治结构中的民主因素（续）》，《文史哲》1987年第4期。
[6]　罗荣渠：《略论美国联邦制度的形成和宪政体制的特点》，《北京大学学报》（哲学社会科学版）1987年第2期。
[7]　李剑鸣：《美国的奠基时代 1585—1775》，北京：人民出版社，1993年。
[8]　梁红光：《美国早期国家构建中的州权观及其意义》，《安徽史学》2010年第3期。
[9]　[美]莫里森等：《美利坚共和国的成长》，刘心武等译，天津：天津人民出版社，1980年。
[10]　倪春：《论北美殖民地村镇自治制度》，硕士学位论文，西南政法大学，2008年。
[11]　[美]斯文·贝克特：《棉花帝国》，徐轶杰等译，北京：民主与建设出版社，2019年。
[12]　[法]托克维尔：《论美国的民主》（上卷），董果良译，北京：商务印书馆，1997年。
[13]　[英]维尔：《宪政与分权》，苏力译，北京：生活·读书·新知三联书店，1997年。
[14]　苑治国：《美国地方自治形成溯源》，《文教资料》2006年第28期。
[15]　张定河：《美国联邦制的基本原则及其历史演变》，《文史哲》1998年第1期。
[16]　[英]詹姆斯·布赖斯：《现代民治政体》，张慰慈等译，长春：吉林人民出版社，2001年。
[17]　周跃军：《从邦联制到联邦制——评美国国家结构形式的演变》，《宜宾学院学报》

2002 年第 5 期。

[18] 詹国文:《美国联邦与州关系的历史演进及启示》,《河南社会科学》2009 年第 5 期。

[19] 张聚国:《美国史学界有关奴隶制起源的争论》,《世界历史》2006 年第 2 期。

[20] 张红菊:《美国南部黑人奴隶制的形成及特点》,《广西社会科学》2005 年第 6 期。

[21] Andrew Cunningham Mclaughin, *The Confederation and the Constitution, 1783—1789,* New York: Harper & Bros, 1905.

[22] John Fiske, *Civil Government in the United States Considered With Some Reference to Its Origins,* Boston: Houghton, 1891.

[23] John H. Russell, *The Free Negro in Virginia, 1619—1865,* Baltimore: John Hopkins Press, 1915.

[24] Keith L. Dougherty, *Collective Action under the Articles of Confederation,* New York: Cambridge University Press, 2001.

[25] Kathleen Bartoloni-Tuazon, *For Fear of an Elective King George Washington and the Presidential Title Controversy of 1789,* New York: Cornell University Press, 2014.

[26] Oscar, Mary F. Handlin, Origins of the Southern Labor System, *The William and Mary Quarterly,* Vol. 7, No. 2 (Apr., 1950).

[27] Robert A. Divine et al., *America: Past and Present,* New Jersey: Scott, Foresman and Company, 1984.

[28] Sidney M. Milkis, *The American Presidency Origins and Development, 1776—2014,* Boston: SAGE, Publication, Inc., 2016.

[29] Vincent P. Barabba, *Historical Statistics of the United States Colonial Times to 1970,* Washington D. C.: Bureau of the Census Library, 1975.

第八讲　内战与美国第二次宪政革命

内战是美国历史上的一个重要转折时期，它不仅挽救了新生的美利坚合众国，避免了南北分裂，而且奠定了美国现代国家的政治基础。在这个意义上，内战可以被看作美国历史上的第二次宪政革命。

美国内战一直以来是学界关注的重点问题，国内外相关研究汗牛充栋，不可计数，但仅就美国内战及美国的第二次宪政革命相关方向，仍旧具有深度挖掘的学术研究价值。就国内学界而言，刘祚昌的《美国内战史》是较早的一部以美国内战为研究对象的通史类著作。在本书中，刘祚昌以战争背景、战争过程以及战争后重建为三个基础叙述线路，从“前、中、后”三个阶段对美国内战进行了详尽的描述，犀利地剖析了美国内战的阶级属性与历史内涵。王希撰写的《原则与妥协：美国宪法的精神与实践》，则是国内对美国多次宪政革命进行详细学术研究的著作，其中第四章“奴隶制、内战与美国宪政”和第五章“重建与新宪政秩序的建立”以美国宪政的历史演变为研究对象，将内战与重建作为美国宪政革命的分水岭，具有重要的学术价值。罗超的博士学位论文《美国内战记忆的建构与南北和解（1865—1918）：兼与东西德的二战集体记忆比较》，以比较研究的方法对美国内战所产生的国家集体记忆与民族撕裂与和解进行了深入研究。郭小雨的《何谓“更好的联合”？——论美国内战时期关于美利坚内外秩序的争论及林肯对“联合”的再定义》一文，其提出的“美国内战是带有宪政革命的战争，以武力带来的宪政革命最终会与自由民主的政治思想产生激烈冲突”观点，也颇有参考价值。

美国内战是美国建国后规模最大、时间最长、伤亡人数最多的战争。

1860年林肯作为共和党候选人当选为美国第16任总统，随即美国南部7个州（南卡罗来纳州、密西西比州、佛罗里达州、亚拉巴马州、佐治亚州、路易斯安那州与得克萨斯州）先后宣布脱离联邦，并于1861年2月8日成立“南部同盟”，推举杰弗逊·戴维斯（Jefferson Davis）为总统，联邦自此分裂。1861年3月4日，亚伯拉罕·林肯（Abraham Lincoln）宣誓就职，4月12日南部同盟炮击萨姆特要塞，内战正式爆发，直至1865年4月9日，南部同盟将军罗伯特·李（Robert Lee）向联邦将军尤利西斯·格兰特（Ulysses Grant）投降，内战宣告结束。内战结束后，联邦政府面临对南方诸叛乱州的定性与重建工作，恰于此时林肯总统遇刺，副总统安德鲁·约翰逊（Andrew Johnson）继任总统。约翰逊总统与国会在南部重建的问题上多有冲突，这一冲突最终以国会于1868年向约翰逊总统发起弹劾而告终。此后，国会取得了对南部重建的绝对话语权，开启了激进重建的历史进程。直至1877年的《海斯—蒂尔登妥协》，南北双方以政治妥协的方式终止了北方共和党国会对南部的激进重建。

在美国内战与南部重建的过程中，国会相继通过了宪法第13、14和15条修正案，以宪法的形式彻底废除了奴隶制并赋予有色人种选举权。以此为基础，围绕着诸多司法与立法活动，美国进行了第二次宪政革命，对内战后的美国历史产生了极为深远的影响。

一、美国内战与奴隶解放

（一）内战的历史进程

1861年4月12日，南部同盟炮击北方军的萨姆特要塞，打响了美国内战的第一枪。在内战初期，北方军占据绝对优势，其拥有全国34个州中的23个，领土面积占全国的3/4以上，人口2200万，并拥有美国几乎所有的钢铁、军火等重工业及纺织等轻工业，还拥有22000英里的铁路线。而就海军而言，虽然内战前诸多南部军官纷纷南下效力于南部同盟，但他们并未亦没有能力将海军军舰带走，故而北方海军军事实力强大。相较之下，南部的人口（自由人及奴隶）仅900余万，9000英里铁路线，且缺乏重工业基础，在事实条件上处于不利地位。

当然，北方的有利条件并不意味着南部在战争中始终处于劣势。凭借种植园主们充分的准备，南部同盟更快地组织起战斗力量，并且在南部同盟中，有较多的军事人才。所以战争初期并未出现战局向北方一边倒的局面，相反，1861 年 7 月 21 日，布尔河战役以联邦军失败结束，而后林肯授权乔治·麦克莱伦（George McClellan）负责华盛顿军区防务并重建波托马克军团，联邦军队仍再遭南军重创。在战局不利于北方的情况下，林肯政府重点封锁了南部同盟的海岸线，通过部署联邦海军舰队，基本封锁南部同盟的重要港口，1861 年 11 月，南卡罗来纳州罗耶尔港外的重要战略基地希尔顿赫德被联邦军队攻克。1862 年 2 月，西部战场方面，格兰特将军率领的联邦军队仅用半个月时间就占领了田纳西河上的亨利堡和坎伯兰河上的纳尔逊堡，实质上控制了田纳西州。4 月 6 日，格兰特将军在西洛再次战胜了南部同盟。同一时间，南部最大的贸易中心和港口——新奥尔良也被攻克。但是东部战场上的麦克莱伦仍旧按兵不动，最终被林肯总统撤销了陆军司令的职务。无奈之下，麦克莱伦开始行军，试图以包抄的形式攻破里士满。同年 5 月中旬，麦克莱伦抵达里士满，5 月 31 日在里士满城外的“白橡林”与南部同盟军交手，至 6 月 27 日击溃南部同盟军。在 9 月的马里兰战役中，麦克莱伦虽然取得了一定程度的胜利，但其并未乘胜追击，反而使得南部同盟军顺利逃脱，为此，林肯最终于 1862 年 11 月 7 日解除了其对波托马克军团的指挥权。继任者安布罗斯·伯恩赛德（Ambrose Burnside）于 12 月 13 日的弗雷里克斯堡战役中被罗伯特·李击败，随后被免职，其职位由约瑟夫·胡克（Joseph Hooker）将军接任，但他在昌斯勒维尔之战中再一次被罗伯特·李打败。

1863 年 6 月 30 日，南北双方于葛底斯堡遭遇，双方展开炮战，这就是葛底斯堡大会战，此战役于 7 月 3 日以北方军惨胜宣告结束。葛底斯堡会战是内战的转折点，从此北方转向了战略进攻，而南部同盟军则不得已进行战略防守。葛底斯堡战役之后，战场的中心由东部战区向西部战区转移，11 月，联邦军于田纳西州取得了查塔努加战役的胜利，而后格兰特将军被任命为陆军总司令。1864 年初，格兰特指挥威廉·谢尔曼（William Sherman）将军深入南部同盟后方，破坏其经济基础，1864 年 5 月，谢尔曼将军率军由查塔努加向佐治亚州进军并采取迂回包抄的战术，于 9 月 2 日占领了南部铁路枢纽亚特兰大。11 月 16 日，经过较长时间的休整，谢尔曼率军向萨凡纳进军，并于 12 月 22 日最终占领该地。这一军事成果基本上使南方交通系统彻底瘫痪，佐治亚州的工业生产遭到破坏，进一步打击了南部同盟军的气势。1865 年 2 月，谢尔曼继续率军北上，横扫了南、北卡罗来纳州，进一步破坏了南部同盟的经济核心区域，而后在弗吉尼亚会师格兰特。2 月 17 日、18 日谢尔曼先后占领了南卡罗来纳州首府哥伦比亚和查尔斯顿，4 月中旬，谢尔曼攻克北卡罗来纳州首府罗利。同年 4 月 3 日，格兰特将军率军攻克南部同盟首都里士满，并于 4 月 9 日在阿波马托克斯接受南部同盟军罗伯特·李将军的投降，这基本宣布了南部同盟军的失败。5 月末，南部同盟军的最后一支武装力量于新奥尔良投降，内战最终以联邦政府的胜利而结束。

（二）内战与奴隶解放问题

美国的内战不仅具有军事战略意义，其本质是以北方为代表的工商业资产阶级与南部种植园主阶级的政治意识形态对抗。引起内战的核心政治议题即为奴隶制的存废问题，北方在 4 年多的内战中进行了十分充分的废奴运动，为北方取得内战的军事胜利打下了坚实的民众基础。

在战争初期，林肯政府将此次战争的性质定义为“平叛”，不承认南部同盟拥有脱离联邦的权力，亦不承认联邦因此瓦解。战争的首要目的是维护联邦统一。且由于此时林肯政府认定联邦并未瓦解，仍旧处于统一国家的状态，所以《联邦宪法》中对于奴隶制的保护仍旧生效，也就是说，种植园主的正当财产即奴隶仍旧处于宪法保护的状态下。实际上，林肯政府十分担心未脱离联邦的 4 个蓄奴州（马里兰、肯塔基、特拉华、密苏里）的政治稳定。有鉴于此，林肯在战争初期并未实行较为激进的废奴政策。1861 年夏天，联邦军在约翰·弗里蒙特（John Fremont）的率领下与南部同盟军在密苏里州交火。为打击种植园主以及提高战斗士气，弗里蒙特将军在 8 月 30 日发布了公告，其内容之一即是解放反对联邦或与联邦为敌的种植园主的奴隶，这一公告是内战期间最早的解放奴隶的实际行动，但却遭到了林肯政府的反对。在考虑到蓄奴州会倒向南部同盟之后，林肯总统于 9 月 11 日宣布取消弗里蒙特的公告，并于 10 月 4 日免除了其西部战区司令的职务。林肯总统这一行为一定程度上削弱了北方人民反奴隶制的热情，由此可以看出，战争初期林肯政府的本质目的并不是废除奴隶制，而是维护联邦的统一。

1862 年，联邦军队的一系列军事失利迫使林肯政府采取了一系列相应的政治行动，其政策目的和取向亦发生了变化。1862 年 2 月 25 日，众议院通过禁止使用军队捕捉及引渡逃奴的法案，3 月 10 日参议院通过该法案。在这一法案的影响之下，南部的奴隶逃往北方人数激增。1862 年 4 月 16 日，国会通过了一个局部解放奴隶法案，禁止在哥伦比亚特区施行奴隶制，但其内容规定要将解放的奴隶以政府出资的方式移居利比里亚或者是海地，这在彼时的战争背景下有着相当程度的积极意义。1862 年 5 月 20 日，林肯总统签署了著名的《宅地法》，其法案基本断绝了奴隶制向西部发展的可能，并且争取了西部人民以及南部奴隶对联邦政府的支持，推动了联邦军队在西部战场的胜利。1862 年 6 月 19 日，国会通过法案在准州及未来的所有新州废除奴隶制，并确定了黑人子女的教育权，这一法案旋即开始施行。7 月 14 日西弗吉尼亚加入联邦，根据 6 月 19 日颁布的法案，该州规定于 1863 年 7 月 4 日后在该州出生的黑奴子女均为自由人。1862 年 7 月 17 日，国会通过了《没收法案》《民兵法案》，均为局部或者有限的解放奴隶的法案。

尽管林肯在任职总统前便以反对奴隶制而为人所知，但他当时并没有废除奴隶制度的打算，而且林肯一度洞察到在战争初期即可解放奴隶会造成西部奴隶所有者及忠于联邦政府的蓄奴州的恐慌，故而并未施行较为激进的奴隶解放政策。随着战争在安提塔姆战役胜利后，林肯于 1862 年 9 月 24 日才宣布了初步解放奴隶的意愿，并于 1863 年 1 月 1 日正式颁布《解放奴隶宣言》，这标志着此时联邦政府的战争性质开始转变为解放奴隶制的正义战争。在《解放奴隶宣言》的推动下，北方黑人和南部的逃奴踊跃参军，至 1863 年 10 月，黑人士兵已经建立 58 个黑人兵团，人员数量达到了 37482 人，成为左右战局的重要军事力量。1865 年 1 月 1 日，众议院表决通过了宪法第 13 条修正案，同年年底，宪法第 13 条修正案正式生效，标志着奴隶制在联邦法律层面被彻底废除。

值得注意的是，内战期间林肯政府废除奴隶制在事实上是局部的、不完全的，即使真正废除奴隶制的宪法第 13 条修正案，亦是在内战结束后正式生效。究其原因，在于奴隶制的问题不仅仅是“奴隶”本身的问题，而在于双方所代表的权力阶级之间的政治博弈。内战前南北双方保持的权力均衡是在妥协的基础上实现的，宪法的奴隶条款、逃奴法案、密苏里妥协、1850大妥协与堪萨斯—内布拉斯加法案等，均是这一政治行为的结果，但政治妥协无法解决资本主义经济发展与落后生产力之间的冲突。事实上，南部的种植园经济与奴隶制已经严重影响到了北方工业资本主义对自由劳动力与更为广阔市场的需求，西部新土地的开发所带来的权力的失衡也在威胁着联邦的统一。无独有偶，1857年最高法院对“斯科特案”的判决意见，更是全盘否定了之前的妥协成果。既然南北双方以和平手段解决奴隶制的政治愿望最终落空，战争便不可避免。在解决奴隶制这一问题上，林肯政府并未在战争初期遵照共和党的废奴主张，而是结合战争形势，让联邦政府在废奴问题上的相关立法逐渐走向完备和成熟，以宣言到法案的渐进方式逐步废除奴隶制，这既满足了共和党人的废奴需求，又实现了稳定战争局势和政治局面的目的。

二、美国战后南部的重建

1865年4月内战结束，美国避免了联邦的分裂，并且以战争的手段彻底摧毁了“州权至上”的理论基础，代价是百万人口的伤亡、严重的经济损失和公共基础设施的毁坏。因此，战后摆在联邦政府面前的难题是，如何重建南部，如何处置近400万获得解放的奴隶，如何让南部各州回归联邦，以及联邦政府如何继续在宪政秩序之下运行。

战后美国重建大致经历了三个阶段：林肯总统于战时便开始的重建、约翰逊总统的重建以及共和党激进派的重建。在南部重建的过程中，代表北部工商业阶层利益的共和党逐步与民主党达成妥协，南部民主党人以“救赎者”的身份重新控制南方各州政府。1877年，共和党与民主党双方最终以妥协的方式结束了南部的重建工作。

（一）林肯和约翰逊的重建纲领及实践

关于重建问题，首先涉及内战和南部同盟性质的判断。在林肯总统看来，内战爆发前建立的南部同盟及其后来的军事行动，完全属于反叛联邦政府，其行为已对联邦的稳定与宪法的权威构成了威胁，联邦政府故而对其进行镇压，通过政治和军事的手段恢复其原有的宪政秩序。1862 年格兰特将军的军事行动，致使联邦政府占领了田纳西、阿肯色和路易斯安那，随即林肯总统即发布了命令，组建军事法庭和临时政府并且任命军事总督负责处理占领区的政治和法律事务，并以林肯 1863 年 12 月 8 日颁布的《大赦与重建宣言》为基础，对占领区进行重建活动。与此同时，总统的战时权力在林肯的政治实践中进一步扩大，尽管总统与最高法院就“宣誓”和“战时人身保护令状”等问题产生过冲突，但最终均以最高法院退缩而告一段落。这一结果暗含着林肯总统对于重建权力归属的定义，在林肯看来，重建作为一种政治手段是属于行政部门即总统的权力，而这一权力的合法性则源于宪法的战争条款赋予总统的战时权力。归纳起来，林肯总统的重建纲领基本可以概括为：第一，除高级邦联官员外，所有南部人均要宣誓效忠联邦政府和《联邦宪法》，宣誓支持奴隶解放政策，宣誓后会得到总统赦免，不会受到起诉并且保护其除奴隶外的合法财产；第二，南方反叛的州宣誓效忠人数达到 1860 年选举前该州选民总数的 10%，该州便可以组织新的“共和政体”的州政府，而新的州政府必须无条件支持联邦政府的废奴政策，在此基础上总统将会宣布该州重建成功并恢复其在国会的议席。林肯总统的重建政策核心目的是，通过较快的方式使南部同盟诸州回归联邦，瓦解奴隶制并使南部诸州建立“共和政体”政府。遗憾的是，在这份纲领之中不仅缺少真正对被解放黑人的权利保护，也缺乏对于黑人选举权的考虑。这些问题在林肯看来，应该交由新建立的州去解决，而非由联邦总统或利益错综复杂的国会解决。

内战与重建时期的联邦国会是共和党的天下，共和党是以废奴主义为核心思想凝聚在一起的利益群体，在林肯提出重建纲领并实行至内战结束期间，国会的共和党人仍旧以温和派为主，激进派占少数部分。即便如此，共和党国会仍旧认为林肯总统的重建纲领不符合黑人的利益，他们认为，将黑人的权利交托于白人政府是十分不明智的，故此国会于 1864 年 7 月通过了《韦德—戴维斯重建法案》（Wade-Davis Reconstruction Bill），将林肯总统要求的 10% 的选民宣誓提升到 50%，并且要求对黑人权利进行一定程度的保护。但林肯总统仍旧不愿意国会插手重建事宜，以搁置否决的方式否定了该法案。

从宪政理论上分析，这一时期重建问题，不仅仅在于重建纲领的激进或者温和，而是要解释内含在美国宪政秩序中的“双重联邦主义”（Dual Federalism）原则，即联邦政府是否有权替代州维护公民权利，这一原则并不是“州主至上”的演变，而是脱胎于宪法的第10条修正案，这一原则直至“新政”时期，仍是最高法院所秉持的司法理念。

内战结束时，按照林肯总统重建纲领实施重建的有田纳西、阿肯色、路易斯安那和弗吉尼亚，这些州均在符合重建纲领要求的前提下提交了回归联邦的申请，不过，国会与总统的矛盾致使国会最终否决了路易斯安那州的回归申请。1865年第13条修正案通过后，国会即要求南部诸州必须批准该修正案才能重返联邦。与此同时，林肯总统也意识到了仅仅废除奴隶制是不够的，在其遇刺前曾私下向路易斯安那军事州长建议，赋予参加过北方军、有文化的黑人以选举权，但此建议并未来得及付诸实施，1865年4月4日，林肯总统遇刺身亡，这标志着林肯总统南部重建政策的流产。

林肯突然遇刺后，安德鲁·约翰逊继任总统接手了重建工作。约翰逊出身于南部中下层白人阶级，对种植园主并不抱同情，但对于国会赋予黑人政治权利的想法并不赞同，其重建纲领仍然是基于维护南部白人对各州政权控制而制定的。例如，约翰逊虽然将要求宣誓的人数提高到了50%，却允许对原邦联的大有产者进行特赦，并且恢复其财产。在这一重建纲领的引导下，仅1865年当年，约翰逊总统即特赦了13000名前邦联高级官员和大有产者，恢复了他们的参政资格。不仅如此，约翰逊还拒绝了激进派共和党人的建议，不愿意赋予黑人以选举权。并且，在约翰逊重建政策的指导之下，南部各州相继组成了白人为主的政治机构，将黑人团体完全排除在重建事务之外，甚至还出台了《黑人法典》，恢复了战前的社会等级制度。约翰逊总统的一系列重建政策招致国会共和党人的不满，共和党人虽然不支持完全赋予黑人与白人相同的个人权利，但依然认为黑人的基本公民权应该由联邦政府予以保证。故此，1866年2月国会通过了延长自由民局的《自由民局法案》（Freemen’s Bureau Bill），并于同年通过了《1866年民权法案》（Civil Rights Bill of 1866），规定了美国公民资格，确定了被解放黑人的法律地位以及赋予黑人公民基本权利。这两项法案是国会共和党人对约翰逊总统重建纲领的补充立法。不过，约翰逊总统仍然秉持着原有的宪政理念，以不得干涉州政府权力为由拒绝批准这两项法案。约翰逊总统的行为，则进一步加速南部原种植园主政治势力的重新崛起。

为挽救通过美国内战获得的政治优势，国会中的温和派共和党人与激进派共和党人决定联手，与约翰逊总统争夺重建的领导权。1866 年 6 月，国会通过了宪法第 14 条修正案，以宪法条款的方式确定了重要的宪法原则，即“特权与豁免权”“正当法律程序”与“平等法律保护”原则，并界定了美国公民身份。第 14 条修正案虽基本上源于《1866 年民权法案》，但在权利内容方面却以十分模糊的“特权与豁免权”取代了民权法案中的详细权利规定，这给最高法院解释这一原则以较大的空间。以最高法院的司法解释为基础，宪法第 14 条修正案的三个重要原则在接下来的一百余年内不断适应着美国宪政发展，但却给黑人获得公民权设置了许多障碍。

（二）共和党激进派的战后重建

继林肯和约翰逊重建实践之后，在全国政治局势十分严峻的情况之下，国会又接受了共和党激进派的重建理论，并于 1867 年 3 月 2 日通过《军事重建法》。该重建法内容包括：将南部各州划分为 5 个军事行政区，由联邦军队实行军事管制、南部诸州政府成立临时政府直至新政府成立、南部各州于军事监管下组建立宪会议并赋予所有年满 21 岁的公民以选举权，只有在符合上述条件的情况下，国会才会通过各州返回联邦的申请，从而恢复各州的国会代表权。《军事重建法》被认为是共和党国会激进重建的开端，完全推翻了约翰逊总统的重建纲领。至 1867 年年底，除得克萨斯外的南部各州均举行了政治选举，约有 75 万黑人选民参加了州制宪会议的选举活动。1868 年 6 月至 1870 年间，国会逐步批准了南部 10 个州回归联邦。

尽管《军事重建法》取得了巨大的成就，但其实施过程并不顺利。约翰逊总统作为法律执行者，对法案一直持反对态度，并多次将支持国会重建纲领的联邦官员免职或调任。为应对总统的阻挠，国会相继通过了《联邦军队指挥法》和《联邦官员任期法》，限制了约翰逊总统的职权范围。因国会的上述立法行为在宪政意义上有悖于分权与制衡原则，所以国会与约翰逊总统在重建纲领上产生了不可调和的矛盾。1867 年 8 月，约翰逊总统违背国会通过的《联邦官员任期法》，免除了战争部长艾德温·斯坦顿（Edwin Stanton）的职务，国会拒绝批准其免职的命令，次年，总统再次将部长免职，这一行为导致国会共和党人通过了对约翰逊总统的弹劾议案。1868 年 3 月 30 日，最高法院首席大法官萨蒙·P. 蔡斯（Simon P. Chase）主持的弹劾审判开庭，其结果仅以一票之差未能达到判定资格，约翰逊总统最终被判为无罪。从结果上来看，此次弹劾暴露出共和党内部的裂痕，特别是温和派的最终倒戈。因为温和派不愿意看到此次弹劾总统成为破坏美国权力制衡原则的开端，同时亦不愿推动激进派同时控制国会和白宫。国会弹劾动议失败后，约翰逊总统也因此改变了与国会的敌对态度。

1868 年的总统大选，战争英雄格兰特将军受到黑人选民的支持而成功入主白宫。因共和党人意识到北部黑人选举权的重要性，国会于 1869 年通过并于 1870 年 3 月正式批准生效了第 15 条宪法修正案，旨在保证黑人公民的选举权。不过，第 15 条修正案在内容上仍充满妥协性，如未规定黑人公民拥有选举权，而只是以“不可剥夺”的形式界定州和联邦政府的权力边界，其结果是，南部诸州之后通过财产和文化程度等诸多宪法因素限制，仍然剥夺了黑人的选举权。

19 世纪 70 年代，美国南部的“3K 党”恐怖主义暴力活动频发，尤其是“3K 党”以暴力、恐吓等形式拒绝实行宪法第 14 和 15 条修正案，以各种手段打击在南方参与政治的共和党人及黑人，阻挠其投票，教唆雇主解雇投票给共和党人的黑人。在此种情况下，民主党人逐渐重掌南部诸州。掌权后的民主党人更为放纵“3K 党”的活动，并进一步阻挠重建法案的施行。有鉴于此，国会在 1870—1872 年间连续通过了五部与重建相关的实施法案，旨在保障南部公民在第 14 和 15 条修正案中所获得的宪法权利。这五部法案分别是《1870 年实施法》《1870 年移民法》《1871 年实施法》《惩治 3K 党强制法》《1872 年联邦拨款法案》，五部法案的颁布以及最初的实行取得了十分明显的效果。据统计，仅 1871 年一年，就有近 300 余件涉及实施法案的案件得到受理，1872 年，则增加到近 900 件，而且法案的施行使得格兰特在 1872 年的选举中赢得连任。

当然，在格兰特总统连任后，联邦政府对于实施上述法案的热情日减，效果也日渐减弱。之所以如此，主要在于共和党内部出现了矛盾与分裂，部分共和党人担心法案的全面施行会动摇美国宪政中的权力制衡机制，并且由于格兰特政府的腐败，一批共和党人成立了自由派共和党，与北方民主党人成为盟友。此外，南部白人政治势力虽然经过内战洗礼遭到重创，但其在南部社会影响力的程度远超共和党人的想象，加之“3K党”恐怖活动的不断蔓延，针对黑人的政治迫害事件频发。更为重要的是，由于宪法并没有实质性的保护黑人基本权利的内容等诸多因素，也致使共和党无力继续控制南部各州政府，最后在1874年的中期选举中，共和党人失去了众议院的多数议席，无法继续形成有力的立法活动以贯彻实施上述保护黑人权利法案。

（三）《海斯—蒂尔登妥协》与重建结果

1876年，角逐总统之位的是共和党候选人拉瑟福特·B.海斯（Rutherford B. Hayes）和民主党候选人塞缪尔·蒂尔登（Samuel Tilton），但最终能决定二者当选的分属四州（南卡罗来纳、佛罗里达、路易斯安那和俄勒冈）的20张选举人票却无法判定其归属，并且南部三州的共和党人与民主党人均宣布本党候选人取胜，而将选票登记记录和总统候选名单交由国会定夺。由于国会此时并非一党控制，所以无法得到一个双方满意的答复。由于美国《联邦宪法》及过往的宪政史亦未给此种情况提供一个成熟的解决先例，所以最终由国会选举的仲裁委员会判定南部三州的19张选票归属海斯，而俄勒冈州的1张选票亦由国务卿判定归属海斯，因而海斯得到了必要的多数选举人票当选总统，但这一结果无法得到民主党占多数的众议院的认可，于是采取了阻挠众议院表决的方式推迟批准。鉴于此种情况，共和党与民主党的部分领袖在华盛顿的一家宾馆内进行了秘密谈判，最终的结果是海斯当选总统，而共和党撤出驻扎在南部几个州的军队以结束军事管制，南部也相应地承认海斯大选的现实，并支持重建法案以及保证南部共和党的存在。这一秘密会议被历史学家称为《海斯—蒂尔登妥协》，此次政治交易标志着以共和党激进派为首的国会激进重建的结束。

海斯总统在任期间，重新审视了重建问题，并意识到仅靠激进的重建方式是无法满足北方资本向南方扩展的需求，并兑现了政治交易中的承诺，将南卡罗来纳州与路易斯安那州的联邦军队撤出。但值得注意的是，海斯这些举动并没有换来南方的合作，相反，由于缺乏联邦政府的管制，南部诸州的白人政治精英重新掌权，并进一步剥夺黑人应有的公民权利。海斯总统在国会并非共和党一党掌权的情况下，曾行使 7 次否决权否定众议院民主党人提出的议案亦未达到政治目的。在总统与国会均无力参与重建并以政治妥协的方式结束重建时，美国联邦最高法院以司法判决的形式介入了重建过程。在这一过程中，与其说是最高法院涉足重建，毋宁说最高法院是以一系列重建法案与纲领所涉及的诸多案例为切入点，重新定义或异化了第二次宪政秩序，而这一过程与内战修正案一起完成了美国第二次宪政革命。

1869 年的“屠宰场案”（The Slaughterhouse Cases）最早向最高法院发起了宪法挑战，即宪法第 14 条修正案的合宪性及其内容和范围的权威解释。针对这一案件，9 名大法官发生了较为强烈的争辩和分歧，最终以 5：4 的票数判定其合宪。塞缪尔·米勒（Samuel Miller）代表多数派法官撰写了判决意见，在判决意见里，大法官们裁定新奥尔良市的屠户们诉求无效，并且认定宪法第 14 条修正案建立了美国公民的“二重公民资格”，即属于联邦的“特权和豁免权”较为具体而为数不多，属于州政府管辖的公民权则十分广泛。第 14 条修正案的目的在于联邦只能管辖属于联邦公民权的权利而无权涉足属于州公民权的权利，且这两种身份与权利并无大小之分。相比米勒对宪法第 14 条修正案的狭隘解读，斯蒂芬·菲尔德（Stephen Field）的反对意见则更具有现实价值。菲尔德将“特权和豁免权”具象化为“生命权、自由权和财产权”，这种具有实质内容意义的权利，获得了同为反对者的约瑟夫·布拉德利（Joseph Bradley）法官的认可，二人均将“生命权、自由权和财产权”解读为修正案中提及的“特权和豁免权”的主要组成部分，并且认为这些权利非经正当法律程序不可剥夺。尽管二人的判决为异议判决，但无法改变最高法院的最终判决意见，其对第 14 条修正案的广义解读为日后的“实体性正当程序”作了铺垫，并且在工业化时代被最高法院用以保护“自由竞争”和“契约自由”。而在 1883 年的“民权系列案”（Civil Rights Cases）中，以布拉德利大法官为主的多数判决，再次狭义解释了宪法第 13 和 14 条修正案。在宣布“1875 年民权法”违宪后，布拉德利大法官还指出，联邦政府无权广泛地立法保护公民权利，并且默示黑人虽然摆脱了奴隶的身份，但在现阶段受到歧视具有一定的合理性。这一判决对南部诸州歧视和压迫黑人起到了推波助澜的作用，在 1896 年的“普莱西诉弗格森案”（Plessy v. Ferguson）的判决意见中，最高法院确定了“隔离但平等”的原则，黑人的公民权利进一步遭到褫夺。

以美国内战和重建时期《联邦宪法》3 条修正案为核心的重建，经过了两任总统和共和党激进派的实践，最终以政治妥协和最高法院的保守判决而告终。原本是扩大公民权利、扩展联邦政府保护公民权利的权力范畴和赋予黑人基本权利的宪法第 13、14 和 15 条修正案并未得到完全落实，在实践中却是以南部种族歧视和隔离复活为结果。所以美国内战后，即便在政治制度和经济秩序中并未复辟南方奴隶制经济，但黑人仍旧未能得到土地以及与白人相同的政治地位。进入工业化时代后，社会发展的重心全面转向了经济领域，内战修正案中的诸多原则亦更多地被用于保护自由资本主义，因此，黑人争取基本权利的斗争一直持续到 20 世纪 60 年代民权运动时期。

三、美国第二次宪政革命的意义

美国内战及重建时期通过的宪法第 13、14 和 15 条修正案，被统称为《内战修正案》，其与最高法院的司法判决一起构成了美国第二次宪政革命。第二次宪政革命解决了困扰美国早期政治格局的诸多问题：废除了奴隶制、重新定义了联邦的性质、重塑了联邦与州的权力关系以及在宪法意义上进一步扩展公民权利等。

但值得注意的是，在第二次宪政革命的实践中，其所取得的革命成果则出现了异化乃至退化。以最高法院为代表的保守主义将第二次宪政革命赋予人民尤其是黑人的权利压缩到最小程度，甚至在一定程度上剥夺了联邦政府保护人民权利的权力，原本废除奴隶制赋予黑人公民权的宪法修正案，则在实际操作时更多地被用于保护资本主义的自由经济，这进一步揭示出美国民主制度的局限性。

（一）第二次宪政革命的成就

第二次宪政革命的核心是《内战修正案》，与之相伴的还有诸多重建法案及民权法案，其取得的成就是不可忽视的。至少在理论与现实的双重意义上弥补了第一宪政秩序的漏洞。

所谓“第一宪政秩序”，指的是以1787年《联邦宪法》为基础的宪政秩序，其所面临的主要问题是联邦与州的关系、奴隶制以及公民身份的判定。第一次宪政秩序中存在两对主要矛盾，即联邦政府与州政府权力范畴的矛盾和北部自由劳动与南部奴隶劳动制度的矛盾。这两对矛盾在第一宪政秩序时期以政治妥协的方式延续下来，通过诸如《密苏里妥协案》和《堪萨斯—内布拉斯加妥协案》等政治交易的方式，保持着微妙的平衡，但这种平衡随着南北方各自对西部土地的迫切需求而变得不再稳固。当民众在政治实践中无法解决第一宪政秩序所带来的矛盾时，他们将希望寄托于代表宪法权威的联邦最高法院，而最高法院通过“斯科特诉案”的判决，又将美国彻底带入了战争的阴霾之中。

通过内战与最高法院的司法判决，第二次宪政革命终结了联邦主权与州主权的争论，确定了联邦的权力主体地位，将“强政府”的政治理念纳入了宪法发展的隐含主题中。例如，1869年，最高法院在“得克萨斯诉怀特案”（Texas v. White）的判决中所陈述道：“当得克萨斯成为美利坚合众国的一员时，它就永远加入了永久不变的关系中……其加入联邦的行为不只是一项契约，而是一个新成员合并到这一政治体的行为。该行为是终结性的……没有重新考虑或撤回的可能。”联邦最高法院几乎以一锤定音的方式宣告了联邦的性质，将“一个不可分解的联邦政府，即由不可分离的各州组成”彻底纳入第二宪政秩序，完成了第一次宪政革命无法完成的使命，解决了联邦主权与州主权的主次关系问题。

此外，第二次宪政革命以宪法修正案的方式，解决了北部与南部因生产关系矛盾而引发的权力冲突：宪法第13条修正案解放了黑人奴隶，第14条修正案赋予黑人公民权以及联邦政府保护该权利的权力，宪法第15条修正案赋予了黑人选举权。尽管在重建及之后的历史进程中，黑人实质性的权利并未真正得到保护，但通过宪法修正案，将公民权利、公民身份与联邦政府对权利的保护结合起来，塑造了全新的美国公民价值观，解决了第一宪政时期因南北方经济基础不同所带来的矛盾纷争与体制对抗。而后随着北方工业资本向南部和西部的扩张，美国进入了工业化时代，南北经济生产模式趋同。经济发展的现实需求，又一定程度上掩盖了民权问题上的矛盾，直至近百年后的民权运动时期才得以逐步被解决。

（二）第二次宪政革命的异化

第二次宪政革命的实践是联邦政府和国会进行了近10年的南部重建，但最终仍旧以《海斯—蒂尔登妥协》告终，基本判定了南部重建的失败。而在国会退出南部重建的权力真空后，最高法院则以判决案的形式多次偏狭地定义了内战修正案的核心内容和黑人公民权问题。尽管第二次宪政革命从理论意义上解决了第一宪政秩序中的两对主要矛盾，确定了联邦主权高于州主权的政治体系，废除了奴隶制并赋予黑人相应的公民权，消弭了南北方的权力冲突，但从实践结果来看，第二次宪政革命并未取得理想的成果，其革命的结果在某种程度上产生了异化。近10年的重建时期以政治交易的方式落下帷幕，共和党人较为理想的激进重建并未取得成功。出现这一政治后果的原因，大致可以从如下几个方面观察。

其一，从政党政治角度观察，内战后的政党政治日趋成熟，加之这一时期未能出现强力的总统继承林肯留下的巨大行政权力遗产，相反，其造成的权力真空使得政党政治进一步渗入到联邦权力机制之中，公共利益不再是联邦政府的决策趋向，取而代之的是政党利益。而成熟的政党政治意味着资本与金钱是政治竞选程序中不可或缺的一环，资本势力通过政党政治将经济优势转变为政治优势，将政府权力转变为资本权力，同时，政党为获取选民的支持，也更加关注普通民众的利益诉求，促进了重建后的两党政治重组。

其二，从经济利益上看，共和党所代表的工业资产阶级在重建的过程中覆灭了南部种植园的经济基础，以工业化的形式将南部经济纳入北方工业资本主义经济的共同体中，这间接缓和了与南方民主党的经济矛盾，而重建的妥协性决定了其在政治层面的退让。以此为契机，南方的民主党人再度掌权，黑人公民权利也再一次被剥夺。

其三，从宪政体制上分析，重建是以第二次宪政革命中的“新政府”理念为指导，具有一定的前卫性。不过在宪政实践中，重建仍然需要通过国家机器来进行，而当时政府在一定程度上尚未适应新的宪政理念。共和党早期所取得的成就很大程度上是因为内战时通过暴力手段，将民主党和南部政治势力排除在联邦现存政治秩序之外，而不是通过强有力的联邦权威，更何况共和党也不意愿去改造旧有的权力机器。更为重要的是，重建在实践上的异化，也得到了联邦最高法院的司法支持。在立法部门分裂和行政部门“羸弱”的前提下，联邦最高法院扮演了解释第二次宪政革命及其所建立的宪政秩序的官方角色。通过对“屠宰场案”和“民权系列案”的保守判决，最高法院否定了第二次宪政革命的革命意义，将公民权利的内涵限制在宪法文本规定的最小范畴，同时也将联邦政府保护公民权利的权力限制在最小范围内，这无疑为南部各州剥夺黑人权利提供了宪法依据。与此同时，最高法院的诸多判决却为宪法第 14 条修正案带来了新的含义，宪法修正案旨在保护公民权利的“特权和豁免权”和“正当程序”的条款，经过最高法院司法解读，转变为保护资本家私有财产的“实质性正当程序权利”。

综上，第二次宪政革命旨在解决第一宪政秩序既有问题的基础上，建立一个普遍公民权并予以保障的第二宪政新秩序。尽管第一个明晰联邦和州之间权力主次关系的目的基本达到了，但第二个彻底解决黑人基本权利的目标在实践的过程中却出现异化，即由公民权利与公共权力的构建转向为保障工业化社会与自由资本主义的建构。在此背景下，19 世纪最后三十年间，尽管美国经济发展迅速，但美国南部黑人乃至全国黑人的境遇并没有得到实质性的改善。

（三）第二次宪政革命的意义

第二次宪政革命的结果及其所建立的第二宪政秩序虽然有所异化，但不可否认，其本身仍然有着深远的历史与现实意义。首先，第二次宪政革命在法律上解决了美国建国起便存在的奴隶制问题，确立了美国联邦和州的公民资格，赋予黑人选举权和联邦政府保护公民权利的责任，一定程度扩大了联邦政府的执法权。同时，第二次宪政革命还解决了第一宪政秩序的内在矛盾，即联邦政府与州政府的矛盾以及北方与南方的民主制度的矛盾。不仅如此，第二宪政革命遗留的宪法与法律文献，经过联邦最高法院的司法解释，为 19 世纪下半叶美国经济高速发展和资本主义迅速扩张奠定了坚实的法律基础。

其次，第二次宪政革命是在既有宪政体制平台的基础上进行的，在继承第一宪政秩序的同时进行了第二次宪政革命，后者既是一个继承的过程，同时亦是一个发展与创新的过程。虽然在旧有秩序平台上的革命并不彻底，但其方式符合资本主义经济的发展要求，因此具有一定的进步性。

复次，第二次宪政革命体现了人民主权的理念。第二次宪政革命的政治基础是建立在北方联邦政府对南方诸州的战争和军事打击基础上。这一过程不乏暴力，但其所创设的第二宪政秩序则受到了人民的拥护。总体而言，美国的宪政发展史包含两个维度的宪法创设：一个是通过《联邦宪法》修正案中的程序立法所创设的宪法发展维度；而另一个则是以人民主权为根基的人民意志表达，这一表达可能并不合乎成文法规定的正当程序，但却代表着新的人民群体需求。

最后，美国的第二次宪政革命与其所创设的第二宪政秩序，体现了美国宪政的深层内涵。第一宪政秩序所存在的问题不仅仅在于法律文本的漏洞，而是在于其所表达的基础前提已经不能成为南北双方的政治共识，只得以内战这种强制性力量解决整体性质的法律问题，以摧毁原有的基础前提，并通过第二次宪政革命建立一个新的、被普遍接受的宪政秩序。

思考题

1. 阐述美国内战爆发的原因和后果。
2. 评估重建时期最高法院的保守主义倾向及其政治危害。
3. 辨析林肯国家统一政策与解放黑奴之间的关系。

参考文献

[1]　[美]阿克曼·布鲁斯:《我们人民：转型》，田雷译，北京：中国政法大学出版社，2014年。

[2]　[美]布莱斯特·保罗、列文森·桑福等:《宪法决策的过程：案例与材料》，张千帆、范亚峰、孙雯译，北京：中国政法大学出版社，2002年。

[3] 曹绍濂:《美国政治制度史》，兰州：甘肃人民出版社，1982 年。
[4] [美]丹尼尔·法伯:《林肯：在内战中，1861—1865》，邹奕译，北京：中国政法大学出版社，2017 年。
[5] [美]霍尔·克米特·L.:《牛津美国联邦最高法院指南》，许明月等译，北京：北京大学出版社，2009 年。
[6] 李道揆:《美国政府和美国政治》，北京：商务印书馆，1999 年。
[7] 刘绪贻、李存训:《美国通史》(第 3 卷)，北京：人民出版社，2002 年。
[8] 宋云伟:《美国二元联邦主义时代》，哈尔滨：黑龙江人民出版社，2009 年。
[9] 石庆环、黄兴华:《美国黑人获得公民权司法阻碍的历史渊源：以重建时期最高法院的态度为观察视角》，《求是学刊》2018 年第 1 期。
[10] 万昌华、万颖:《美国宪政体制研究》，济南：齐鲁书社，2010 年。
[11] 王希:《原则与妥协：美国宪法的精神与实践》，北京：北京大学出版社，2014 年。
[12] 张骏:《美国的自治传统：从殖民时期到进步时代》，北京：中央编译出版社，2016 年。
[13] Abraham Henry J., *Justice, Presidents, and Senators: A History of the U. S. Supreme Court Appointments from Washington to Clinton*, New York: Powman & Little Field Publishers, Inc., New and Revised Edition, 1999.
[14] Berger Raoul, *Congress v. the Supreme Court*, Boston: Harvard University Press, 1969.
[15] Corwin Edward S., *Office and Powers, 1787—1957*, New York: New York University Press, 1957.
[16] Ernst Morris L., *The Ultimate Power*, New York: Doubleday, Doran & Co., 1973.
[17] Flack Horace E., *The Adoption of the Fourteenth Amendment*, Buffalo: W. S. Hein, 2003.
[18] Garner Bryan A., *Black's Law Dictionary*, Thomas West, 2004.
[19] Hamilton Daniel W., *The Limits of Sovereignty: Property Confiscation in the Union and the Confederacy During the Civil War*, Chicago: University of Chicago Press, 2007.
[20] King Willard Leroy, *Lincoln's Manager, David Davis*, Cambridge: Harvard University Press, 1960.
[21] Lewis Anthony, *Portrait of a Decade: The Second American Revolution*, New York: Random House, 1964.
[22] Perry Michael J., *We the People: The Fourteenth Amendment and the Supreme Court*, New York: Oxford University Press, 1999.
[23] Schwartz Bernard, *A Law in America: A History*, New York: McGraw-Hill, 1974.
[24] Silver David M., *Lincoln's Supreme Court*, Chicago: University of Chicago Press, 1998.
[25] Urofsky Melvin I., Finkelman Paul, *Documents of American Constitutional and Legal History*, New York: Oxford University Press, 2008.

第九讲　美国拓疆

西进运动是美国历史上影响深远的移民拓殖运动。在这一运动过程中，美国的领土持续扩张，在完成北美领土扩张后，根据自身国际地位的变化，美国又进行了“海外”疆域的开拓，最终辐射至全球。就这一点，美国著名学者特纳的“边疆”理论被学界奉为圭臬。在国内学界，关于这一问题的研究，本教程作者所撰写的《从“大陆边疆”到“全球边疆”：美国走向世界的历史进程》一文，以美国历史叙事为研究方法，以西进、西部拓疆、大陆边疆形成和向海外拓疆等重大事件为主线，全面呈现出美国两个世纪边疆史的移动轨迹及其规律。此外，就美国拓疆而言，路易斯安那购买案对于美国疆域的扩展也有着举足轻重的作用。其间涉及府会之间的政治博弈，甚至是州权与联邦权的争论，都具有相当的学术价值。因此，国内学者同样给予了关注。王春良教授的《美国“购买”路易斯安那的代价究竟是多少》一文，讨论路易斯安那购买案中的得失问题，也是国内学者中最早探讨这一问题的著作。宋韦佩则通过撰写《美国购买路易斯安那始末》一文，细致梳理了该案的历史过程。赵学功教授也从杰弗逊总统个人的角度评析了路易斯安那购买案的利弊。张德明的文章《国际机遇的利用与美国向太平洋的领土扩张：“路易斯安那购买”和“阿拉斯加购买”新探》，着重强调了路易斯安那购买案是欧洲列强纷争和美国充分利用国际机遇的结果，推行适合本国国情和世界形势的中立的外交政策和充分利用国际机遇的策略，是美国崛起的一个重要原因。本教程作者等的文章《杰弗逊总统“超宪行为”探析：从美国路易斯安那土地购买的视角观察》，则以路易斯安那购买案为观察视角，讨论了在美国宪政制度下，杰弗逊政府此举乃是“逾越”行政权的“超宪行为”。

一、美国西进运动

（一）“天定命论”与西进运动

美国在最初独立时，领土仅有大西洋沿岸的一片狭长地带。即使加上 1783 年英美《巴黎和约》英国答应划归美国的那部分领土，也不过 82.8 万平方英里。况且，按照《巴黎和约》的规定，已划归美国所有的阿巴拉契亚山脉和密西西比河之间的领土，并不在美国的有效管辖之下，而是在印第安人以及英国人的掌握之中。

1789 年合众国建立以后，在宪法的保护下，美国人不仅进一步强化了殖民地时代就业已存在的“民主”“自决”“务实”等观念和意识，而且由于并不满足于当时仅限于大西洋西岸狭长地带 13 个州所占有的土地与疆域，所以，在“天定命运”（Manifest Destiny）观念的感召下，美国人认定，美国必须成为一个世界上最伟大和最强大的国家。于是，从 19 世纪初期开始，一场集个人与群体、私人与官方和公司与政府于一体的大规模移民、经济开发和领土扩张运动——西进运动（Westward Expansion）便在美国拉开了序幕。

（二）西进运动中的移民流动和领土扩张

西进运动引发了美国建国以后一场前所未有的移民大流动。这种流动，不仅使每年有占人口总数 10% 的美国人处于迁徙状态，而且有占人口总数 50% 的人重新选择他们的定居地。这一时期美国人口流动的方向，是从东部越过阿巴拉契亚山脉向西部迁徙，包括从新英格兰向俄亥俄的迁徙、从新泽西向宾夕法尼亚西部的迁徙和从切萨皮克向当时刚刚建立的肯塔基州和田纳西州的迁徙以及后来向更远西部的迁徙。因为“西部自由是‘支配’美国社会发展的力量。西部就是‘机会’，它为‘最机敏和最勇敢的人’敞开着。这种可以为美国居民所任意获取的自由土地，成了一个‘安全阀’，人们不满于自己的境遇，便可以自由向西拓殖，使社会经常处于流动状态，通过自由竞争达到繁荣”。

西进运动为美国经济发展提供了绝好的机会。应该说，19 世纪美国经济的发展，很大程度上是在西进运动的带动下出现的。在西进的过程中，密西西比河流域形成了“玉米王国”，在密苏里州以西地区形成了“小麦王国”。不仅如此，19 世纪最后几十年美国所建成的 5 条横贯大陆的铁路线，也是在西进过程中完成的。“铁路的建成与通车，进一步促进了商业、农业和交通运输业的发展，并加速了城镇的兴起和西部城市的发展。”关于这一点，正如著名的美国史专家杨生茂先生所阐述的：“一个国家在这么短的时间内，开发了这一片广大土地，这无疑是一篇壮丽的史诗。这种现象在历史上，虽不能说是绝后的，但可以说是空前的……西部土地对于美国资本主义的发展作用，无论用什么动听的字眼来形容，恐怕也不能算作过分的。”

西进运动也是美国不断扩张其“大陆边疆”的一种过程。随着西部的开拓和人口的向西流动，美国的边疆也在不断向西移动。美国联邦政府管辖下州的数目不断增加，疆域也在不断扩大。合众国刚刚建立的时候，美国的疆域仅限于大西洋沿西岸狭长地带的 13 个州，而随着移民的不断向西迁徙（包括向中西部和远西部的迁徙）以及政府对土地的购买和兼并（包括对路易斯安那的购买和对墨西哥部分地区的兼并），到了 19 世纪末，在美国大陆疆域上，除了亚利桑那、新墨西哥和俄克拉荷马还处于“准州”的地位以外，其余的几十个州都被联邦政府接纳为新成员，从而使美国已经囊括了东临大西洋，西濒太平洋，南起墨西哥湾，北抵五大湖的几百万平方公里的广阔疆域，成为北美大陆上的一个新兴国家。

（三）西进运动与美利坚民族性格形成

西进运动既锻造了美利坚人的民族性格，又进一步强化了美国人“天定命运”的观念。西进运动，从表象上来看，是移民自发性的人口流动和迁徙，但实质上却是移民个人迁徙与经济开发，特别是与官方领土扩张的一种有机结合，因此，西进运动给美国所带来的影响，不仅仅是农场和牧场的增多、铁路的建成、城镇的兴起和疆域的扩大，更为重要的是，“由于无限西部边疆亟待开发的广阔资源以及急剧膨胀的人口”，使美国拓殖者形成了务实、求新、进取的性格。这种性格并非源于欧洲和美国的东部，而是源于美国西部的森林。正如美国边疆学派的代表人特纳所论述的："这条不断向西移动的边疆的存在，是产生民主主义、个人主义以及民族主义的主要因素和决定因素，是美国不同于西欧国家的特点之所在。"因此，西进运动既是英属北美殖民地人民传统"冒险"精神的继续延伸过程，也是美利坚人"务实""求新""进取"的民族性格进一步形成的过程。更为重要的是，西进运动，打开了美国人的眼界，膨胀了美国向海外扩张的野心，加速了美国走向世界的进程，特别是随着西部边界延伸到太平洋沿岸和"大陆边疆"的消失，美国向海外扩张的时代也就随之到来了。

二、美国路易斯安那购买案

（一）路易斯安那的地理位置和战略价值

在18世纪末和19世纪初，路易斯安那并不仅仅是指现今的美国路易斯安那州，而是泛指美国中部的大平原地区，其所辖疆域，东起密西西比河，西至落基山脉，南抵墨西哥湾，北至加拿大边界的广大地区。尽管路易斯安那地区的具体边界在当时并未划分明确，但其战略位置却十分重要，特别是对冲破英法两国在北美的包围圈和防范两国对新生的美利坚合众国的侵入。因为只要英国和法国殖民等势力盘踞在北部边境以及佛罗里达、墨西哥湾和密西西比河流域，欧洲控制北美大陆的旧梦就可能重新复燃，美国同这些在北美有着利益攸关的殖民地冲突便是不可避免的。美国即使想维持中立原则，也只能是暂时的。所以，如何把现有的疆域向西、向北扩展，便一直成为杰弗逊政府的政治夙愿。正是基于这样一种战略考量，杰弗逊总统在第一届政府任内，便很快地把并购路易斯安那地区提到了政府的重要议事日程。

（二）杰弗逊总统与路易斯安那土地购买

美国建国之初，其地理范围仅限于阿巴拉契亚山以东的北美狭长地域，其拓展的空间和余地相对较大，所以美国人拓疆的愿望由来已久。美国学者肯尼迪所陈述的"我们现在回望路易斯安那和西佛罗里达地区，在那个历史时刻同时存在着巨大的经济潜力与美国的帝国野心，二者并行不悖地运转着"

的史实，便能说明这一问题。所以美国早期政府的谨小慎微中仍然包含着对于共和帝国的向往。这种向往既是美国梦的一部分，也是杰弗逊总统拓疆思想中的核心内容。并且，在美国立国之初，北美的疆界划分亦不十分清楚，甚至可以说，当时“并没有什么明文条令清楚地划定美国东西的边界”。在此前提下，对法属路易斯安那地区土地的购买，恰好一方面可以消除国内关于扩大疆域而导致共和制度破裂的忧虑，另一方面更迎合了美国人扩大合众国国土面积的主流意识。

值得注意的是，当时法国对出售路易斯安那地区是一个怎样的态度，杰弗逊总统又是通过什么途径获得土地所有权的，这是需要了解的两个主要问题。

1800 年前后，法国在北美的利益和影响主要集中在圣多明各等中美洲的海岛上，而不是北美地区。这是因为在七年战争之后，战败的法国不得已将原法属路易斯安那殖民地转让给西班牙。这一举动对美国来说，显然十分有利。因为日益衰落的西班牙帝国对美国而言，并不具有强力的威胁。对此，杰弗逊总统本人也认为：“法国人把它自己摆在那个大门前（新奥尔良），是向我们摆出一种挑衅姿态。西班牙可以平静地保有它多年。它的和平态度和虚弱的状态，会促使它增加我们在那里的方便，所以我们几乎感觉不到它是在拥有这一地方，或许不用很长时间会发生某些情况，把它割让给我们。”这说明此时路易斯安那地区的暂时易手，美国是求之不得的。并且，到 1801 年，在路易斯安那地区取得土地赠与的美国人数量已经超过所有其他国籍的人数。如果按照这种发展态势，路易斯安那地区在未来的某一天或许将会被和平蚕食，直至最终并入美国的版图。但出人意料的是，1800 年以后，北美殖民属地的政治形势发生了急转。刚刚登上法国权力巅峰的拿破仑，通过《圣伊尔德方索条约》，强迫西班牙将路易斯安那地区归还法国，作为回报，法国将支持西班牙帕默大公的领土扩张。1801 年 3 月 21 日，法西两国的《阿兰胡埃斯协定》，则进一步完成了这笔交易。而对于法西两国路易斯安那地区的再次易手，杰弗逊总统则十分焦虑，他不仅通过两国大使多次表达了美国的不满态度，并进一步论证美国收购这一地区的可能性。对此，法国最初的态度是不予理睬的，其原因在于：拿破仑上台之后，对于建立一个以海地为中心，加勒比海产糖岛屿为基础，路易斯安那为后勤支援地的北美殖民帝国的愿望十分强烈，所以，当时让法国人出售路易斯安那地区是不现实的。尽管如此，杰弗逊总统并没有放弃努力。一方面尽力打探法国的最新动向，并通知美国驻法公使利文斯顿仔细了解法国的动向；另一方面尽一切办法阻止法国夺取新奥尔良地区的任何行动。当时杰弗逊总统对获得路易斯安那土地的迫切心情和执着态度，我们通过他写给当时驻法公使利文斯顿的书信便可知晓。杰弗逊总统写道："西班牙把路易斯安那和佛罗里达割让给法国一事，严重伤害了美国"，并且，"法国拥有了新奥尔良的那一天，就决定了它永远被限制在它的低水位标以下的地位上，所有这些情况使得法国和美国在一个如此敏感的地点相遇时，再也不可能继续做长期的朋友了"。不仅如此，杰弗逊总统还在信中进一步阐发了法国重新获得路易斯安那地区对美国的危害。他认为，"路易斯安那在软弱的西班牙手中尚且无妨，若易手军事强国法国，将后患无穷，拿破仑会进一步'盘算加拿大'，'调动印第安人骚扰美国边境'"。为了阻止上述可能发生的后果，美国驻法国公使利文斯顿和驻西班牙公使平克尼都进行了积极的外交活动，希望通过和平购买的方式将至少是佛罗里达和新奥尔良地区收归美国所有。同时，杰弗逊总统又委托法裔商人杜邦以非官方的形式游说，向法国政府施压和进行购买交涉。从 1801 到 1802 年的一年多时间里，杰弗逊总统力排国内联邦党人主张通过战争手段来解决美法两国在北美土地争议的动议，始终限定在使用外交途径稳步推进谈判和交涉的范围。但 1802 年 11 月新奥尔良的西班牙地方长官下令终止美国在该市存放货物权利事件，最终加快了杰弗逊总统解决路易斯安那土地所有权问题的步伐。实际上，"在购买路易斯安那地区之前，杰弗逊总统最大的愿望，是确保美国人在新奥尔良买卖和存放货物的权利"，这也在一定程度上说明，作为美国重要的货物出海口，新奥尔良直接关系到美国的经济利益。所以，终止美国货物存放权事件的发生，直接挑战了杰弗逊总统的心里底线。正是有鉴于在新奥尔良存放货物权利一事引起的公众激动已经达到极点，杰弗逊总统便下决心尽快解决路易斯安那土地归属权问题。

（三）购买路易斯安那的意义

1803 年初，在得到参议院同意的前提下，杰弗逊总统又委派詹姆斯·门罗作为特使出使法国，进一步商谈路易斯安那地区和新奥尔良市所有权问题。门罗一向是一个主张密西西比河航行自由和维护西部利益的战士，由此可见，此时对门罗的起用，足以说明总统对解决路易斯安那土地问题的态度和决心。而又令美国人意想不到的是，门罗作为特使到达法国之前，拿破仑已经决定将路易斯安那地区出售给美国，并且，“拿破仑想要出售的地区，远超出杰弗逊总统的预期”。拿破仑态度的急转，在一定程度上也出乎美国人的料想，甚至利文斯顿公使和杰弗逊总统并没有提前做好并购整个路易斯安那地区的具体准备，但杰弗逊还是授权利文斯顿公使和门罗特使二人，代表总统全权处理。门罗到达巴黎并同利文斯顿交流之后，提出了“由于华盛顿和巴黎之间通讯困难而情势又很急迫，绝对有必要给全权代表们以相当大的行动余地”的建议，于是，门罗特使和利文斯顿公使代表美国政府当机立断地答应了法国提出的要求，并在多次谈判之后，最终在 1803 年 4 月 30 日签订了美法路易斯安那地区土地购买条约。根据条约，美国仅仅支付 1500 万美元，就获得了整个路易斯安那和新奥尔良地区的土地（平均每英亩土地价值约 3 美分）。在 1803 年秋路易斯安那地区交易结束后，新奥尔良领地作为独立市存在；在路易斯安那土地购买案的框架下，美国又提出了对格莱德河和西佛罗里达地区的领土要求，而得克萨斯和东西佛罗里达地区则名义上仍旧由西班牙管辖。

美国作为现今世界上国土面积名列前位的疆域大国，其重要组成部分的路易斯安那地区，是 1803 年杰弗逊政府从法国人手中购买的。美国学者费根鲍姆所感叹的“我们现在很难想象没有路易斯安那地区的美国地图”，实际上就是对杰弗逊政府并购土地价值的评估。

三、新世纪美国的“海外边疆”

（一）“新天定命运”与美国海外拓疆

美国走向世界的成功，是通过 19 世纪末到 20 世纪中期在外交上制定与西方列强共同“均沾”亚洲利益的“门户开放”政策和美国置身于两次世界大战的实践得以实现的。因此，这一过程的完成，不仅形成了美国的“海外边疆”，而且伴随着欧洲传统大国对美国的承认和美国积极参与国际事务，使其真正摆脱了美洲大陆“孤立”国家的地位，发展成为举足轻重的世界大国。

19 世纪末，伴随北美“大陆边疆”的消失、工业化的完成和综合国力的提高，确立其履行建立世界新秩序的使命感，“新天定命运”（New Manifest Destiny）开始在美国盛行起来。“新天定命运”与早期的“天定命运”相比，目标更为明确、务实和具体。根据这一使命，美国的扩张活动不仅限于北美大陆，而且还应致力于夺取海外领地和扩大势力范围。“新天定命运”的一个依据，便是种族优胜论。这一理论认为，美国人是天定的选民，是被上帝挑选来领导落后民族的基督教徒。因此，美国人“有能力把它的制度传播于全人类，把它的统治扩大到整个地球”。在这一新使命的感召下，美国首先利用西班牙与古巴战争的机会，通过美西战争，从西班牙手中获得了对菲律宾的控制权和对古巴的占领权。与此同时，又获得了在太平洋和大西洋地区的新权益。因此，美西战争，不仅是马汉“海权论”的第一次实践，而且也是美国开始由大陆拓疆向海外扩张的转折点。通过美西战争，美国的海外殖民体系基本形成。

“新天定命运”理论的另一个依据，则是地缘政治学。根据这一理论，美国必将控制亚洲，并成为世界文明的中心。对这一理论，当时美国扩张主义者鲁克斯·亚当斯进一步阐述道：“世界文明的一些中心，都是随着经济财富和边疆提供的机会环绕地球向西伸展，并且这条伸展的路线是显而易见从地中海沿岸通过西欧到大不列颠，然后横越大西洋到北美大陆。”然而，美西战争前，中国和亚洲广大地区，一直是欧洲列强的传统势力范围，美国很难染指这一地区。由于俄国和日本是美国在亚洲角逐中的两个强有力的对手，所以当时美国不得不承认与英法“合伙外交”的地位。但内战后工业化的发展、综合国力的迅速提高和扩张政策的转变，美国自然不会满足于其在亚洲处于国际事务“边缘化”的地位。因此，无论在经济上还是政治上，也无论从战略角度还是从战术角度，在亚洲利益争夺中取得与其他列强平等的地位，就成为当时美国外交的一个重要内容。特别是在亚洲取得对菲律宾的控制权以后，美国已经不能坐视由于清政府的无能，而听凭日本、英格兰、法兰西、德意志和俄国等列强取得在华特殊权益，进而威胁美国在华商业和贸易利益。在这种情况下，1898 年 9 月，美国总统麦金莱首先提出了带有与列强“利益均沾”性质的新的亚洲外交政策。与此同时，国务卿约翰·海通过美国驻外使馆向各国政府发出如下照会：“每一个国家，在其影响所及的相应范围内，第一，对其在中国的所谓‘利益范围’或租借地内的任何口岸或任何既得利益，不得以任何形式进行干涉；第二，对于进入上述利益范围，除自由港外的一切口岸的一切货物，无论属于任何国，均通用中国现行约定税率，其税款概由中国政府征收；第三，在此种范围内之任何口岸，对进出港之他国船舶，不得课以较本国船舶高得多的港口税。”国务卿约翰·海这个照会的实质，在于以承认列强在华势力范围和均势，来达到保护美国在华利益的目的，这就是美国外交上的“门户开放”政策。

（二）第一次世界大战与美国海外拓疆的尝试

随着美国提出“门户开放”政策，越来越多西方国家不得不接受，这是美国第一次在外交上被西方大国认可，也是美国参与国际事务的第一次成功尝试。在此之后，美国又通过卷入第一次世界大战的军事事务和安排战后的政治事务，进一步暴露出美国企图发挥其世界大国作用的野心。

1914 年第一次世界大战爆发时，虽然美国曾表示不介入欧洲的政治与军事纷争，奉行“中立”外交政策。但由于“天定命运”的感召，迫不及待想发挥世界性领导作用的美国，最终还是没有放过在战争进程中寻找机会，以实现其领导世界的夙愿。从这个意义上说，“第一次世界大战的爆发则为美国大踏步走向这一目标提供了契机”。不仅如此，到了大战末期，美国不仅卷入了战争，而且威尔逊总统还提出交战双方实现“没有胜利者的和平”的口号，以最高仲裁者的身份出面干预战争，以图左右时局，甚至在协约国和同盟国交战双方疲惫不堪的状态下，威尔逊总统又提出了结束战争的“十四点计划”，以世界领导者姿态，来收拾战争残局。虽然“十四点计划”带有美国理想主义外交的痕迹和色彩，却构成了美国战后世界秩序安排的基础，特别是前五点内容（公开外交，不得有任何秘密国际谅解；无论和平与战争时期，公海航行绝对自由；尽可能排除一切经济上的壁垒，国际贸易机会均等；充分地相互保证各国军备应缩减至足以维持国内安定的最低限度；解决所有殖民地纠纷时，须以诚相待，绝对公正，在决定一切有关主权的问题时，应兼顾当地居民的利益与殖民政府之正当要求）以及第十四点内容（建立国际联盟，以保证各国均可获得政治独立和领土完整）等，充分反映出美国企图取得世界领导地位的要求。为了实现美国领导世界的梦想，威尔逊总统于 1918 年 12 月 4 日来到欧洲出席巴黎和会，这是美国政府首脑第一次出席国际会议。在巴黎和会上，尽管在与战后世界安排相关联的问题上（包括在德国赔款问题上、国际联盟建立问题上以及战败国前殖民地处置问题上），西方国家（主要是英国和法国）并不完全同意美国的设想和安排，甚至美国最终没有成为其所构想的国际组织——国际联盟的一员，但从确立战后欧洲国际新秩序的凡尔赛体系中，我们仍然能够看到威尔逊“十四点计划”的巨大影响。所以，第一次世界大战，在经济上为美国走向世界提供了物质基础。因为美国把战争作为刺激经济发展的动力，不仅带动了美国工业特别是与军火相关的工业的发展，而且进一步使其成为战后世界经济大国，并从以前的债务国发展成为债权国，华尔街逐渐取代伦敦成为世界金融中心。更为重要的是，通过第一次世界大战，在政治上增强了美国的“大国观念”和“大国意识”。进一步说，一战为美国提高国际地位创造了最有利的机会。战争中，英、法、俄、德等列强两败俱伤，美国坐收渔利。战后按照美国制定的和平计划重新安排世界，美国开始取代英国的霸主地位，逐渐演变为世界领导大国。

（三）第二次世界大战与“海外边疆”实践

第一次世界大战和战后的国际局势，为美国向世界大国方向发展提供了条件。但需要指出的是，美国毕竟是美洲大陆后起的国家。尽管其经济实力和综合国力经过战争又有很大的提高，但在政治实际中，美国的世界大国地位被世人接受和认可还需要一个过程。20 世纪 30 年代的经济大危机和第二次世界大战，再一次为美国提供了走向世界的最佳机遇。1929—1933 年爆发的世界性经济危机，使全球陷入了极度的恐慌。为了摆脱经济危机，德、意、日三国走上了对外扩张的法西斯道路，与之相反，美国却采用国家调整经济的手段，即罗斯福“新政”的办法来挽救经济危机。通过“新政”改革，不仅在经济上为美国资本主义发展找到了一条可行的出路，而且在政治上使美国避免走上极权主义的道路。当第二次世界大战爆发的时候，许多人就已预见到“美国人的时代已经来到”，于是，美国政治家和资本家便利用战争的机会大发横财和谋取政治资本。二战初期，在“中立”和“民主兵工厂”的招牌下，通过“租借”的形式，美国向反法西斯国家（包括英国和法国，甚至包括苏联）提供了源源不断的军用物资。当时美国的这一外交政策，虽然解决了反法西斯国家开战后的武器和物资短缺问题，坚定了他们打败法西斯势力的必胜信念，促成了世界反法西斯同盟的逐步形成，却成就了美国的世界大国地位，使其顺理成章地成为战后世界霸主。

1941年底，随着太平洋战争的爆发和美国正式参战，美国再一次被“天定命运”的使命唤起，承担起“从希特勒铁蹄下拯救人类”的历史重任。由于美国很快将其丰富的资源、众多的人口和巨大的生产能力转化为强大的战争实力，使其有能力同时在大西洋和太平洋两洋，在欧洲、非洲和亚洲三洲对德、意、日法西斯轴心国作战。美国参战以后，战争形势很快朝着有利于反法西斯同盟国的方向发展。与此同时，美国在国际上的地位也得到了空前提高。当时，全世界人民真的把美国当作救星来看待。1943年以后，随着同盟国三大战役即欧洲战场上的斯大林格勒战役、太平洋战场上的中途岛战役和非洲战场上的阿拉曼战役的胜利，法西斯轴心国的败局已定。在此前提下，美国便开始按照自己的战略构想筹划与安排战后世界。与第一次世界大战不同的是，二战中随着德意日法西斯国家的即将战败和英法等欧洲传统大国的实力被战争消耗殆尽，美国在战后世界上不仅处于绝对主导者的地位，而且已经抛弃了理想主义外交，更多地以现实的眼光看待国际事务和美国未来在世界中所占据的位置。从大战中期和末期的几次重要的国际会议即开罗会议、德黑兰会议、雅尔塔会议和波茨坦会议上美国所关注的问题和其所起到的作用，都能反映出美国现实主义外交及其不可动摇的大国地位。尤其是在大战末期，美国通过筹建战后新的国际组织，即创立“大国一致”为基础和安理会为核心的联合国组织，确立了美国在国际政治中的不可替代的领导地位。与此同时，美国又通过建立国际货币基金组织和世界银行等形式，进一步确立了美元为主导地位的国际金融与经济新秩序。

两次世界大战的实践，真正把美国从闭塞和孤立的北美大陆带到了海外世界，打开了美国人的眼界。也正是在美国向外看世界的同时，膨胀了它的世界大国的野心和建立“全球边疆”的欲望。因此，随着第二次世界大战的结束和“冷战”的到来，美国的边疆已从北美大陆延伸到了全球。

四、二战后美国的“全球边疆”

（一）“冷战”与美国的“全球边疆”

美国走向世界的最后一步，是通过第二次世界大战后在全球发动“冷战”和苏联解体后在全球发动“反恐战争”的实践得以完成的。在这一过程中，美国不仅实现了其梦寐以求的世界大国梦，而且已经在国际事务中扮演领导者的角色。在“冷战”的背景下，美国已经发展成为西方资本主义阵营的领头羊，为了与苏联社会主义阵营形成对峙之势，美国通过操纵联合国、控制“第三世界”国家、插手许多国家的内政与外交、在海外建立海空军基地和在海外驻军等形式，拓展其势力范围和政治影响。在“反恐战争”的特殊环境下，美国已经扮演起“世界警察”的角色，维持世界秩序与安全。正是在美国发挥其世界领导者和世界警察作用的过程中，美国的霸权主义和强权政治得到了进一步的推行，美国的“全球边疆”也随之而形成。

第二次世界大战的爆发和美国卷入战争，加速了美国走向世界的进程。但是，战后在美国走向世界大国特别是走向世界领导者的道路上，令其不能高枕无忧的一个新的重要因素，是同盟国中社会主义苏联的存在及其在战争中的成长壮大。由于苏联在战争中以牺牲上千万军人和平民百姓为代价抵抗和牵制着德国陆军 2/3 的兵力，才赢得了欧洲战场和第二次世界大战中反法西斯同盟国的最终胜利。所以苏联在战争中所付出的牺牲和苏联人民为反法西斯战争胜利所做出的巨大贡献，也同样得到了全世界人民的高度赞扬。战争的洗礼和考验，不仅使苏联的国际威望和政治地位得到了空前的提高，也使苏联的军事实力得到了进一步的发展壮大。因此，当战争即将接近尾声的时候，苏联地位的变化在某种程度上已对美国战后世界领导地位构成了比较明显的威胁，于是，美苏之间的矛盾和冲突也随着战争进程的发展而不断明朗化。实际上，早在世界反法西斯同盟建立之初，“美国与苏联的互不信任与猜忌就已经存在”。但由于法西斯势力对各个国家和世界和平的威胁是当时国际社会的主要矛盾，打败法西斯势力，保卫世界和平，是当时世界人民所面临的首要任务和期盼的目标。因此，在这种国际局势下，美国和苏联不得不暂时抛弃意识形态和价值观念等方面的成见，求同存异，走到一起，共同抗击德、意、日法西斯势力。关于这一点，正如西方学者所阐述的："第二次世界大战中的战略联盟，是由丘吉尔领导的世界上最大的一个殖民帝国——英国、由斯大林领导的世界上唯一的一个社会主义国家——苏联和由罗斯福领导的世界上最大的一个资本主义国家——美国所组成的。正是由于有希特勒，才使三国走到一起来了，也正是希特勒和纳粹德国的威胁，才使这个联盟能够维持四年之久。"因此，当联结同盟国纽带的法西斯势力的威胁将要被解除的时候，三大国特别是美国和苏联之间合作的基础便开始动摇，盟国的分歧也就越来越大。

大战末期，美国与苏联的分歧，主要集中在与战后世界新秩序相关的一系列东欧国家重新建国的方式上，核心问题是争夺对东欧国家的控制权。因为当时苏联计划在东南欧建立一条"安全带"，以便形成对苏联本土的防御屏障；而美国和英国则设想在苏联的边界线上重建一条"防疫地带"，使其形成反苏反共的前沿阵地。但在争夺对东欧国家控制权的斗争中，苏联处于比较有利的地位。因为在第二次世界大战后期，特别是在 1944 年苏联红军追击德国法西斯残余势力进入东欧地区以后，一些东欧国家从法西斯德国统治下解放出来是在苏联红军的帮助下才得以实现的。苏联对这些国家的影响很大，特别是对其在共产党或工人党领导下的重新建国方式产生了令美国等西方国家始料不及的影响。这些国家重建以后，不仅在政治上信奉马克思主义，走计划经济的道路，而且在外交战略上追随苏联，发展演变成为苏联的"卫星国"。所以面对东欧国家突如其来的变化，美国的杀手锏就是使战时的"战略同盟"解体。于是就出现了西方学者的观点："苏联对东欧国家的占领，不仅摧毁了第二次世界大战期间同盟国建立的'大联盟'，而且导致了美国对苏联发动'冷战'。"

为了遏制苏联，1947 年，美国首先抛出了"杜鲁门主义"，在军事上援助希腊和土耳其政府，以镇压其国内的共产党势力，防止其政权落入亲苏势力手中。"冷战"初期，美国的战略重点是西欧和亚太地区。在苏联控制东欧以后，美国加紧控制西欧。从1945年到1949年，为了更有效地控制西欧国家，美国又先后通过“马歇尔计划”和建立北大西洋公约组织的形式，将西欧国家纳入美国的全球战略体系。美国通过“马歇尔计划”帮助西欧恢复经济，抑制革命力量，促进美国商品与资本对西欧的输出；并修改对德政策，由战时主张肢解和严厉处置德国改为分裂德国、扶植联邦德国的政策；同时建立以自己为盟主的大西洋军事联盟，改变过去在和平时期不参与美洲以外军事集团的传统对外政策。正是在美国新的欧洲战略之下，拉下了北起波罗的海南到亚得里亚海的横贯欧洲大陆的“铁幕”，从而形成了以联邦德国为边界的美国欧洲战略边疆。在亚太地区，美国最开始把目标锁定在蒋介石的国民党身上，将其作为战后美国亚洲战略的重点。但1949年10月中华人民共和国的诞生，国民党反动派从大陆的撤退，迫使美国改变其亚洲战略，并通过重新扶植日本和韩国，使其成为美国亚洲战略的重点。美国对亚洲政策的变化，使亚洲迅速演变成为美国局部战争的实验场。20世纪五六十年代在这一地区所发生的朝鲜战争和越南战争，最终形成了以日本、韩国、中国台湾和南越为核心的美国对苏联和大陆中国的亚洲战略边疆“新月形包围圈”。与此同时，为了在世界其他地区与苏联角逐，在动用强大的军事力量（核武器和常规武器）和政治力量（操纵联合国）的同时，美国还凭借科学技术和经济力量的优势，向这些地区渗透，形成了许多美国新的战略边疆，例如中东战略边疆、非洲战略边疆以及美洲战略边疆等。更为重要的是，在“冷战”时期，美国与苏联竞相发展空间技术，把争夺的对象发展到太空，形成了美国的“太空战略边疆”。

因此，第二次世界大战以后，在对苏“冷战”的旗帜下，美国大踏步地走向世界，并已经发展成为西方世界的领导者。与此同时，美国与苏联的争夺也越来越激烈，二者争夺到哪里，美国的“边疆”就延伸到哪里。“边疆”所及，反映出的是美国在“冷战”时期扩张的频率和步伐。

（二）“恐怖主义”与美国的“全球边疆”

然而，20世纪80年代末期和90年代初期，正当美国在世界范围内与苏联激烈角逐的时候，苏联和东欧国家发生了令人震惊的巨大变化。苏联的解体与联结东欧国家的政治与军事纽带的《华沙条约组织》的解散，意味着第二次世界大战以后确立的以美苏为核心的两大阵营对峙的国际格局——“冷战”时代的终结，出现了“冷战”后美国“一超独霸”的国际战略新格局。

20 世纪末和 21 世纪初国际新格局的出现，特别是恐怖主义活动的猖獗，不仅进一步唤起美国人“天定命运”的使命感，而且再次为美国推行霸权主义和强权政治以及进一步向全球拓展其边疆提供了良机。正如美国前总统乔治·布什在苏联解体后所论断的：“新世界将在我们能力所控制的范围内。”因为在新旧世纪之交，“美国是世界上最强大的军事国家，其军事实力足以摧毁我们居住的这个星球。与此同时，美国所拥有的强大的经济实力也已经超过当时世界上任何一个国家甚至几个国家的总和。”所以，在新世纪伊始，美国拓展其“全球边疆”，是以强大的经济和军事实力为后盾，以世界范围内的“反恐战争”为形式的。

恐怖主义是 20 世纪中期以后在世界范围内产生的一种极端主义思潮，恐怖主义的产生，与下述三个因素密切相关。其一，某一个国家（例如一些阿拉伯国家）内部经济与政治、宗教与文化、民族与种族、阶级与阶层等矛盾长期积累的结果。其二，由于旧有的国际经济秩序的长期存在，使南北政治经济发展不平衡。这种发展不平衡性，进一步导致南北贫富差距拉大。其三，某些大国（主要是美国和苏联）从“冷战”时期开始，为了争夺“中间地带”，便插手世界上一些国家和地区的事务，将其纳入大国的势力范围和战略构想。大国的干预和插手，不仅危害了这些国家和地区的和平与安全，而且也给它们带来了一系列政治、经济与社会问题。特别是 20 世纪末苏联解体以后，美国在全球范围内推行霸权主义和强权政治，更进一步损害了一些国家和地区的利益。于是，一些不满大国霸权主义和强权政治的极端分子，由于没有能力与美国正面对抗，便利用种族和宗教的矛盾，采取恐怖主义手段在世界范围内打击和报复美国，制造全球性的动乱与恐怖。从这个意义上来说，恐怖主义不仅是美苏“冷战”的后遗症，也是美国霸权主义和强权政治外交的毒瘤。

恐怖主义活动则是恐怖主义思潮的一种极端行为。为了达到某种政治或社会目的，恐怖分子常常采用暗杀、绑架、爆炸和网络攻击等暴力手段，来制造社会恐慌。实际上，早在2001年“9·11”事件发生以前，恐怖分子就已经在世界范围内制造了多起恐怖事件。而2001年发生在美国的“9·11”事件，则是恐怖分子制造的超级恐怖活动。

由于恐怖主义活动的“突发性、短期性和残忍性，通过消灭肉体来产生直接后果和巨大伤害”，特别是由于恐怖主义活动的“隐蔽性和不可预测性”，恐怖主义自20世纪中期产生以来，已经发展为对人类安全威胁最大的一种国际问题。为此，美国从1996年开始，逐渐通过国会立法、行政命令和制定国际间联合反恐政策等形式，打击恐怖主义，但收效并不很大。因此，“9·11”事件的发生，不仅为美国进一步打击和报复阿拉伯世界的恐怖分子活动找到了借口，而且也为美国在全球拓展其“全球边疆”和推行其霸权主义提供了机会。

“9·11”事件以后，美国通过政治、经济、军事、外交以及文化与宗教等全方位途径，动用联合国、北约和其他一切可能动用的国际机构和组织，在全球范围内打响了一场声势浩大的“反恐战争”，使当代美国实际上陷入了一场更深刻的世界矛盾之中：一方面，美国在“反恐战争”中获得了最大的利益，“反恐战争”打到哪里，美国的霸权主义和强权政治就推行到哪里，美国的边疆也就延伸到哪里，简而言之，反恐战争规模越巨大，美国边疆延伸的范围也就越宽广；另一方面，恐怖主义没有边界，因此，在这场战争中，美国本土已经不再是两次世界大战中的可靠后方，而是脆弱的前线。美国的进攻，可以着眼全球，但美国的防御，却不再可能仅仅考虑本土。更为重要的是，完全不同于几十年前使美国深陷其中的越南战争，现在的恐怖主义，已经使全世界变成了一个巨大的战争泥潭。换言之，美国把自己带进了世界，也把世界带进了美国。

思考题

1. 阐述西进运动的过程和作用。
2. 阐释“天定命运”论与20世纪初美国海外拓疆的关系。
3. 分析当代恐怖主义袭击对美国大国霸权主义的挑战。

参考文献

[1] 丁则民:《"边疆学说"与美国对外扩张政策》,《美国历史论文集》，北京：生活·读书·新知三联书店，1980年。
[2] 何顺果:《美国边疆史：西部开发模式研究》，北京：北京大学出版社，1992年。
[3] [美]吉尔贝·希纳尔:《杰弗逊评传》，王丽华等译，北京：中国社会科学出版社，1987年。
[4] 刘德斌:《国际关系史》，北京：高等教育出版社，2003年。
[5] 刘祚昌:《杰弗逊全集》，济南：齐鲁书社，2007年。
[6] 李朝辉:《美国的边疆》，北京：社会科学文献出版社，2020年。
[7] 石庆环:《从"大陆边疆"到"全球边疆"：美国走向世界的历史进程》,《辽宁大学学报》2005年第4期。
[8] 石庆环、李越:《杰弗逊总统"超宪行为"探析：从美国路易斯安那土地购买的视角观察》,《外国问题研究》2016年第4期。
[9] [法]托克维尔:《论美国的民主》，董果良译，北京：商务印书馆，1988年。
[10] 王希:《原则与妥协：美国宪法的精神与实践》，北京：北京大学出版社，2014年。
[11] 谢华:《"冷战"的新边疆 美国第四点计划研究》，北京：中国社会科学出版社，2012年。
[12] David Kiracofe, Thomas Jefferson, *A Public Life, A Private life*, Nova: Science Publisher, 2011.
[13] Daniel J. Boorstin, *The Americans: The Colonial Experience*, New York: A Division of Random House, 1958.
[14] Frederick C. Mosher, *Democracy and the Public Service*, New York: Oxford University Press, 1982.
[15] Martin E. Marty, *Pilgrim's in Their Own Land: 500 Year of Religion in America*, New York: Penguin Books, 1984.
[16] Roger G. Kennedy, *Mr Jefferson's Lost Cause*, New York: University of Oxford Press, 2003.
[17] William H. Chafe et al., *A History of Our time: Readings of Post War America*, New York: Oxford University Press, 1991.

第十讲　工业化、城市化与美国垄断资本主义形成

19世纪最后的40年和20世纪开始的前40年，美国工业化发展突飞猛进，直接加快了美国社会走向现代化的脚步。一方面，这一时期美国经济发展迅速，政治相对稳定，社会也在经历着转型与变化，生产力水平的提高推动大型企业迅速兴起，并在资本的加速整合和集中下形成了垄断组织，工业化带来的劳动力需求与交通革命使得人口不断涌入城市，城市化进程因此加速，最终美国在19世纪末一跃成为世界工业大国；另一方面，这一时期美国的经济和社会危机也日益加剧，经济繁荣下的分配不均与经济危机的爆发，致使劳资冲突和社会运动不断发生，自由放任的经济政策下，资本对联邦与州政府政治机制的入侵导致各级政府的分赃与腐败现象严重，这些问题与垄断资本对经济生活的控制一同引发了民众的不满。面对这样的社会现状，美国著名作家马克·吐温在其一部小说的卷首语中留下了这样的辛辣讽刺："……在我们这个国家里，根本没有投机的狂热，也没有想发横财的强烈欲望，所有的穷人都心地单纯，心满意足，阔人都诚实而慷慨，社会上还保持着自古以来的纯朴风气，唯有那些有才能和爱国的人士才参加政治活动……"美国历史的这个时期也因为这部小说而获得了一个别称"镀金时代"。

关于美国工业化和镀金时代，国内的研究成果十分丰富。最具代表性的是美国史前辈学者丁则民先生主持的美国通史《美国内战与镀金时代》，该书在系统阐述美国内战和重建时期政治社会变化的同时，还揭示出美国镀金时代的社会黑暗面，对全面理解美国工业化和城市化带来的影响，具有重要

的学术指导意义。张友伦、林静芬撰写的《美国工业革命》一书，也详细考察了美国工业革命的过程与影响，其中一些论断对于当下的研究仍具一定的学术价值。韩铁教授的《关于“美国制造业体系”和“劳动力稀缺论”的讨论》一文，介绍了19世纪中期美国工业的两个问题及其在学界的争议情况，作者指出内战前美国工业化生产的三个特点是投资追求短期效果、尽量快速生产和不在意原料损耗。王莹的《美国的“拿来主义”与早期工业革命》一文，则从借鉴其他先进国家的视角出发研究美国工业革命，认为美国广泛地运用欧洲国家的科技成果，使工业革命实现了生产力的巨大飞跃，进一步巩固了资本主义的统治基础，也为内战做了物质准备。在工业化时期的货币问题上，陈明的《绿背纸币运动的历史背景、思想渊源及影响》一文，则指出绿背纸币运动的根源在于价格和债务问题，主要方法在于发行大量纸币以实现通货膨胀，虽然绿背纸币运动很快衰落，但对联邦政府掌握货币发行权的诉求被农民为主体的平民主义者继承下去。关于镀金时代的美国政府，王建红的《美国1890—1916年的反托拉斯立法活动及其影响》一文，指出了反托拉斯立法运动中诞生的众多反垄断法规，标志着美国现代资本主义经济法的生成，同时这次反托拉斯立法运动也是美国政府通过国家政权，以立法形式对“自由放任”经济模式进行干预的一次有规模的尝试。关于镀金时代的美国群众运动，黄仁伟教授的《论美国人民党运动的历史地位》一文，详细介绍了19世纪末人民党运动的历史进程。原祖杰教授的《对美国平民党运动的再思考》一文，则是从正反两个方面重新评价了平民党运动，作者指出自由主义经济观下对平民党的评判有失公允，而平民党人的狭隘和保守应置于当时的历史现实予以评价。以上国内学者的研究成果，对学习和理解这一讲的内容具有较大的学术参考价值。

一、美国近代工业化

（一）美国近代工业化的前提条件

工业化一般指工业在国家经济中的比重超过农业，进而成为经济主体的过程。而19世纪的资本主义国家基本是凭借着生产力的革命性跃进，即“工业革命”的方式开展工业化的。美国工业革命从18世纪末开始，19世纪80年代基本完成，大约经历了一个世纪的时间。在此期间，美国资本主义经济从工场手工业转向大机器生产，生产力高速发展，生产关系也随之发生了根本性的变化。

美国工业革命的条件可以归纳为以下几个方面：

第一，广袤的领土与丰富的自然资源。1783年《巴黎条约》签订时，美国就已经获得了原13州以西的阿巴拉契亚山脉与密西西比河之间的领土，而到了19世纪以后，美国的疆域继续向西开拓。1803年，美国以低价向法国购买了路易斯安那和新奥尔良地区总计260万平方公里的土地后，不仅美国的领土由此扩大了一倍多，而且获得了密西西比河的完整控制权。1819年和1821年，美国分两次向西班牙购买了东、西佛罗里达。1844年，美国强行兼并得克萨斯，又在1846年夺取了俄勒冈，1848年更是以战争强行从墨西哥掠得了近53万平方英里的土地。美国在19世纪前半期所获得的这些疆域，土地肥沃、森林茂密、矿产丰富、河流密布，更有东部与南部漫长的海岸线与良港，这无疑为美国工业化创造了资源条件。

第二，工场手工业的基础。工场手工业是从手工劳动到机器生产重要的中间环节。美国的工场手工业在殖民地时期就已经产生且具备一定的规模，新英格兰地区的制造业起步相对较早，毛皮加工、冶铁、纺织等行业在殖民地时期已经比较常见，造船业、制糖业也已经具备一定规模。到美国独立时，造船业与冶铁业已经成为美国较为发达的手工业门类。工场手工业为工业革命提供了技术基础和熟练劳动力。

第三，商业的发展。商业联结着市场的供给与需求，关系到生产与消费两个重要环节，同时也是18世纪后期资本较为集中的行业。北美13个殖民地在独立前就已经形成了统一市场，对外贸易也较为繁盛。至18世纪，殖民地已经成为英国重商主义体系中的重要一环，为英国提供具有重要战略价值的工业产品，如焦油、沥青和绳索等，同时烟草、面粉和大米等农产品也大量出口欧洲。独立战争后，由于海外贸易的剧烈波动，商人越来越多地将资本投入制造业，特别是在英国技术革新的影响下，当时纺织业成为投资的热门。从一定程度上说，商业资本大量转化为工业资本，是美国工业革命的一个重要前提。

第四，大量移民的涌入。廉价的劳动力是工业革命发生的主要条件之一，英国工业革命前，“圈地运动”导致大量农民破产，这些农民流入市场中，为工业输入大量的廉价劳动力。美国的情况与英国不同，美国的工业劳动力主要来自移民及其后裔。当时的移民主要分为契约仆人与自由移民两类，这两类移民大量涌入工业部门，成为美国工业革命不可或缺的劳动力。还需要指出的是，来自欧洲的移民并非都是普通的廉价劳动力，尤其是来自英国移民中的专业人才，还为美国提供了先进的技术和管理经验。例如，将新型纺织机技术带入美国的英国移民塞缪尔·施莱特，就是典型的例证。

第五，联邦政府的保护和促进作用。独立战争的胜利使新生的共和国脱离了英国的控制与限制，对新国家工业的重要地位予以特别的关注，并开始加以保护和支持。1791 年，财政部长亚历山大·汉密尔顿向国会提交了著名的《关于制造业的报告》，指出应把制造业的利益置于首位，由此美国政府开始实行促进制造业发展的政策。在金融财政方面，政府先后成立了第一合众国银行与第二合众国银行，以疏导和控制金融业，并且制定高关税政策，保护国内制造业的发展。此外，国会还于 1790 年通过了《专利法案》，鼓励科技进步。这一系列政策刺激了工业革命在美国发生和迅猛发展。

综上，北美大陆的优越的地理环境和资源、殖民地手工业和商业传统的积累、大量移民劳动力的储备和后援以及联邦政府的扶植政策，使美国工业化尽管发生比较晚，但在短时间内便赶上甚至超过欧洲一些国家，这为 20 世纪初美国发展成为世界经济大国提供了先决条件。

（二）美国近代工业化的历程及特点

1790 年，英国移民塞缪尔·施莱特在罗得岛成功仿制新型纺纱机，这标志着美国工业革命的开始，施莱特也被冠以“美国制造业之父”的称号。此后，纺织业首先成为技术革新的中心：1793 年，伊莱·惠特尼发明了轧棉机；1813 年，弗朗西斯·洛厄尔成功仿制了卡特莱特织布机。纺织业从纺纱到织布的各个工序都实现了生产技术的革新，美国的棉纺织业进入快速发展的时期。

机器的发明与生产规模的扩大，对生产动力提出了新要求。在蒸汽机广泛使用以前，北美的主要动力来源是水力，但水力的使用受动力效率低、地理位置和气候等许多因素的制约。在英国工业革命中，动力问题是由瓦特改良的蒸汽机解决的，而在美国工业革命中，1804 年费城的奥利弗·埃文斯发明了埃文斯蒸汽机。埃文斯蒸汽机与瓦特蒸汽机的不同之处在于，瓦特蒸汽机寿命很长、节约能源却体积庞大、价格昂贵，而埃文斯蒸汽机小巧轻便、价格便宜、易于制造却极耗燃料。即使如此，埃文斯蒸汽机也获得了商业上的成功，因为当时的美国企业需要一种低成本的动力来源，而且由于燃料较易取得，燃料的耗费成本是可以接受的。在美国，蒸汽机取代水力是一个较为漫长的过程，蒸汽机最初仅在水力资源并不丰富的地区得到使用，随后使用率逐步上升，到 19 世纪 60 年代，蒸汽机已经成为美国的主要动力来源。

生产动力的改进使工业革命迅速扩展到其他行业。这一阶段美国的技术革新首先从纺织业的邻近行业如服装业、制鞋业和橡胶工业开始，继而传导到其他领域。美国工业革命中钢铁工业的兴盛与发展，也是一个突出特征。钢铁工业是制造业的基础，但钢铁工业的技术革新并不迅速，由于生产焦煤的原料烟煤质量低下且产地较为集中，19 世纪初美国冶铁业主要仍以木炭为主要燃料，直到 19 世纪三四十年代，热鼓风法的传入与宾夕法尼亚无烟煤的产出，冶铁业的生产效率才大大提高。此外，冶铁业的发展驱动轧材、铸造、锻压等领域的技术革新，并且将工业革命传导到交通运输业和机器制造业。

美国工业革命的另一个成就是交通运输业革命。交通运输业本身就是重要的制造业门类，其效率又会对其他产业的生产和销售起到重要的影响。美国在交通运输业革新的特点，是联邦政府与州政府的广泛介入。但值得注意的是，由于各地区的交通发展状况并不平衡，美国政府介入交通运输业也在联邦层面上引发了激烈且持久的辩论，这使得联邦政府的态度在几十年间多次发生改变。18 世纪末，美国的大宗货物运输方式主要包括陆上的四轮马车与水上的龙骨艇或平底船，这些运输方式成本高、速度慢，而且还受到天气和季节等因素的限制。四轮马车运货量极少，由于对道路的特殊要求，只能在平地上通行；平底船运量较大，但其几乎只能在内河航行，同时它的运送方向还是单向的：只能借助水力从河流上游运送到河流下游，无法逆流而上。交通的不便导致了高昂的运费和市场的狭小，严重限制了各行业的发展。

美国工业革命中交通运输业的变革主要集中于以下几个方面。第一，收费公路的铺设。修筑公路的资本起初主要来自私人，首先由私人向州政府申请特许状，然后由州政府成立半公半私的收费公路公司。由于建成后可以设卡收取过路费，收费公路起初吸引了大量的资本。但实际上私人资本的分布并不均衡，而且很快投资人就发现铺设公路的收益率并不高，因此州政府与联邦政府也加入了修筑与维护公路的行列，最终大量公路的修筑形成了公路网。第二，人工运河的开凿。在18世纪末的美国，运河已经被视作一种很有潜力的交通运输手段。早在18世纪80年代，南卡罗来纳与马萨诸塞就已开凿了运河，在19世纪，规模和商业效益方面最突出的是连接伊利湖与哈德孙河的伊利运河开凿。伊利运河建成于1825年，它开辟了纽约市与纽约州西北部地区的贸易，特别是为五大湖地区新型农业的过剩产品开辟了新的销售市场。伊利运河的商业收益是空前的，仅在其开辟全线通航前就已收取了100万美元的通行费。伊利运河的成功开凿，在美国掀起了一个修筑运河的热潮，其他州也开始仿效修筑运河。到19世纪40年代，美国已经初步建成了以运河为枢纽的水陆交通网，运河与公路相配合使得运输效率大大提高，运费也大幅下降。第三，汽船的广泛使用。汽船是美国的发明，它体现了美国人对新技术的快速应用能力。1807年，美国工程师罗伯特·富尔顿在纽约展示了使用蒸汽动力的汽船，该型汽船于1815年首次成功执行货运任务，此后汽船不断加以改进，航速与运货量都得以提高。由于成本较低，汽船很快就在内河航运中得以普及。但由于河道危险、船体脆弱等原因，汽船的预期寿命并不长。五大湖与海运需要更大的船体以容纳远航所需的大量燃料，因此直到20世纪初，满足上述条件的汽船才在海运领域普及。第四，蒸汽机车与铁路。铁路被称作“美国内战前运输中最显著的变化”。1814年，英国人乔治·史蒂芬森发明了蒸汽机车，1830年，纽约仿制出最早的蒸汽机车，由此，美国的机车制造业开始兴起，到19世纪40年代初，美国就已经具备了一定规模的机车生产能力。与其他交通方式相比，机车的速度更快，调度更加灵活，运输效率更高。然而，机车需要更多的配套设施，如铁轨、车站等，因此增加了建造和维护成本，但这些问题并没有延缓美国修筑铁路的速度，相反，到19世纪40年代，美国铁路的长度已位居世界第二，仅次于英国，而19世纪50年代，美国的铁路线长度已跃居世界首位。

工业革命对机器的需求上升使得机器制造业发生变革。美国的机器制造业虽起步较晚，大约在19世纪20年代末才成为独立的生产部门，但机器制造业的技术革新源自车床和量具的研制，而精密的零部件生产为零件互换提供了可能。美国内战前的标准化生产规模并不大，但这一创新仍然得到了联邦政府的重视，并逐渐形成“美国制造业体系”，而工业革命完成的标志，恰恰是机器制造业的机械化和工厂制度的形成。尽管由于美国领土的扩展和南北地区经济形态的差异，美国各地区工业革命的结束时间并不相同，最早的东北部地区在19世纪50年代就已经完成工业革命，最晚的地区在19世纪80年代基本完成，但美国工业革命表现其“后来居上”和“厚积薄发”的特点。

（三）美国近代工业化中的科技革命

在内战结束后，随着全国市场逐渐走向统一，《宅地法》和《国民银行法》等一系列政府促进经济发展的政策出台，新移民的涌入和第二次科技革命的浪潮，美国又一次进入了生产力高速发展的时期。

与第一次科技革命仅仅局限于英国和部分欧洲国家不同的是，第二次科技革命是在全球各地区同时开始的，而且技术革新的阻碍更少，科技向生产力转化的速度更快。第二次科技革命的主要革新领域首先出现在新兴的电力部门，电力的应用带来了电灯、电话、发电机、有轨电车和无线电通信等一系列发明，造就了爱迪生和贝尔等发明家，其发明专利及所获得的巨额利润反过来又促进科技革命的发展。内燃机也是第二次技术革命的重要发明，在内燃机的基础上兴起了汽车和内燃机车等新型交通工具，内燃机的普及又催生出对石油的大量需求，加速了石油开采业的发展，催生出新的石油化学工业，化学工业因此也取得了重要突破。在第二次科技革命中，旧的工业部门也得到了不同程度的发展，由于炼钢法的改进，钢产量激增。1875—1900年，美国的钢产量从40万吨上升到1000万吨。此外，传统的轻工业部门如食品加工业等，也得益于技术的突破而取得了较快的发展。

在交通运输业发展中最为引人注目的是铁路。铁路的建设吸收了美国工业的大部分生产能力，带动了各部门的快速运转。美国学者甚至认为，“铁路是19世纪末的经济生活中最重大的革新和原动力”。1862年，国会通过《太平洋铁路法案》，联邦政府开始铺设横贯北美大陆的铁路，1869年，联合太平洋铁路与中央太平洋铁路接轨，标志着第一条横贯北美大陆铁路正式建成。此后，大北铁路、北太平洋铁路、圣菲铁路与南太平洋铁路相继完成，纵横交错的全国铁路网由此形成。

总之，工业革命与第二次科技革命的完成对美国产生了深远的影响。首先，工业革命大大提高了生产力水平，这一点不仅体现在工业发展上，农业的机械化水平也得到了提高。其次，工业革命提升了美国的国力，到19世纪60年代末，美国已经建立了较为完整的工业体系，工业产值跃居世界首位。最后，工业革命引起了社会阶级结构的变化，加剧了资产阶级和无产阶级的对立。但值得注意的是，与欧洲一些国家有所不同，由于西进运动这一释放劳动力和人口的“安全阀”存在，美国当时的社会矛盾得以缓和，所以美国的产业工人运动并没有发展成欧洲那样的大规模工人运动或者武装起义。

二、美国近代城市化

19世纪中后期，与美国工业化同步进行的还有城市化。城市化是传统的乡村社会向现代的城市社会的转变过程。在工业革命期间，随着交通运输革命与产业贸易的发展，美国的城市化进程不断加速。到19世纪末，美国已经初步形成全国范围内的城市网，城市的规模、数量、人口等数值不断上升。在城市化过程中，近代工业城市占据了主导地位。

除了工业革命的直接影响外，农业的发展与移民的涌入，也是这一时期城市化的重要原因。在农业方面，19世纪20年代以后生产工具的改进与农业机械的广泛使用，在提高农业产量的同时，降低了农业所需劳动力，这满足了城市对原材料、劳动力和市场的需求。大批农村剩余劳动力涌入城市，而城市对农产品需求的增加，反过来进一步拓宽了农业的销售市场。在移民方面，当时由于欧洲大陆政治的持续动荡，欧洲出现了向外的移民潮，此时美国正值工业革命和西进运动高潮期，需要大量的劳动力，再加上美国本身经济条件较为优越，政治环境也相对宽松，因而成为了当时欧洲移民的首选。从1815年到19世纪60年代，美国出现了一个大规模的移民潮，来自爱尔兰和德意志等国家和地区的移民涌入美国。到1860年，向美国移民的总数已达500万人之巨。不仅如此，英国移民还将先进的技术和生产制度带入了美国，德意志移民在美国中部大平原地区建起了大量的农场，爱尔兰人则大多进入城市务工，这些移民都为美国社会经济发展做出了巨大的贡献。

（一）美国近代城市化历程

关于美国城市化问题，王旭教授在《美国城市史》一书中这样阐述道："19世纪初至内战前的城市化可以1840年为界分为两个时期：从19世纪初的一二十年代到1840年为交通运输剧烈变革时期，工业革命速度渐趋加快，小型工厂出现，但城市化整体速度不快；1840年后，蒸汽机大量投入使用，采用煤炭炼铁，工厂不再依赖水源，小型工厂开始具有现代工厂的特点。这时的工厂摆脱了对商业资本的附属，独立出来，工厂主不再是商人或捕客，而是一些专门的制造商，他们主要的投资取向是制造业。"据此可知，从内战到1890年，美国经历了一次巨大的转变，城市化正是这种转变的重要标志。

殖民地时代和建国初期，美国仍是一个小的农村国家，其普通民众几乎都以农业为生。随着早期城市化，美国逐渐变成了一个有许多城市居民以商业和工业为生的大国。1860—1890年间，美国人口从3140万增加到近6300万，而城市人口的增加要比农村快得多。1870年，只有21个城市的人口超过5万，到1890年，纽约、芝加哥和费城等3个城市的居民超过100万，巴尔的摩、波士顿、布法罗、辛辛那提、克利夫兰、旧金山、圣路易斯等7个城市的居民超过25万，匹兹堡和新奥尔良2个城市的居民接近25万。此外，还有14个城市人口超过10万，18个城市人口超过5万。总的来说，44个城市的人口超过5万，总共有近1200万美国人居住在规模较大的城市。

面对19世纪美国快速的城市化步伐，许多美国人产生了矛盾的心理。新的城市文化正在改变着他们的传统观念，城市一方面吸引他们的好奇心，另一方面也常常使他们感到困惑。美国人从农村搬到城市主要是为了找工作，但他们也为城市生活方式带来的便利、机会和奇迹而来。城市的剧院、餐馆、大型商店、有组织的体育活动，以及最奇妙的——电灯等吸引着他们。与此同时，一波又一波的新移民也加入了城市化的行列，他们以前所未有的数量进入这个国家，并经常在城市定居。到 1890 年，在芝加哥、纽约、密尔沃基、底特律等几个美国的主要城市，80% 以上的人口是移民或移民子女。

值得注意的是，工业革命不仅促进了交通运输网的完善，同时便利了城市间与城乡间的经济往来，东北部城市凭借较为深厚的工商业基础，依托城市贸易成为全国的第一个核心区。虽然当时中西部也出现了一些规模较大的城市，但全国的主要城市都分布在东海岸，不过，以纽约为核心的东北部经济核心区的形成为中西部的兴起和开发准备了条件。在城市化的浪潮及西进运动的带动下，太平洋西海岸的城市亦开始兴起，尤以西雅图发展最为典型。1865 年 1 月 14 日，西雅图由村落组成为一个城镇，由于镇民选举城镇领导人存在分歧的缘故，最开始的西雅图城市宪章失效。1869 年，西雅图获得金县的立法机关许可，组建城市并重新订立了城市宪章。初创时的西雅图规模比较有限，其时西雅图的面积只有 10 平方英里，人口也较少，根据 1869 年的人口普查统计，西雅图的人口不足 1000 人，因为当时的立法者缺乏专业的市政经验，所以 1869 年所订立的城市宪章严格来说仅仅是实验性的，其主要规定了城市管理者的征税权以改善城市街道。根据新的城市宪章，每一位拥有土地的业主都要为改善与其相毗邻的所有街道而支付费用，也就是说，邻近街道的有产阶级要共同支付所有的挖掘、填埋和街道分级的费用，而且这些街道是在没有任何工程师设计的前提下铺设的，所以显得毫无章法。对于这一规定，大多数有产阶级自愿支付他们所占有的份额。但也有因部分征税而不满，拒绝支付的情况存在。因此，西雅图市民认识到，为了建设城市，必须制定更为详细的法律以为依托。1889 年，金县允许西雅图向普通市民征税用于具体的改善措施，这个问题最终得到解决。随着铁路线的延展及工业化的深入，西雅图城市获得了快速发展的机遇。1883—1891 年这段时间，有轨电车的建设将这座城市的面积扩展至 30 平方英里，1907—1910 这三年里，西雅图的面积扩大了 1 倍多：城区兼并了西雅图西部和巴拉德以西地区、劳雷尔赫斯特以东地区，以及雷尼尔山谷以南地区。西雅图的拓荒者们经受着近20年的考验和艰辛，秉持着“西雅图精神”，对于城市扩大充满信心，以至于后来西雅图的市政同盟成员说道:“如果西雅图要获得太平洋沿岸的商业主导地位并吸引外资，扩大是必不可少的。”

（二）美国近代城市化地域分布

内战结束后，美国的城市化进程进一步加快。1860—1900年，美国城市人口占全国人口的比例由19.8%上升到39.6%，与此同时，城市数量和规模也有显著增长，1万人到2.5万人的城市由58个增加到280个，10万人以上的城市由9个增加到38个，到19世纪末，美国已经初步形成了全国范围的城市网。尤其需要指出的是，在19世纪中后期，以大机器工业为基础的近代工业城市逐渐居于主导地位，到1900年，全国15个大型城市中除了新奥尔良外，均是全国最重要的工业城市。

从地域分布上看，这时期的城市分布日趋均衡，在东北部和中西部都形成了综合型城市和专业型城市和大中小城市相结合，相互依存、共同发展的城市体系。东北部城市体系由全国性中心城市纽约和地方性中心城市费城、波士顿以及大批中小型城市构成；中西部城市体系由全国性中心城市芝加哥和地方性中心城市密尔沃基、圣路易斯、底特律等众多中小型城市构成。这两个城市体系集中了大量的工业企业，构成美国工业布局的心脏地区。中西部城市的崛起与新的工业中心的形成，推动了经济重心西移的进程，西部开发的成果得以巩固，中西部地区在美国经济中的地位也越来越高。

在中西部，随着采矿业的发展和铁路的铺设，还出现了专门的矿业城镇和铁路城镇。矿业城镇是为矿区服务而建立的，因此人口流动性较大，只有少数矿业城镇在矿源枯竭后仍能稳定发展，典型的代表城市几乎都分布在太平洋沿岸，如旧金山、波特兰、洛杉矶、奥克兰等。铁路城镇的出现则源于横贯大陆铁路的铺设，联邦政府为鼓励资本修筑铁路，实施慷慨的土地赠与政策以支付建筑费用。由于铁路完成后地价上涨，铁路公司通过兴建城镇吸引移民从中牟取暴利，这些城镇中日后发展规模较大的代表是洛杉矶和西雅图。

与东北部和中西部相比，南方的城市化受到薄弱的工商业基础的阻碍，以及北方资本的控制等因素而带有缓慢和畸形发展的特征。南方城市化的主导力量是商业贸易活动而非工业化，南方城市之间在经济上较为孤立，所以未能形成北方那样的城市体系，这也是在美国近代城市化过程中南北方城市呈现出的地域性特征。

三、美国向垄断资本主义的过渡

（一）向垄断资本主义过渡的条件

美国内战和激进重建结束后，随着第二次科技革命的顺利展开，使得美国资本主义经济由自由竞争开始向垄断阶段过渡。快速上升的市场需求、逐渐集中的生产、自由放任的经济政策、不断革新的科学技术、西部土地的广泛开垦、全国交通网络的逐渐形成、充足的移民劳动力与周期性的资本主义经济危机等因素，促进了垄断资本主义的形成。在激烈的市场竞争以及多次经济危机的冲击下，各行业的实力资本家为避免过度竞争，趋于协调行业利益，从而自发地组成了垄断组织。

19 世纪中后期美国经济总量跃居世界前列是垄断资本主义产生的基本前提。在两次工业革命的推动下，美国经济总量由内战结束时的世界第 4 位上升到 1894 年的第 1 位，美国工业产值占工农业总产值的比重，由 1859 的 37.2% 上升到 1889 年的 77.5%，人均产值则由 1873 年的 223 美元上升到 1901 年的 496 美元。与此同时，美国的工业体系继续成熟和完善，原本集中在新英格兰地区的工业陆续扩展到中西部和南部地区，五大湖地区的明尼苏达以及密苏里等州的工业产值在 1860—1870 年间增加了 2 倍，尔后 20 年间又增加了 2 倍。南部在经历社会结构调整后，也得到了来自北部地区的资本投入，例如佐治亚州的纺纱、生铁冶炼以及榨油等产业都在大规模发展中。美国工业革命后，虽然农业经济地位有所下降，但科技革命带来的生产技术进步，却被直接应用到西部边疆土地的开垦上。

内战后《宅地法》的顺利实施，使美国西部农业从一开始就具有资本主义性质。首先，西部农场的经营规模普遍较大，19 世纪 80 年代，密西西比河以东的伊利诺伊州就拥有194个大农场，而密苏里州则拥有接近600个大农场。其次，西部农场的经营方式多采用资本主义雇佣劳动形式，采用大企业管理方式将农场划分为不同区域来配备专业管理人员经营农场。最后，西部农场采用半机械化和机械化的生产技术提高农场产量。1880年，大多数农场有试制成功的带播种机的双壁犁，可以一次完成挖沟和撒种的工序，1858年，由马什兄弟发明的联合收割机也开始在农业生产中发挥重要作用。当时即便小规模的家庭农场仍然存在，但西部资本主义农业发展方式整体上区别于传统农业社会的自耕农模式。此外，西部农业大规模经营方式，又促进了化肥等农业副品产业的兴起，加快了这一时期美国工业体系的完善，较好融入自由竞争的资本主义时代，推动日后垄断组织以及垄断资本的出现。

工业化形成的城市群所带来的生产集中，也为垄断资本主义的产生提供了便利条件。由于第二次科技革命带来的巨大生产力，众多工厂选址条件受到的自然限制明显减少，特别是全国铁路网的建设，使得工厂不必建在河流或煤矿附近。企业规模的扩大，又进一步推动资本家将工厂搬迁至城市中，以寻求充足的廉价劳动力以及能够胜任企业管理的专业人才。此时在中西部新兴的工业地区中，众多产业结构特点鲜明的工业城市正在形成，比如以钢铁冶炼为支柱产业的匹兹堡和克利夫兰，还有汽车产业为主导的底特律，尤其是芝加哥在建市不到60年的时间里，人口超过了100万，到1880年时，芝加哥不仅成为中西部最重要的工商业中心，也成为西部最重要的交通运输中心，美国十余条重要铁路线穿越芝加哥城。并且芝加哥还集聚钢铁、机器制造、酿酒以及加工产业的众多企业，到1879年时，芝加哥就拥有343家木工厂、246家铸铁厂、156家金属加工厂、111家啤酒酿造厂，总计企业数达2271家，年产值达2.68亿美元。这种企业的聚集现象往往会导致各行业的竞争加大，经营不善的企业就会被顺势淘汰，为节省生产成本和合理利用资源而实行的企业合并，就成了不可避免的趋势，这也推动了垄断资本主义的产生和发展。

此外，交通运输业的发展能够使垄断组织打破地域隔阂，便于确立全国性优势。美国内战后，联邦政府以及各州将大量公共用地授予铁路公司，同时为刺激建设铁路的投资热情，对修建铁路的公司给予大量政府补贴。面对政府的优惠政策，加之西部地区开发的需要，铁路公司修建铁路的速度大大加快。第一条横跨北美大陆的联合太平洋铁路于1869年建成，此后各地区的铁路建设标准达成统一，最终在19世纪末形成了全国性的铁路交通网，进而推动了全国性的统一市场建立。值得注意的是，由于控制全国铁路的少数铁路公司在土地买卖、修建铁路以及运费定价等方面享有较大权力，所以美国较早的反垄断运动便发生在铁路行业，为此，中西部农场主反对铁路公司不受约束地操控火车运费，铁路公司垄断行为的合宪性争议，便成为当时联邦最高法院大法官关注的重要领域。

联邦政府实行自由放任主义政策，也推动了美国向垄断资本主义过渡。美国政府自由放任的经济政策，使美国政府对私人企业的发展不但不施加限制，反而加以鼓励和支持。早在内战期间，联邦政府就通过发行绿背纸币的方式缓解财政困境，并在1861年颁布《莫里尔关税法》，向进口钢铁征收高额关税，此后几年美国关税持续增高，对北方工业的发展起到了重要的保护作用。

由上可以看出，19世纪末的美国无论是在经济总量、企业集聚程度和全国市场形成还是在公共政策等方面，都具备了向垄断资本主义过渡的条件，垄断资本主义形成和发展成为不可阻挡的趋势。

（二）美国垄断资本主义的历程及形式

19世纪90年代，美国在内战后资本主义迅速发展的基础上，由自由资本主义进入垄断资本主义阶段。大规模的企业集聚和生产集中，导致工厂手工业时代的行会制度无法解决和协调同行业或跨行业之间的激烈竞争，缺乏经验的新兴工业资本家起初通过恶意降低产品价格来取得竞争优势，铁路公司甚至一度将运费降低到生产成本之下，部分铁路公司直接破产。除此之外，新兴工业生产所需要的劳动力、原料以及生产设施的经费开支愈发庞大，相同行业领域内的大小企业为降低生产成本，吸收城市劳动力以及整合产业资源，往往会采取主动联合或合并的方式，再加上1873—1892年经济危机导致的企业破产与重组，美国终于在1895年以后出现企业兼并高潮，兼并的结果导致大企业胜出和增多。到1904年，美国产值在100万美元以上的大企业达

1900家，其产值为全国总产值的38%。当时全国重要行业相继被部分垄断组织掌控，于是，出现一批大财团，如铁路行业里的范德比尔德集团、钢铁公司的摩根财团和掌控石油业的洛克菲勒集团等。

美国垄断组织的发展主要经历了垄断协定、托拉斯和控股公司三个阶段。在19世纪中叶，美国企业面临的一个大问题就是在日趋激烈的自由竞争下如何维持获利，这就要求企业控制竞争成本以扩大竞争利润。面对这种局面，首先出现的是垄断协定（Monopoly Agreement）形式，也称“普尔”，包括口头订立的简单协定或者成文协定。以铁路业为例，铁路公司的运营成本以固定费用为主，因此运量的争夺成为铁路公司之间竞争的核心。在19世纪70年代的运费战期间，从芝加哥发往纽约的一节车皮的运价能够从原来的110美元降至5美元甚至1美元，为了从根本上避免恶性竞争，一些铁路公司开始谋求订立非正式的垄断协议，以协商的方式划分在不同地域建设铁路的独占权力。因此，在这样的背景下订立的协定，已经有了稳定市场秩序和防止过度竞争的目的。普尔随后也扩展到制盐业、酿酒业、煤炭业等其他工业部门。协定的主要内容是约定产量、价格与划分市场，但普尔的本质仍是不同企业在特定条件下的松散联合，缔约时的条件一旦发生变化，这种利益的结合就会逐渐解体，参与企业可以自由退出或随意违反规定而不受惩罚。并且，普尔的这种市场控制违反了美国关于禁止商品贸易中实行限制性行为的法律，所以这种垄断组织形式并不能长久地维持下去。

有鉴于此，随后出现的第二种垄断组织形式是托拉斯（Trust）。托拉斯原意是“信托”，由缔结托拉斯协定的各个股东把大部分的股票交给一个理事会，理事会作为托管人将为托拉斯的集体利益做出决策，区别于普尔的松散联盟。1882年，标准石油公司以“财产托管人”的形式成立了标准石油托拉斯，这个组织由40个公司组成，控制了全国90%以上的炼油能力。随后，1884年成立了美国棉籽油托拉斯，1885年成立了国民亚麻籽油托拉斯，此后威士忌酒业、铅制品业和制糖业等部门也纷纷成立托拉斯。托拉斯组建的成功得益于现代企业与金融制度的革新，专业的生产技术要求使得企业管理权与所有权产生分离，所有权也由原来的独资转向多名持股人共同拥有，从而满足了大企业对多方资金的筹集需求，缓解了资金压力，不同地区的投资人只需要购买相应股票就可以实现利益分红。面对托拉斯对经济生活的垄断，一些州议会首先开始反对托拉斯：路易斯安那州对棉籽油托拉斯提起了诉讼、内布拉斯加州和伊利诺伊州对威士忌酒托拉斯、纽约州对糖托拉斯、俄亥俄州对石油托拉斯也提起了诉讼。到 1889 年，堪萨斯州、缅因州、密歇根州、北卡罗来纳州、田纳西州和得克萨斯州都通过了托拉斯协议为非法的立法。在这一历史背景下，1890 年国会又通过了《谢尔曼反托拉斯法》，标志着联邦政府开始对托拉斯等垄断组织进行系统性的限制。

在托拉斯垄断形式受到限制的情况下，美国第三种垄断组织形式“控股公司”（Holding Company）应运而生。“控股公司”指的是由母公司和子公司组成金字塔式的系统组织，母公司掌握子公司一定比例的股票份额就能够取得对子公司的控制权，子公司以同样的方式控制更下一级的孙公司，各级公司的经营管理保持相对独立，母公司只需要向总部所在地的政府提交相应财政报表而不受反垄断审查的干扰。新泽西州首先于 1889 年和 1893 年两次修改了公司法，承认了控股公司在该州的合法地位，因此各种垄断公司涌入新泽西。1889 年，美国棉籽油托拉斯在新泽西重组为美国棉籽油公司，其他托拉斯纷纷跟随其后成为合法公司，新泽西州还通过此举获得了大量的财政收入。19 世纪 60 年代，西弗吉尼亚州、缅因州、纽约州和马里兰州等相继效仿新泽西州，因而控股公司的合并在整个 19 世纪 90 年代里有增无减。根据 1900 年对工业合并企业的调查发现，占全国工业企业数不足 0.5% 的 185 家工业合并企业，占据了工业资本的 15%，雇佣工业劳动力的 8%，生产工业产值的 14%。

随着垄断组织对各行业经济控制局面的形成，美国国内银行以及证券交易所的地位迅速上升，金融业开始与垄断组织相结合，金融资本渗透到工业垄断资本当中。这种趋势与洛克菲勒和摩根财团利用他们所控制的银行进行活动密不可分，洛克菲勒集团中的洛克菲勒银行成为全美国最大的银行，第一国民银行由摩根财团控制，此外，华尔街的势力在各家保险公司的贷款业务方面占着主导的地位，根据 1913 年调查材料显示，当时纽约的金融资本在运输业、公用事业以及保险业等行业的资产总值在 200 亿美元之上。由此不难看出，垄断组织对金融资本的控制，直接导致全国各地的银行贷款以及股票买卖的决定权掌握在少数寡头手中的局面。这些金融寡头拥有对关系国家经济命脉的钢铁、铁路以及石油等行业的价格和产量制定的权力，自由竞争的资本主义时代基本被垄断资本主义所取代。

垄断资本主义的形成和发展，也给美国政府管理和政治体制带来了巨大的影响。1893 年经济危机发生后，垄断资产阶级为缓和严重的阶级矛盾，稳定经济秩序，选择支持共和党总统候选人麦金莱。垄断资本家在麦金莱竞选共和党总统候选人时便筹集了 300 多万美元的竞选资金，一方面大肆宣传麦金莱的竞选纲领，甚至直接出钱购买选民选票；另一方面，利用垄断公司对选民工作职位的控制，强制其投票给麦金莱。在大垄断资本家的支持下，最终麦金莱成为美国第 25 任总统。麦金莱上台后，任命洛克菲勒的亲信约翰·谢尔曼为国务卿，内政部长则是保险公司董事长布利斯，财政部长和陆军部长分别由芝加哥第一国民银行行长莱门·盖茨以及木材业大亨阿尔则将军担任。除此之外，垄断资产阶级利用当时美国国会参议院实行间接选举的制度，操控各州尚存的政党机器选举代表垄断资本利益的参议员进入参议院，影响麦金莱总统相关决策。在一定程度上说，此时垄断资本家已经系统地和有组织有计划地参加政治活动，从而掌握相当大的政治权力。更为重要的是，在麦金莱执政期间，垄断资产阶级还极力影响美国外交政策，促使政府开始改变美国传统的孤立主义政策，积极进行海外扩张，将垄断资本输往国外，构建属于美国的世界市场，开辟美国的“海外边疆”。

综上，垄断是资本主义自由竞争的必然结果，垄断资本主义也是资本主义制度必须经历的阶段，垄断组织对各行业的控制确实减少了不必要的恶性竞争，在节约成本以及购买生产设备等方面适应了大企业制度的客观要求，面对频频发生的经济危机，资本与生产的集中性缓解和减少了经济危机带来的衰退和损失，而对于垄断寡头来讲，为控制庞大的工人阶层，垄断在维持社会秩序和缓和解决矛盾方面发挥着重要作用。同时还需要指出的是，从 19 世纪末期开始，垄断资本家利用雄厚的经济实力以及社会影响力几乎能够操纵政治选举，甚至直接担任政府要职，这在一定程度上冲击了美国传统自由主义经济和民主政治制度。同时，在垄断资本家推动下的海外扩张，也把美国带上了不归之路，使其逐渐演变成为世界霸主。

四、美国镀金时代的政治

镀金时代是美国历史上的一个特殊且重要的阶段。镀金时代在国内政治上的主要争端是关税问题、货币制度问题与垄断组织问题，这三个问题都以经济问题为开端，但最终又都影响到美国政治和社会的方方面面。

（一）关税问题

围绕关税问题的争议由来已久。早在在内战前，美国东北部工业资产阶级为保护产业发展和防止国外廉价商品倾销而要求实行保护关税政策，而南方的种植园主则要求实行低关税政策从而向海外倾销农产品。内战时期，联邦政府出于维持战费的意图，通过 1864 年《战时关税法》，将平均关税提高到惊人的 47%。内战结束后，美国经济高速发展，但在世界市场中的竞争力仍然无法与欧洲国家相比，高关税政策依旧需要实行。与此同时，联邦政府在内战中欠下大笔债务，共和党主导的国会期望用这笔关税收入来还债，因此，内战后长期执政的共和党政府一致维护高关税的政策，即使有财政盈余也不敢降低关税税率。

与之相对的，南方和西部的农业集团与其在政治上的代表民主党，则旗帜鲜明地要求实行低关税的政策，以便于农产品出口并获得廉价的工业品。但到 19 世纪 80 年代，共和党在两党制中的优势已经不再十分明显，民主党则随时准备取而代之。双方一方面希望在关税问题上维护各自背后的利益集团的核心利益，另一方面也准备以此来扩大选民基础，因此，关税问题首当其冲成为了政党辩论的核心焦点。共和党希望维持高关税政策，提倡“高关税即高工资”，而民主党希望实行低关税，声称低关税会降低物价。1884 年，民主党人克利夫兰大选获胜入主白宫，立刻提出了降低关税的要求。1885 年，旨在降低关税的关税改革同盟成立，但次年国会否决了要求降低关税的《莫里森法案》，克利夫兰总统改革受阻，因此，到 1888 年总统选举时，关税仍是敏感问题。支持共和党的工业资本家在选举中纷纷慷慨解囊，最终共和党候选人本杰明·哈里逊胜选总统，且共和党控制了国会两院多数席位。在这种情况下，共和党变本加厉地继续提高关税。1890 年，国会通过《麦金莱关税法》，将平均税率提高到近 50%，同时为了照顾托拉斯和农民的利益，对糖等一些出口商品列为免税品。《麦金莱关税法》造成了物价大幅度上涨，共和党因此先后失去了国会两院的多数席位和总统职位。1893 年克利夫兰重回白宫，次年便抛出《威尔逊—戈尔曼关税法》，将平均关税降至 39.9%，但这个法案在两年后就被最高法院判为违宪。共和党重新掌权后不久，国会又通过了 1897 年《丁格利关税法》，该法将平均关税率提高到 57%，并维持了 12 年，最终到伍德罗·威尔逊执政时期，通过 1913 年《安德伍德—西蒙斯关税法》，才算把关税争端暂时平息下来。

需要指出的是，19 世纪后期美国政府持续的高关税政策，对国内经济是一把双刃剑：一方面保护了制造业的高速发展，推动了美国产品在海外的出口增长，对美国成为世界工业大国发挥了巨大的促进作用，加速了美国资本主义向垄断的过渡；另一方面却使农业经济遭受打击，农业因高关税而受到限制，所以从 19 世纪 70 年代开始，美国国内农产品出现明显的过剩危机，同时在国际市场上又遭到其他国家和殖民地的排挤，高关税政策引来外国对美国农产品的严厉报复，极大地影响了美国农民收入和生活水平。

（二）货币制度问题

货币制度问题源自内战时期联邦政府的债务问题，但这个问题持续时间较长，以 1875 年为界经历了两个阶段：前期的矛盾焦点是绿背纸币问题纷争，后期则是货币本位问题的争端。

美国联邦政府为了赢得内战的胜利，发行了 4.5 亿美元的绿背纸币和战时公债，由于绿背纸币发行时并无保证金，而且不能与黄金兑换，因此迅速贬值，在内战结束时，1 美元绿背纸币的实际价值缩水到 35 美分，因此，贬值的纸币能否继续流通是当时争端的重点。东北部的工业资本家和金融集团在战时大量购入公债，战后又成为西部农民和南部农场主的债权人，纸币贬值就意味着债务的缩水，波动的货币市场也不利于工业与金融业的发展，因此他们主张收回绿背纸币，采用硬币支付，被称作“硬币派”。与之相反，西部农民和南部农场主是债务人，他们主张维持绿背纸币的流通，一方面能够通过通货膨胀提高农产品价格，另一方面用纸币还债能够减轻债务负担，他们被称作“纸币派”。在这个问题上，共和党支持硬币派，而民主党支持纸币派。

1866年开始，共和党几次试图恢复硬币支付都没有成功。1867年，俄亥俄的民主党众议员乔治·彭德尔顿提出一个用绿背纸币代替硬币偿还公债的方案，这个方案被称作“俄亥俄观点”。由于俄亥俄观点对债务人有利，因此得到西部和南部纸币派的一致拥护，并列入了1868年民主党竞选总统的纲领，但民主党在这次选举中却因为内战的原因遭到失败，共和党格兰特政府上台后继续推进对硬币派有利的政策。1872年，硬币派通过了“恢复硬币支付法”，规定从1875年开始以硬币发行量的80%回收绿背纸币，直至绿背纸币流通额降至3亿美元，最晚在1879年新年完全恢复硬币支付。由于19世纪面值1美元以上的硬币都是金币，因此这个法案的颁布实施标志着美国开始实行金本位制，货币制度问题由此深化为货币本位问题。

民主党纸币派失败后转为“银币派”，要求实行金银复本位制度，共和党硬币派则成为“金币派”，坚持金本位制。银币派企图通过发行银币造成劣币驱逐良币的现象，从而引发通货膨胀以使手上的债务缩水，而金币派的期望正好相反。货币本位战始于1873年，共和党控制的国会通过《铸币法》，决定停止收购白银和铸造银币，废止白银作为通货的流通。这个法案颁布后，白银价格的猛跌引发了西部银矿主集团的恐慌，而政府强制用金币偿债又导致了金价上涨，大大加重了债务人的负担，因而损害了西部和南方农场主的利益。他们将这个法案称作“1873年罪恶”，继而对法案表示强烈反对，要求无限制地铸造银币，用银币偿债。此后货币本位战逐渐白热化。1876年在落基山区发现银矿，白银产量大增，银价猛跌，银币派见状立即向联邦政府施加压力，国会被迫于1878年讨论银币问题。金币派最终稍作让步，通过了《布兰德—艾里逊购银法》，规定财政部每月购入相当于200万—400万美元的白银并发行同量的银元券，但此举并没有遏制银价下跌的趋势，货币本位之争有增无减。19世纪80年代末，银币派广泛活动，建立了全国复本位联盟，共和党迫于银币派的压力，在施政纲领中列入了复本位条款。民主党克利夫兰总统在上台后背离背叛本党政纲，反对金银复本位制，但没有彻底废除复本位制。1890年，高关税派与银币派达成妥协，在国会通过了《谢尔曼购银法》，规定财政部每月购银 450 万盎司，大致相当于全国的白银月产量，并发行具有货币效力的国库券支付银价。然而，《谢尔曼购银法》只是暂时缓和了矛盾，美国畸形的金融结构问题并没有得到彻底解决。1893 年国际金融危机的爆发，使货币制度问题更加严重：美国的黄金大量外流，白银却储备过剩，购银法已经难以维持。1893 年克利夫兰总统上台后，国会马上废除了《谢尔曼购银法》，1900 年，国会最终通过《金本位法》，货币制度问题才得以彻底解决。

这一时期美国实行硬币政策与金本位制，保障了金融业的稳定，一定程度上促进了美国经济的发展，但这种发展同样是以牺牲一部分群体利益为代价的。长期的通货紧缩导致货币供不应求，利率上升，债务加重，农业和铁路等部门陷入债务危机，最终诱发了 1893 年的金融危机。

（三）垄断组织问题

第三个重要的争端是关于垄断组织问题。19 世纪 60 年代开始，铁路巨头垄断的危害已经引起了社会上的广泛不满。如前文所述，铁路公司通过铺设铁路获得了政府补贴与工业部门的回扣，还通过土地投机牟取暴利，其后果是铁路业首先出现垄断组织，他们实行惊人的运费歧视与土地占有，对西部农业的发展产生了消极影响。从 19 世纪 60 年代末开始，西部各州议会以立法的形式规制铁路运营和控制运费，这些立法被称作《格兰其法》。该法一定程度上缓解了农业发展的困境。但 19 世纪 80 年代，随着托拉斯的出现和跨州运输的普遍化，铁路巨头排挤农场主的情况更加严重，前者的政治代表还控制了各州政府，《格兰其法》便名存实亡，因此，这时社会上要求联邦政府管制铁路的呼声日渐高涨。当然，此时的铁路巨头也困于恶性竞争，愿意接受适度的管控以避免不必要的内耗。在这样的背景下，国会于 1887 年通过了《州际商务条例》。这一条例规定：成立一个由总统任命的五人州际商务委员会，铁路公司必须公开运费率，禁止运费歧视与结成普尔。但实际上州际商务条例并没有发挥很大的作用。这是因为委员会的权力是非强制性的，即使委员会行使了它的权力，铁路公司仍然可以拒不接受并向最高法院上诉，而这个时期最高法院的判决大多有利于铁路公司。因此，铁路业的垄断乱象并没有得到彻底解决，州际商务委员会也是形同虚设。

19 世纪 80 年代后，随着托拉斯的形成与发展，垄断组织的弊病愈发暴露出来，于是，旧式中产阶级首先发起了一场反托拉斯的社会运动。这场运动的主要人物包括改良主义者亨利·乔治、爱德华·贝拉米和亨利·劳埃德等人。亨利·乔治的《进步与贫困》、贝拉米的《回顾》和劳埃德的《反对共和国的财富》等著作在社会上起到了很大的影响，反托拉斯运动由此在全国范围内扩展开来。到 80 年代末，托拉斯问题已经引起了全国的关注，反托拉斯立法也相继出台。首先是各州自行制定的反托拉斯法，这些法律对托拉斯限制较为严格，但无法干预跨州经营的大公司，加上 1889 年新泽西州承认大公司的合法地位，州一级的反托拉斯立法没有取得很大成效。

此时在联邦层面，两党也都注意到托拉斯问题，并且都把反垄断作为拉选票的手段。同时国会还成立了调查托拉斯的普乔委员会，委员会的检查结果承认托拉斯已经过度膨胀，并且还在继续扩张，国会因此将托拉斯问题与前述关税和货币问题联系起来，当作联邦政府的重要经济和政治问题对待。国会反托拉斯立法的主要成果是，1890 年通过《谢尔曼反托拉斯法》。根据这一法律，任何限制、垄断州际贸易或对外贸易的合同、联合均为非法，须处以罚款 5000 美元或 1 年徒刑的惩罚；受到上述非法行为损害者可起诉并索取 3 倍于损失的赔款。《谢尔曼反托拉斯法》是联邦政府通过法律手段干预经济生活的第一次大规模尝试，也标志美国现代资本主义经济法的诞生。但值得注意的是，这一法律的行文含糊不清，难以在实际中具体应用，如法律没有对“合同”“联合”“共谋”等行为下一个明确的定义，而只是用最一般笼统的言词表述，这就使得司法解释的余地过于宽泛，而提供司法解释的最高法院此时又极端保守，因此，《谢尔曼反托拉斯法》的实际作用微乎其微，以至于在 1890—1900 年间最高法院受理的 18 起反托拉斯案例中，没有一个托拉斯遭到解散。

上述三大经济争端构成了镀金时代美国的主要社会矛盾，政府却难以有效地化解这一矛盾，因而出现这一时期美国工农运动频繁发生的局面。在美国广大的农村，19 世纪 70 年代兴起了“格兰其运动”（“农民协进会”）和“绿背纸币运动”，19 世纪 90 年代发展成农民联盟与平民党这样影响较大的团体与政党，其中“平民党运动”更是以第三党的姿态参加了总统选举与议会选举。虽然“平民党运动”因其最终被民主党吸纳而结束，但这个时期农民运动的进步性是无可置疑的。在城市和工业领域，工业化的推进逐渐壮大了产业工人阶级的政治力量。到19世纪80年代，美国工人运动有亨利·乔治运动，形成了诸如劳动骑士团与社会主义劳工党等政治团体。劳工阶层在1886年成立了按行业原则组织起来的纯熟练工人组织“美国劳工联合会”（劳联），尽管这些组织大多存在一些问题，但它们在领导工人罢工、争取改善工人工作处境等方面，都起到了不同程度的积极作用。这一时期的工人运动曾出现过几次高潮：1877年铁路工人大罢工、1886年“五一”大罢工和1892—1894年相继发生的霍姆斯特德钢铁工人罢工等。这个时期的工人罢工运动参加人数之多、斗争规模之大、组织程度之高以及对资本家打击的严重程度，在美国历史上都是空前的。但需要指出的是，进入20世纪以后，随着联邦政府政策的调整和垄断财团的兼并重组，美国社会矛盾有所缓和，农民和产业工人与资本家的对立亦有所减弱，此后美国没有再出现大规模的农民运动和工人罢工，相反，美国社会矛盾更多地体现在种族问题上，以黑人争取公民权的民权运动为主要形式。

总的来说，镀金时代是美国历史上一个十分重要的过渡和转型时期。这个时期美国社会的各种矛盾也是显而易见的：复杂的工业社会结构和城市分层导致社会问题层出不穷；产品的极大丰富与分配的不合理，提高效率和公平原则间的矛盾导致贫富差距悬殊；垄断的无度和无序膨胀破坏了资本主义经济发展的游戏规则，致使中小资本强烈不满；权力和金钱的联姻，垄断集团和政府的勾结，导致政治腐败，丑闻频出；物质生活的富裕与精神生活的空虚，造成文明的失落和道德的沦丧；千百万外来移民为美国带来勃勃生机，也导致城市贫民区域的扩大和蔓延。当时美国就像一架正在起飞冲向蓝天的飞机，在起飞时发生了剧烈的震荡和失衡，而美国社会经历这次阵痛后，终于进入了大转折和大变革的“进步主义运动”时代。

思考题

1. 阐述美国近代工业化和城市化的过程及其特点。

2. 比对美国与老牌资本主义国家在走向垄断过程中的异同。

3. 分析“镀金时代”美国政治、经济和社会的变化。

参考文献

[1]　[美]阿塔克、帕塞尔:《新美国经济史：从殖民地时期到1940年》，罗涛等译，北京：中国社会科学出版社，2000年。
[2]　陈明:《绿背纸币运动的历史背景、思想渊源及影响》,《史林》2003年第6期。
[3]　陈兵:《美国反托拉斯法生成进路研究：以规制铁路公司垄断为线索》,《法制与社会发展》2012年第2期。
[4]　付成双:《试论美国工业化的起源》,《世界历史》2011年第1期。
[5]　[美]福克讷:《美国经济史》(下卷)，王锟译，北京：商务印书馆，2018年。
[6]　顾宁:《美国铁路与经济现代化》,《世界历史》2003年第6期。
[7]　黄仁伟:《论美国人民党运动的历史地位》,《世界历史》1989年第1期。
[8]　黄柯可:《试论近代美国城市化特点》,《世界历史》1994年第5期。
[9]　韩毅:《论谢尔曼反托拉斯法的历史作用》,《辽宁大学学报》1995年第5期。
[10]　何顺果:《美国史通论》，上海：学林出版社，2001年。
[11]　韩铁:《关于“美国制造业体系”和“劳动力稀缺论”的讨论》,《世界历史》2003年第3期。
[12]　胡晓进、任东来:《联邦最高法院与现代美国公司的成长》,《南京大学学报》2005年第4期。
[13]　刘绪贻、杨生茂:《美国通史》(第2卷)，北京：人民出版社，2002年。
[14]　丁则民:《美国通史》(第3卷)，北京：人民出版社，2002年。
[15]　梁茂信:《外来移民与美国“镀金时代”的政治腐败》,《史学理论研究》2018年第2期。
[16]　[美]马克·吐温:《马克·吐温文集6镀金时代》，张友松译，北京：人民文学出版社，2016年。
[17]　宋则行、樊亢:《世界经济史》(修订版)(上卷)，北京：经济科学出版社，1998年。
[18]　[美]特拉登堡:《美国的公司化：镀金时代的文化与社会》，邵重、金莉译，北京：中国对外翻译出版公司，1990年。

[19] 王旭:《19 世纪后期美国中西部城市的崛起及其历史作用》,《世界历史》1986 年第 6 期。
[20] 王旭:《美国横贯大陆铁路的铺设与西部城市化》,《世界历史》1992 年第 5 期。
[21] 汪建丰:《试论铁路在近代后期美国经济转型中的地位》,《历史教学》1993 年第 8 期。
[22] 王旭:《美国城市史》,北京:中国社会科学出版社,2000 年。
[23] 王建红:《美国 1890—1916 年的反托拉斯立法活动及其影响》,《历史教学》2004 年第 1 期。
[24] 王寅:《美国镀金时代的外来移民》,《历史教学问题》2004 年第 2 期。
[25] 汪建丰:《试论早期铁路与美国企业的管理革命》,《世界历史》2005 年第 3 期。
[26] 王旭:《美国城市发展模式:从城市化到大都市区化》,北京:清华大学出版社,2006 年。
[27] 伍柏麟、史正富、华民:《新编政治经济学》,上海:复旦大学出版社,2014 年。
[28] 许国林:《从镀金时代到现代美国:美国近现代转型期社会经济史研究》,北京:线装书局,2007 年。
[29] 徐鹰:《美国工业化进程中的政府作用》,《浙江学刊》2008 年第 2 期。
[30] 原祖杰:《对美国平民党运动的再思考》,《美国研究》2009 年第 4 期。
[31] 叶凡美:《"国内改进"与美国国家构建 1801—1833》,北京:中国社会科学出版社,2013 年。
[32] 张友伦、林静芬:《美国工业革命》,天津:天津人民出版社,1981 年。
[33] 中国美国史研究会:《美国史论文集 1981—1983》,北京:生活·读书·新知三联书店,1983 年。
[34] Blake McKelvey, *American Urbanization: A Comparative History*, Glenview, Ill.: Scott, Foresman, 1973.
[35] Eric Foner, *Reconstruction: America's Unfinished Revolution, 1863—1877*, New York: Harper & Row. 1988
[36] Howard Wayne, *MorganWilliam McKinley and His America*, New York: Syracuse University Press, 1963.
[37] John Moody, *The Truth about the Trusts: A Description and Analysis of the American Trust movement*, New York: Moody Publishing Company, 1904.
[38] John William. Reps, *The Making of Urban America: A History of City Planning in the United States*, N. J.: Princeton University Press, 1965.
[39] Philip Sheldon. Foner, *The Spanish-Cuban-American War and the Birth of American Imperialism, 1895—1902*, New York: Monthly Review Press, 1972.
[40] John T. Flynn, *God's Gold: The Story of Rockefeller and His Times*, New York: Harcourt and Brace Company, 2007.

第十一讲　进步主义运动与美国社会变革

进步主义时代是美国历史上一个重要的转折时期，一定程度上说，进步主义时代的社会转型使美国真正步入了现代化社会。在美国进步主义时代的研究中，城市腐败及市政改革是重要的学术热点，吸引了国内美国史学者的高度关注。就国内而言，王旭教授及其团队是城市史的开创者之一，最早对美国市政改革进行了较为系统的研究。在《美国城市史》一书中，王旭详细介绍了进步主义时代美国市政改革的三大市政体制，并且对城市经理制给予了高度的肯定。不仅如此，王旭教授指导的博士李壮松以《美国城市经理制：从历史到现实的综合考察》为题，撰写相关问题的博士学位论文，进一步对美国城市经理制深入地剖析。此外，美国“城市老板”对市政的操控是美国城市较为特殊的历史现象，亦受到国内学者的高度关注。安然的《从坦慕尼协会的兴衰看美国式腐败生成与治理的根源》一文，从纽约“城市老板”的组织视角，探讨了美国城市腐败的组织形式及相应治理问题。王毓敏的文章《特威德对美国“城市老板”的误导》，则通过阐释特威德模式的特殊性试图矫正公众和学者们对“城市老板”的刻板印象，文中特别强调了“城市老板”这一历史现象有更多的维度值得探讨。教程作者等的《“进步主义”背后的另一个面相：美国纽约市政改革中的坦慕尼协会》一文，探讨了坦慕尼协会在城市政治中不仅仅只有腐败的一个面相，而是在客观上对纽约的市政变革起到了推动作用，此外，该文还以政治学的社会权力为路径，试图阐述美国城市政治中社团组织与政府权力之间的关系。但需要指出的是，尽管美国进步主义时代是美国史研究的一个重要时期，但到目前为止，国内研究成果远远不足，仍有许多值得继续挖掘和探讨的课题，进而扩展其研究的广度与深度。

一、美国“黑幕揭发运动”

（一）“揭黑幕运动”的由来

内战后伴随经济快速发展，美国开始了工业化与城市化并举的历史进程。然而，这一剧变使得生产能力提升以及物质财富增加的同时，亦产生了许多的社会问题，其中贫富差距的拉大带来了阶级阶层的分化严重，导致劳资关系紧张。1900年，美国2%的人口占据了国民财富的60%，大公司、大企业和大家族不仅拥有惊人的财富及特权，而且还在迅速兼并。因此，各行各业都呈现出垄断的趋势，极少数财团甚至掌控着国家的经济命脉，经济上的自由竞争几乎不再可能。同时，普通工人的生活改善却远远落后于工业的发展。从19世纪末开始，中南欧移民大批涌入，人数已近千万。这些移民大多身无分文，只能聚居在入关的大城市，成为工厂的苦力，在极其恶劣的条件下长时间从事单调机械的体力劳动，而且很少受到法律的保护，女性、儿童的状况尤为悲惨。新移民生活在城市拥挤肮脏的贫民区内，那里的贫穷、愚昧、落后、罪恶触目惊心。面对当时美国社会的这种两极分化和不公，社会进步力量发起了一致的批评和抗议，这便是“揭黑幕运动”的由来。

与此同时，政治生活的严重腐败同样令人震惊。19世纪“镀金时代”留给20世纪初美国的政治文化遗产，就是财富追逐、道德败坏、官僚腐化和政治腐败。随着垄断资本主义的兴起和垄断资本家势力的壮大，政党机器对政治的操纵、党魁的跋扈、资本与政治的结合，到这一时期达到了无以复加的地步。

（二）“揭黑幕运动”的组织者和参与者

对美国社会的两极分化，有识之士深感忧虑，并开始关注和抨击。早在1879年，亨利·乔治就在《进步与贫困》一书中指出了美国总财富增长后个人贫穷加剧的问题，随后又有更多的人以道德的秤杆重新考量物质进步的后果。美国人从殖民地时期开始就习惯于将贫富和善恶联系起来，认为富裕是上帝对善的赐予，而贫困则是对恶的惩罚。此时广大关心民众疾苦、具有改革思想的新闻工作者、社会工作者和文学家经过实地调查发现，生活在贫民窟中的人们并非由于他们自己的懒惰过错而受穷，而是社会不公正使他们成为社会的牺牲品。

20世纪初，因社会转型所带来和暴露出来的种种社会问题，促使部分新闻业主、新闻记者和文学家等知识分子发起了以揭露社会弊端为主的运动，他们被称为“黑幕揭发者”（Muckraker），而这一说法来源于西奥多·罗斯福总统1906年在美国众议院办公大楼奠基典礼上的讲话。因为当时《纽约世界报》记者大卫·格雷厄姆·菲利普斯（David Graham Phillips）撰写了《参议院的叛国罪》等一系列文章，在文章中，菲利普斯抨击了多名参议员，将他们称作“财团的代言人”。菲利普直言批评道：“在过去的20年中，参议院的领袖、老板一直就是奥尔德里奇！如果不是完全、不可动摇地控制了参议院，财团不会偷到经营特许权，也不会腐蚀掉州和城市的公职人员。但当参议员变成他们的时候，他们的掠夺变得多么有把握、多么容易，他们的赃物又是多么丰厚！”《参议院的叛国罪》系列文章频繁运用了“叛国”“无耻”“掠夺”“强盗”“财团”等激烈字眼，一时间举国震惊。西奥多·罗斯福看后更是大为震怒，认为该文是不负责任的新闻，过于渲染。其用“muckraker”这个贬义的词语来形容那些从事揭发美国社会腐败现象的人，把他们比作小说《天路历程》里的一个扒粪者。不过，改革家们却非常乐于接受这样的一个称呼，新闻工作者们将这一称号视为了一枚光荣的勋章而欣然接受，乃至将其定义成进步主义时代特定新闻事业的代名词。

就新闻业来说，E. W. 斯克利普斯和普利策二人都是极力主张报业应该揭露黑暗，呼吁公正的。尤其是E. W. 斯克利普斯表现了一种抗争精神：“他抗议一切，抗议过时的政府制度；抗议不民主的政治行动；抗议富人和知识者的篡权夺名；抗议不公平的机遇；抗议宗教上、法律上和政治上各种权威；抗议贪污腐化；抗议大企业的权势。”他的报纸经常为民请愿，并积极投入到市政改革当中，揭露市政腐败。1884年，其报纸揭发了辛辛那提市坎贝尔腐败集团的详细犯罪事实，该新闻的煽动性直接导致了“贝纳骚乱”的发生，市政厅也被一伙愤怒的市民烧成了灰烬。

作为“黄色新闻”发起人的普利策，在揭发黑幕和寻求社会公正上也做出了极大贡献。他声称：“报纸将永远为争取进步和改革而战斗，绝不容忍不义或腐败；永远反对一切党派的煽动宣传，绝不从属于任何党派；永远反对特权和公众的掠夺者，绝不失去对贫苦人的同情；永远致力于公众福利，绝不满足于仅仅发表新闻；永远保持严格的独立性，绝不害怕同坏事作斗争，不管这些事是掠夺成性的豪门权贵干的，还是贪婪的穷人干的。”这与普利策在 1878 年接手《圣路易斯快邮报》时的宣言如出一辙，也昭示了这一时期新闻人的责任感、使命感以及对新闻独立性的追求。在具体做法上，普利策不满足于报道表面新闻，他要求编辑部“在一件事情的真相被彻底弄清之前，绝不放过它，连续报道！连续报道！直到问题真正的被弄清”，由此可见普利策作为进步主义者对于社会改革的坚决。不仅如此，普利策经办的《邮讯报》和《世界报》，还公开谴责“游手好闲的富人阶层”和“托拉斯政府”，并以揭露和鞭笞各种罪恶行为作为创办报纸的主要原则。例如，普利策在这些报纸中曾对损公肥私的纽约人寿保险公司进行过揭露，该篇新闻详细披露出公司的贿赂行为，控告公司设置了专项巨额资金用于向议员行贿。这一报道在当时引起了极大轰动，从而迫使当地政府对该公司进行调查，调查结果也证实了《世界报》的指控。此外，在揭示政治腐败的同时，普利策团队还重点关注社会上的弱势群体。例如，《世界报》的记者伊丽莎白·科科伦（Elizabath Corcoran）为了保护精神病人的利益，伪装成精神病人混入纽约的精神病院进行采访，并撰文揭露纽约精神病院的种种罪恶。该报道引起社会轰动，从而带动了相关的改革。她甚至还曾伪装成女工深入“汗水车间”，调查内部员工的具体生活境遇，并对他们的遭遇予以同情和揭露。

值得一提的是，进步主义时代参与黑幕揭发的不仅仅是那些面向大众的和传播力极强的通俗报刊，严肃的学术期刊如《大西洋月刊》《北美评论》《民族》《哈珀斯周刊》等，也纷纷参与其中揭发政治腐败和社会黑幕运动，从而进一步推动了进步主义时代社会变革。

（三）揭黑幕运动的实质和作用

19 世纪末美国这场由报纸杂志开始的黑幕揭发运动，实际上是对当时美国积存已久的种种社会问题的一种“传播学”反应，也形塑了美国社会舆论监督的社会环境，并重新定义了媒体人参与政治的方式。自此，新闻不再单纯地作为信息的传达者和广告的载体，他们同样还具备了社会舆论监督的政治职能。就这一点，美国历史学家们评价道：“这一时期诸如纯净视频和药物法、人寿保险改革和广告业的改进等方面的立法，黑幕揭发者们起到了直接的推动作用。而对监狱改革、参议员直选、社会恶性调查、城市和州政府改革、铁路立法等也起到了促进作用。”由此可知，揭黑幕运动在美国历史上留下了很重要的印记。

二、进步主义时代的市政改革

（一）进步主义时代市政改革的背景

为了革除镀金时代产生的城市积弊，美国进步派意识到在城市规模不断扩大的前提下，城市政府应承担起维护公共利益的责任，因此，他们将重心放在了城市政府的制度改革上。

19 世纪末是美国社会快速转型的历史时期。然而，无论是联邦还是地方政府，仍然秉持传统自由放任的“有限政府”原则，对于地方事务或者是城市事务疏于过问。因此，对于城市的管理，市政部门所起到的作用不大，进而留下了一定的权力真空，这一真空的弥补主要依靠用控制城市选举来获得城市话语权的“城市老板”（City Boss）。当时城市老板并不充任公职，而是在背后拉帮结伙，发号施令。虽然城市老板在一定程度上促进了市政建设的发展，但他们仍然是为了满足自身的个人利益，不能成为城市合理合法的代言人。归根结底，他们参与城市政治是因为追名逐利，不想真的承担市政管理的责任，相反，他们染指市政更加剧了城市社会动荡，挑起了不同阶级的矛盾与冲突。

19 世纪后期随着城市化步伐的加快，城市问题不断出现，如消防和警察保护问题、学校被洪水淹没问题、街道设施缺乏维护问题，等等。1890 年，即使在一些大城市，大多数街道也没有铺设路面。例如在芝加哥，当时 2048 英里的街道只有 629 英里是铺的，其中大部分是用木材铺的，未铺设路面的街道干燥时尘土飞扬，潮湿时泥泞不堪，结冰时还会留下深深的车辙，这使得清洁街道或清除垃圾变得极其困难。当时下水道和垃圾处理问题也比较严重，即使在有污水管道的地方，污水通常未经处理就排入最近的河流中，造成城市居民供水污染，并进一步导致城市居民疾病频发，有时甚至染上流行病，这是当时美国城市人口死亡率远高于农村地区的原因之一。

从城市理论角度分析，城市体量增长意味着城市功能的转型，工业化的迅速发展以及人口的聚合要求城市承担更多的公共职能，显然，这与原有的社区生活相去甚远。与此同时，城市增长带来了城市人口的多样化，不同的生活方式在同一空间共存，涉及宗教、种族、价值观的冲突频现，甚至富有与贫穷也变得互相可见，其结果导致这一时期城市矛盾十分突出。

正是在这些令人眼花缭乱的社会变化中，美国涌现出进步主义人士及其由前者推动的“进步主义运动”。进步主义人士是改革者或者改革的支持者，他们采取多种努力来缓解伴随美国工业增长、城市化和新生活方式所出现问题，包括社会功能失调、腐败、收入与分配不公或人类苦难，大多数杰出的进步主义人士都目睹了这些社会变化及其所带来的社会问题。关于这一点，正如进步主义的历史学家查尔斯和玛丽·比尔德指出的那样：他们出生在一个“国家和社会什么都不是”的19世纪世界，个人就是一切。然而，随着20世纪的临近，他们发现自己面临着一个个人——甚至民主本身——似乎已被一个整体吞噬的世界。尽管进步人士在许多方面甚至在许多目标上都存在分歧，但他们一致认为，“只有代表‘人民’——他们经常提到但从未定义的群体——的集体社会行动，才能抵消私人权力的新增长。慢慢地，许多人开始接受这样一种观点，即只有一个积极的并最终扩大的政府——尤其是扩大的国家政府——才能振兴和保护传统的民主价值观”。恰逢此时，资本主义迅速发展，大企业的兴起为城市改革提供了一定的经验。大企业之所以能在残酷的竞争中活下来，不断兼并其他小企业，其关键在于企业管理的科学化。例如，美国钢铁公司、美孚石油公司、通用电气公司等巨型企业都采用这样的企业管理模式。在管理过程中，这些公司注重专家的作用，因此，注重效率与专业化的企业管理为市政改革者们提供了范本。在城市管理上，他们提出城市自治，排除州立法机构对市政的过分干预，并强调加强城市行政部门的权力，改变以往市长制的“羸弱”，遏制“城市老板”控制市议会进而把持市政，主张改革分区选举；实行无党派的市政选举，祛除政治化的市政纲领。

19世纪80年代中后期，各大、中城市纷纷涌现出由企业主、银行家、白领阶层、商人等中产阶级组织的市政改革团体。在这些团体中，“芝加哥市民联盟”的表现较为突出，并且，该联盟曾在1896年和1897年两次市政选举中获得了一些席位，由此推动了芝加哥的市政改革。

（二）进步主义时代市政的新形式

美国进步主义时代的市政改革，集中体现在城市政府的行政重组上，出现了新的城市制度，分别是强市长制、委员会制、议会—经理制（Council-Manager Plan）或城市经理制（City Manager）。

强市长制强调市长是整个城市代言人，作为在城市选举中民主色彩最浓的行政人员，市长应该获得更多的行政权力。就市长选举而言，要求市长通过普选而非分区选举产生，其他所有行政官员的任命权皆系在市长一人之手。在市政府的专业职能管理中，排斥理事会或委员会的介入。为了提高市长的行政独立性，由普选产生的市长可以对市议会的立法工作行使否决权。1883年联邦政府《彭德尔顿法》的颁布，使得地方行政管理有了法律参照，并建立了地方公务员制度，加强了各级政府的科层制管理。在强市长制下，尽管拨款计划是由市议会根据市政预算案来制定，但是市长而非市议会负责市政预算的统筹和市政开支的控制。此外，强市长制的设计，反映了以往的自治制度不再被认为“是美国公民通过直接参与社区事务而学习民主自治原则的基础教育学校”，相反，民主的过程被认为是公民通过代议制在有关市政事务的政策决策中间接参与的过程。就这一点而言，民主与代议制画上了等号，市民成了由全职的专业市政雇员为其提供公共服务的直接受益者。受此观念变化的影响，市政改革的重点放在了通过代议机构提高行政所占市政府权力机构中的比重，强调市政管理工作的效率。

委员会制的建立起源于1900年9月一场灾难性风暴，风暴袭击了得克萨斯州加尔维斯顿市，导致了城市停摆。为了解决灾祸带来的城市问题，加尔维斯顿市组织了一个小型委员会，承担起城市救济的职责，成为事实上的政府实体，且同时兼有立法与行政两项职能。从整体上来看，委员会如同一个议会一样行事。不过仔细观察，我们会发现委员会中的每一个成员又对某些具体的行政管理工作负责，这样的组织形式，是为应对特殊情况而临时起意，后来得克萨斯州的立法机关认为，这一组织形式十分有效，于是在为该市制定新宪章时将其固定下来，为加尔维斯顿市政府设计了一个由 5 名成员所组成的委员会。之后，委员会制也被其他城市所采用。在委员会制中，被选出的委员会成员像一个议会一样集体行动，又分别管理着不同的部门。市长是市议会会议的主持者，并且有权行使城市宪章所赋予他的一些特权。在加尔维斯顿案例中，成立了 4 个市政部门，它们分别是：（1）警察和消防部门；（2）街道和公共财产部门；（3）供水和排污部门；（4）财政和税收部门，这些部门都由除市长外的委员负责管理。市委员会制的优长在于它的精简，能够有效地提高政府部门的行政效率。20 世纪初，有更多的城市接受了这一市政改革方案，至 1920 年，大约有 500 个自治市以多种不同的方式采用了市委员会制，并且附有无党派选举、创制权、全民复决和撤销权等条款，以推进市委员会制的民主化。但自 20 世纪 20 年代后，议会—经理制日益盛行，委员会制在美国一些城市逐渐衰落，后来只是一些县政府依然采用这一城市管理制度。

城市经理制又称议会—经理制，议会—经理制与市委员会制的相似之处在于，两者都以议会为中心，不同的是，经理制的设计理念更明显地借鉴了私人公司的企业管理模式。一般在企业中，由股东组织一个董事会，然后由董事会选出一个执行官来承担公司的管理工作，按照城市经理制模式，公民被看作是股东，市议会则为董事会，董事会主席也就是市长，而首席执行官就是城市经理。在美国，经理制的雏形，源于 20 世纪初弗吉尼亚州斯丹顿市的市政改革的尝试。当时斯丹顿市的市政改革者受限于州宪法制定的城市宪章，所以他们决定另辟蹊径，创设了城市经理制。1908 年，议会通过法令设置了总经理的职位，次年，新墨西哥州的地方立法机关为所属各市提供了除了市长制外的两种方案：一种是委员会制；另一种是市议会有权任命一个城市事务监督员的方案。1911 年，纽约州的洛科港市也采用了议会—经理制，根据新的城市管理制度规定，市议会有权任命一名经理来对市政行政事务负责，得票最高的市议会议员为市长，主持召开市议会会议，并为该市代表。在城市经理制中，企业的管理原则得到了较为充分的体现。首先，立法权与行政管理权被严格地区分开来，市议会主管立法，且具有任命城市经理的权力，但城市经理一旦被任命，便不能随意干涉其行政事务，保证行政独立；其次，议会—经理制的规模很小，一般由5—7人组成，市议会议员基本是通过无党派投票的方式提名并选举产生，市长为礼仪性代表。经理虽不是民选，与民主政体相悖，却能保证城市经理的专业素养，且在一定程度上保持政治中立。在20世纪初美国市政体制改革中，城市经理制颇受市政改革者的欢迎，中小规模的自治城市广泛采用了这一制度。例如，《达拉斯消息报》曾为采用城市经理制而展开一场声势浩大的舆论宣传，该报撰文称："为什么不让实业家们以企业管理的方法、遵循企业管理程序来管理达拉斯呢？城市经理制说到底是一种企业管理体制，城市经理是董事会下企业的行政长官。达拉斯是家大公司，事情就这样简单，投他一票吧。"

在进步主义时代美国市政改革中，强市长制、委员会制和城市经理制三种管理制度逐渐取代弱市长制的传统市政管理模式，当然，不同规模的城市或县政府根据自身的条件选取了不同的市政体制。例如，大城市通常采用强市长制，强调市长作为城市政治的核心，并具有民主性质；在区域较大的县级城市，则采用"县行政长官"的治理方式，相反，市县经理制和市委员会制往往被中小型城市或行政辖区，甚至是特别区所广泛采用。例如，在独立的校区里，由选举所产生的校董事会通过雇佣"督导员"来履行管理职能，大多数非学校特别区则雇佣经理来负责管理，而在县政府中委员会制更为流行，尤其是在那些对管理体制要求较为简单的乡村地区。值得注意的是，二战后西部和南部城市的不断兴起和增加，城市经理制越来越成为美国中小城市政府管理的主要形式。

三、美国消费社会的到来

（一）工业化带来的社会变化

20世纪20年代是美国新兴工业呈井喷式增长的年代。首先，石油工业作为涌现出来的新产业，在1900年就已达到每年6362万桶的稳定产量，同时石油炼油技术的不断改进，特别是在高温高压作用下分解石油的新技术和制造合成汽油的工程技术的突破性进展，与此相关的化学工业也随之成为独立部门。

钢铁工业在1860—1915年间实现了生铁产量从将近100万吨到3300万吨的飞跃，到1899年，美国已占全世界生铁产量的1/3。1899年，美国的钢产量已经占全世界的43%。从1900—1929年，电力工业由一个次重要的部门上升为美国第二个最重要的经济部门。电力生产从60亿千瓦/时提高到1170亿千瓦/时投资额增至近120亿美元，总收入近30亿美元。1912年，只有16%的美国家庭使用电力，到1940年，使用电力的家庭已近79%。而且涡轮发动机、电动机、电器以及电气装置的制造，几乎一夜之间就成为头等重要的工业。1919—1929年是美国电力工业发展最快的时期，其产值由9.97968亿美元增至23.00916亿美元。

电影和无线电产业也是20世纪20年代美国快速兴起的新产业。一战前还属于小产业的电影业，战后骤然成为美国十大主要产业之一。1927年有声电影的出现，改变了以往电影没有声音的缺点，电影产业随之蓬勃发展起来。至1929年，用于制作和播放电影的资本投资已达到20亿美元，每年制作的电影达500部，每周电影的观众达到9500万人次。好莱坞在这一时期塑造了自身在世界电影业的地位，涌现出查理·卓别林、鲁道夫·瓦伦蒂诺等世纪级明星。在无线电产业中，收音机的发展最为迅速。1912年美国建立了第一个无线电台后，收音机的销量急速上升，1922年，收音机及其配件的销售额达到8.42亿美元，使每三户家庭就拥有一台收音机。此外，在美国通信业里，电话的安装量从1915年的52.5万门增加到了1930年的2020万门。

除上述几种兴起的工业之外，值得一提的就是汽车工业。1892—1893年，马萨诸塞州斯普林菲尔德的查尔斯·杜里埃、弗兰克·杜里埃以及底特律的亨利·福特成功地研制出了美国最早的汽车。到1900年，美国已有8000辆汽车，1903年，福特与合伙人在底特律创建福特汽车公司，并运用部件标准化原理，大批量生产价格低廉的产品，自此美国汽车产量得到了迅速的提升。产量的增高却降低了美国的汽车价格，1909—1910年这段时间里，美国汽车的价格从 780 美元降至 360 美元，1914 年，美国汽车年产量达到 125 万辆，成为世界上最大的汽车工厂。因此，汽车工业成为美国最大的单一制造业，截止到 1919 年，汽车工业雇佣工人 34.3115 万人，其工资总额为 4.91122 亿美元，创造了 233 万美元的总产值。由此不难看出，汽车制造业对于 20 世纪 20 年代的经济活动起着举足轻重的作用。这一时期美国工业生产增长的根本原因，是企业管理和工业技术变革的结果。生产力的发展使得人们用最少的劳动力成本，创造出具有较大产值的产品。泰勒与福特推动下的科学管理和先进技术工艺，也大大提高了企业的生产效率。20 世纪 20 年代，在“泰勒制”和技术革新的推动下，美国进入了经济繁荣的十年。

还需指出的是，美国工业化的巨大成就又刺激了对外贸易的发展。关于这一点，1901 年一位美国学者观察到:“我们在商业上已经打入世界上的每一个市场。它是我们经济发展的一部分，我们正迅速迈向世界经济霸权。”20 世纪初年，全球各地几乎都遍布着美国货的身影，美国出口商品的价值 1895 年是 8 亿美元，1914 年迅速增长为 23 亿美元，增长了 240%，在这短短的 20 年里，单单是工业制品的出口就增长了几乎 500%，美国生产的石油和铜一半出口国外。此时西方多数人在使用“美国制造”的商品，东方人也开始购买美国货，进而出现了“世界美国化”的说法。1901 年，一位名叫威廉·斯蒂德的英国人在描述“世界美国化”时说:“在英国国内生活中，我们已经达到了这样的程度：早晨，一个普通人从新英格兰制造的床单上起身，他用威廉斯香皂和杨基保险刀刮胡子，在穿着北卡罗来纳短袜的脚上套上波士顿靴子，扣紧了康涅狄格吊带，轻轻地把沃尔瑟姆或沃特伯里牌手表放入口袋，然后坐下进早餐。此时，他会对夫人穿的伊利诺伊前胸挺直的紧身胸衣和外配的马萨诸塞的短外套称赞几句。接着他就开始吃早餐了：用大草原面粉做的面包……巴尔的摩来的罐装牡蛎和堪萨斯小熏猪肉，而他的夫人则享受着薄薄一片片的芝加哥牛舌，孩子们得到的是魁克麦片。同时，他还阅读着由美国墨水印制在美国纸上的晨报，也许还是纽约市一位聪颖的新闻记者编辑的呢。”这些描述虽不免有些夸张，却在一定程度上反映了美国货在英国被广泛消费的生动场景。

此外，美国将自己的工农业产品打入世界市场的同时，还开始积极将资本投入国外。1898年，美国在国外总投资额只有6.845亿美元，到1914年，增加到35.138亿美元，增加了5倍多。如果说19世纪英国完成了第一次工业革命后不久就成为“日不落”的世界工厂，那么可以毫不夸张地说，20世纪初美国在完成第二次工业革命以后，就已把英国、法国、德国、日本抛在后面，成为世界头等经济强国了。

更为重要的是，经济腾飞赋予了城市巨大的诱惑。1920—1930年间，有近1500万人加入美国的城市居民当中，尤其是第一次世界大战临近结束时，美国人生活在城市中心的数量突破5000万，超过50%人口是城镇居民，城市化水平大大提高。城市居民人口数量的增加和城市化速度的加快，又极大地提升了美国社会的消费水平，加速了美国消费时代的到来。

（二）美国消费时代的到来

20世纪初美国最显著的经济现象，是国民财富和收入的稳步增长，当然，这种增长也是工业生产迅速发展的结果。在1899—1919年20年时间内，美国人口增加约40%，制造业的数目增加32%，投资增加250%以上，领工资的人平均增加将近100%，生产价值则增加222%。19世纪末20世纪初，美国凭借经济实力在世界舞台上已取得举足轻重的地位。经济的发展与财富的积累催生了一批富裕起来的社会群体，对此，美国社会学家索尔斯坦·凡布伦1899年在《有闲阶级论》一书中，便勾勒出一个“新兴的有闲阶级”。这一新兴阶级极力模仿欧洲上层阶级的生活方式，喜欢通过在服饰等方面的“炫耀性消费”来展示其金钱财富和社会地位。“这些貌似温和的有闲绅士们尽情消费最好的东西，不论在吃的、喝的、麻醉药品、住宿、服务、饰物、衣裳，还是在武器和装备、护身符、偶像或神祇等方面。”当时尽管这种“炫耀性消费”只限于上层社会的一小部分人，成为他们显示权力和身份，证明其阶级优越感的象征，并未普及到社会其他阶层的人民大众，但不可否认的是，19世纪末的美国已处于一个重要转折时期，一个现代意义上的消费社会正在逐渐形成。

这种消费趋势，首先可以从国民收入上观察，19世纪70年代美国人均产值为531美元，到1900年已达1000美元。经济的稳定增长带动了收入的增加，美国国民总收入从世纪之交的365.57亿美元增加到1920年的604.11亿美元，人均收入由480美元增加到567美元，到1929年，国民收入增加为828.1亿美元，人均681美元。收入的增加使人们的生活水平大幅度提高，这为规模化的大众消费提供了有利的物质基础。与个人收入增加相反的是，美国人工作时间的缩短，工人平均每周劳动时间从1890年的60小时降低到1914年的55小时，至20世纪30年代时，已降至40小时，这使得越来越多普通民众在具备一定经济实力的同时，能利用更多的闲暇时间进行大规模的消费行为。在社会风气上，美国人开始摆脱了早期资本主义精神禁欲和生活节俭的新教伦理制约，生活观念和生活方式发生了较大的变化。物质丰裕的社会不仅满足了人们的基本生活，更刺激他们去追求一种精神享受，而消费为这种感官享受和心理愉悦提供了可能性，商品能产生一股摇摆不定的满足感。于是，20世纪20年代开始兴起的大众消费逐步取代了前期上流社会的炫耀性消费，预示着大众消费时代的到来。

从社会发展史和社会学的角度分析，人们通常把生产视为人类最重要的活动，过度强调劳动生产的重要性，一定程度上使消费一直处于被动和抑制状态。在资本主义发展初期，财富积累是最重要的社会需求，当多数西方经济学家和历史学家在用“生产”和“供给”等一系列词汇来形容现代社会经济时，对消费抱有一种敌意，因此“生产中心论”以及抑制消费的思想在早期美国经济社会发展中占主导地位。同时，新教伦理所主导的禁欲主义传统消费观，也要求人们利用好每天的时间去努力工作，并倡导节俭的生活，因此，整日整夜忙于工作的人们忽略了自身对生活品质的追求，他们的生活里除了繁重的工作别无其他。

美国经历第二次科技革命后，生产机械化带来了物质产品的大量剩余，人们开始重新思考生产与消费的关系及其意义。工作时长的减少和工资的增加，也减低了人们在工作中所获得的满足感。与此同时，空闲时间的增多，购买力的增强，使得消费在人们生活中的地位越来越重要。到了20世纪20年代，随着美国经济的迅猛发展，消费逐渐成了美国社会的主流文化。早期人们所受到家庭伦理道德的束缚，对生产积累和创造财富的重视，对享乐主义的嗤之以鼻等，都在消费文化的影响下开始转变。琳琅满目的商品，多种多样的消费方式，大众媒体的引导，开始逐渐瓦解新教伦理的道德基础，传统社会中清教徒所认同的“先劳后享”观念逐渐被引向超前消费、及时行乐等现代观念所取代，禁欲苦行逐渐被人们抛之脑后。与美国开国元勋富兰克林在其作品《穷查理》中所表现的节约风尚不同，20 世纪 20 年代的美国人认为，节俭可能对社会有害，消费才是一种美德。关于这一点，斯各特·菲茨杰拉德这样写道：“我们穷得不能节俭了，节约是一种浪费。”而爱默生则早在一个世纪以前就曾这样说过：“要让美国公众相信赚钱和花钱是一种美好的生活。”所以在 20 世纪 20 年代的美国社会，人人相信“缺少钱是唯一的罪过”，甚至纽约大楼外的巨大霓虹灯广告也在大肆宣传赚钱和花钱观念：“当你 30 岁时，你应该有 1 万美元的财产；当你 40 岁时，应该有 2.5 万美元的财产；当你 50 岁时，应该是 5 万美元。”因此，从这个时期开始，奢侈的生活和对金钱的追求，逐渐成为美国人的生活追求，并且，传统的消费观念受到冲击后，人们逐渐认识到，所谓的商品早已不是只用来满足人们日常需要的必需品了，商品变成了一种具有象征意义的符号，它开始象征着消费者的身份和地位。于是，长期主导美国社会的节俭和勤俭的清教思想便逐渐被人们抛弃，取而代之的则是推崇消费和奢侈的消费观念。

（三）消费时代与女性消费需求

进入大众消费社会的美国，出现了与过往完全不同的新型生活方式。美国家庭的生活标准反映了社会的繁荣，新的商店经营理念改变了以往面向大众的营销方式，并且在刺激大众消费的同时，又推出了具有针对性的营销策略。由此美国一些学者注意到了女性与消费之间的关系，他们认为走出厨房的“新派”女性在大众消费市场形成过程中起了非常重要的作用。关于这一点，美国学者罗森堡列出了一个公式：美国 = 现代化 = 消费 = 现代女性，这个公式在很大程度上表明了女性的新角色常常象征着现代化和美国化的进程。如果说此时美国已成为真正的商业社会，那么女性便是美国商业社会的主角。女性在美国家庭中扮演着重要角色，作为家庭主妇，她们会根据家庭的吃穿用度进行购买，成为实际上的购买主力。据统计，女性实际上分担着美国 3/4 的购买力，并且通过消费，女性实现了自身价值，个性也获得了解放。

首先，作为家庭生活的操持者，家用产品和消费品都是女性的主要消费对象，它们吸引着那些有充足时间购买商品的女性。作为家庭主妇的女性，如果想要提高自己作为家庭“管家”的声望，办法之一就是通过使用适于特定工作的专业产品，而此时清洁器具和用品便进入了女性大众消费的视野之中。当使用洗衣机、洗碗机、吸尘器和百叶窗等现代化消费产品时，她们较少感到自己是劳动女性，而更多地感到自己是工程师，是家庭生活的专家。关于这一点，正如当时人所观察到的，“她们期待着新的产品，这些产品不仅减少她们日常工作的负担，而且实际上使她们把感情上和智力上的兴趣放在家庭以外发展的世界上”。同时，家庭主妇购买新的生活用品，也刺激有更多的科学家投身于研发生活新产品。

值得注意的是，一种新的清洁器具或生活用品除了增加女性的专业知识之外，还可增加她们的享乐感，这是吸引女性不断购买新商品的动力。“我喜欢试用新东西。我刚开始试用一种新的液体清洁剂，并且不知怎地，它使我感到像王后一般。”这是当时家庭主妇购买新产品后的感想，这说明新产品带给当时女性的快乐与优越感。显然，家务工作的繁重致使清洁产品及器具轻易地打开了女性消费的市场，科学与技术投身后的清洁用具一定程度上减轻了女性的负担。用一位家庭主妇自己的话来说：“我一点也不喜欢家务劳动，我是一个糟糕的家务劳动者。但是我偶尔也振作起来并且我会认真地进城去……当我有了一些新型的清洁材料——如当玻璃蜡或那些硅酮家具漆刚出来时——我从中得到极大的乐趣，并且我使房子里每一件东西都铮铮发亮，我喜欢看到东西闪闪发亮。当我看到洗澡间闪耀发亮时，我心中十分舒畅。”当美国的家庭女性将崭新的清洁产品购买进自己的家中，她同时享受到了消费与使用的双重快乐。

除了清洁工具外，家庭商品现代化还提升了年轻的家庭主妇劳动的乐趣和积极性。这一时期一份就家庭缝纫工业进行的调查报告显示：“像缝纫这样的劳动取得了一种新的意义和地位。缝纫不再与绝对的需要相联系……而且，随着以家庭为方向的各种活动增多，缝纫与烹调、园艺以及家庭装饰都被认为是表达创造性和个性的一种方式，同时也被认为是获得一种新的生活品质的一种方法。”这份调查说明，“在新的消费时代，从事缝纫的女性是积极主动、精力充沛、天资聪明的现代家庭主妇，是新的以家庭为主业的现代美国女性。她们有一种未完成的需要去创造、去取得并且去实现的个性——这种个性必须用某些家庭活动来加以充实，即从购买一台缝纫机为家人用机器缝制一件衣裳开始”。

通常来说，清洗衣服是女性家务劳动主要工作之一，而在传统消费时代，女性为之付出了大量的体力和精力，而在新的消费时代，却完全不同。当时一则洗衣店的广告抓住了这一点，刺激女性追求高品质的生活水平。“在你的心灵深处——渴望着做个好妻子：做丈夫工作中的贤内助，做他休闲时欢乐的伙伴。你意识到这进步的时代，你丈夫需要一个同他一样有现代观念的伴侣，一个具有跟上时代步伐的情趣和气质的妻子。他在向前迈进，你可不能落后。”这则广告建议女性把衣物送到洗衣店，省下时间来，“追求愉快的生活和高雅的艺术——那能使你成为一个真正的好妻子，一个与20世纪相配的好伴侣”。就这一意义而言，消费成为用于解决从前洗衣做饭、一日三餐等繁重家务的困扰，而衣服送去洗衣店节省出来的时间，让能干的妻子们光顾自助食品店，自助购物，为家人挑选食材。娴熟地料理生活，追求高品质的生活，成为女性价值的具体体现。对此，当时的社会舆论也不断打造贤妻良母型女性的舆论氛围：“今日有多少这样的妻子受到人们的赞扬！她们以丈夫做生意的效率来认真经管家庭……今日成功的妻子实际是她丈夫生意上的伙伴，专门负责家庭管理。”在新的消费时代，通用电气公司的一则广告还将电气化与母亲的责任联系起来，成为最佳的营销方式：“洗碗、踩缝纫机、做饭、烫衣服——让电为你的家庭做这些日常杂活，让电给你自由，你可以履行你最崇高的责任和享受你的特权——在你对孩子影响最大的那些飞逝的年月里和孩子们在一起。”

更为重要的是，在新的消费时代下，美国工商界清醒地认识到中产阶级家庭女性在消费文化中的作用，有意识地把这部分消费者作为商品推销的主要对象，为此，工商界极力发挥商业广告的效能。统计表明，这一时期家庭主妇购买的商品80%以上是广告推销的功劳。商品广告巧妙地把女性的传统角色与现代化观念糅合起来，即现代女性懂得效率，家庭劳动的高效率靠购买现代化商品来实现，高效率带来了闲暇，女性既可以利用闲暇更好地尽一个贤妻良母的责任，又可以一定程度上实现自身修养和品质的提升，所以，女性的家务劳动在当时亦是颇受尊重的工作。

（四）消费时代与女权主义的出现

20世纪以来，新的消费观念不仅提升了女性的消费水平，而且在消费过程中使女性找到了乐趣和自我价值，进一步萌生了女权意识，在这个过程中，商业广告起到了重要的作用。20世纪20年代的美国媒体和商业广告对女性狂轰滥炸，要她们注意形象，提高女性魅力，做一个既有吸引力又让人感兴趣的妻子，以确保“伴侣性婚姻”的成功。这导致了女性对自己的外貌体形和形象的格外看重，而且大量的广告提醒女性使用现代化的商品来保持美貌。当时一则香皂广告这样写道：“生活对每一个女人来说是一场美的竞赛，谁有柔嫩的皮肤谁就格外占优势。”另一则广告说：“有人一直在注视你的脸，把你同其他女人作比较。”广告强化了这样一种社会倾向：把女性的现代化解释为时髦化，把装饰品的地位说成是女性天赋的角色，保持青春和美丽是女人们不懈的追求。所以，在新的消费时代，女性被现代化商品深深吸引着，装饰品成为了女人魅力与精致的象征，这也使得女性为之心甘情愿地打开钱包。作为吸引女性消费的皮毛产业，在20世纪20年代美国商业社会营造的氛围也使女性权利意识萌动。毛皮制品是一种必需品，一种令人喜爱的必需品，赋予毛皮制品的女性气质以更广泛的定义，将毛皮制衣作为女性“专属”和“家庭礼物”，以展示女性的华贵和家庭地位。

当时美国百货公司通过一次又一次的调查精确地分析女性的种种需要，进而诱导女性精准消费。一份调查报告告知各家百货公司，公司的作用不仅是向家庭主妇推销产品，而且要满足美国女性对“教育”的需求，甚至去满足所有的欲望。报告进一步分析道：尽管女性单独一人在家，但她们仍然感到她们自己是这个变化的世界的一部分。事实上，女性购买行为的发生并不都在于生活上的切实需要，而是在于购买行为本身。这也就是说，女性消费的真正目的，并不在于买到了什么东西，她们更看重的是消费给她们带来的感受和所见。家庭主妇去商店购物这一看似简单的消费行为，对于女性来说具有相当的“文化意义”，甚至在百货商店购物已经成为女性社会活动中的重要内容，而不仅仅单纯为了购买消费品或是去亲自了解消费性能，更多的是一种优雅且体面的消遣与社交方式。对于女性而言，现代化的礼貌购物文化是社会公共交往中的重要一环。在礼貌购物的基础上，去商店购物已不仅仅是获得生活必需品的必要，而是成为重要的休闲行为。百货商店建立在工业能源源不断地生产和供应大量消费品的基础上，一方面能够使女性更加便捷地购物，另一方面又不断地利用最新的商品信息激发她们去商场购物的欲望。百货商场象征着女人们对自己日益增长的消费能力的信心，满足她们通过消费追求平等的愿望。对于女性消费者来说，富丽堂皇的百货商场为她们在逛商店、买东西的行为涂上了一层尊严和炫耀的色彩，“商场里潮水般的人群可以自由自在地在陈列着不同种类和价值的商品间走来走去，谁都可以进百货公司看一看、摸一摸”。大多数女性不仅有一种物质的需要，而且对逛百货公司有一种心理上不可抑制的冲动。因为家庭主妇的身份，她们生活在相当孤立的状态中，她们的眼界和经验都有限，但她们明白，在她们的地平线之外还有一种更广阔的生活空间。在她们担心生活会把她们忽略的时候，百货公司恰好打破了这种孤立状况。事实上百货公司能够给女性带来这样一种感觉：她们知道世界上正在发生什么样的变化，百货公司提供给女性了解世界的信息远胜过杂志、电视或任何其他大众传播媒介。进一步说，新消费时代的美国百货公司能够满足女性的各种需要。其一，对学习的需求，对未来的憧憬。如当时一位女性说：“我们用各种商品来围绕我们自己，以它们来象征我们的社会地位。”同时，一位女性的丈夫在几年前挣 6000 美元，现在一年挣 10000 美元，她需要学习一整套新的管理方法。在这个问题上，百货公司无疑就是她最好的老师。其二，对成就的感知。对于新的现代家庭主妇来讲，这种需要主要通过一桩“买卖”来满足。在丰裕的消费社会中，对大多数女性来说，对价格的专注与其说是一种金钱上的需要，不如说是一种心理上的满足。一桩“买卖”越来越不再是她们现在能买过去在价格较高时我不能买的东西，还主要意味着作为家庭主妇，女性正在干着一件为家庭的幸福做贡献的工作，这如同如丈夫工作并把工资带回家时所做的贡献一样有价值。

综上，在新的消费时代，美国女性不仅是主要的消费者和消费的引领者，而且在消费过程中不断实现个性的释放和价值的体现，进而通过百货公司这种消费渠道，接触社会和世界，进而萌生和伸张与丈夫一样的工作权利，享受一样的劳动成就感，这正是后来女性走上社会和追求真正的女权主义的基础。

思考题

1. 勾勒美国进步主义时期的时代特点及社会变化。
2. 分析新闻媒体对美国进步主义改革所起到的政治作用。
3. 谈一谈 20 世纪 20 年代美国新消费时代的负面影响。

参考文献

[1] 安然：《从坦慕尼协会的兴衰看美国式腐败生成与治理的根源》，《社会科学战线》2011 年第 10 期。
[2] 李剑鸣：《大转折的年代：美国进步主义运动研究》，天津：天津教育出版社，1992 年。
[3] 王旭：《美国城市史》，北京：中国社会科学出版社，2000 年。
[4] [美] 斯蒂芬·J. 戴勒：《非常时代：进步主义时期的美国人》，上海：上海人民出版社，2008 年。
[5] 石庆环、刘博然：《"进步主义"背后的另一个面相：美国纽约市政改革中的坦慕尼协会》，《史学集刊》2021 年第 3 期。
[6] 张健：《自由的逻辑：进步时代美国新闻业的转型》，上海：复旦大学出版社，2011 年。
[7] 张骏：《美国的自治传统：从殖民时期到进步时代》，北京：中央编译出版社，2016 年。
[8] [美] 茱莉亚·瓜尔内里：《大转折时代：报纸覆盖下的美国五十年》，李瑞译，成都：四川文艺出版社，2019 年。
[9] 张卫国：《进步运动时期美国市政管理的企业化改革》，《四川师范大学学报》（社会科学版）2013 年第 6 期。
[10] Anderson Mary, *Woman at Work*, Minneapolis: University of Minnesota Press, 1951.
[11] Beard, Mary, *America Through Women Eyes*, New York: Macmillan, 1933.
[12] Campell, Collin, *The Romantic Ethic and the Spirit of Modern Consumerism*, Oxford:

Blackwell, 1987.

[13] Carol Berki, *Making America a History of the United State,* Boston: Wads-worth, Cengage Learning, 2014.

[14] Douglas, Geoge H., *The Golden Age of the Newspaper,* Greenwood: Greenwood Press, 1999.

[15] Edward J. Flynn, *You're the Boss: The Practice of American Politics,* New York: Collier Books, 1962.

[16] Emery, Edwin., Emery, Michael, *The Press and America: An Interpretive History of the Mass Media,* Englewood Cliff: Prentice-Hall, 1984.

[17] Emery, Edwin, *History of the American Newspaper, Publishers Association,* Minneapolis: University of Minnesota Press, 2005.

[18] Friedman. Milton, Anna Schwartz, *A Monetary History of the United States 1867—1960,* Princeton: Princeton University Press, 1963.

[19] Hudson, Frederic, *Journalism in the United States,* New York: Harper's, 2003.

[20] John T. Salter, *Boss Rule: Portraits in City Politics,* New York: McGraw-Hill Book Company, 1935.

[21] Kelly, Mary, Edi., *Woman's Being, Women Place: Female Identity and Vocation in America History,* Boston: G. K. & Co., 1979.

[22] Ryan, Mary P., *Womanhood in America: From Colonial Times to the Present,* New York: New Viewpoints, 1975.

[23] Robert C. Brooks, *Corruption in American Politics and Life,* New York: Dodd, Mead, 1910.

[24] Terry Golway, *Machine Made: Tammany Hall and the Creation of Modern American Politics,* New York: W. W. Norton & Company, 2014.

[25] Zane L. Miller, *The Urbanization of Modern America: A Brief History,* New York: Harcourt Brace Jovanovich, Inc., 1973.

第十二讲 “新政”与美国联邦政府职能转变

1929年的世界经济“大萧条”，对传统资本主义的自由放任主义提出了严峻的挑战。为挽日益衰退的美国经济，富兰克林·罗斯福总统采取宏观管控市场经济的政策，推行“新政”，此举也彻底扩展了美国联邦政府的职能范畴。一般认为，罗斯福“新政”思想源于进步主义运动时期美国社会对“弱政府”或者“弱国家”的申诉，经济危机的出现，为“有限政府”的转变提供了历史契机。

国内学者最先开始研究罗斯福“新政”的是刘绪贻先生，20世纪八九十年代，刘绪贻先生发表了多篇关于罗斯福“新政”的文章，奠定了罗斯福“新政”研究的基调。此外，其他学者如黄绍湘、黄安年、邓蜀生、胡国成、吴兴勇、刘达永、曾醒时、胡新勇和谢国荣等分别从罗斯福“新政”的作用与历史地位、罗斯福“新政”的分期问题、罗斯福“新政”的指导思想问题、罗斯福“新政”的性质问题、罗斯福“新政”与黑人权利、工人运动、劳工立法等方面进行了系统的研究。近期国内学界主要聚焦于罗斯福“新政”时代美国社会思潮变迁的相关研究，探讨美国政府职能从“有限政府”向“大政府”转变的历史过程，突出国家干预主义对于美国联邦政府职能扩张所带来的影响，进而讨论了政府干预与美国国家治理模式嬗变之间的关联。此外，罗斯福“新政”与环境变迁关系的研究，也越来越受到关注。

回到罗斯福“新政”时代的历史语境，近代以来美国现代化速度似乎远远超越了世界历史的发展进程，美国成为资本主义发展历史中一位新的“霸主”。历经“进步主义时代”到“柯立芝繁荣”的变化，美国社会的乐观情绪跃然纸上。但大萧条的到来，打破了社会各界的“弱政府”或者“弱国家”神话，国家不得不出面干预经济，挽救这场危机。可以说，这是资本主义发展历程中具有转折性的政治事件。同时，在推行“新政”的过程中，以总统为核心的行政权力扩张呈现固定化的趋向，通过一系列“新政”立法，总统在各项事务中获得了主导权。对于这一变化，正如美国历史学家们所言，富兰克林·罗斯福开创了现代美国总统制，标志着传统联邦主义的终结，从前由各州独立决定的公共事务，现在联邦政府直接或间接地都予以干预或者合作。这种联邦和州政府之间的相互依赖、共同履行许多职能的联邦制，被称之为“合作联邦主义”。

“新政”实施后，美国又形成了新型两党制，美国政党的区域主义被解构，形成了全国性的政党体系。就两党的施政纲领来看，“民主党有倾向成为一个政府的政党，而共和党则趋向于成为一个工商业者的政党”。两党虽然都有支持自由民主制度的政治共识，但民主党倾向建立强大的联邦政府，共和党主要扮演着保护自由企业制度的角色，反对过分增强联邦政府的权威。两党的政治倾向，在美国人民心中形塑了不同的党派形象。一般来说，民众往往把民主党描绘为工人、平民的政党，而把共和党看作是大资产阶级的政党，代表富人利益。“新政”促成了民主党联盟，联盟中包括了工人、农民、黑人和其他少数族裔、知识分子以及城市贫民，这成为了民主党的选民基础，也使民主党成为一个带有改良主义色彩的现代政党。

综上所述，经过罗斯福“新政”的实施，国家干预主义代替了过往的自由放任主义，重新定义了联邦政府的社会作用。在这一过程中，以总统为首的行政权力不断扩张，由此更新了联邦政府的权力结构和宪政体系。

一、美国从自由放任主义到国家干预主义

（一）美国自由放任主义的历史变迁

美国建国初期，人们承袭和接受的是自由主义经济思想，所以英国学者亚当·斯密的《国富论》广受欢迎。以斯密为代表的古典经济学家认为，“唯有允许人们不受政府干预措施的限制，也不得受助于政府的恩惠，自由地去

追求自身的利益，才有可能实现最高的社会福祉。政府的存在，仅仅是为了维护秩序、保护财产；对于经济的控制权，应该留给那些在竞争中取得了领导地位的天然贵族”。内战后，随着全国统一市场的建立，西部开发进一步深入，政治上的保守倾向加强，致使联邦政府更是大力推行自由放任的经济政策。例如，海斯总统在其1878年的国情咨文中明确表达了当时政府施政的主导思想：“在未来的几年里，这个国家的企业不会受到政府不良法律的干扰。如此才能造就一个健康的、持续的商业繁荣。”为促进经济的发展，美国政府将特许公司制改为一般公司制，通过土地赠与、关税保护、宽松的公司法以及有利的税收政策等方式对企业予以支持，公司成为美国工商业的主要组织形式。

总之，20世纪以前尤其是在1929年“大萧条”到来之前，美国一直推崇斯密的自由经济思想和奉行自由放任的经济政策，推行资本世界“弱肉强食”的商业规则，自由放任主义一直占据美国社会思潮的主流地位。

（二）美国国家干预主义的兴起

19世纪末20世纪初，在美国工业化和城市化的过程中，作为美国资本主义社会思潮主流的自由放任主义逐渐受到质疑和挑战，主张构建管理型国家及国家干预经济的国家资本主义开始兴起。

工业化加快了美国工厂手工业向大企业制的过渡，资本集中程度大大提高，各行业甚至跨行业领域相继出现了以托拉斯为主要模式的垄断组织，自由竞争开始让位于少数资本寡头的暗中操控，铁路运费、物资供给以及市场价格等都受制于垄断组织，自由放任主义所崇尚的个人竞争以及市场自主调控等信条已经无法实践。与此同时，城市化彻底改变了美国自建国以来维持的乡村社会结构，城市人口的急剧膨胀对市政管理体制、州政府职能乃至联邦政府的行政管理能力提出了新的要求，自由放任主义思想受到了严重挑战。

垄断造成的贫富差距悬殊和资源利用的不平衡，使得美国统治阶层更不可能有效地保障日益壮大的新兴工人群体的切身利益和维护资本主义社会秩序的稳定，反而极易激化社会矛盾，引发统治危机。例如，垄断资本主义时期农产品价格因为工业化的影响而普遍下降后，美国各级政府非但没有出台有效措施抑制价格下跌，而是放任铁路公司等企业恶意压低农产品价格，利益受损的农场主相继发动了声势浩大的“格兰奇运动”“绿背纸币运动”以及人民党运动，一度冲击了美国两党制的历史传统。在此背景下，工人群体则依托城市组成的“全国劳工联盟”，并举行多次罢工运动，最为著名的便是1886年5月1日发生的“芝加哥总罢工运动”。面对动荡的局势，联邦政府逐渐认识到加强对垄断组织的监管，增加社会福利以及改善平民生活的必要性，民众也同样希望建立一个“有为政府”，扩大联邦政府职能，促进社会进步，维护公平正义，国家干预主义出现的历史条件基本成熟。

国家垄断资本主义，即垄断组织同国家政权相结合的垄断资本主义。在美国学界，社会学者莱斯特·沃德第最先向自由放任主义提出学理性的质疑。沃德认为:“在国家比个人更有条件管理的所有事务中，实际上政府管理得很好。”美国历史学家霍夫斯塔特也认为:“19世纪自由放任的资本主义开始转变为20世纪的福利资本主义。”他解释道:“国家干预的必要性被那些坚信竞争是生来就合乎需要的人所接受，也为坚信集中是不可避免的人们所接受。”著名政治学家罗伯特·克罗利在他的《美国生活的前途》一书中也写道:“美国人要学会用希望而不是用命运去思考，不惧怕政府的集中权力。”他认为:“在一个必然出现大工业大金融的时代，这种不干涉和放任自流的政策，只能把国家带到一种同样不可避免的毁灭之途。特殊利益集团的权力扩张和广大群众的处境日益恶化必然要求，州和联邦在所有经济战线实行积极广泛干预的纲领。”在自由竞争被垄断所解构后的现实社会中，农民、工人以及其他边缘化的弱势群体在寻求救济时，联邦政府必须适时干预国家生活的各个方面，尤其是经济方面，抑制恶意竞争，稳定物价，提供社会福利，缩小贫富差距。

在此前提下，美国人逐渐意识到国家在社会生活中的重要作用，进而形成进步主义时代的改革浪潮。由于农民运动热情的高涨，联邦政府在19世纪70年代就开始对铁路公司的垄断行为进行干预，并在1887年通过州际商务法令，禁止铁路公司针对部分农业地区刻意提高运费等违规行为，在1890年通过了具有里程碑意义的《谢尔曼反托拉斯法》，宣布托拉斯垄断组织非法。在西奥多·罗斯福总统执政期内，联邦政府于1903年设立“商业与劳工部”，打击垄断组织的同时，扩展和完善了联邦政府职能和总统权力，西奥多·罗斯福总统对联邦政府功能转变予以支持和肯定，“政府应成为实际改善全国社会和经济条件的有效机构”。在西奥多·罗斯福总统的努力下，联邦政府通过《赫伯恩法》取得了调控收费标准的权力，并且通过《童工法》以及《工作人员补偿法》，以增加政府对深化生活领域的干预。1916年10月国防委员会成立后，由总统任命的委员会委员分别担任政府各部门的顾问；1918年3月，改组后的战时工业局直接对总统负责，有权根据战争需要分配各部门的原料生产计划。值得注意的是，这一时期的国家干预主义还没有完全突破经济领域，许多立法都是国会创设和通过的，总统行政权力虽有所扩张，但是依旧十分有限。而且联邦最高法院对垄断公司合宪地位仍然持肯定态度，并且，一战结束后的经济衰退，促使自由放任主义重新抬头，国家干预主义的声势亦被暂时减退。

总之，国家干预主义作为美国迈向工业社会过程中兴起的一种社会思潮，破除了美国人对权力集中的心理障碍，在完善政府职能、提高政府管理能力、调控市场经济以及缓和社会矛盾等方面开始发挥积极作用，并为后来富兰克林·罗斯福“新政”政策的实施正式奠定了思想理论基础。

二、“大萧条”与美国罗斯福“新政”改革

（一）1929—1933年的经济危机与“大萧条”

1929年“大萧条”到来前的美国社会，物质主义大行其道，对于财富的追求迫切且狂热，华尔街的故事在大街小巷传诵着，创造商业奇迹的主人公们纷纷现身说法，营造了快速致富的“美国梦”。在这类成功的风气诱导下，美国社会普遍对成功有着盲目的信心，衰退反倒是反常的事情，而繁荣是合情合理，无需解释的。其结果是，社会中充斥着商业投机的声音，如当时一些报纸上所说：“一个人只要每月储蓄15美元购买可靠的股票，利滚利，到20年之后至少有8万美元和每个月400美元的投资收入。”与之相伴的，是新消费观念的生成，商品的潮流为人们制定了消费标准，消费的攀比心理开始作祟。但值得注意的是，繁荣的背后是美国社会严重的阶层分化：一方面，商业企业集中到垄断阶级手中；另一方面，民众收入的差距急剧拉大。以1920—1929年这10年间为例，企业主的收入成倍增加，但工人的周平均工资却基本上没有变化，甚至到了1929年，工人周工资仅有25美元，还不及

1920年26美元的水平，而顶层富人的平均收入竟是普通民众的630倍。关于这一点，刚刚就任总统的罗斯福也不得不承认，“我们看到1/3的国民，居室简陋，恶衣恶食”。

当时尽管大量普通劳动者消费能力不足，但他们却被新兴起的分期付款、信用消费所裹挟，这反映美国经济繁荣背后隐藏的社会危机。实际上，1929年经济危机爆发之前，美国社会就已显现出萧条的征兆。农业萧条征兆在第一次世界大战结束后不久就开始出现，棉纺业、造船业、制鞋和皮革工业以及铁路运输业等领域，在20世纪20年代初显露出衰退的迹象，而作为20年代经济繁荣支柱的建筑业和汽车工业，也在20世纪20年代后期由盛转衰。关于这一点，著名的美国经济学家约翰·加尔布雷思也指出:“早在股票市场崩溃前的初夏时期，美国经济已经开始衰弱。”1929年10月29日，美国华尔街股票市场发生了大崩盘，这场股市崩盘所造成的影响是惊人的，在危机爆发前后的几年时间里，所有证券价值的75%，相当于900亿美元的巨额资产蒸发了。崩盘之后的一年里，有超过26000家企业倒闭，1931年，有超过28000家企业停业。1930年10月，美国银行破产，损失了约40万的储户。美国的工业生产指数从1929年的100点下降到1932年的55点，私人投资从1929年的162亿美元下降到1933年的14亿美元，488个主要工业企业的净利润已经从1929年的31.74亿美元下降到1933年的6.622亿美元，1933年制造业就业人数下降到1929年水平的67%。农产品价格也受到重创。1924年棉花每磅28.7美分，但1931年却触底到每磅5.9美分，并且在大萧条时期再没有高过每磅12.4美分。大萧条时期，不仅工农业受到重大打击，而且社会生产秩序紊乱，人们因此失去了工作和原有的生活。有些人过于绝望而靠偷窃来获取食品和衣物，有些人不能很好地应对这种压力和窘迫而选择自杀。农民与普通的城市居民再也无法负担起家庭开销，他们不得不排队等待救济，甚至一些穷人家庭的孩子只好辍学去赚钱，来维持他们的家庭开销。此时美国南部大平原地区持续的干旱、虫灾和风沙等自然灾害，也导致农业产量大幅降低。据统计，到1932年底，超过3400万美国人没有任何收入。天灾人祸使大多数美国人对周围发生的一切感到无望、绝望甚至愤怒。大萧条期间，美国钢铁公司的产能只有19%，工人们每周只有一天的工作时间，到1932年夏天，超过1000万人失去工作，仅通用汽车公司在底特律就解雇了将近一半的员工，人数达到10万人，这使得底特律有将近25万名失业的汽车工人。在芝加哥、匹兹堡、克利夫兰和其他工业城市，那些仍在工作的人面临着工时减少的困境，他们的实际工资因此大幅下降。面对这种严峻形势，一些政治家开始担心，如果不及时采取措施改变现状，那么数千万失业工人可能会诉诸暴力，甚至发生革命。但即便如此，胡佛总统对自由主义经济思想仍深信不疑，并相信经济形势会通过市场的自主调节而开始好转，与之相关的问题也会消失，所以对经济大萧条并不打算采取任何干预行动。

然而事实是，“大萧条”把美国垄断资本主义制度推到了崩溃的边缘，自由放任主义市场经济已然“失灵”。摆在美国面前的选择是，要避免走欧洲德国纳粹道路和东方日本军国主义道路的唯一办法，就必须由联邦政府直接干预社会经济生活，对经济进行全面调整，推动美国垄断资本主义向国家资本主义过渡。

（二）罗斯福政府“新政”改革

1932年富兰克林·罗斯福总统当选，标志着美国联邦政府经济政策的最终转变。其时，美国人的心态与1928年选举总统时的心态完全不同，经济危机和大萧条迫使人们脱离过去，并重新定义自己、家庭、社区、政府以及与周围企业和行业的关系。美国需要彻底的重建，这不同于内战的激进重建。曾经的胡佛政府，面对着资本主义历史上史无前例的“大萧条”，仍然反对联邦政府对经济的干预，这种思维和应对方式已经过时。罗斯福则清楚自己面对的是美国社会的全面危机，迫使新一届政府必须转变思维，实施在当时可能是革命性的变革，从而加速了“新政”的出台。1932年7月2日，罗斯福在接受总统候选人提名演说的结语中说：“我向你们保证，我誓为美国人民实行‘新政’。”

“新政”大体可以分为两个阶段：1935年以前为第一阶段；1935—1939年为第二阶段。第一阶段重在复兴，第二阶段重在改革。其中，联邦政府的社会福利政策贯穿始终。罗斯福“新政”第一步改革就是拯救脆弱的银行体系，首先通过了《紧急银行条例》，加强了国家对银行、货币、信贷的控制与管理。1933年3月9日，罗斯福要求国会两院联席会议通过《紧急银行条例》。条例以1917年《敌国贸易法》为基础，赋予总统对国家银行系统前所未有的权力，包括发行信贷，购买黄金、外汇，并授权美联储发行更多的纸币。接下来，总统又通过敦促《格拉斯—斯蒂格尔法案》通过，将投资银行与消费银行分开，帮助普通美国民众消除贷款风险，并且，联邦存款保险公司的成立，为民众存款提供了高达10万美元的担保。罗斯福政府的这些经济政策，给国家经济前途带来根本性的变革，尤其是通过国家对金融体系的监管与改革，恢复了美国人民对金融业的信心。从1933年3月到6月，联邦政府通过了比历史上任何时候都多的立法，史称“百日新政”。“百日新政”几乎涵盖了社会生活的方方面面，包括环境、农业、银行、救济、电力、商业和工业。“百日新政”的核心是《国家工业复兴法案》《农业调整法案》和《联邦紧急救济法案》。此外，“百日新政”还将触角伸到其他经济领域。“新政”改革不仅放弃了金本位制度，还允许美联储释放更多的货币；紧急农业贷款和《农业信贷法案》的出台，允许农民获得低息贷款，帮助他们渡过低谷;《证券交易法》对公共财务报告进行了保护，并创建了证券交易委员会来监督股票市场；为了遏制赎回潮并立即向房主提供救济，国会通过了《房主贷款法案》。作为“百日新政”的一部分，罗斯福政府还试图重新制定美国原住民政策，1934年初结束了近半个世纪的同化主义政策，允许印第安部落成立他们自己的社区，如果他们愿意，政府还会集体分配土地，在保留地为他们的孩子提供现代教育。最后，《铁路协调法案》，还鼓励该行业的整合以制定费率改革。因此，“百日新政”是罗斯福政府“新政”的核心内容，成为美国走出“大萧条”的重要手段。

1935年初，罗斯福政府又提出建立福利国家的计划。在1935年1月向国会发表的年度咨文中，罗斯福总统为联邦政府明确了这一新的方向。罗斯福的福利国家计划，不仅要解决失业问题，还要重新树立国民的自尊和自信，最重要的是恢复国民的信心和希望。在1936年第二届政府就职演说中，罗斯福总统又提及同样的议题，即将经济问题比作一种疾病，并阐释如何利用科学方法来充分解决这些疾病。在罗斯福看来，建设福利国家就意味着联邦政府通过与机构、行业和工人密切合作来组织、计划、指导和资助经济发展，从而承担起公民的经济责任。这个议题的核心是1935年的《紧急救济法案》。

在 1935 年的国情咨文中，罗斯福总统又谈到，政府仅仅提供救济是不够的，因为它不能满足人们的情感和精神需求，我们还需要提供能够让民众享有广泛参与感的工作，这项工作将有助于改善美国人的生活方式，通过提供所需的建筑、道路、桥梁、电力和其他基础设施，可以雇用数百万人，既解决就业问题，又能够重建具有现代价值的新国家。在这一理念指导下，1935 年 4 月 8 日国会通过了《紧急救济拨款法案》，核心就是“以工代赈”，即根据人们所付出的劳动，来获得收入和社会救济。

在第二次“新政”期间，在罗斯福总统的敦促下，国会又通过了一系列的改革法案，如《社会保障法》《公共事业振兴法》和《瓦格纳法》等，这些法案明确了罗斯福政府“新政”第二阶段的改革目标，为下一步罗斯福总统连选连任奠定了坚实的基础。因此，罗斯福在 1936 年的总统选举中取得了压倒性的胜利，获得了近 61% 的普选选票和除 8 张以外的所有选举人票。罗斯福的压倒性胜利代表了民主党的强势地位，民主党牢牢控制着联邦政府，其在众议院增加了 12 个席位，在 435 个席位中增加了 334 个席位，在参议院增加了 5 个席位，在 96 个席位中增加了 74 个席位。由此可以看出，罗斯福政府“新政”的福利国家政策受到了美国民众的广泛拥护。

第二次世界大战的到来和国内局势的稳定，为罗斯福“新政”继续推行提供了便利条件。二战期间，政府与企业和劳工密切合作，引导经济发展。这一时期，工会成员显著增加，覆盖了近 45% 的劳动力。“新政”使劳工工资上涨，为公民提供了就业和经济上的保障，1943 年，美国社会实现了充分就业。商业和工业随着国防合同和社会消费需求的增长而恢复繁荣，国家资源规划委员会在 1943 年的最终报告中肯定了罗斯福政府“新政”的目标和理想，尤其是福利国家政策。报告总结道：“联邦政府必须继续调控经济，以确保公民的经济福祉。”1944 年 6 月，罗斯福签署了《退伍军人权利法案》，确保在战争期间为国家服役的 1600 万军人的退伍保障。当然，这项计划的出台，也有助于刺激住房、汽车、钢铁和许多其他美国企业和行业的发展，从项目开始到 1956 年结束，近 800 万退伍军人获得了教育福利，约 200 万退伍军人接受了大学教育，退伍军人事务部发放了超过 330 亿美元的住房贷款。

综上，罗斯福政府“新政”的福利国家政策的基本要素，可以大致概括为：在不过度干预市场的条件下，以政府之力改善贫困人群状况，建立覆盖大众的制度化社会保障，改善市场秩序，减缓市场震荡，改善收入分配，保障劳动者的基本权利。这些措施表明：建立现代社会福利国家为宗旨的市场经济制度，不同于私人资本权力独大的原始资本主义和政府过度揽权的极权主义，而是要使人民以“更公平的机会共享国家财富分配”。从 1933 年胡佛下台到 20 世纪 60 年代，关于胡佛和罗斯福总统应对“大萧条”政策的有效性，美国自由派和保守派展开了激烈的争论。其中自由派学者大多拥护罗斯福的“大政府”概念，赞同“新政”改革，将“新政”看作是美国自由主义传统的延续，而对胡佛政府政策进行了激烈的抨击，批评胡佛总统自由放任的经济主张使经济大萧条走向了不可控的结局。保守派学者则为胡佛政府进行了辩护，赞扬胡佛总统是传统秩序的守护者，始终坚持自由民主、坚守个人主义、强调政府分权，批判罗斯福“新政”是不必要的，破坏了既存的美国传统政治和经济秩序。当然，这种争论也一定程度上反映出美国政治的多元性特征。

（三）罗斯福“新政”的影响与历史遗产

罗斯福“新政”通过完善政府职能，为美国人提供工作和生活保障，得到了民众的支持，并进一步扩大了总统的行政权力。在这一点上，无论是进步主义运动时期的西奥多·罗斯福还是后来的威尔逊总统，都不及富兰克林·罗斯福时期对行政权力扩大所做出的努力。在罗斯福任内，通过一系列“新政”立法，并根据这些立法设立许多独立机构和附属机构，迅速扩大了总统和行政部门的权力，一定程度上改变了美国传统宪政格局和秩序。例如，1939 年通过的《行政改组法案》，授权白宫成立总统办公机构，包括白宫办公厅以及国家资源规划委员会，并将预算局直接归于总统管理。据统计，“自 1930 年以来，单单联邦官僚机构大约扩大了 500%”。罗斯福“新政”还加快了美国的现代化进程，为建设福利国家奠定了坚实的基础。罗斯福总统从政治、经济、社会等多方面重新阐释国家干预主义，重新定义自由主义。与此同时，罗斯福“新政”对凯恩斯主义在美国改革中的成功运用，不仅扩大了政府公共预算，增加社会有效需求，而且刺激社会生产发展，保证充分就业。因此，从理论上说，罗斯福“新政”与凯恩斯主义相辅相成，互相影响和推动，为扭转经济危机及促进经济增长做出了积极贡献。

罗斯福“新政”改变了联邦政府在美国资本主义经济中长期扮演的“无为”角色，促成美国经济由一般垄断资本主义向国家垄断资本主义的转变。“新政”对国家经济的干预，是美国社会经济生活中的各个阶层所共同要求的，联邦政府承担起维护社会经济平稳运行的历史责任，其干预和管理的范围扩展至全国经济的各个领域，包括农业、工商业、金融业以及运输业等，这种社会变革明显区别于进步主义时代。“新政”还使联邦政府扮演国家经济“投资者”角色，对不同经济领域给予大规模的资金援助，通过建立可以获取大量贷款的联邦信托基金账户，颁布多部《税收法》，对垄断公司征收重税以及实行扩大政府财政赤字的“双重预算”政策，拥有充足资金的联邦政府得以向处于困境中的私人企业提供贷款，便开创了联邦政府大规模增加财政开支以调控经济的新局面。在这个意义上，尽管罗斯福“新政”的实施与传统自由放任主义的经济信条相矛盾，但也初步完成了美国从“有限政府”向“有为政府”的转变。不仅如此，罗斯福“新政”对国家经济的多方面干预，同样与一战时期的改革措施不同。威尔逊政府在一战时期对国家经济的部分接管，大都是为配合以及顺应战争的需要和形势而进行的，一旦战争结束，这些战时政策就会被搁置乃至被取缔，与此相反，罗斯福“新政”所解决的问题，是资本主义制度内部存在到结构性危机，也就是说，危机的时常发生直接导致罗斯福“新政”所形成的国家干预经济的模式是美国社会所必需的，是“长久的、巩固的”。联邦政府作为一种政治权威开始在美国资本主义经济中发挥着举足轻重的作用。换言之，“新政”期间联邦对美国经济管理、控制和干预的加深，标志着美国现代国家垄断资本主义经济制度的确立和发展。进一步说，罗斯福“新政”在维护美国资本主义秩序和推进国家垄断资本主义发展的同时，也为对化解资本主义社会矛盾和解决社会危机，积累了一些成功经验，并使二战后美国在建设福利国家的道路上向前迈进了一大步。

三、联邦最高法院与美国总统权力博弈

国内学界最早研究“新政”与最高法院的博弈是刘绪贻先生，他在《富

兰克林·罗斯福与联邦最高法院斗争的性质》一文中指出，罗斯福与联邦最高法院的斗争，是罗斯福“新政”式国家垄断资本主义与一般垄断资本主义的斗争。毕竟悦的文章《改革中的法院与法院的改革：美国1937年宪政革命与最高法院》也强调，1937年宪政革命后，霍姆斯大法官的法律现实主义实际上主导了宪法界，以致这一少数派逐渐成了主流；法律现实主义的获胜不仅在于其实用主义的价值，而且在于它与法律逻辑的内在吻合，在于它关注社会发展赋予法律条文的新含义。此外，高岳的学位论文《论20世纪30年代美国罗斯福总统与最高法院的权力冲突》，则以现代总统权力扩张为线索，强调最高法院在社会事务中发挥越来越大的司法作用，并且阐释了总统与法院二者关系发展的特点以及权力分立制衡制度在三权政治博弈的过程中是如何保持其稳定性的。

（一）联邦最高法院与“新政”的冲突

美国司法独立原则早在建国初年就被列入美国《联邦宪法》文本之中。美国宪法规定了三权分立原则，但联邦最高法院在当时被认为是“三权分立制度中最弱的一个”。对此，第一任首席大法官约翰·杰伊解释道，最高法院“既没有一种必不可少的活力、分量和尊严，使其能够支持联邦政府，也不拥有它应该获得的、公众把它视为国家正义最终保护者的那种信任和尊重”。可见，在最初的美国联邦权力体系中，最高法院的权力和地位不及国会和总统，直到1801年美国第四任首席大法官的约翰·马歇尔的上任，美国联邦最高法院才改变了自身的局面。约翰·马歇尔上任后面临的最大难题就是由激烈的党派冲突导致的法律诉讼“马伯里诉麦迪逊案”。在他的引导下，其审慎地将政治纷争转化为法律议题，将行政和司法部门的对立转化为国会法令的合宪性问题，以最高法院不能扩展自己的初始管辖权为由，宣告《1789年司法法》第13条与宪法相悖且无效，巧妙地确立了最高法院宣布国会法律违宪的权力，这也是最高法院第一起判决一项国会立法违宪无效的案例，被视为美国司法审查制度确立的标志。后来的历史证明，正是这一判决，确保了最高法院在三权分立制度中的终局地位。同时，最高法院通过司法审查制度，使宪法真正成为人民权利的保护者。最高法院通过宪法解释权，不仅提高了联邦最高法院的权威性，使美国民众更加信赖法治理念，也有效地制约了立法和行政部门，从而有力地保障了美国的司法独立。

但到了罗斯福政府时期，由“新政”政策解释所引发的政治分歧，便把联邦最高法院与总统的矛盾显性化。1934 年之后，“新政”开始在美国全面推行，最高法院此时却反对总统行政权力的扩张，对“新政”立法进行扼杀。从法学视角出发，当时占统治地位的司法理念是大法官费尔德的“法律宣告”思想和“法律达尔文主义”。曾经的大法官菲尔德以支持个体经济反对联邦政府规制为目标，他相信个人不受政府的干涉自由支配自己财产不仅仅是一个“理论”，而是关于人类社会不证自明的真理。应该说，在罗斯福“新政”实施前，联邦法院大法官的意识形态都建立在社会达尔文主义和费尔德的框架之上。在“新政”时期，联邦最高法中出现了被称为“四大骑手”的范・德文特、麦克雷罗兹、萨瑟兰和巴特勒四位大法官，他们坚决抵制罗斯福政府的“新政”政策，并且和自由派大法官斯通、卡多佐和布兰代斯存在严重分歧。最高法院首先是在“谢科特家禽公司诉美国案”中，对“新政”中最重要的《全国工业复兴法》进行了扼杀。随后在“美国诉巴特勒案”中，最高法院又判决《农业调整法》违宪，认为这项立法侵犯州权。在“新政”实施前，保守的最高法院虽然利用“契约自由”理论为私人企业的发展提供宪法支持，但是并没有出现大规模否定政府立法的司法行为，而到了“新政”时期，保守的大法官们则充分发挥了自身的能动性，坚持自由放任主义理念的同时，将罗斯福“新政”的核心立法几乎全部判为违宪，试图通过司法机关的影响来引导公共政策的走向。

最高法院对于“新政”所持有的反对立场，不仅让罗斯福总统异常恼怒和沮丧，同时也激起了社会公众的不满。1936 年 1 月，最高法院宣判“新政”《农业调整法》违宪，6 月，最高法院又推翻了纽约州的一项最低工资法。此时，罗斯福及其支持者认为，问题不是出自宪法，而是来自最高法院的保守派大法官。在罗斯福总统看来，诸如调控农产品的产量和价格、限定最低工资和最高工时等社会问题，需要联邦政府来应对，并宣称，制定宪法的意义在于满足和适应当代人们所面对的物质、经济和社会需求。联邦最高法院的判决严重限制了政府根据商业条款调节经济的权力，限制了政府为一般福利征税和支出的权力，以及干涉契约自由的权力。有鉴于此，罗斯福总统开始酝酿最高法院改组的“填塞法院计划”，并在1936年底计划迅速成形。

（二）罗斯福总统对联邦最高法院的“反击”与“妥协”

1937年2月5日，罗斯福总统正式向美国国会提交了有关“填塞法院计划”的咨文，指出“现代社会错综复杂……要求法院不断引进新鲜血液，有计划地持续引进年轻血液，可以提振法庭，使法庭能够认清瞬息万变的世界，顺应其需求，认识到司法的本质，并将其加以运用”。罗斯福总统此举显然违背了权力制衡的美国宪政传统，并且“填塞法院计划”的目的是改变最高法院中自由派与保守派大法官的力量对比，但计划提出的理由却是高龄的法官们年事已高，并由此导致工作效率低下，掩盖了最高法院对联邦政府立法的过分干预的事实，所以改组计划招致美国社会各界的猛烈批评。新闻界的沃尔特·李普曼质疑罗斯福总统：“一个人是否可以通过迂回的方式统领政府的三个分支，以及国家的根本大法？”《华盛顿邮报》也一针见血地指出：“尽管这份咨文语气谦和，论证严密，却依然无法掩盖罗斯福先生的真正目的，即让最高法院按照他的意志行事。”媒体将矛头指向罗斯福总统，抨击其意欲在美国实施独裁。在美国国会内部，“填塞法院计划”同样遭到了强烈的抵制。反对者认为，该计划是行政权力对司法权力的侵蚀，将会破坏分权与制衡原则。1937年5月，参议院司法委员会以10：8的投票结果拒绝将“填塞法院计划”列入参议院的议事日程。一个月后，该委员会发布了一份报告，对总统的计划予以了严厉的斥责，认为其“背离了宪法原则”；计划如若实施，那么“我们的政府将会变为人治而非法治的政府……宪法将会由政府的行政分支或立法分支说了算”。美国地方州政府对“填塞法院计划”也持反对立场。州立法者的主要担心在于“填塞”后的最高法院若是倾向于自由主义，那么“新政”将不受约束，州权势必受到影响，甚或将会因此而终结。当然，罗斯福的改组计划更使最高法院大法官们感到惊讶，最高法院首席大法官休斯随即发表了一封公开信，反驳了罗斯福所提出的最高法院无力承担其工作强度的观点，此外，休斯还指出，增加大法官的数量反而会降低最高法院的效率，因为这么做意味着“将会有更多的法官参与案件的审理、商讨，将会有更多的法官需要说服，也将会有更多的法官做出判决”，所以，休斯的公开信在美国社会中产生了巨大的影响。

虽然首席大法官休斯以公开信的形式对罗斯福总统的改组计划予以强烈回应，但最高法院的立场在多重因素的作用之下也有所改变。如大法官们为抵制总统行政权对最高法院司法主权的侵犯，便主动改变了对“新政”的司法态度，于是，《全国劳工关系法》《社会保障法》以及华盛顿州的最低工资法等“新政”立法最终得到了最高法院的肯定判决。这些判决避免了劳工骚乱的升级和经济形势的恶化，也缓和了最高法院与总统之间的矛盾。关于这一点，正如后来被罗斯福任命为最高法院大法官的罗伯特·杰克逊所言：“这些判决重新采纳了约翰·马歇尔有关国家主义的定义。在这一定义中，联邦政府拥有其所需要的一切权力，而无需受到州权理论的制约。”与此同时，最高法院的保守派大法官之一，78 岁的威利斯·范·德文特宣布将于 1937 年 6 月退休，这意味着罗斯福总统将可以任命一位自由派大法官以替代前者，自由派大法官在联邦最高法院的人数将占优势。1937 年 7 月 22 日，参议院以 70 比 20 的投票结果将多数党领袖罗宾逊基于“填塞法院计划”的替代提案退回至司法委员会，罗斯福的“填塞法院计划”就此宣告失败。

（三）最高法院与总统权力博弈的政治影响

富兰克林·罗斯福总统作为民主党代表，其改革思想充满了自由主义，认同“活”的宪法的理念，将宪法视为服务社会进步的工具，而“新政”期间的这场“府院之争”，正说明美国联邦宪法和宪政体制的生命力，“活”的宪法思想有助于美国应对大萧条时期混乱不堪的特殊局面。在罗斯福看来，“我们的宪法非常简单实用，因此只要改变一下重点和编排，而无需破坏其基本结构，就能够满足一些特别的要求”。但与此同时，“新政”时期联邦最高法院仍处于保守派的掌控之中，法官的职责仅限于对宪法文本的客观解读，而不是与时代同行。大法官与罗斯福的宪法观背道而驰，导致二者之间存在着严重的分歧，罗斯福认为，“大萧条”中出现的问题，需要建立全国性的有为政府才能解决，而保守派大法官们倡导深受社会达尔文主义影响的自由放任主义，认为政府不应该干涉个体的经济活动。当然，最高法院最终还是改变了保守倾向，适应了时代的需要，做出了理性判决，这也标志着“活”的宪法理念在美国政治实践中的应用和发展。

1937年美国总统与联邦最高法院之争，被历史学家称为“1937年宪法革命”。罗斯福总统与联邦最高法院的博弈，影响了之后联邦最高法院的态度，转而支持国家干预主义，奉行符合美国社会现实的司法逻辑。这一时期，霍姆斯的司法实用主义崭露头角，主张根据时代的需求来诠释法律。“新政”期间府院博弈的结果，也印证了联邦政府职能的扩大和总统行政权力扩张是时代之需。之后最高法院在经济领域基本适用“司法克制”理念，减少了最高法院对联邦政府经济政策的过分干预。然而，在民权领域的案件判决中，最高法院仍然奉行严格的司法审查标准，特别是在后来的沃伦法院时期，最高法院秉承司法能动主义，在公民权利领域发挥了重要的作用。尽管最高法院此后半个世纪并未推翻有关政府对经济规划的立法，但法院仍保有“司法审查权”，总统的权力也并非没有限制，当政府的行为延伸到这个领域的极限时，最高法院会再一次进行干预，对政府权力的扩张进行严格审查。这场府院争端之后，联邦政府在社会经济生活和社会福利领域的权力不断扩大，美国正式步入福利国家行列。罗斯福“新政”的施行代表着美国现代联邦政府的出现，而罗斯福“法院改组案”之后的最高法院对于行政权力的扩张，则采取了承认和支持的态度，从政治博弈的结果来看，罗斯福成为第一位现代意义上的总统。

值得注意的是，罗斯福“新政”和最高法院的政治博弈，虽然在短期会影响最高法院的社会威望，但其与罗斯福“新政”的博弈却实实在在地加强和巩固了最高法院作为宪法最终仲裁人的地位。关于这一点，正如大法官休斯所说：“尽管法院几次‘内伤’，但是每一次冲突后伤口痊愈了，并且它的完整性被更广泛地认同，在世界的司法部门又一次赢得无以匹敌的地位。我们政府的其他部门没有比法院能得到更多的公众信任。法院每一次过去的危机都被最小化了，是由于它的批评者们从未失去对宪法和法治观念的尊敬。”在这个意义上，总统与最高法院之间博弈的张力，是美国政治权力之间的较量。美国最高法院是维护美国宪政分权机制的重要砝码，是维护美国民主制度的基石之一。制宪者们的初衷就是通过宪法条款的模糊性给后人以更多权力张力，而美国总统正是利用这种权力张力不断扩张自己的权力边界，在“马伯里诉麦迪逊案”中，最高法院获得的“司法审查权”，成为日后限制美国行政权力张力的阀门。进入现代社会以来，在美国从农业国转变成为工业国的历史进程中，社会发展已经成为总统行政权力的催化剂，而最高法院则起到联邦权力稳定器的作用。在这个迅速变化、时刻会打破所有平衡的社会里，最高法院在不超出其权力范围的前提下，一定要奋力维护宪政体制的制衡。但是，罗斯福总统与最高法院的博弈，却打破了美国政治权力的平衡，为 20 世纪总统权力扩张之路奠定了基础。更为重要的是，政治与行政的关系在这场博弈中融合，总统成为政治和行政权力掌控者，是现代美国政治发展进程中的重要一环。

综上可知，20 世纪 30 年代是现代总统权力形成的开端。从建国初期到 19 世纪中期，美国各种社会机体和政府权力处在萌芽、确立的状态，国会在联邦层面发挥着核心作用，而总统则更多地扮演着执行者的角色，最高法院基本保持着中立的地位。内战后，美国总统权力的扩张，使其成为宪政体制的中枢，甚至通过国会委托立法的方式获得立法权。1929 年开始的经济“大萧条”，又使总统行政权力扩张制度化，尤其是罗斯福针对经济危机出台的“新政”立法，更使总统的权力触角伸向了美国社会的方方面面。但值得注意的是，在现代总统权力形成的过程中，由于联邦最高法院的司法能动性表现，行政权和司法权却呈现出相互牵制、相互补充的政治格局，这在一定程度上填补了立法权衰落后留下的权力真空，再次调节了以三权分立与制衡为原则的美国宪政体制的平衡。

思考题

1. 试论罗斯福“新政”改革的理论和时代背景。
2. 阐述罗斯福“新政”的核心内容及其对资本主义制度的变革。
3. 分析罗斯福“新政”的实质及其局限性。

参考文献

[1] [美]布卢姆:《美国的历程》,杨国标译,北京:商务印书馆,1988年。

[2] [美]本·伯南克:《大萧条》,宋芳秀译,大连:东北财经大学出版社,2007年。

[3] 辜朝明:《大衰退:如何在金融危机中幸存和发展》,北京:东方出版社,2008年。

[4] 胡国成:《论美国经济制度向国家垄断资本主义的转变》,《世界历史》1985年5月。

[5] 胡国成:《塑造美国现代经济制度之路:美国国家垄断资本主义制度的形成》,北京:中国经济出版社,1995年。

[6] 何顺果:《美国史通论》,上海:学林出版社,2002年。

[7] [美]康马杰·亨利·斯蒂尔:《美国精神》,杨静予等译,北京:光明日报出版社,1988年。

[8] [美]凯斯·R.桑斯坦:《罗斯福宪法:第二权利法案的历史与未来》,毕竞悦、高瞰译,北京:中国政法大学出版社,2016年。

[9] 刘绪贻、李存训:《富兰克林·D.罗斯福时代1929—1945》,北京:人民出版社,2008年。

[10] [美]默里·罗斯巴德:《美国大萧条》,谢华育译,上海:上海人民出版社,2003年。

[11] [美]米尔顿·弗里德曼、[美]安娜·雅各布森·施瓦茨:《大衰退(1929—1933)》,雨珂译,北京:中信出版社,2008年。

[12] [美]威廉·曼彻斯特:《光荣与梦想》,朱协译,海口:海南出版社,2004年。

[13] [美]威廉·曼彻斯特:《大萧条与罗斯福"新政"(1932—1941)》,广州外国语学院美英问题研究室翻译组译,海口:海南出版社,2009年。

[14] [英]约翰·梅纳德·凯恩斯:《就业、利息与货币通论》(重译本),陆梦龙译,北京:商务印书馆,2005年。

[15] 余志森:《崛起和扩张的年代》,北京:人民出版社,2008年。

[16] Arthur M. Schlesinger, *The Imperial Presidency*, Boston: Houghton Mifflin Company Press, 1973.

[17] A J Badger, *The New Deal: The Depression Years, 1933—1940*, New York: Bloomsbury Publishing Press, 1987.

[18] Alan Dawley, *Struggle for Justice: Responsibility and the Liaberal State*, Massachusetts: Harvard University Press, 1991.

[19] Arthur M. Schlesinger, *The Politics of Upheaval 1935—1936*, New York: Houghton Mifflin Company, 2003.

[20] Burt Solomon, *FDR v. the Constitution: the Court-Packing Fight and the Triumph of Democracy*, New York: Walker Company Press, 2009.

［21］ Henry Steele Commager，*The American Mind：An Interpretation of American Thought and Character Since the 1880's*，New Haven：Yale University Press，1950.

［22］ Jeff Shesol，*Supreme Power：Franklin Roosevelt vs. the Supreme Court*，New York：W.W.Norton Company Press，2010.

［23］ Rexford G. Tugwell，*The Democratic Rosevert：A Biography of Franklin D. Roosevelt*，New York：Doubleday Company Press，1957.

［24］ Robert H. Wiebe，*The Search For Order：1877—1920*，New York：Hill and Wang，1967.

［25］ Hiebe，Robert H.，*Self-rule：A Cultural History of American Democracy*，Chicago：Chicago University Press，1995.

［26］ Theodore Roosevelt，*The Autobiography of Theodore Roosevelt*，New York：Octagon Books Press，1975.

［27］ William H. Harbaugh，*The Life and Times of Theodore Roosevelt*，New York：Farrar，Straus and Cudahy Press，1961.

第十三讲　二战后美国政治和社会改革

按照美国《联邦宪法》和制宪者的制度设计，国会是构成联邦权力制衡机制的重要一极，而立法机制作为美国国会立法能力的基础要素，通过与实际立法需求间的互动，决定了国会在美国联邦政策制定过程中话语权的大小，进而影响着联邦权力制衡机制的有效性。美国国会立法机制源自于英国议会，由以委员会制度为代表的立法制度和国会党团主导的立法行为构成，经过殖民时代北美各地议会的实践和演绎，最终内化为美国法制传统中不可或缺的组成部分。19 世纪中叶以前，美国经济、政治和社会生活等领域的事务主要由各州负责管理，因联邦政府的职能和工作量有限，传统的国会立法机制尚能应付此时的立法需求。自内战结束至 1945 年间，随着联邦政府职能的不断扩展，使得国会立法能力不足的问题逐步显现出来。一方面，国会年均立法量的增幅远低于立法需求；另一方面，经济和社会领域新兴立法事务的不断涌现，放大了国会在资讯搜集、分析和宏观政策制定等方面的欠缺，由此产生的“立法能力危机”，构成了美国国会改革自身立法机制的现实动因。与此同时，总统领导的联邦行政机构凭借其高效的决策和执行能力，逐步获得了联邦政策制定的主导权，以至于国会几乎丧失了有效监督联邦行政机构的能力。若长此以往，则联邦行政机构终将成为国会监督的盲区，联邦政府层面的分权制衡机制也会逐渐失灵。故而，维护联邦权力结构中分权制衡机制的有效性，是美国国会立法机制改革的宪法理论依据。

美国国会制度的变迁，一直以来是政治学和宪法学研究领域的重要课题，相关成果既包括了兰德尔·得普利的《国会：立法过程和政策》和托马斯·曼恩等人合编的《新国会》等综合性论著。同时也有针对具体制度的探讨，如纳尔逊·W.波尔斯的《美国众议院的制度化》一书，其比对国会内部的“制度化”现象，并认为这种制度化趋势有其必然性，特里尔·莫伊的《“国会主导权”实证理论述评》一文，则依据“国会支配论”，认定国会内部的“制度化”进程始终处于代议制的范畴内。此外，二战后全球范围内的民主化浪潮，也推动了美国国内种族隔离制度的废除，法律法规层面的种族歧视、性别歧视等行为也受到了抑制，国会出台的民权立法以及总统行政命令推行的一系列社会保障改革，在维护美国社会弱势群体方面发挥了重要作用。国内学者张立平教授所写《林登·约翰逊与民权法案》一文，阐述了约翰逊对于民权运动的态度经历了由反对到支持的转变，并在20世纪60年代的三个民权立法过程中发挥了积极作用。任东来教授的《“肯定性行动”与美国政治》一文，则解析了肯定性行动的局限性，指出肯定性行动使得弱势群体可以凭借种族、性别、宗教信仰等因素在就业、求学等领域取得固定优势，最终产生了反向歧视，而且肯定性行动还默认黑人等少数族裔的不利地位，一定程度上强化了种族歧视现象。胡晓进的《“肯定性行动”与逆向歧视：以美国最高法院的相关判决为中心》一文，主要阐述了最高法院对肯定性行动的态度转变，从一开始的“里德案”到后来的“巴基案”，最高法院最终取消了该行动计划规定的固定配额制，缩小了肯定性行动的保护范围。

综上，第二次世界大战作为一个重要的历史节点，其带给世界的变化是巨大的。为了适应这种变化的世界，二战后美国又开始了新一轮的政治和社会改革。在这个意义上，对二战后美国政治和社会改革的研究，不仅具有学理价值，亦具现实意义。

一、战后美国国会改革

（一）战后国会立法制度改革

在美国宪政体制中，国会立法制度是相对确定性的因素，针对其进行的改革可以更直接、更顺畅地贯彻改革者的意图，因此，立法制度改革构成了美国国会立法机制改革的主干。从《1946年国会重组法》（The Legislative

Reorganization Act of 1946）颁布，到20世纪90年代中期立法机制改革渐趋停滞，美国国会先后从改革委员会、国会助理制度和在国会立法工作中引入网络与信息化技术的角度出发，尝试对其立法制度进行全面且系统的升级调整，以期达到提升立法能力的效果。

关于委员会制度改革，早在19世纪末和20世纪初，美国国会就曾尝试通过增设新的委员会来提升立法能力，截至1919年，参众两院常设委员会的数量分别达到了74和60个。但事实证明，仅是扩充委员会体系的规模，非但未能有效提升美国国会立法能力，反而带来了委员会职能重叠和权责不清等新的问题，所以只有精简冗余的委员会，让议员们将有限的精力集中到1—2个专业领域，才是提高立法效率和质量的正道。基于上述认识，联邦政府在制定《1946年国会重组法》时，将精简委员会体系规模和减轻议员兼职压力等作为委员会制度改革的突破口。为此，国会裁撤了大部分临时委员会，将立法草案起草工作交由拥有独立职责权限的15个参议院常设委员会和19个众议院常设委员会完成；同时规定，参议员只能同时兼任3个委员会职务，而众议员的兼职数则被限定在2个，国会也不再受理任何私人议案、决议和修正案。如此一来，议员们具备了成为特定领域联邦立法事务专家的潜质。为了最大限度地发挥委员会体系的立法效能，《1946年国会重组法》还赋予委员会主席领导其委员会内部立法和行政事务的权力，并在传统“资历制”（Seniority）基础上创设出了“委员会资历制”，使委员会具备了“科层制”组织的某些特征。但需要指出的是，改革后这种立法专业性和效率提升，却是以牺牲国会内部民主为代价的，进一步说，在委员会资历制的全盛时期，国会两院中的多数党议员凭借资历便可跻身委员会主席或小组委员会主席之列，反观那些资历尚浅的新晋议员，他们鲜有机会加入拨款和筹款等位高权重的委员会。这种政治参与机会的不平等，在议员群体内部造成的矛盾甚至撕裂，一定程度上抵消了委员会制度改革取得的成效，并且成为了国会立法机制改革道路上的绊脚石。对此，众议员詹姆斯·A. 罗（James A. Roe）坦言：“若要复兴国会，则必须先革除资历制，并且让真正具有领导才能和立法能力的议员担任重要职务。”政治评论家罗伯特·海勒（Robert Heller）更是直截了当地将委员会资历制称作“公认的恶魔”。总之，由拥有独立职责权限且奉行委员会资历制的常设委员会负责法案草拟工作的立法制度，虽有促进国会立法专业化的功效，但也使议案起草工作由多数议员的集智过程变为相关委员会的独角戏，其结果，不仅削弱了立法活动的民主性和代表性，更阻碍了立法效率的提高。鉴于委员会主席集权和委员会“资历制”给立法机制改革造成的负面影响，联邦政府在《1970 年国会重组法》中，加入了保障议员平等参与立法事务权利的条款。例如，保障少数党议员有权平等使用委员会行政经费，有权传唤证人出席听证会，在辩论和听证会进程中享有平等的发言机会等。此外，该重组法还建立了跨党派的两院联合行动委员会（Joint Committee on Congressional Operations），以便随时提供有益的改革建议。更为重要的是，国会众参两院还分别在 1973 年和 1975 年组建了“博林委员会”和“史蒂文森委员会”，有针对性地解决众议院中的委员会体系设置不合理、委员会内部缺乏监督机制、代理投票泛滥、参议院内部行政管理效率低下和委员会体系臃肿等问题。随着上述改革举措逐步落实，国会立法活动的民主性得到了增强，这在一定程度上促进了国会立法话语权的分解和下移。实际结果是，职责权限划分更细致的小组委员会取代常设委员会，成为参众两院立法议案的实际起草者。然而，小组委员会的崛起也带来了相应的问题，如法案起草工作的碎片化对提升立法效率起到了反面作用。进入 20 世纪 80 年代后，不断加剧的政治极化使美国国会再难就立法机制改革达成共识，到 1995 年，国会委员会制度改革已沦为同时控制参众两院多数席位的共和党贯彻“小政府”理念的工具，其在立法机制改革中所扮演的角色逐渐退居次要位置。

二战后针对助理制度及机构设置所进行的改革，是美国国会立法制度改革的又一重要内容。从职责和功能上看，助理制度改革旨在建立规模合理和配置得当的助理团队，以协助国会改革和提升立法效能。换言之，助理制度改革始终从属并服务于委员会制度改革。从内容上看，助理制度改革由议员私人 / 委员会助理制度改革和立法服务机构改革两个部分组成，为保障委员会助理忠于职守，《1946 年国会重组法》规定，国会助理只有“在离职一年以上且获得参议院规则委员会或众议院行政事务委员会书面许可的情况下，才能转入其他政府部门任职”。为帮助议员更好地完成日益繁巨的立法工作，《1970 年国会重组法》又授权两院各委员会额外雇用不超过 6 名助理，以加强与选民的联系。与隶属于特定议员或委员会助理相比，立法服务机构更多地负责为国会提供科学与专业性的政策咨询，为此，20 世纪 40 和 60 年代，国会先后建立了立法咨询服务处（Legislative Reference Service）、总审计署（General Accounting Office）、众议院立法顾问局（Office of the Legislative Counsel）、技术评估办公室（Office of Technology Assessment）和国会预算办公室（Congressional Budget Office）。上述机构的建立，为国会更高效、更专业地制定法律提供了助力。到 20 世纪 70 年代末，27% 的议员会在参与表决时采纳立法服务机构的建议，11% 的立法是依据立法服务机构提供的蓝本制定的。当然，国会助理对立法事务影响力的逐步扩大，也引起了议员们的注意和担忧。作为委员会制度改革的陪衬和附属品，国会助理制度改革的实际成效，既取决于自身制度设计的合理性，又受到议员们对其认知和态度的影响。但不可否认，面临日益繁巨和专业化的立法任务，国会需要更专业的咨询和政策意见，这也是国会助理制度得以不断发展和完善的根本原因。

利用网络和信息技术改进立法工作方式，亦是战后美国国会立法制度改革和提升立法能力的又一途径。与委员会和助理制度改革相比，电子计票、计算机和网络技术在国会中的应用，能够更直接地提升立法工作的效率，其负面影响有限且可控。《1970 年国会重组法》将电子计票技术引入国会立法程序后，大幅降低了“唱名表决”（rollcall vote）所需的时间和人工成本，议员投票率和表决结果的真实性和可靠性也随之回升。以众议院全体会议为例，采用电子计票技术前，投票率低于 57%，而改革后升至 80%，尤其是始建于 1973 年的电子议案数据库（automated bill status system），使议案信息的储存和检索进入了数据化时代。到了 20 世纪 70 年代末，68% 的众议员用计算机完成文字处理工作。相比于传统的人工抄写和递送，此举显著提高了国会内外的咨询传递效率，凭借计算机强大的数据分析和处理能力，国会得以在立法决策中使用更新、更复杂的计量经济学模型来预测法案的潜在效果和影响。例如，1976—1977 年，总审计署通过运用计算机核算财务报表，为联邦财政节约了 82 亿美元，同样得益于计算机技术的运用，1978 年，在国会研究服务处所受理的 306479 项咨询请求中，52% 的请求当日即得到了答复，另有 30% 的请求在 5 日内得到处理。随着国会立法信息处理量的增长和行政性事务的日益繁杂，国会又分别于1975年和1976年建立了“临时信息基础设施委员会”（Temporary Commission on Information and Facilities）和“行政复核临时委员会”（The Commission on Administrative Review），以解决信息基础设施不敷使用和人事与财务管理混乱的问题。

综上，战后美国国会在立法制度改革方面的探索，涵盖了议员参与立法活动的方式、行政助理团队与智库，以及立法办公技术等方面的内容，其中针对议员参与立法活动方式即委员会制度改革始终居于核心地位，而助理制度和办公技术改革，则起着放大委员会制度改革功效的作用。究其原因，在于议员既是国会立法权的实际行使者，又是立法制度改革的制定者和评估与监督者，掌控改革的进程和走向。当然，仅凭立法制度改革，尚不足以将国会立法能力提升至满意的程度，而作为立法机制另一构成要件的立法行为，却时刻影响甚至牵制着立法制度改革的实际成效。

（二）战后国会立法行为改革

立法行为通常是指立法主体制定、认可、变动、修改与监督法律实施的具体实践。就美国国会而言，其立法活动带有明显的政党政治色彩：一方面，国会党团在立法创意、提案和表决等过程中起到了协商与集智的作用；另一方面，政党影响和控制立法行为逐渐加强。虽然美国建国之初以华盛顿为首的国父们对政党政治在纵容偏见与分歧、破坏联邦政府团结方面的隐患表示担忧，但这并没有抑制政党的崛起和发展，而且到伍德罗·威尔逊政府时期，政府不仅不摆脱政党，“而是寻找和运用某种办法来驾驭政党”。更为重要的是，深受政党政治影响的立法行为是国会立法机制中较为灵活的部分，若以刚性制度法规加以限制，反而会削弱国会党团在立法过程中沟通政策意见、凝聚共识和达成妥协的作用，不利于改革效能的发挥。故此，在立法机制改革过程中，国会通常会避免直接向两院党团发号施令，借助立法制度改革促使党团自发调整其影响国会的立法方式，进而使立法行为改革与立法制度改革相协调。

战后国会立法行为改革的典型事例，涉及《1946年国会重组法》，其通过授权委员会主席领导的两院常设委员会负责法案起草工作，改变了以往由议院多数党领袖主导立法进程的惯例，国会党团从此由立法舞台的中心退居幕后，领导层凭借分配委员会席位的职权，继续影响着国会立法活动的进程。对于大多数议员而言，能否获得心仪的委员会职位并参与重要的法案制定工作，将决定其职业生涯的走向。为此，议员们需要在立法活动中与党团领袖保持步调一致，以提高其进入理想委员会的概率，而一旦获得党团领导层的青睐，他们在国会中的职业发展便会顺遂得多。以众议院为例，1959—1960年有35%的拨款委员会和29%的筹款委员会成员是通过党团领袖任命方式获得职位的；与此同时，有25%的筹款委员会成员和10%的拨款委员会成员无须刻意申请便获得了理想的委员会职位。相比而言，参议院议员人数仅为众议院的四分之一，优质委员会职位的稀缺程度相对较低，其成员对党团的依赖较小。正是凭借对“优质委员会席位”的控制，国会党团在失去法案草拟工作直接领导权以后，依旧能对立法活动施加必要的影响。由于国会党团领导层原本就是以资深议员为主，因此，在“委员会资历制”风头正劲的时代，国会党团特别是其领导层对立法事务的影响力并未显著衰减，只是发挥作用的方式更低调、更难以被察觉而已。进入20世纪70年代，国会内部党团组织就弥合委员会主席集权及“委员会资历制”造成的分歧，在资深与新晋议员之间达成了共识。1971—1975年，参众两院党团组织根据《1970年国会重组法》中推进国会立法活动民主化的条款和精神，对自身职能和工作方法进行了调整，其内容包括：由党团会议负责分配委员会席位和选举委员会主席，议员不得在多个小组委员会中兼任主席职务等。与立法制度领域民主化改革的遭遇类似，当分配委员会职位的权力不再由党团领导层垄断时，党团内部的政治生态就开始由“集权”转向“原子化”，甚至带来普通议员都意识到的“在委员会中的职位是通过党内民主选举而非党团委任方式获得的，所以他们也无须效忠党团及其领袖”的结果。在这一思想指导下，议员在参与立法和监督立法活动时，普遍将个人得失作为行动的指南和准绳。

20世纪80年代以后，国会又出现了以党派归属站队的“政治极化”趋势，进一步消解了建立在理性基础上的共识，议员的立法行为已不再拘泥于立法制度的约束，而是越来越频繁地利用个人人脉和党团组织等“非正式”的途径提出议案。在20世纪80年代的美国众议院中，有1/5的议案采用了“非正式”提案途径，到90年代，这一比例虽降至1/10，但进入21世纪，“非正式”提案途径的使用率再度上升，2014年，比例甚至达到1/3。议员们选择所谓“非正式”提案途径而舍弃既有的立法程序的做法表明，以委员会制度为核心的立法制度已不再是议员参与国会立法活动时最便捷、最有效的途径，这也在一定程度上为美国国会立法机制改革逐步走向停滞提供了解释空间。

（三）国会立法机制改革的无人化趋向

通过以上二战后美国国会立法机制改革历程的梳理和分析，我们看到：导致改革未能克竟全功的原因主要在于：改革的最终目标与实际立法需求间的偏差、部分宪法规则与原则的时代局限性和具体改革措施的缺陷。而国会可以凭借自身能力和职权加以调整与改进的，恐怕只有第三项具体改革措施的缺陷。在这个意义上，如果美国国会仍有意继续推动立法机制改革，则应该在选择更科学、更可行的改革举措上多做些尝试。在国会已采取的改革举措中，议员和国会助理作为改革计划的执行人，能否做到依法、依规履职，并且能够平衡坚守改革初衷与维护公共利益和实现个人价值之间的关系，将最终决定改革的实际效果。换言之，立法机制改革就是对国会立法权行使方式的彻底洗牌，所有议员和国会助理都会自觉或不自觉地成为这场“权力游戏”的参与者。关于这一点，正如孟德斯鸠在《论法的精神》一书中所断言，“一切有权力的人都容易滥用权力”。在美国国会立法机制改革过程中，除了要不断提升自身的立法能力，还要时刻警惕国会议员和助理利用职权之便，在立法活动中获得超越他人的影响力和话语权，并由此演变为国会中的“权势阶层”。20世纪70年代后，国会将法案起草工作的重心由常设委员会移至小组委员会，推动国会党团内部民主化改革和限制国会助理体系规模，均是对该权力制约和监督理念的实践。从结果上看，上述举措的确有效地维护了国会内部民主，保障了立法权行使过程的合宪性，但却对提升美国国会立法能力产生了负面影响，进而削弱了国会立法机制改革存续的可能性。

在这一前提下，网络和信息技术在使二者之间保持平衡，进而达到改革的预期效果便会发挥重要作用。作为高效并具备政治中立特质的无人化技术手段，网络和信息技术在立法过程中的应用，有助于提高美国国会立法工作的效率和质量，且不会主动干预国会内部政治生态与权力平衡。当然，在既有的改革实践过程中已被运用的各项无人化技术，由于尚不具备自主工作的能力，只是国会议员和助理工作效果的放大器，对抑制权力博弈给国会立法工作带来的阻碍尚且无能为力。而近年来，随着人工智能技术被广泛应用于美国经济和社会生活的各种场景中，实现国会立法过程的无人化也变得不再那么遥不可及，或者说至少存在以下理论依据。

第一，从工作原理上看，人工智能具备协助国会完成部分乃至全部立法工作的潜质。依据维纳在《控制论》中提出的观点，国会立法机制可以看作整理和分析一切与目标法案相关信息的过程。而将信息数据化并以统计学方法加以运算，正是人工智能的专长，因此，人工智能在理论上具备处理立法事务的能力。相比于议员和立法助理，人工智能不仅在工作时长、强度和稳定性方面具有先天的优势，而且可以运用计算机模拟技术推演法案实施效果，有助于提高法案内容的科学性和合理性。

第二，在人类社会日益数据化的时代，尝试和推进立法过程的无人化，有助于突破人体机能极限对立法效率的制约，为促进社会更加稳定且有序地运行提供保障。根据国际数据公司（Internet Data Corporation）的预计，截至2025年，全球数据圈规模将达到175ZB（1ZB相当于1万亿GB），如果将这些数据全部储存在DVD中，则DVD的高度将是月球与地球间距离的23倍，或环绕地球222圈。在这样一个“万物皆数”的世界中，仅依靠传统的立法工作方式不足以从纷繁复杂的信息海洋中寻找到其所需的立法信息和方案，因此，立法机构需要积极运用最新的科技手段提升自身的信息感知、分析能力和综合判断能力，而以人工智能技术为基石推进立法过程的无人化，正是实现该设想的理想途径。

第三，推行立法过程的无人化，有助于降低权力博弈对国会立法的干扰。与仍需依赖国会议员和助理做决定的初级无人化办公技术相比，人工智能技术最显著的优势在于，可利用在自主思维方面的专长，逐步提高立法工作的自动化程度，并有望最终实现立法过程的无人化。果真如此，则美国国会便可不再受如何使立法权高效行使的同时权力不被滥用这一难题的困扰，将全部精力集中到提升立法能力和应对实际立法需求上来，从而更好地履行宪法所赋予的制衡职责。然而在现阶段美国，要实践国会立法过程的无人化，仍要面对一些棘手的问题，其中最典型的是，如何避免“立法过程的无人化”成为滋生新集权的温床。毕竟对于公众而言，支撑美国国会立法过程实现无人化的逻辑算法还是一个具有较高技术门槛的“黑箱”，专业编程者及决策者在其中起到的作用难以被实时监督。这种信息与认知能力的不对等，会使处于弱势一方的公众本能地产生自身权利可能会被侵犯的担忧，继而对此类激进改革选项持审慎甚至怀疑的态度，由此影响国会议员在探讨相关改革计划时的决策行为。

作为 18 世纪末制宪者与 20 世纪中后期立法改革者之间关于宪法精神和实践的“超时空对话”，战后美国国会立法机制改革历程进一步揭示出“国会权力与能力并不是两个可以互换概念”的事实，特别是在科学技术和社会治理需求加速变化的当代美国，国会只有积极适应和融入时代潮流，才是提升立法能力和维护政治秩序稳定的最佳选择。这不仅是美国国会立法机制改革的经验之谈，对于有志于革新政府体制的世界其他国家和政府而言，也是如此。

二、美国平权运动中的保障立法

（一）《1964 年民权法》

第二次世界大战结束后，美国虽已发展成为世界强国，资本主义国家的领头羊，但因种族和性别不平等而产生的贫富分化等社会问题，最终在 20 世纪 60 年代以社会运动和社会动乱的形式表现出来。伴随这一时期社会运动的风起云涌，美国黑人争取基本权利的斗争又进入了一个实质性的阶段。他们通过民权运动的形式，最终迫使联邦政府解决了内战和重建时期尚未完全解决的黑人公民权利问题。首先，黑人民权运动是 20 世纪 60 年代美国群众运动普遍高涨的先导，它以静坐运动、自由乘车运动、选民登记运动以及向华盛顿进军为主要内容，迫使美国统治阶级加速民权立法，从联邦法律层面上消除了南部的种族隔离制度；其次，黑人民权运动加快了最高法院政治倾向的转变，最高法院由保守和克制的政治态度转向同情和支持民权运动，使内战和重建时期关于黑人权利的宪法修正案内容得以真正实践，保障选举权的第 24 条宪法修正案也随之出台。所以，在美国黑人争取民权的运动中，以自由判案著称的沃伦法院从中起到了积极推动作用，这在美国历史上也是不多见的。正像著名的美国法学家伯纳德·施瓦茨所阐释的那样："如果在沃伦法院的法哲学中有一个重要的主题反复出现的话，这就是法律面前的平等——种族、公民、富人和穷人、检察官和被告的平等。"关于这一点，美国历史学家埃里克·方纳也曾指出："如果'权利革命'始于街头，但却是通过最高法院来争取到最终的法律承认和合法地位的，而最高法院在历史上是联邦政府中最为保守的一个权力分支，这不能不被认为是这个时代令人印象最为深刻的历史讽刺之一。"最后，黑人民权运动亦坚定了肯尼迪和约翰逊总统消除种族歧视和隔离制度的信心。早在 20 世纪 50 年代艾森豪威尔政府时期，国会就曾通过第一个试图保护南部黑人选举权的民权法，为此，联邦政府还专门建立了民权事务委员会。肯尼迪总统上台后，由于伯明翰的黑人运动，肯尼迪总统开始不再回避民权立法的相关问题，国会进而出台了第二个民权法，旨在反对种族歧视和隔离政策，继续保护公民选举权，并试图重新贯彻先前没有能够长期实行的《选举实施法》。但遗憾的是，由于南部政治势力（尤其是民主党保守派）的强烈抵制，两个民权法的内容都没有能够得到践行。1963 年 6 月，肯尼迪总统又向国会提出一份新的民权法草案，继续关注和重申南部黑人选举权问题，甚至"把民权危机看成是一个道德问题，警告国会不要推迟行动，以免让解决民权危机的机会从理性的负责任的人民手中错失，而使危机转到使用仇恨和暴力的人手中"。肯尼迪总统的预见不无道理，而且他在当年年底的遇刺，又在一定程度上加快了其继任者约翰逊总统对黑人民权问题立法进程，从而暂时解决了困扰美国南部近百年的黑人种族歧视和隔离及选举权问题。约翰逊总统在《民权公告》中宣称："这项法律的目的很单纯。它没有限制任何美国人的自由，只要他尊重他人的权利。它没有给予任何美国公民特殊的待遇。这项法律规定凡是在上帝面前平等的，现在在投票所里，在教室里，在工厂里，在旅馆、饭店、电影院里，以及在其他为公众服务的场所里也将一律平等。"约翰逊总统的《民权公告》，实际上已成为

《1964年民权法》的核心内容。《1964年民权法》“全面禁止在旅馆、饭店、戏院体育场所等公用设施里实行以种族、民族血统和宗教为理由的歧视行为，并宣布所有由州和地方制定的支持这种歧视的法律无效”。法律还明确规定：“雇主因为任何个人的种族、肤色、宗教信仰、性别或原国籍而失于或拒绝雇佣或解雇该人，或者在雇佣的报酬、条款、条件或特别待遇方面歧视该人的，属于非法雇佣作法；雇主因为任何个人的种族、肤色、宗教信仰、性别或原国籍而采取任何方式限制、隔离或区分其雇员或应聘者，从而可能剥夺或势必剥夺该人的就业机会或在其他方面对其雇员地位造成不利影响的，也属于非法雇佣作法。职业介绍机构因为上述原因而在职业介绍过程中歧视该人的属于非法行为。劳工组织因为上述原因而在工会入会、会员资格、介绍就业等方面歧视该人的同样属于非法行为。”此外，《1964年民权法》还特别允许司法部门对学校和教育中的种族歧视和隔离问题进行起诉，并在政府财政上加以支持，同时禁止从事州际贸易的任何企业在就业问题上对工人进行种族、民族血统和性别歧视。

《1964年民权法》作为美国平权运动中标志性的立法，在联邦层面上废除了美国南部的种族隔离制度，同时也将禁止就业歧视与性别歧视囊括进去，为之后诸如《禁止就业歧视法》和《禁止怀孕歧视法》等平权立法的出台奠定了立法基础。该法案的通过不仅是黑人民权运动的成果，更是约翰逊政府坚定支持民权运动立场的成功体现。正是因为该法使得大部分遭受不公平对待的黑人选民站在了约翰逊的民主党一边，在法律上结束了南部在公共场所实行的种族隔离制度。不过，民主党内部的保守派分子也因为民权立法而出现分化，此时保守派分子开始联合南部反对民权运动的保守派一起加入了共和党，最终导致20世纪30年代以来形成的“新政”联盟破裂，随之美国两党政治实力又开始重组。

（二）《1965年选举权法》

《1964年民权法》通过后，尽管美国黑人民权斗争在公共设施方面通过法院判决获得了既定的胜利，但是在选举权方面却推进迟缓，一些州的黑人仍未真正获得选举权。正因如此，迫切希望享有实质性选举权的黑人与旨在扭转种族隔离制度废除后处于窘境的南方种族主义者之间的矛盾进一步升级，并直接导致了“塞尔玛事件”的爆发。在“塞尔玛事件”中，黑人领袖马丁·路德·金在阿拉巴马州达拉斯县城塞尔玛领导黑人选举权运动时，遭到了达拉斯县城警长吉姆·克拉克的疯狂阻挠，这位狂热的种族主义警长非常厌恶为选举权斗争的黑人，并不顾舆论压力逮捕了包括马丁·路德·金在内的200多名游行黑人。虽然事后在约翰逊总统的介入下，马丁·路德·金被释放，但克拉克警长并没有停止对游行示威黑人群众的镇压。面对这种形势，黑人领袖将黑人选举权运动扩大到其他县城，最终导致游行队伍与佩里县警察发生冲突，并导致一名黑人丧生。“塞尔玛事件”不仅轰动全美，而且进一步带来了游行群众向阿拉巴马州首府蒙哥马利市进军的行动。在这样的局势下，约翰逊总统力促国会通过了《1965年选举权法》。这一法律规定，禁止认定选民资格时设置文化考查和受教育程度等歧视性措施，保障黑人的选举权不受侵犯。

《1965年选举权法》的通过，表明黑人选举权从司法救济向立法保障的演变，黑人选民可以减少关于选举歧视类案件的诉讼。此外，法律还规定司法部负责未登记的黑人选民的登记工作，进一步弥补了联邦法院将司法判决付诸法律实践能力的局限性。更为重要的是，法律通过取消文化测试的硬性规定，消除南部各州对黑人选民设置的歧视性障碍，为黑人获得基本公民权提供了坚实的法律保障。在这一意义上，《1965年选举权法》是20世纪60年代美国黑人民权运动的一个重要成果，不仅在法理意义上完成了一个多世纪以来美国黑人一直在争取的公民基本权利的斗争任务，而且在政治和社会意义上实现了自内战以来黑人民权运动一直争取的目标。这一目标具体包括：第一，通过60年代民权运动，宪法修正案第14条的内容得到了极大的充实，法律平等保护的原则得到了充分的运用，排除了对黑人和少数民族在法律上的歧视；第二，这场民权运动使民众争取权利的斗争变成了一种以群体为基础的斗争，它将一个以种族为整体的概念引入宪法中，把原来分散、孤立的个人权利的概念变成一个集体权利概念，要求联邦政府对这些权利进行保护；第三，通过这场民权运动，联邦政府进一步扮演了保护社会弱势群体的角色，实现了重建时期的一些宪政思想；第四，这场民权运动也在一定程度上改变了美国联邦制的政治格局，使联邦政府在与州政府的权力对决中处于优胜地位，特别是通过解决黑人民权问题，联邦政府的权力得到了扩大，而州和地方政府的权力得到了限制。

（三）《1968 年公平住房法》

从社会学理论上说，房屋不仅仅是一个隐蔽处，它更是一个人社会、经济、政治地位的象征，在这个意义上，长期以来美国住房隔离绝不是一个孤立的社会存在。在美国历史上，居住隔离是种族隔离制度孕育的一种种族歧视模式，白人因为歧视黑人而往往选择白人聚居区来远离黑人，多数黑人则因为自身的经济条件和白人的阻挠而无法选择与白人同样的小区居住，进而形成了所谓的黑人社区。这些以黑人为主的社区不仅管理混乱，社会治安得不到有效保障，而且割裂了黑人与白人的联系，不利于黑人融入美国社会，部分黑人及其后代甚至一辈子很难走出这种隔离社区或贫民窟，这样的恶性循环无疑是美国社会稳定发展的一大隐患，更是黑人暴力事件频发的温床，因此，如何解决居住隔离问题，一直受到黑人领袖以及部分白人自由派政客的关注。

二战以来，尤其是 60 年代的民权运动高峰期，遍布全国的黑人非暴力运动使得大量白人离开市中心，居住在空气质量较好、治安有保障以及白人占多数的城市郊区。60 年代又是美国经济繁荣和全球技术革命的时期，美国国民收入得到了显著提高，城市郊区化和市中心空洞化等现象也接踵而至，受此影响的大批中上层白人凭借优越的经济和社会条件搬到了市郊区，相反黑人只得留在居住环境差、人口密集、教育资源缺乏以及犯罪率高的市中心地区，如此一来，原本只是在同一城区的居住隔离已经演变成了市中心与郊区的居住隔离，种族主义者、房地产开发商以及部分地方政府官员更是看准时机，设立针对白人和黑人购房的不同门槛，向白人提供郊区的优质住房，黑人反而被提供市中心的劣质住房，即便有实力的黑人也很难买到郊区住房，甚至黑人住房也被开发商贬值，拍卖价格很低。这些带有种族歧视的行为在很大程度上招致了黑人的不满，黑人领袖也在居住隔离问题上敦促联邦政府出台相关立法保障公民平等购买和居住房屋。

面对民权运动的压力，肯尼迪总统于1962年11月发布行政命令，要求禁止居住隔离行为，实现住房公平。即便该行政命令只禁止联邦住房管理局和退伍军人管理局担保的住房项目中的居住隔离行为，但这也是美国总统关于解决居住隔离的一次有意义的尝试。在此之后，尽管包括《1964年民权法》在内的公平住房立法，大都禁止联邦政府相关部门担保的住房项目中的隔离居住问题，但对州和地方政府以及私人住房存在的居住隔离和种族歧视现象没有提出标志性立法。为了解决和明晰这一问题，约翰逊总统在1966年、1967年和1968年提交的民权咨文中，将政策制约范围从公共住房领域扩展到私人住房领域。当时国会并没有接受约翰逊总统的提议，但这些建议却为公平住房法的出台奠定了坚实基础。

1968年黑人领袖马丁·路德·金的遇刺，对公平住房法出台也起到了很重要的推动力。原本民权运动在60年代后期已经逐渐陷入低潮：一是因为遍及全国的黑人运动不利于美国社会的持久稳定，许多北方白人对时不时发生的黑人暴力事件更是感到恐惧，再加上黑人民族主义的发展，导致许多支持民权运动的自由派白人开始在种族问题上退缩；二是越南战争规模的扩大招致了国内选民的反对，尤其是在民权运动与反战运动汇聚后，约翰逊总统与黑人领袖们的关系开始变得疏离，无暇在居住隔离问题上投入更多精力。这种情况下，即便全国咨询委员会在提交的《克纳报告》中警告居住隔离现象会使美国变成一个分裂的白人社会和一个黑人社会，国会的保守派议员依旧阻挠关于公平住房法案的通过。但因为1968年于4月4日马丁·路德·金遇刺身亡，联邦政府为了平息黑人的愤怒，防止暴力事件的大规模爆发，公平住房法案旋即在国会通过，并于4月10日由约翰逊总统签署正式生效。

《1968年公平住房法》的颁布，标志着联邦政府公平住房政策的最终确立。该法律不仅打破了先前公平住房政策只适用于联邦政府所担保的住房项目的框架限制，即禁止参与住房领域的所有集团——房地产经纪人、建筑商和抵押贷款机构及广告商等——在操作中有歧视行为，而且还激进地将公平住房政策延伸至私人住房领域。与此同时，法律还规定住房市场禁止在住房交易和贷款条款中以种族、肤色、宗教信仰、性别等因素为由进行居住隔离与种族歧视。此外，房产经纪人在挂牌出租或出售房屋时，不得以种族、肤色、残疾、家庭情况为由拒绝出租或出售房屋，甚至出售或出租房屋时提出不同条件、待遇或优惠以及为获取利益，采取暗示已有或将要有有色人种入住等类型信息，诱导小区房主出租或出售住房等行为。

值得注意的是，《1968 年公平住房法》在具体执行中的效果，却备受各界人士的质疑。原因之一，在于居住隔离的复杂性。除了种族隔离传统外，城区内部的居住隔离以及城市郊区与市中心的隔离现状使得种族歧视类型多种多样，比如个人在出售私人住房时会和购房人约定不得将房屋转卖给有色人种等。原因之二，在于该法律是国会两党政治博弈相互妥协的产物，集中体现了负责执行此法律的美国住房与城市发展部被剥夺了帮助遭受歧视的有色人种向相关法院提起诉讼的权力，这等于变相将维护公平住房，禁止种族歧视的重任重新还给了黑人等少数族裔。在州权主义浓厚的地方法院，原本就缺乏经济条件的黑人等少数族裔就公平住房问题提起诉讼十分不现实，更不用说赢下官司。在这个意义上，该法律执行部门诉讼权的缺失，直接导致执行效果大打折扣。后来 1988 年关于公平住房修正案，又规定司法部有权对触犯公平住房法的公司或个人进行惩罚，事实上就是为了解决上述问题。

综上，20 世纪 60 年代美国联邦政府相继通过了《1964 年民权法》《1965 年选举权法》和《1968 年公平住房法》等三项涉及黑人民权法律，以及三项法律的结合，基本上宣告了美国种族隔离制度的彻底终结。在联邦政府民权法的推动下，州和地方政府后来也相继出台一系列相关法律。截至 1988 年，38 个州和 82 个市政府制定了民权保障法，16 个州的类似法律正在审议中，各级政府公平住房政策体系渐趋形成。并且，从政策确立后的 30 年来看，隔离指数逐渐呈逐次下降趋势，黑人入住郊区也在 70 年代大规模出现，这意味着美国中心城市和郊区距离隔离得到了逐步的改善。

三、战后美国社会保障改革

（一）约翰逊总统的“伟大社会”改革

二战后美国社会保障改革，以建立健全社会福利体制为总体目标，通过联邦政府的财政拨款对社会资源进行再分配，在就业机会、劳工关系、种族关系、性别关系和医疗补助等方面进行制度建设和调整，以此来缓和企业与工会之间的矛盾，向贫困人口提供救济金，增加就业岗位，让失业人口再就业，制定相关法律尽力解决美国社会存在的种族歧视和性别歧视问题。这些社会改革一定程度上“重塑了国家和个体的关系、凝聚社会共识、重构政体结构、完善行政体制、变革财政制度和建构权责关系等各种变革，推动了现代美国的国体和国家制度的形成”。二战后美国最为重要的社会保障改革，无疑是约翰逊总统在1964年提出的“伟大社会”改革计划，这是美国自由派继罗斯福“新政”后的又一次大规模社会保障改革。

约翰逊赢得1964年总统选举，是其“伟大社会”改革能够付诸实施的政治基础。实际上早在肯尼迪总统政府时期，约翰逊就已经支持肯尼迪总统实施的“新边疆”政策，尤其是关于联邦政府财政赤字问题的法案。此外，约翰逊在担任参议院多数党（民主党）领袖期间，还曾发起了针对参议院常设委员会职位分配制度的改革。约翰逊认为，仅依据资历和忠诚度来分配常设委员会职位是对新晋议员才能的浪费，并且党内分歧引起的内耗也不利于党团发挥其在组织方面的优势。因此约翰逊决定改变由党团会议决定委员会职位归属的旧制，亲自为每位党内同志安排委员会职位，依据其确立的“约翰逊规则”，每位民主党参议员都能至少获得一个重要委员会中的职位。同时，约翰逊还通过与参议院中的自由派民主党人达成和解，促进了参议院民主党党团的团结，提高了其影响参议院立法活动的能力。对此，肯尼迪总统曾评价道：“林登是一个强有力的领导者，他懂得如何协调不同派别之间的利益关系。”在肯尼迪遇刺后，继任的约翰逊总统便着手准备即将到来的总统大选。他先是宣称继续推行肯尼迪政府时期的社会保障改革，同时对越南战争等敏感问题采取了回避态度，并同情民权运动，准备推动联邦政府出台民权立法。最终约翰逊得到61.6%的选民票，超过了罗斯福在1936年所获选民票的比例。民主党在国会选举中也成绩出色，在参议院民主党与共和党席位的比例为68∶32，在众议院为295∶140，形成1937年以来最大的国会民主党多数。在这个意义上，1964年大选结果，不仅反映了中下层群众要求变革的愿望，也表明垄断资产阶级内部对社会经济改革的意见大体趋于一致。至此，20世纪50年代以来美国两大政党之间的相对政治平衡被暂时打破，“伟大社会”

这一大规模的社会经济改革计划应运而生。

“伟大社会”计划推行如此顺利，得益于如下因素。其一，减税计划的成功实施，是“伟大社会”改革的经济基础。减税计划其实是肯尼迪“新边疆”社会保障改革的一部分，肯尼迪在1963年提出了减税100亿美元以刺激经济的计划。该计划主要削减个人所得税和企业税，旨在减轻个人和企业的纳税负担。在后来的1963年白宫经济会议上，约翰逊把财政年度的联邦预算削减到979亿美元，使联邦政府财政赤字比肯尼迪制定的原预算减少一半之多，面对联邦政府大幅削减财政支出，减少经济干预，减税计划很快便得到了国会保守派的支持，同时也得到了企业共同体的赞许，许多大企业所有者开始支持约翰逊。1964年2月，《减税法案》获得通过后，实施削减公司所得税25亿5千万美元，削减个人所得税110亿美元。减税法促进了投资高涨，使经济保持肯尼迪任内增长的势头。其二，对民权运动的同情，为约翰逊总统“伟大社会”改革奠定了社会基础。由于伯明翰事件显示出的黑人民权运动对社会的冲击力，许多北方白人也对遍布全国的黑人游行示威表示不满，甚至在1964年大选中将票投给共和党候选人戈德华特，致使民主党的自由派联盟有分裂的趋势。在这种情况下，约翰逊深刻地意识到如果不给民权运动领袖以政治承诺，或联邦政府对种族歧视放手不管，或对促进社会平等避而不谈，极有可能发生黑人等少数族裔的极端暴动的后果。为此，约翰逊总统先是签署了《1964年民权法》，禁止了在公共场合的基于种族、性别、肤色等因素的歧视行为，紧接着又签署了《1965年选举权法》，将少数族裔的选举权以立法的形式予以确认。这两项立法成果，不仅是约翰逊社会保障改革的主要内容，也为其进一步深化改革赢得了少数族裔的支持。1964年5月22日，约翰逊在密歇根大学出席了毕业典礼并发表演说：“美国不仅有机会走向一个富裕的社会和强有力的社会，而且有机会走向一个伟大社会。”从此，“伟大社会”就成了约翰逊社会保障改革的标签。事实上，约翰逊在1964年1月8日向国会提交的第一个国情咨文中，已经勾勒了社会保障改革的大致轮廓。在这个国情咨文中，约翰逊宣布“无条件地向美国的贫困宣战”，把反贫困作为施政的主要目标之一。在国会复会后，约翰逊在1月的国情咨文中，提出了“伟大社会”立法计划，要求国会在教育、医疗、环境保护、反贫困和民权等领域采取广泛的立法行动。为了实现“伟大社会”改革计划，约翰逊政府促使国会通过一系列立法并付诸实行。

“伟大社会”计划的主要成就包括以下两点。第一，“向贫困宣战”。“向贫困宣战”改革计划是约翰逊总统社会保障改革的重要政策。该计划理论依据是将贫困看作是美国社会存在的一大问题，只有解决贫困问题，促进社会公平，才能缩小贫富差距，转移民众视线，减少对联邦政府的权利诉求，进而树立联邦政府的权威，巩固美国宪政体制。由于60年代美国经济的繁荣进一步拉大了贫富差距，科技革命又使得部分旧技术工人被产业淘汰，进而造成了大批失去就业能力的工人与受教育程度较低的无业群体共同构成了美国贫困人口的主体。农民也在农场主受益于机械化革新后陷入困境，更不用说处在社会边缘和在就业、教育、居住等问题上遭受种族歧视的少数族裔群体。尤其是犯罪率和吸毒率较高的部分黑人，他们不仅是贫困人口，而且是社会不稳定的主要因素。为此，联邦政府把解决贫困、改革社会保障和健全社会福利体系等，作为“向贫困宣战”改革计划的主要目标。首先，在儿童与青年教育方面，政府对贫困家庭中3—6岁儿童进行学龄前教育，同时出资为青年提供临时性工作，以此来支付青年的大学学费。其次，在职业训练方面，规定为16—21岁失业失学的城市青年提供两年的职业训练，大批失业失学人员被分派到贫困地区、精神病院、学校和印第安人保留地为穷人和少数民族提供服务。再次，实施“社区行动计划”，让穷人最大限度参与“社区行动计划”，以解决贫困人口就业和承担社会责任问题。约翰逊总统这一反贫困计划，被认为是最富于革新精神的内容，有人称之为“向贫困宣战的心脏”。第二，通过民权立法和改善种族关系以促进种族平等，也是约翰逊社会保障改革的重要议题。《1964年民权法》对公共场合（酒店、医院、广场）的种族歧视行为的禁止，为最高法院废除南方的种族隔离制度进行了立法支持；《1965年选举权法》则是赋予了黑人选举权这一核心政治权利；《1968年公平住房法》更是将住房方面的种族歧视行为加以禁止。这三个民权法在法律上彻底终结了种族隔离制度，促进了种族平等，改善了种族关系，有利于少数族裔融入美国社会。此外，在医疗卫生领域，国会还通过了《1965年医疗照顾法》，对参加社会保险制度和铁路员工退休制度的年满65岁的老人实施医疗照顾。该项法律通过后，美国1960万老年人中的绝大多数成为受益者。

美国福利国家建设起源于罗斯福时期，《1935年社会保障法》的签署是主要标志，国家福利政策在随后几任总统任期没有实质性改变，直到约翰逊政府时期的“向贫困宣战”计划出台达到巅峰。并且，约翰逊任期的后期，国家的反贫困计划制度化，逐渐地转变为更多的福利国家制度建设，而不是单纯的反贫困。无论是从制度，还是福利思想方面，约翰逊的“伟大社会”改革都是在“新政”福利国家建设基础上的全面扩展，它为美国福利国家建设构建了基本框架，“伟大社会”反贫困思想同时嵌入到了福利制度建设中，随后的福利改革都是在此基础上的调整。尤其值得注意的是，约翰逊“伟大社会”改革，不仅涉及民权、教育、就业、医疗等多个领域，并且改革皆由联邦政府通过财政拨款的形式对社会贫困人口进行援助。改革减少了美国贫困人口的数量，尤其是老人、黑人的贫困状况有显著改善，促进了各地区稳定发展。同时，配合民权运动时期黑人提出的权利诉求，赋予了黑人及其他少数族裔的选举权，禁止种族歧视行为，瓦解了法律层面上的种族隔离制度。这些进步措施提高了黑人的政治参与度，扩宽了自由派的选民基础，增强了黑人等少数族裔的政治力量，黑人为主的国会党团和黑人大法官已经成为美国宪政体制下重要的政治群体。

但不容否认的是，约翰逊“伟大社会”改革也有其局限性：首先，由于约翰逊在越南战争问题上处理不当，使得国内爆发的反战运动严重阻碍了改革的进行，并导致约翰逊整体的支持率直线下滑，最终未能连任，一定程度上影响了“伟大社会”的进程；其次，“伟大社会”计划庞大的政府开支必然会引起新一轮的财政赤字和通货膨胀，到60年代后期，美国经济已经出现“滞胀”现象，高失业率与高消费共存，一旦实行财政紧缩便会引发经济危机，“新政”以来的凯恩斯经济理论已经无法解决遇到的新难题；再次，“伟大社会”计划对贫困人口的援助不可能对所有贫困人口全部覆盖，许多处于自身社区或贫民窟的少数族裔根本无法参加所谓的职业培训来获取就业机会，并且“伟大社会”计划对贫困人口的援助，也使得部分贫困人口形成了“工作不如领救济金”的懒惰价值观，不利于社会秩序的有效运转；最后，“伟大社会”计划主要依赖政府财政支出和援助资金，但由于部分援助资金是来源于企业和个人的税收，所以大企业主以及多数中产阶级人士十分反感将政府的税收用于救济贫困人口。由于以上诸多因素的限制，加之后来联邦政府面临财政困难等，70 年代以后约翰逊总统“伟大社会”改革计划便逐渐销声匿迹。

（二）“肯定性行动”计划

“肯定性行动”计划，是美国二战后社会保障改革的又一重要内容，是美国联邦政府以总统行政命令的形式在 20 世纪 60 年代中期颁布施行的补偿性计划，其目的是改善黑人和女性的社会经济状况，确保有关法律的贯彻实施，并最终消除就业和教育等领域的种族和性别歧视。“肯定性行动”计划，一方面是禁止在联邦和州政府范围内录用雇员、承包项目、教育以及就业等方面基于肤色、种族、性别以及受教育程度等因素的歧视行为；另一方面是对弱势群体因遭受歧视和不平等待遇而造成的损失进行一定额度上的补偿。因此，该计划在 60 年代中期开始在改善种族关系方面发挥了重要作用，这种作用甚至一直持续到当下。

事实上早在罗斯福“新政”时期，“肯定性行动”一词就已经出现。罗斯福总统于 1941 年 6 月签署的第 8802 号《总统行政命令》就具有“肯定性行动”的意味。该命令禁止接受联邦政府国防合同的私营企业实施歧视性的雇工政策，联邦政府首次运用经济权力来消除种族歧视行为，不过当时政策主要针对的是劳工阶层的歧视行为。二战结束后，杜鲁门总统的 9981 号《总统行政命令》，结束了军队的种族歧视，而 1951 年的 10308 号命令则要求政府合同的承包商和分包商遵守反歧视规定。肯尼迪总统在 1962 年发布的 10925 号《总统行政命令》，进一步宣布联邦政府的合同承包商需要采取肯定性行动，保证求职者的受雇和雇员的晋升不受其种族、信仰、肤色等因素的影响。由此不难看出，在约翰逊政府之前的几届总统，都曾围绕禁止种族歧视行为而发布总统行政令，并都带有“肯定性行动”字样，但还没有形成一个固定名词，而仅仅指对种族歧视行为展开积极的、具体的行动。此外，这些行政命令大都缺乏配套的国会立法支撑，在命令实施阶段都很难发挥实质性作用。到约翰逊政府时期，遍布全国的游行示威以及民权运动领袖废除种族隔离制度的决心，促使其下决心改变肯尼迪总统上任初期对民权运动的权利诉求忽视的态度。当时约翰逊总统已意识到：促进种族平等不能仅仅浮于法律制定的目的，更要考虑到法律实践的结果是否真正有利于弥补弱势群体与社会多数之间的差距，而不能像一百年前重建法案一样导致被解放的黑人奴隶除了自由而一无所有。基于这种认识，为了配合《1964 年民权法》的出台，约翰逊总统于 1965 年发布了第 11246 号《总统行政命令》，要求所有直接或间接拿到政府合同的机构，必须在合同中写入机会均等一款，禁止对雇员和求职者出于种族、肤色、宗教和出生地等原因的歧视行为（1967 年 11375 号行政命令，又补充了禁止性别歧视的内容）；命令还要求雇主采取“肯定性行动”来保证在雇佣新人和晋升雇员方面不考虑上述因素，并把适用范围扩大到大学的招生中。在此基础上，约翰逊政府又于 1968 年发布的 11246 号命令实施条例，规定合同承包商在与政府签订超过 5 万美元的合同时，必须制定书面的“肯定性行动”履行计划，明确反歧视的目标和时间表，并明确了“肯定性行动”这一名词的具体含义，使其成为旨在改善种族关系和促进社会公平法律的集合名词。此外，合同承包商责任范围明显扩大，他们还要主动分析对少数族裔的使用是否合理，并制定“目标和时间表”来加以改正。1968 年这一条例的发布，标志“肯定性行动”计划的正式形成。后来继任的尼克松总统在 1972 年 11 月又制定了具体行动“目标和时间表”，增加少数族裔和女性的雇佣人数，只有少数族裔和女性雇佣者达到一定比例或固定人数时，承包商才符合“肯定性行动”计划的要求，至此，配额制又成为“肯定性行动”计划的重要标志。

还需提及的是，在总统推出“肯定性行动”计划后，国会和联邦最高法院都在不同程度上给予支持。国会的支持体现在以三部民权立法为基础的具体法案上。1972 年国会通过的《学校援助紧急法案》，旨在通过校车接送以及重新划分小区来消除中小学教育的种族隔离；1977 年的《公共工程就业法案》，授权联邦政府支出 40 亿美元以刺激经济复苏，要求给予地方公共建筑业的联邦基金中；1982 年的《陆上交通援助法》，要求联邦高速公路管理局的支出中至少有 10% 要流向弱势企业。这一时期最高法院也在种族歧视和性别歧视等领域的案件判决支持了“肯定性行动”计划。如在 1971 年的“格里格斯诉杜克电力公司案”中，最高法院判决北卡罗来纳州的带有种族歧视性质的条款违宪，认为该条款不利于有奴隶史的黑人家庭成员同其他白人竞争公司岗位，属于明显的种族歧视行为，并勒令杜克电力公司整改公司人员配比结构。在同年的“里德诉里德案”中，最高法院历史上第一次将第14宪法修正案的平等保护条款适用于性别歧视的审查标准，认为爱达荷州在关于男女管理财产资格规定只有男性拥有财产管理权违反了宪法平等保护条款。在1978年“加州大学校董诉巴基案”中，最高法院禁止高校在制定招生政策中实行固定的种族配额。

总之，“肯定性行动”计划是黑人经过长期斗争而取得的一项社会保障成果，它表明当时美国政府、社会和公众舆论迫切需要考虑的是：如何给予以黑人为代表的少数族裔群体以摆脱社会不公正的机会，并一定程度上弥补了美国社会长期的种族隔离历史对黑人等少数族裔所造成的损失。尤其是在民权运动时期，“肯定性行动”计划近乎完美地配合了再次获得选举权的少数族裔群体，使废除种族隔离制度以及消除联邦和州政府层面的歧视现象成为可能，这些都体现了美国联邦政府“肯定性行动”计划的积极意义。但遗憾的是，进入20世纪80年代后，美国联邦政府“肯定性行动”计划便逐渐受阻。导致计划实施受阻的原因在于以下几点。第一，美国的保守势力开始崛起，整体的政治局势逐渐向右转向，接连上任的保守派总统更是对具有明显加强政府权力的肯定性行动计划不感兴趣。第二，白人和黑人对“肯定性行动”计划理解上的差异所致。在白人看来，“肯定性行动”计划与传统的量才录用凭功晋级的原则相违背。虽然“肯定性行动”在黑人看来是实现美国社会人人机会均等的前提，但以白人为主体的社会却一直相信辛勤劳作和真才实学而非个人的种族、宗教、家庭决定其机会和成功。第三，随着联邦最高法院在布伦南、马歇尔等自由派大法官退休后，保守倾向也日渐明显，尤其是对“肯定性行动”计划中的配额要求所造成的反向歧视十分不满，最终取消了固定配额的要求，并对相关的立法进行严格审查。从这个角度说，一、两届甚至几届联邦政府实施“肯定性行动”计划，可能并不能从根本上解决美国少数族裔和弱势群体长期以来遭受歧视和不公待遇上的根本问题，如果要彻底解决这一问题，有待于美国全社会真正公平、公正对待前者，但这可能还需要漫长的历史过程。

思考题

1. 阐述二战后美国国会改革与政治民主化和立法专业化之间的互动关系。
2. 分析二战后美国社会保障立法出台的时代要求及其影响。
3. 从“肯定性行动”计划看美国联邦政府解决少数族裔和弱势社会群体问题的对策及局限性。

参考文献

[1] ［美］埃里克·方纳:《美国自由的故事》，王希译，北京：商务印书馆，2002 年。

[2] ［美］伯纳德·施瓦茨:《美国最高法院史》，毕洪海等译，北京：中国政法大学出版社，2005 年。

[3] 华涛:《约翰逊总统与美国“肯定性行动”的确立》,《世界历史》1999 年第 4 期。

[4] 韩玲、刘伟:《迈向种族融合的艰难一步：美国 1968 年〈公平住房法〉出台背景探析》,《历史教学》2007 年第 8 期。

[5] 雷云:《美国禁止就业歧视法律制度研究》，博士学位论文，重庆大学 2008 年。

[6] 韩玲:《美国联邦政府公平住房政策研究（1960—1990 年）》,《河北大学学报》2013 年第 3 期。

[7] 刘绪贻:《战后美国史：1945—2000》，北京：人民出版社，2002 年。

[8] ［法］孟德斯鸠:《论法的精神》（上册），张雁深译，北京：商务印书馆，1995 年。

[9] 任东来:《“肯定性行动”与美国政治》,《太平洋学报》1996 年第 1 期。

[10] 徐以骅:《林登·约翰逊“伟大社会”述评》,《世界历史》1986 年第 3 期。

[11] 徐晓新、高世楫、张秀兰:《从美国社会保障体系演进历程看现代国家建设》,《经济社会体制比较》2013 年第 4 期。

[12] 张立平:《林登·约翰逊与民权法案》,《美国研究》1996 年第 2 期。

[13] 张爱民:《美国“肯定性行动”计划述评》,《南开学报》2000 年第 3 期。

[14] Arthur M. Schlesinger, Jr.（ed.）, *My Fellow Citizens: The Inaugural Addresses of the Presidents of the United States, 1789—2009*, NYC: Facts on File, Inc., 2007.

[15] Barbara Sinclair, *Unorthodox Lawmaking New Legislative Processes in the U. S. Congress*, Washington D. C.: Congressional Quarterly Press, 2017.

[16] David W. Rohde, Kenneth A. Shepsle, Democratic Committee Assignments in the House

of Representatives: Strategic Aspects of a Social Choice Process, *American Political Science Review*, 1973, Vol. 67.

[17] David R. Mayhew, *Congress the Electoral Connection*, New Haven: Yale University Press, 1974.

[18] David R. Tarr, Ann O'Connor (eds.), *Congress A to Z*, Washington D. C.: Congressional Quarterly, Inc., 1999.

[19] Frank J. Goodnow, *Social Reform and the Constitution*, NYC: The Macmillan Company, 1911.

[20] George E. Galloway, The Operation of the Legislative Reorganization Act of 1946, *American Political Science Review*, 1951, Vol. 45, No. 1.

[21] George B. Galloway, Harold Stein, Brownlow on the Legislative Reorganization Act, *American Political Science Review*, 1964, Vol. 58, No. 2.

[22] John F. Kennedy, Address to the Nation (11 June, 1963), *New York Time*, 12 June, 1963.

[23] James A. Thurber, *The Evolving Role and Effectiveness of the Congressional Research Agencies, in The House at Work*, Austin: University of Texas Press, 1981.

[24] Joel D. Aberbach, *Keeping a Watchful Eye: The Politics of Congressional Oversight*, Washington D. C.: The Brookings Institution, 1990.

[25] Judy Schneider et al., *Reorganization of the House of Representatives: Modern Reform Efforts*, Washington D. C.: Congressional Research Service, 2003.

[26] Louis S. Maisel, *Congressional Information Sources, in The House at Work*, Austin: University of Texas Press, 1981.

[27] Neil MacNeil, Richard A. Baker, *The American Senate: An Insider's History*, New York: Oxford University Press, 2013.

[28] Richard F. Fenno, Jr., *Congressmen in Committees*, Boston: Little, Brown and Company, 1973.

[29] Sidney Waldman, Majority Leadership in the House of Representatives, *Political Science Quarterly*, 1980, Vol. 95, No. 3.

[30] Steven S. Smith, *Call to Order: Floor Politics in the House and Senate*, Washington D. C.: The Brookings Institution, 1989.

[31] U. S. Congress, An Act to Improve the Operation of the Legislative Branch of the Federal Government, and for Other Purposes (October 26, 1970), *Statutes at Large*, Vol. 84.

第十四讲　现代美国性别问题

性别史作为当前美国史研究的热门分支，是由美国女性史研究扩充演变而来的，它包括女性、男性以及跨性别群体的政治权利、经济状况、婚姻和家庭地位以及生育权利等方面的研究内容。国内较早介绍女性史研究的是闵冬潮，其《从女性史到性别史的发展》一文指出，女性史研究之所以在 20 世纪 70 年代兴起，一方面在于学者试图将女性史知识填补到我们的历史知识的系统中去；另一方面是要建立系统的、独立于传统史学的女性史。由于女性在传统史学的研究中经常被忽略或者被男性强行代表，女性的政治、经济以及社会生活状况一直处于被掩盖的局面。随着希拉·罗博特姆所著《隐藏在历史背后》以及雷纳特·布瑞登撒尔主编的《逐渐清晰：欧洲历史上的女性》等女性史著作相继问世，女性开始成为历史重大事件以及关键历史节点的主体，女性思想、政治诉求及实践等不同领域的历史踪迹才开始被关注、被深入挖掘。当然，性别的概念作为一个社会、文化、政治和历史的分析范畴，已在 20 世纪 70 年代被用于女性史的研究中。例如，琼·凯利的《女性、历史和理论》一文，明确表示应将性别“作为与阶级、种族同等地位的范围来分析历史，只有这样，女性史研究才会避免单一地、孤立地研究女性的历史活动，而是更多的与其他领域进行互动和交叉”。国内对美国女性的通史类研究，主要有王恩铭教授的《20 世纪美国女性研究》一书。该书全面地介绍了 20 世纪以来美国女性在教育、生活和女性运动等方面的状况以及各个族裔女性发展状况。在美国女性地位变化方面研究，本教程作者的《战后美国女性中产阶级地位变化探析》一文，主要阐释了 19—20 世纪之交美国女性“白领阶层”的出现和历史演变的具体情况，从就业人数与职业范围、教育与职业收入、性别平等地位、政治地位与影响等多个方面，分析了战后美国女性中产阶级地位的变化，并指出产业结构调整以及女权运动是导致中产阶级女性地位变化的关键因素。在女性大法官研究上，任东来教授著有《谁来捍卫法治：10位最有影响力美国大法官的司法人生》，并在第十章中介绍了奥康纳法官，对其成长、学习、从政经历等进行了概括，分析了奥康纳走上最高法院的外部助力因素，阐述了奥康纳在伦奎斯特法院发挥的重要作用，以及总结概括了奥康纳的司法理念。此外，林漫撰写的《男性史：当代美国性别史的新视角》一文，对美国男性史的发展进行了梳理，认为“男性史的基调总体而言是女性主义的，但男性史新领域的开辟也使得大量男性学者进入到性别研究领域，改变了性别史领域的学术生态”。由此不难看出，新世纪以来，国内外关于美国性别史的研究，不仅成果越来越多，而且研究视角和维度更加多元。

一、美国同性少数群体权利意识的觉醒

（一）同性权利觉醒的时代背景和历史渊源

蒙哥马利巴士抵制运动揭开了20世纪60年代美国民权运动的序幕。其时，黑人平权运动、女权运动以及新左派文化运动此起彼伏，他们通过热情且激进的社会运动，重新定义了美国的个人权利，并且以法律的形式获得了一定的权利保障。在这一过程中，同性少数群体作为美国的边缘群体，受到了上述群体平权运动的感召，走上了追求自身平等个人权利的道路。

同性恋因现代化而可见，但其并非现代化的产物，同性恋及同性性行为古已有之。同性恋在人类早期文明史中有非常多的记载。在古埃及，贵族之间已经不乏男性之间相互爱慕甚至结合的现象，而且这样的结合甚至得到王权的承认。古希腊的男风发展更胜，克里特岛便是男人与少男之爱的风俗发源地之一。不过，这一时期的同性恋并不仅仅是一种爱欲的表达，更多的是一种教育之爱，这种同性恋关系多数表现在成年男子与少年之间，在征得少年家人的同意下，成年男性与少男同居生活，一同社交、狩猎、举办宴会等。

成年男性向少男传授作为一名成年人所负的社会责任以及谋生能力，训练他如何拥有强壮健美的体魄，并身体力行对他进行性教育，直到少年成为一名真正的成年人。在这个过程中，男人与少年之间会产生一种类似于情侣的情感，不仅体现在肉体上，也体现在精神上。雅典、斯巴达等城邦也都存在这样的习俗。

（二）欧洲人对同性恋的态度

不过，西方受众最多的基督教，一直认为同性恋是一种罪。当基督教成为罗马帝国的国教后，人们对同性恋这种无繁衍目的的性关系的批评越来越多，继而到了公元4世纪，国家通过了惩罚同性行为的法律，人们对于普遍盛行的同性恋，焦虑感也因此达到顶峰。公元342年，罗马帝国颁布第一部禁止同性恋的法律；公元390年，罗马教皇宣布同性恋非法，并对其处以火刑。罗马帝国后期，注重生育的基督婚姻观在罗马帝国法律中占据主流；6世纪，东罗马皇帝查士丁尼颁布法令，对鸡奸行为十恶不赦，必须处以火刑。在基督教笼罩的中世纪，同性恋一直是基督教所谴责和打击的对象。13世纪前后，随着教会势力的加强，同性恋基本上被欧洲各国认定为犯罪。进入14世纪，欧洲教会的权力受到削弱，世俗统治中的宗教影响逐渐减弱，但关于同性恋有罪的法律却延续了下来。

（三）美国人早期对同性恋的态度

美国在殖民地时期对同性恋的迫害同样残酷，建国后各州也皆有严苛的鸡奸法。随着美国工业化的发展，城市会集了大量人口，城市居民有着更为独立、私人的社会空间，亲密关系更多地成为一种个人选择。因此，城市中的同性恋者以性取向为标签开始结识自己的“同类”，他们选择沙龙及酒吧等公共场所作为交友的平台，由此产生了这一群体独有的城市文化——同性恋亚文化。正因如此，同性恋在城市社会中变得相对可见，人们开始意识到这一群体的存在，但同性恋亚文化存在并未改善人们的歧视性看法，反而加重了社会对同性恋者的歧视与敌意。一战后，男人不安于性别角色的变化，许多原来承担家庭责任的女性进入了就业市场，尤其是一战征召了大量男性服役，劳动力的短缺导致女性甚至进入了以往只有男性的工作领域，大批的城市移民也进一步加重了传统白人男性的失业焦虑。这样的变化不仅改变了传统的家庭结构，而且撼动了男性角色的主导地位。由于这样的焦虑与愤怒，同性恋被看作对男性的“背叛”，例如，同性恋亚文化中的“变装皇后”（Drag Queen）被视为对男性尊严的侮辱。

（四）二战后美国人对同性恋的态度转变

二战中的军旅生活为同性恋创造了交友的平台，在他们交往的过程中迅速构建出了同性恋的身份认同，二战后，美国的大城市拥有庞大的同性恋社群。同性恋社群对于抵抗社会的歧视及敌意来说十分重要，他们找到了自己的社会依归，并且建立自身的社会组织。20 世纪 50 年代，美国最有名的同性恋组织马太辛协会（Mattachine Society）以及比莉蒂斯的女儿（The Daughters of Bilitis）成立，分别是男同性恋和女同性恋的社会组织。但此时美国社会对同性恋的歧视并未减弱，而且随着时代的演进更具有强烈的政治色彩。二战后，东西方势力格局的划分揭开了“冷战”的序幕，西方国家与共产主义国家产生了严重的意识形态对立，美国国内掀起了以麦卡锡为代表的反共狂潮，这一乱象也对同性恋造成了更深的迫害。1950 年 2 月，共和党参议员麦卡锡在弗尼吉亚惠灵市公布了政府部门中的共产党人名单，有 205 人之多。但所谓的 205 人名单本来就子虚乌有，就连麦卡锡本人也无法确定，并一再修订，变更这份名单上的共产党人数目，为了坐实自己的指控以及利用这份名单打击民主党，麦卡锡等政客绞尽脑汁，于是盯上了美国外交队伍里一群特定的弱势群体——同性恋者。麦卡锡断言，每一个活跃的共产主义分子在某种程度上都是精神和心理的扭曲，而同性恋是导致人们通往共产主义的一种心理失调。由于共和党人希望通过麦卡锡等政客的煽动来获得总统职位，所以对麦卡锡的行为表示支持。麦卡锡不仅将同性恋者与共产主义联系在一起，直接将同性恋问题上升到了国家安全的层面，并借此煽动起公众的焦虑情绪，导致公众对同性恋群体的恐惧与歧视进一步加深。麦卡锡及其追随者对于相当数量的政府雇员的指控，迫使政府部门开始了“清洗”运动。对照红色恐慌，这一事件被称为“紫色恐慌”（The Lavender Scare）。在其影响下，1953

年 4 月 27 日，艾森豪威尔总统以维护国家安全为名，发布了 10450 号《总统行政命令》，在命令第八部分第三条规定中规范了政府部门调查雇员的范围：任何犯罪、邪恶的、不诚实的、不道德的或者明显的伤风败俗行为，习惯性酗酒、药品上瘾、性变态的人，而所谓的“性变态”者，主要是指同性恋者。相比于杜鲁门政府，艾森豪威尔政府对同性恋者的歧视性政策更为激进，大批的雇员被“清洗”免职。根据国会委员会精心编制的统计数据，在 1947 年 1 月至 1950 年 11 月的大约四年时间里，有 400 多名联邦雇员因性变态而辞职或被解雇。到 20 世纪 60 年代，美国国务院已经解雇了大约 1000 名疑似同性恋的人员。根据统计数据显示，美国国务院解雇的人数占总数的 20% 左右，多达 5000 名疑似男同性恋或女同性恋的雇员在冷战初期丢掉了政府的工作。这些在政府失去工作的雇员，往往也很难再找到合适的工作，导致许多政府雇员在被解职后自杀。并且，联邦政府部门通过对同性恋的管理，强制了一种社会意义的性规范，即除异性恋外的亲密关系是不道德的，也是不受政府保护的。

（五）民权运动中的同性恋者

在社会重压下，同性恋群体加入了美国民权运动的浪潮之中，决定对社会偏见及不公进行反击。首先，同性恋群体对于警方的骚扰进行反抗。警察时常会去同性恋聚集的场所逮捕同性恋者，在大多数时间，性少数群体对此选择沉默与忍受。但在不断面临骚扰和权益受损的情况下，性少数群体不再坐以待毙，而是选择了抗争。这一时期同性恋群体反抗警察骚扰的运动十分频繁。1959 年 5 月，美国洛杉矶的同性恋群体在他们时常聚集地与警察发生冲突，在警方逮捕 3 人后，其他同性恋者向警方扔甜甜圈与咖啡杯，洛杉矶市警察立刻呼叫支援，开展了更大规模的逮捕行动。1966 年，旧金山的同性恋者在康普顿餐厅抗议警察的持续骚扰，发起暴动，第二天晚更多同性恋者加入了运动的行列。类似的反抗行动在 20 世纪 60 年代末层出不穷，直至 1969 年的“石墙事件”达到高潮，并且产生了全国性的影响。

“石墙事件”起始于警察的搜捕行动，在搜捕过程中情况逐渐失控，警察开始用警棍殴打拒捕的人，冲突越发激烈，警方开始增派部队，纽约的防暴警察奉命到场驱散人群。骚乱平息后，第二天晚上同性恋者又聚集起来，他们向人派发传单，写着“让黑手党和警察滚出同性恋酒吧！”。石墙事件后，同性恋者们组织了第一次同志骄傲游行。纽约市也为纪念这一事件，在每年6月的最后一个星期天组织性少数群体的骄傲游行。1964年9月19日，同性恋者为了争取个人权利，一小群示威者在白宫街募兵中心前设置路障，抗议军方泄露同性恋者性取向的兵役记录，侵犯了他们的隐私权，这次行动也被认为是美国第一个同志游行。1965年费城的杜威餐厅拒绝为同性恋者的顾客提供服务，导致150名示威者在餐厅外静坐表示抗议。1969年4月，因旧金山的新闻工作者吉尔·惠廷顿公开出柜遭到解雇，一群同性恋平权运动者组成同性恋解放组织进行示威抗议。

综上不难看出，在20世纪60年代美国民权运动中，同性恋平权运动逐渐呈现出规模化、组织化的状态。然而，同性平权之路刚刚开始，20世纪80年代艾滋病的传播造成了严重的公共健康问题，社会再次掀起了对同性恋者的恐慌，而同性恋伴侣因艾滋病病逝后所产生的一系列配偶权利缺失的政治问题同样棘手。虽然在2015年“奥伯格菲尔案”中美国最高法院判决同性婚姻全美合法化，但美国社会对于性少数群体的歧视并未因此消失，并且，随着美国的政治极化愈发严重，保守派与自由派阵营之间充满了火药味，在同性恋等性少数群体的议题上，两者不仅剑拔弩张，而且对于性少数群体的权利保障来说，目前美国的政治现状并不乐观。

二、第二波美国女权运动

（一）第二波美国女权运动的时间界定

20世纪六七十年代，美国女权主义运动的势头逐渐加强，通常被认为是第二波女权运动的时期。这一时期有更多的女性进入大学、职场及政治领域，获取了更多公众资源，并强调对性别关系的尊重与平等。这场运动持续在美国政治及文化中发生作用，以至于学者们认为：“这一时期的第二次女权主义比战后任何其他社会运动都为其事业取得了最大的成就。”

在第二波美国女权运动之前，州法院及联邦最高法院已经裁决了许多促进保障女性权利的判例，国会亦旨在废除基于性别的工资差距。这一时期国会颁布的《1963年同工同酬法案》和《1964年民权法案》中，都加入了基于性别歧视的内容。由此不难看出，当时两党都意识到赢得女性选民的重要性。因此，无论女权运动的社会抗议是否激进，保障女性权利都是美国政治的关键议题。在这个意义上，第二波女权运动加速了保障女性权利相关举措的落地。

（二）第二波女权运动争取的目标

尽管在政治上和意识形态上存在严重分歧，但第二次浪潮的女权主义者有着一个共同的目标，那就是挑战男性在政治、社会和文化方面的权威。这场运动在言辞和实质上都是反精英主义的，由此反映出美国政治传统内部的民粹情绪。但与早期女权运动不同的是，对女性问题的反思主要来自中产阶级的白人女性。这次女权运动的领导者通过纳入更多有色人种女性来扩大运动的影响力，以此消弭精英与民众间的隔阂。值得注意的是，在这场女权运动中，普通美国女性对女权运动的理解与组织者还是存在一定的差异，这种差异也导致运动对普通女性缺少吸引力，并最终导致平等权利修正案的失败。女同性恋者在代表性问题上同样艰难，一开始她们被忽视，一些人声称运动领袖有意识地将其排除在外，这也导致第二波女权运动女性参与度的有限性。

（三）第二波女权运动内部存在的分歧

在第二波女权运动中，不仅女性参与度不普遍，而且运动组织者内部也存在一定的分歧。当时女权运动内部的分歧，集中在如何更好地打破“男权控制”现状。与过去类似的社会抗议运动一样，渐进式改革与革命性变革的问题导致了这场运动的分裂。然而到了1977年，在对平等权利修正案、生育权利、女同性恋权利以及包括收入平等、儿童保健、医疗保健、福利、残疾和其他涉及女性问题的多个立法议程的支持中，女权主义者选择团结起来。这种团结表现在1977年11月18—21日在休斯顿举行的庆祝国际女性年的全国女性大会上。这次会议在同性恋权利和堕胎问题上取得了代表们惊人的一致，但保守的“亲家庭”女性，由反年代革命运动活动家菲利斯·施拉夫利领导，利用会议所谓的激进主义，再度导致运动出现分歧。

值得提及的是，第二波女权运动成功影响了州层面宪法意义上的《平等权利修正案》，女性获得了离婚自由及堕胎自由的个人权利，并建立了相关机构保障女性权利的实现。在联邦政府层面，美国教育部与平等就业机会委员会纷纷向私营企业和教育机构施压，要求他们雇佣更多的女性。1974年的《女性教育平等法案》为女性提供了联邦保护，防止女性在教育方面受到性别歧视；孕妇则受到1978年《怀孕歧视法案》的保护。不仅如此，在整个美国的大学和相关学院中，女性研究项目变得普遍，人文社会科学和自然科学的课程更多地关注女性和女性史研究。

（四）第二波女权运动中的代表人物

在美国第二波女权运动中，涌现出一批声名卓著的女性运动领袖。贝蒂·弗里丹（Betty Friedan）是其中颇有社会影响力的一位。弗里丹创立美国全国女性组织，旨在维护女性个人权利，并主张女性进入政治公共领域，表达利益诉求及追求政治抱负。由于弗里丹促进了社会上女性权利意识的觉醒，并为争取性别平等贡献了自身的力量，因此也被称为“现代女性解放运动之母”。她撰写的《女性的奥秘》一书，集中体现了其女性主义的思想，影响了当时和后来的一大批女性。

纽约激进女权组织“红袜队”的创始成员凯西也是这一时期女性运动领袖。在第二波女权运动中，堕胎权是关键的女性政治议题。从社会学角度分析，生育权和堕胎是女性有权控制自己身体这一概念的核心，但直到20世纪60年代后期，大多数州的堕胎都被限制在治疗性堕胎，以挽救母亲的生命。1969年，纽约州决定重新审视关于女性和女性堕胎法问题，并于1969年2月13日召开立法听证会。在第一位证人作证后，纽约激进女权组织“红袜队”的创始成员凯西·萨拉查德站起来喊道：“好了，现在让我们听听真正的专家——女性——是怎么说的！”震惊的议员们宣布听证会休庭，于是“红袜队”宣布他们将举行自己的听证会。1969年3月，大约200名女性聚集在一起，讲述她们怀孕和堕胎的经历，证词以个人为中心，侧重于怀孕和堕胎对情感和心理的影响。一名女性回忆起发现自己怀孕时的反应与男友的反应有多么不同："我记得那个男人的一些反应。我的第一反应是，'把这孩子从我身上弄出去！'他的第一反应是，'这不是很浪漫吗？'就像过家家一样，他的妈妈想给我买一件孕妇装，我想表达的是，已经过去六周了，他觉得这一切都很美好，很浪漫。"正如这位女士所说的，在一段关系中，个人权利在男人和女人体验到的不同情感中建立了，显然，这是不平等的。当时其他女性证人也认为，男权是系统性的统治，这里涉及的另一点是，女性在家庭和社会结构中被用作工具。

（五）同性恋与第二波女权运动

女同性恋问题亦是第二波女权运动所争议的焦点之一，其中，激进女权主义者借助女同性恋这一身份试图与男性做出区别。女权主义者宣称自己是女同性恋，并在政治、文化和社会上与男性完全隔离。在更激进的女权运动中，还出现了女同性恋分离主义者。分离主义的重要性是双重的：一方面它迫使更大规模的异性恋女性运动承认男女同性恋的公民权利；另一方面分离主义者强化了这样一种信念，即性别和性角色是社会建设的问题。尽管分离主义者一开始获得的支持力度很小，但激进的女同性恋者在争取同性恋权利的运动中获得了越来越多的支持。女同性恋活动家丽塔·梅·布朗（Rita Mae Brown）在表达对认可的需要方面尤为重要。布朗认为，同性恋是推翻男性统治的必要政治选择。她的尖锐和个性使她在许多女权主义组织中声誉很高，并在全国女性组织，纽约的红袜组织，华盛顿特区的分离主义团体等组织中也有一定的号召力。值得注意的是，激进的女权主义者包括女同性恋分离主义者，还在地方层面上创建替代性企业、医疗中心、强奸咨询中心、女性庇护所和其他女性机构方面发挥了重要作用。

20世纪80年代，随着《平等权利修正案》的失败及里根新保守主义的上台，使得第二波女权运动陷入了低潮，但女权运动的作用和影响还是一直持续的。关于这一点，正如女权主义活动家卡拉·杰伊（Karla Jay）在1999年回忆录《薰衣草的威胁》中总结的那样："虽然我们所期待的大革命从来没有到来，但是我们今天都更加自由了，因为有许多人的勇气，他们为了性别正义不惜一切代价。"不仅如此，美国第二波女权运动的影响后来在世界一些国家中也显现出来。如在土耳其和以色列等中东地区和国家，它们也掀起了一定规模的女权运动，包括争取性别平等、生育权、堕胎、避孕、离婚、女性的工作权利等，也开始让社会关注这些国家内的家庭暴力及婚内强奸等议题，并进一步通过立法形式保障女性的相关权利。

三、现代美国联邦政府女性高级官僚希拉里·克林顿

（一）希拉里的成长经历

一个人的成长经历对其今后发展有着重要影响。因此，要真正理解希拉里的政治生涯，首先就要追溯她的成长经历和教育背景。1947 年 10 月 26 日，希拉里·黛安·罗德姆出生于伊利诺伊州的芝加哥市，其父经营一家纺织厂，母亲主要负责料理家庭事务，是美国典型的中产阶级家庭。时值“冷战”初期，美国经济繁荣，以艾森豪威尔为首的共和党人主导美国政治。在芝加哥，民主氛围浓厚，共和主义盛行。尽管共和党人在乡村俱乐部占有一定比例，但伊利诺伊州及芝加哥主要由民主党人把持。正是在这样的历史背景下，希拉里的父母十分看重希拉里姐弟的教育，希望他们能够通过知识来实现自身的梦想。所以，希拉里和她的弟弟们在十分严格的教育下成长。

然而，希拉里的父母在政治价值观上有着明显的不同。希拉里的父亲是不折不扣的共和党人，他崇尚节俭，反对社会主义和共产党，有着当时共和党人的典型政治倾向，并以此来约束家人。而希拉里的母亲则更倾向于民主党。希拉里从小常听父母站在不同立场来探讨政治问题，这让年幼的希拉里对于政治十分感兴趣。到了中学时代，希拉里就成功当选学生会的代表，会时常拉着朋友们进行关于战争、和平以及政治热点问题进行辩论。此外，希拉里家庭的宗教氛围十分浓厚，一家都是卫理公会的忠实信徒，这对希拉里后来价值观的塑造有着深远的影响。

大学教育对于希拉里的政治观塑造起到了重要作用。1965 年，希拉里进入了马萨诸塞州的卫斯理女子学院，开始了她的大学生活。起初，希拉里显现出温和派共和党人的政治特征。在风起云涌的 20 世纪 60 年代，与当时大学生一样，希拉里并没有选择过多地参与政治活动，而是努力读书。随着政

治思想的成熟，希拉里开始不断挑战旧俗，并放弃了父亲的共和党保守派倾向。在大学一年级时，希拉里成功当选了卫斯理“青年共和党”的主席。不过后来希拉里对共和党在越战和民权等问题上非常失望，甚至无法认可，以至于她辞去了“青年共和党”主席一职。但希拉里的政治兴趣并未因此而锐减，相反，她积极参与同政治相关的实习及活动。1968 年夏，希拉里在威斯康星州国会议员梅尔文·莱尔德处供职，同年，希拉里前往迈阿密参加共和党大会，大会正在提名尼克松竞选总统。大学期间的政治经历彻底改变了以往希拉里秉持的政治立场，也是在 1968 年，希拉里开始痴迷于反越战、民权运动等社会问题，并致力于解决城市骚乱的无序。不仅如此，马丁·路德·金的逝世更是刺激了希拉里的政治神经，令其政治观念发生了更为彻底的变化。应该说，在卫斯理学院的教育生涯中，希拉里的政治知识及素养得到了提升，并且完成了政治立场的转型，已然显现出未来政治领袖的才华。

大学本科毕业后，希拉里获得了去耶鲁进一步深造的机会，并树立了成为一名法律人的职业理想。然而，对于政治的浓厚兴趣促使她继续活跃在政治舞台，1970 年 5 月 7 日，希拉里按原定计划参加华盛顿特区“女性选民联盟”五十周年纪念大会，并发表演说。之所以请她演说是因为举办者对她的本科毕业演讲印象深刻。在演讲中，希拉里指责政府将战线延长到柬埔寨是非法的，并试图解释反政府示威发生的背景。耶鲁法学院学生最后以 239 票对 12 票，同意与其他 300 多所院校同步罢课，抗议政府将一场不该有的战争加以扩张的无理之举。在学术研究上，希拉里同样对于现实问题十分关切，在耶鲁攻读的第二年，开始研究法律与儿童之间的关系。她的第一篇学术论文《法律下的儿童》，系统地阐明了由于父母的决定而让孩子承受无法挽救的后果时，以及当孩子受到家人冷落甚至是虐待时，司法系统与社会想要做出公正判决的困难。希拉里在文章中的观点，主要来源与她在耶鲁一所医院儿童研究中心和在法律服务处做志愿者、帮寄养小孩打官司的经验。正是对于政治问题的热情与兴趣，希拉里结识了志同道合的人生伴侣比尔·克林顿。起初，二者并未即刻确立恋爱关系，直到希拉里前往加利福尼亚州奥克兰的罗斯律师事务所实习时，克林顿追随而去，实习结束后，二人正式确立恋爱关系，为他们共同热爱的政治事业奔走。毕业后，出于调查尼克松总统的需要，克林顿接到了担任华盛顿特区参谋律师的职业邀请，不过，克林顿将这一机会让给了希拉里，自己前往阿肯色州担任公职。希拉里在水门事件的调查中倾尽全力，寻找弹劾尼克松的理由，包括尼克松在柬埔寨的行动。1974年尼克松辞职，对于水门事件的调查告一段落。令人惊奇的是，希拉里放弃了在华盛顿特区和纽约的光明前途，只身前往阿肯色州，与克林顿在一起。即使许多朋友和同事劝阻她，但她仍然坚信克林顿的政治前途，并信心满满地预见，“这个男人有朝一日会成为美国总统，所以她要到南方做这个未来政治家的妻子”。

在希拉里跨入白宫的门槛之前，希拉里的家庭教养、教育、宗教信仰和她曾学到的一切造就了她：一个顽固保守的父亲和一个较为自由开明的母亲，一个学生活动分子，一个儿童权益促进者，一名律师，比尔·克林顿的妻子和切尔西的妈妈，但希拉里的成长经历却反映了当时女权运动的影响和女权主义的发展。作为一名职业律师，美国第一位有公职的“第一夫人”，一名卫生保健改革者，纽约州参议员，美国历史上第三位女性国务卿，美国总统职位具有竞争力的候选人，希拉里在美国政治舞台上可谓出尽了风头。

（二）国务卿时期的希拉里

20世纪七八十年代，追随克林顿到达阿肯色州后，希拉里开始了帮助丈夫实现政治抱负的历程。得益于当地著名律师文思·福斯特的引荐，希拉里有幸成为罗斯律师事务所第一位女性律师，也顺势成为该州参与法律工作的首批女性之一。同时，在克林顿担任阿肯色州州长期间，希拉里作为妻子兑现了帮助丈夫实现政治理想的承诺，协助克林顿进行医疗保健改革，她在阿肯色州建立医疗网点，聘请医生、护士等医疗卫生人员进行服务。在阿肯色州教育问题上，由于该州学生受教育水平落后于全国，希拉里同样支持克林顿进行教育改革，为此，她建立了一个教育标准委员会，专门负责走访全州的学校，传授教学经验，提高阿肯色州整体教育质量。不仅如此，阿肯色州议会还通过了由希拉里草拟的《教师考试法》，规定该州所有的教师必须于1987年6月1日前通过教师资格考试。通过这些措施的实施，阿肯色州教育水平随着改革的深入而得到了很大的提高，全州教师工资水平领先全国，学生考试成绩也在各州排名中名列前茅。希拉里在阿肯色州进行的这些政治活动，无疑为后来成功履行“第一夫人”职责以及竞选纽约州参议员奠定了基础。在1992年克林顿成功当选总统后，希拉里配合克林顿推行医疗保健制度、走访各个国家、担任克林顿相关方面的“特别顾问”。在克林顿的第二任期内，希拉里曾一再就女性、儿童与家庭等议题公开发表意见，希望借此能敦促当局出台相关政策，她甚至建议，政府应组建由保健、教育、工作机会、薪资与退休金所构成的社会保障网络，使其能照应那些无法适应高科技革命与全球消费文化的人。其实这些想法在希拉里的脑海里由来已久，以至于她在宣布竞选2016年总统后公开声称，“美国的贫富差距越来越明显，中产阶级和穷人与富人的差距将越来越大，因此，员工带薪病假和提高最低工资标准，将成为其着力推进的政策”。

1998年11月，原纽约州参议员丹尼尔·莫伊尼汉宣布退休，包括纽约州众议员查尔斯·兰格尔在内的几位著名民主党人士敦促克林顿总统为民主党填补莫伊尼汉的空缺席位，希拉里遂决定代表民主党竞选纽约州参议员，成为数不多的宣布竞选公职的“第一夫人”。最初，希拉里面对的共和党竞争对手是代表纽约第二选区的国会众议院共和党议员瑞克·拉齐奥，在整个竞选过程中，拉齐奥一直将关注点放在希拉里非纽约州本地人的问题上，认为希拉里是外来者，从未在纽约州居住过，也从未参与该州的政治活动，指责希拉里不过是想在参议员选举中谋取钱财。与之相反，希拉里则把竞选精力用在切实解决纽约州民众所面临的各种问题上，进而制定解决方案。她访问了该州62个县，充分认识到纽约州北部选区和南部选区的差别，在巩固纽约州南部选民（大部分是黑人等少数族裔）支持后，她力主获取在传统上支持共和党的纽约州北部地区选民的选票。希拉里敏锐地看到了纽约州南部地区经济衰退以及失业率高等问题，抓住了北部选民渴望就业以及改善经济的心理需求，表示要改善北部地区经济，并承诺在她的任期内为该州创造20万个就业机会计划，其中包括减少税收，奖励创造就业机会和鼓励商业投资。拉齐奥则盲目强调纽约州北部经济问题已经解决，回避北部失业选民的诉求。最终，在2000年11月7日，希拉里以55%比43%的选票比赢得了参议员席位，标志着希拉里成为美国历史上首位同时拥有“第一夫人”和参议员头衔的女性。

任职参议员期间，希拉里不仅利用其“第一夫人”的身份笼络同僚，而且积极履行参议员职责，向委员会递交大量议案。在军事委员会、环境和公共工程委员会以及健康、教育、劳工和养老金委员会等委员会任职期间，希拉里工作重心主要集中在纽约州的经济发展、劳工问题以及公共福利等方面，比如由其提出的第1622号议案就被签署为公共法律。该议案旨在为“9·11”事件的受害者提供失业救济，也使希拉里为此赢得了其他国会议员的尊敬。此外，希拉里继续主张医疗改革和增加儿童福利，支持利用电子医疗设备减少医生的书本工作量，同时提交了看护儿童法法案，为低收入家庭提供看护婴儿保障。在希拉里提出的相关教育改革建议和教育法中，着重涉及提高低收入和低成绩学校的教学质量问题。由此不难看出，希拉里关注美国社会的少数族裔以及弱势群体的切身权益，通过提交立法的方式对这些群体提供救济，凸显民主党自由派的立场。不过，为了吸引更多的中间选民和平衡多个利益集团的关系，希拉里曾经投票支持伊拉克战争，即便在随后的竞选总统期间，希拉里转而抨击伊拉克战争，但是依旧无法逃脱民主党内部成员对其支持战争行为的诟病。在2007年1月20日，希拉里正式宣布参加2008年总统选举后，即便她运用网络视频（希拉里总统竞选网站）等新媒体手段获取选民的支持，但依旧在党内初选中败给了更具吸引力的非洲裔美国人奥巴马，而后者最终成为了美国历史上第一位具有非裔血统的总统。由于奥巴马竞选总统时的承诺，他有必要任命一位竞争对手进入到总统班底中，为了团结民主党各派政治力量，彰显任人唯贤的总统形象，奥巴马在2008年12月1日正式提名希拉里担任美国国务卿，原本作为国会议员的希拉里经过再三考虑后，决定接受总统的任命，进入内阁任职，开启了长达4年的国务卿任职之路。

作为美国第三任女性国务卿，希拉里入职白宫后立即推行奥巴马政府的施政方针，在接受国务卿提名确认程序后进行了长达33分钟的演讲，希拉里披露了奥巴马政府的外交政策，表示美国将利用经济、政治、军事以及文化等各方面力量，维护与其他国家的共同利益和美国的本土利益，此即“巧实力外交”。随着奥巴马总统宣布美国将重返亚太，希拉里首次出访的地区便是亚洲。2009年2月，希拉里先后访问日本、印度尼西亚、韩国以及中国，明确强调亚太地区事务是美国政府的重中之重，美国将与合作伙伴以及众多盟友共同维护亚太地区的和平稳定。但需要注意的是，随着21世纪美国亚洲新战略的出台，希拉里便成为美国“重返亚太”政策的具体实施者，并成为后来美国打压和遏制中国政策的积极倡导者及推行者。

2010年的12月，正当希拉里出席欧洲安全会议期间，“维基解密”网站在29日公布了多达20多万份涉及美国外交的机密文件，机密文件显示美国情报部门对国外高官的监控与评价引起了各国的强烈谴责，面对尴尬局面，希拉里一再公开强调曝光文件并不能代表美国政府的官方政策，将美国政府的损失降低到最小。希拉里在“阿拉伯之春”问题上采取支持态度，随着利比亚内战的爆发，希拉里与美国驻联合国大使赖斯、国家安全委员会委员鲍尔一起支持军事干预利比亚战争，并表示联邦政府不需要国会授权即可发动战争，最终利比亚卡扎菲政权被推翻。2012年的“班加西事件”，也是希拉里任职国务卿期间遭遇的巨大挑战之一。位于利比亚班加西的美国领事馆在该年9月11日突然遭到重火力袭击，美国大使史蒂文斯遇袭身亡，希拉里在安抚遇难者家属的同时，会见了巴基斯坦外长以加强美国驻外使馆的安保级别。即便如此，希拉里还是因领事馆安保存在漏洞而被问责。12月19日，“班加西事件”调查小组报告严厉地批评了国务院官员无视增加安保人员和升级安全设施的要求，也没有在中东地区出现反美浪潮后适当调整领事馆的安保措施。受此事件影响，4名国务卿助理等官员被撤职，希拉里也表示对领事馆安保进行改革。同年12月底，希拉里因轻微脑震荡入院治疗。而早在2011年3月，希拉里就曾表示自己不会再担任下一届国务卿。

（三）2016年总统大选时期的希拉里

2015年4月12日，随着身体状况的逐渐转好，希拉里正式宣布参选2016年总统大选。实际上在竞选之前，克林顿曾于2012年5月接受媒体采访时声称，希拉里不会再次竞选总统，但希拉里在2014年的自传《艰难选择》一书中却写道，“我还没有明确是否永远不竞选总统”。作为民主党成员，希拉里的竞选口号依旧徘徊在提高中产阶级收入、改善种族关系和劳工待遇、普及学前教育以及继续推行平价医疗改革等传统领域。希拉里党内初选的竞争对手是无党派人士伯尼·桑德斯。桑德斯作为一名民主社会主义者，极力主张改变美国贫富差距悬殊的现状，承诺将向富人增税，同时积极应对气候变化，与希拉里和华尔街财团的密切关系形成了鲜明对比。在爱荷华州进行的首次初选中，希拉里以微弱优势战胜了桑德斯，在2016年2月9日在新罕布什尔州举行的初选中，希拉里却以极大的差距败给了桑德斯，不过，在3月1日的“超级星期二”，希拉里凭借南卡罗来纳州等少数族裔选民（尤其是非洲裔美国人）的支持，顺利拿下整个南方州，从而奠定了初选优势。希拉里在6月7日举行了初选胜利集会，并在一个月后被民主党全国代表大会正式提名为总统候选人，成为第一位被美国政党政治提名为总统候选人的女性。

民主党初选获胜之后，希拉里的竞争对手变为了共和党人唐纳德·特朗普、自由主义者加里·约翰逊和绿党领袖吉尔·斯坦因。在2016年的大部分时间里，希拉里在全国民意调查中的支持率领先于特朗普，从未有过从政经历的商人特朗普被看作是因为共和党的分裂而被迫出任候选人的，其在美国政界以及美国民众心里的形象自然一时无法与希拉里相比。不过，在希拉里卷入“邮件门事件”后，两人的民意支持率迅速接近，特朗普更是抓住希拉里使用私人邮箱传递政府工作机密以及其团队成员涉嫌泄露白宫决策等违法行为，持续不断地攻击希拉里，对希拉里竞选活动的展开制造了很大麻烦。即便在克林顿、奥巴马等人的帮扶下，希拉里还是最终在2016年11月8日的大选之夜被唐纳德·特朗普击败。到11月9日凌晨，特朗普已收到279票预计的选举团选票，达到了当选总统的270票的要求。尽管希拉里最终民选得票数高达65853514张，得票率比特朗普多出2.1个百分点，但根据美国总统选举制度中的“赢者通吃”原则，希拉里在关键摇摆州的失利已经不能用民选得票总数弥补，她成为了美国历史上第五位赢得普选但输掉选举的总统候选人。希拉里随后遵循传统打电话给特朗普，承认并祝贺他的胜利。

除了“邮件门事件”对希拉里信誉的损害外，希拉里与其丈夫前总统克林顿为了筹集竞选资金，频繁利用夫妇二人建立的克林顿基金会与华尔街高层接触，被特朗普抓住把柄，称其“滥用公职、进行利益交换”，直接导致支持率的下降。更为重要的是，当代美国政治由于全国初选制度的改革以及竞选资金的过度膨胀，进行总统选举的专业性更加突出，而普通选民与政党上层之间的政治纽带和意识形态情感发生断裂，导致选民投票率持续走低并厌烦所谓“建制派”的政治精英。特朗普正是利用其无从政经历并且明确反“建制派”的特点，取得了对希拉里的竞选优势。更为重要的是，美国社会的长期分裂也不利于民主党人获得大选胜利。美国中下层白人选民在奥巴马执政的 8 年里生活水平并没有多大改善，相反，由于民主党人秉承的宽松移民政策，许多移民作为廉价劳动力抢占了这些选民的就业市场，经济水平的下滑自然会滋生白人至上的种族主义、父权制社会的传统家庭观等保守观念，从而将这些选民推向了支持女性进入职场、维护移民和 LGBTQ 群体合法权利的民主党自由派的对立面，最终导致希拉里失去了被称为“锈带”（艾奥瓦州、威斯康星州、密歇根州、俄亥俄州、宾夕法尼亚州、佛罗里达州）的中西部中下层白人选民的支持，特朗普则在强调白人利益、解决中下层白人就业的“让美国再次伟大”的口号下入住白宫。

尽管希拉里在美国总统竞选上连遭失败，但其担任国务卿的经历已经向美国民众证明了女性胜任高级官僚的能力和可能性。从国会参议员到国务卿，希拉里一直在步入原本属于男性的传统领域，拓宽了女性的政治活动领域，这也是美国长期以来女权主义运动影响的必然结果。

四、现代美国联邦最高法院女性大法官奥康纳和金斯伯格

（一）桑德拉·戴·奥康纳的实用主义司法理念及其司法实践

作为美国联邦最高法院第一位女性大法官，桑德拉·戴·奥康纳的司法理念自成一体，在个人经历、时代背景和先辈思想的交叉影响下，呈现出实用主义司法理念的特征。宏观上看，奥康纳的司法理念具有灵活性，在伯格法院和伦奎斯特法院前期以及后期分别呈现出较大的变化和不同特征；微观上看，她的司法理念倾向于遵循先例，着重关注案件事实，充分衡量各方利益以及善于采用最低限度主义的方法。作为一位女性大法官，性别身份并没有影响奥康纳的司法思想，反而是在实用主义司法理念的影响下，她的司法实践对联邦最高法院具体案件、对最高法院本身、对美国法律乃至美国社会

都产生了重要影响。虽然实用主义司法理念在奥康纳的演绎下也显现出一定的局限性，表现为司法规则的模糊和具体适用中的低效，但这并不影响她在联邦最高法院发挥重要作用。伦奎斯特法院甚至一度被称为“奥康纳法院”，便能说明其被外界评为“美国最有权势的女人”的原因所在。

1. 奥康纳成为大法官的历史轨迹

奥康纳法官的血液里一开始就流淌着实用主义的基因，而孕育她成长的牧场慵懒 B（lazy B）正是培植这种气质的沃土。慵懒 B 是一个 250 平方英里的沙漠牧场，位于亚利桑那州和新墨西哥州的边界，整片牧场位置偏远、气候炎热并且异常干燥，陪伴奥康纳成长的只有父母、牧场的牛仔以及蜥蜴、山猫等野生动物。直到她 7 岁，牧场才有自来水和电。粗犷的生活环境让奥康纳较早地明白了“慵懒 B 并不是那种为了骄傲或原则而固执己见的地方”，她学会了灵活且务实地解决一系列生活难题，例如，在没有兽医的情况下治疗生病的动物，在没电的日子里通过阳光加热生活用水等。这种生活方式，让童年时期奥康纳的价值观被塑造成为一种简单的但追求实际效果的观念。

除了受到西部牧场粗犷环境的陶染，奥康纳的父母也对她产生了很大的影响。奥康纳的母亲教会了奥康纳如何对生活保持热情，而父亲哈利・戴则教会了她在面对困难时该如何进行抗争。奥康纳出生时，正值美国大萧条，哈利・戴的牧场也遭遇重创，但他靠着常人难以想象的坚持和辛勤的工作使慵懒 B 顽强地存活下来，并使其成为当地最大的、最成功的牧场。“把工作做完，不管工作是什么，也不管你的感觉如何”。正是在父亲严格的要求下，奥康纳坚强地成长起来，开始适应工作，甚至能够与男人竞争，这在她那一代人中是极不寻常的。实际上，奥康纳整个童年都在学习如何在男人的世界中生存。此外，奥康纳的父亲还是一位纯粹信奉古典自由主义的保守主义者，这也让奥康纳的意识形态中较早地埋下了保守主义的种子，她继承了父亲对民主党的不信任，以至后来将其毕生的忠诚献给了共和党。奥康纳 6 岁之后，为了接受更好的教育，父母把她送到外祖母家附近的拉福德女校学习。这段时间对奥康纳来说是一段漫长又孤独的岁月，但她逐渐克服了对父母和牧场生活的思念，适应了一个人在外求学的孤独环境，沉默并坚韧地成长起来。奥康纳的学习成绩一直很优异，甚至在拉福德女校跳过了最后一个年级，直接升入埃尔帕索奥斯汀高中的荣誉班，在 16 岁时早早毕业。1946 年高中毕业，16 岁的奥康纳来到斯坦福大学法学院读书，靠着刻苦的努力获得了优异的成绩，凭借着出色的外貌、天生的语言才能和优越的运动天赋，仅用两年时间就完成了三年的研究生课程，同时还成为斯坦福大学《法律评论》的编辑，入选了法学院优等生协会。

走出法学院后，奥康纳法官的职业生涯并不是一帆风顺的。严重的性别歧视致使奥康纳经历了 40 多次失败的面试，没有一家律师事务所愿意雇用一位女性，即便这位女性是斯坦福大学法学院的优秀毕业生。1953 年，她终于在圣马特奥县找到了一份副检察长助理（无薪酬）的工作。形成鲜明对比的是，与奥康纳成绩不相上下的同班同学威廉·伦奎斯特（William Rehnquist）此时已成为联邦最高法院大法官罗伯特·杰克逊（Robert Jackson）的助理。1960—1965 年，随着孩子们的接连出生，奥康纳选择暂停工作在家照顾孩子，但她并没有因此停下追逐事业的脚步，而且还加入了共和党，并于 1964 年参与了戈德华特的总统竞选活动。

更为出色的是，1969 年，奥康纳当选为亚利桑那州参议员，并于 1972 年发展为州参议员多数派领袖，是美国 50 个州的立法机关中唯一的一位女性多数派领袖。作为州参议员，早期的奥康纳比较关注女性就业机会和同工同酬问题，提出废除 1913 年亚利桑那州制定的禁止女性工作 8 小时的成文法；而针对同工同酬问题，奥康纳则采取了折中方案，只是娓娓道来女性在工资待遇上的不公平，并没有激进地要求企业立刻提高女性的工资待遇。奥康纳的中间派风格在成为州参议员多数派领袖后进一步彰显，并呈现出追求实际效果的特征。1972 年 3 月，美国参议院通过了平等权利修正案，但面对该州传统男性政治结构和共和党的极端保守势力，奥康纳逐渐认识到平等权利修正案在亚利桑那州注定是失败的，再三衡量后她采纳了戈德华特的建议，最终选择退出支持平等权利修正案的阵营。当然，奥康纳的这一行为让很多女性感到失望。1974 年，奥康纳没有选择继续竞选参议员，而是成功当选为马里科帕县高等法院的初审法官，1979 年，又成为亚利桑那州上诉法院法官。在上诉法院 18 个月的任期内，奥康纳发表了 29 篇意见稿，大部分涉及日常刑事和商业事务；在判决和上诉能力方面，奥康纳获得了亚利桑那州律师协会的肯定，后者对其书面意见的细致性和完整性给予了高度评价。奥康纳在亚利桑那州的行政、立法和司法三大部门的工作经历，塑造了她不一样的思考路径和工作方式，历练了她的政治才华。当时美国社会性别歧视造成的工作障碍，致使奥康纳对复杂问题的解决持有极强的耐心，宏观上形成了一种渐进式推进工作的路径；中间派路线风格，使其擅长跨越党派障碍处理具体问题；追求实际成果的特质，使其为达成结果可以进行妥协；追求领导权、注意细节和效率等行事风格与原则，也为其成为联邦最高法院的优秀女性大法官奠定了基础。

当然，奥康纳的司法理念还受到其所处时代思潮的陶染和影响。20 世纪下半叶，随着保守主义思潮的盛行以及共和党极端保守势力的壮大，奥康纳的思想意识逐渐受到社会环境和自己所信奉的政党价值观的洗礼与塑造，呈现出更多的保守特征。1981 年里根总统上台后，致力于打造一个保守的联邦最高法院，而奥康纳凭借着扎实的法律素养、女性身份、极具个人色彩的职业经验、娴熟的社交技巧、与里根总统的意气相投、对堕胎等敏感问题的温和立场、民主党对提名首位女性法官的接纳和支持、女权运动的发展以及女权组织的支持等优势，最终以参议院 99 : 0 票的一致通过，成为联邦最高法院历史上第一位女性大法官。

2. 奥康纳大法官的司法理念及其司法实践

任职大法官期间，奥康纳将其实用主义司法理念贯彻到案件判决当中，其温和立场也随着实用主义司法理念的逐渐成熟而左右摇摆。在伯格法院时期，奥康纳的早期投票行为也可以看出她的保守性。奥康纳在前三个任期内的投票行为高度追随伦奎斯特，并与保守派的伯格、鲍威尔、怀特高度吻合，一致率平均达到 80% 左右。“罗斯诉伦迪案”是体现奥康纳保守性的一个典型案例，此案涉及奥康纳娴熟的司法领域——州囚犯上诉权，在此案中，奥康纳坚持了州囚犯更难上诉至联邦法院的立场。田纳西州男性公民诺亚·伦迪（Noah Luncy）因强奸和鸡奸罪被判处监禁 120 年，他向诺克斯县刑事法院提出救济申请，但未获成功。于是他向联邦地区法院申请了联邦“人身保护令”（Habeas Corpus），联邦地区法院对此案进行了受理，并在审理的过程中认为，陪审团的意见，加上律师对被告的交叉盘问和检察官对个人证词的限制等操作，侵犯了被告获得公正审判的权利，遂推翻了对伦迪的有罪判决。但田纳西州却认为，伦迪的某些主张并没有在州法院进行完全申诉，不符合人身保护令的前提“穷尽救济”原则，遂上诉并提出驳回伦迪“混合诉求”的要求，上诉联邦法院维持了原判。至此，田纳西州只能将此案上诉至联邦最高法院。根据上述案情分析，联邦“人身保护令”制度是否应该采取限制措施是此案的核心争议，奥康纳在判决意见书中指出：1. 联邦法院必须驳回“混合诉求”的联邦人身保护令申请；2. 州囚犯必须在州法院穷尽所有救济后才可以申请联邦人身保护令；3. 州囚犯也可以跳过“穷尽救济”原则，通过修改联邦人身保护令诉求内容的方式继续申诉，可以在“混合诉求”中删除未穷尽救济的主张，但这样做也可能会导致随后的联邦请愿书被驳回，并且可能会丧失联邦法院审理其未“穷尽救济”的主张的机会。奥康纳在此案中对“穷尽救济”原则的严格审查，无疑使联邦人身保护令的适用范围更狭窄。尽管如此，这也并不代表奥康纳是一位典型的保守派大法官，相反，在一些涉及女权案例上，有时她也会持自由主义判案立场。例如，在奥康纳第一年的任期内，在对“密西西比女子大学诉霍根案”的判决中，奥康纳就站在了自由派阵营，认为该校护理学院仅招女生的政策违反了美国宪法第 14 条修正案的平等保护条款。此案无疑是给当时低迷的女权运动注入了一股强心剂，被《华盛顿邮报》评价为：“在平权修正案失效的同一天，联邦最高法院——至少从现在看来，无比适合地认定性别歧视可能以各种各样的方式出现，这一判决给予女权运动以希望。”

伦奎斯特法院前期（1986—2000）是奥康纳司法理念形成的成熟期，司法理念及实践带有更多的中间色彩。奥康纳在继承伯格法院特征的同时，又衍生出采用最低限度主义的方法，呈现出更具平衡性的特点。相对于伯格法院时期为了达成选票的胜利而摇摆于多数派阵营，这一时期的奥康纳则成为多数派阵营极力争取的关键选票，在最高法院发挥着决定性的作用。在伦奎斯特法院关注的两大案件领域中，针对在州权领域发起的“新联邦主义”革命，奥康纳是积极的推动者和配合者。例如，在 1992 年的“纽约州诉联邦政府案”中，奥康纳代表多数方的意见认为，各州需承担低放射性废物清理的政策，违背了宪法第 10 条修正案并给予部分否决，此项判决强化了州政府根据第 10 条修正案保护自己免受联邦干扰的权利。在 1995 年的“联邦政府诉洛佩兹案”中，奥康纳支持伦奎斯特法官对商业条款在非经济领域的适用进行严格审查的立场，认为持有枪支并不是一种对州际贸易有直接或间接影响的经济活动，所以联邦政府不能以商业条款为基础来制定禁止在学校附近持有枪支的法律。

虽然州权领域是奥康纳的娴熟司法领域，但她的“中间色彩”司法理念和实践的场域更多地在争议巨大的社会案件领域，在此也更能展现奥康纳不同寻常的智慧。在社会案件领域中，“中间色彩”成为奥康纳在这一时期的最大特点，但这种“中间色彩”并不是调和的产物，而是奥康纳多年的司法经验积累所给出的坚定回答。当然这种理念在具体的案件中也存在一些微妙，如在堕胎领域，奥康纳就反对给予女性完全的堕胎自由，并且主张废除“罗伊案”确立的“三月分期制”，认为这一制度已不能与当前的医疗水平相匹配。在 1986 年的“索恩伯格诉美国妇产科学院案”中，奥康纳质疑了最高法院推翻宾夕法尼亚州堕胎法的明智性和合宪性，认为最高法院忽视了州堕胎限制法律带来的影响和利益，从这个案件可以看出奥康纳其实是主张对堕胎权实行限制的。但三年之后在“韦伯斯特案”中，奥康纳的立场出现了转变，虽然本质上还是不支持堕胎，但奥康纳意识到罗伊规则有其存在的价值。因为此案还涉及密苏里州新颁布的规范堕胎行为的法规是否违宪问题。该法规涉及生命权始于受孕时期、未出生的儿童享有其他人享有的同样权利、对怀孕 20 周以上的女性进行确定“胎儿的胎龄、体重和肺成熟度”的医学检查、禁止公共医疗机构和人员进行为挽救母亲生命为目的以外的堕胎手术等敏感问题。在此案中，奥康纳虽然也投票支持密苏里州法律，但她认为胎儿存活性检查应该适度，不要给女性造成伤害和精神负担。此外，奥康纳也不同意伦奎斯特强烈的反“罗伊案”论调，在协同意见书中她提出：“当一个州的堕胎法是否违宪实质上是由罗伊案的判决来解释时，重申罗伊案还为时尚早，我们需要谨慎前行。”奥康纳的投票和意见维护了罗伊规则，使其没有在此案中被推翻。相较于“索恩伯格案”，此时的奥康纳倾向于对堕胎实行更多的限制，同时也呈现出与保守派法官最大的不同，她希望在对堕胎实行限制的同时，保留“罗伊案”的核心内容，即堕胎权是女性的一项基本宪法权利。在

1992年的“凯西案”中，奥康纳展示了自己在该领域决定性的作用，并再次维护了“罗伊案”的基本原则。此案涉及宾夕法尼亚州的限制堕胎法案是否违宪，不过，当此案最终送到联邦最高法院时，最高法院内部对堕胎问题的分歧已经使核心议题演变为“罗伊诉韦德案”的判决是否应该被视为错误判决而被推翻。保守派法官希望采用“合理性的审查标准”，而自由派法官希望是采用“严格审查标准”，而作为中间派的奥康纳则给出了依据案件事实的狭义判决，即在保留“罗伊案”核心框架的同时，用“不适当负担”标准致使最高法院对堕胎权的保护从严格转向了宽松。虽然对奥康纳的方案存在很大争议，“不适当负担”标准的确存在不明确性和较强的主观性，在其他案例的适用中可能会产生更多新的问题，但奥康纳在“凯西案”中确立的标准，已能代表当时的最高法院对堕胎案件的判决态度，即各州限制堕胎的法律要在“罗伊案”的框架之内进行摸索。

伦奎斯特法院后期（2000—2006）是奥康纳司法理念形成的晚期，司法理念及实践具有更多的自由主义色彩。这一时期奥康纳司法理念的转变，主要受到了“布什诉戈尔案”和后期伦奎斯特法院风格的影响。21世纪伊始，伦奎斯特法院迎来第一个重要司法案件，即“布什诉戈尔案”，此案也成为伦奎斯特法院风格的转折点。在此案中，联邦最高法院的司法行为在宪政原则的遵从和滥用之间存在一定的争议，首先遇到的就是程序上是否合宪问题。2000年12月8日，联邦最高法院受理“布什诉戈尔案”，12月9日最高法院5比4决定越过言词辩论环节直接发布紧急禁止令，暂停佛罗里达州重新人工计票行为，12月11日在48小时之内安排了言词辩论，并于12月12日宣布判决结果，因此，“布什诉戈尔案”给最高法院都带来了恶劣影响。相较于1974年最高法院在“美国诉尼克松案”中发挥的正向作用，2000年最高法院的所作所为被外界认为是失败并且是卑鄙的，其作为一个非民选的司法部门在本应由人民意志决定的选举纠纷中发挥了极其不恰当的作用。但不可否认的是，此案也对联邦最高法院大法官的司法理念和政治态度产生了较大的影响，其中最为明显的是奥康纳司法理念的转向，由倾向保守的中间路线派大法官转变为自由主义者。对于奥康纳来说，“布什诉戈尔案”是一场劫难，奥康纳在数年后承认，当时置身于政治争议之中让大法官们感觉很糟糕，因此在后来的司法实践中她也因此越来越多地站在了自由派阵营。此外，在平权领域，2003 年奥康纳在“密歇根大学案”中投下了关键一票，支持高校基于种族来制定优先录取政策。奥康纳给出的裁决意见主要参考了“巴基案”中鲍威尔法官确立的多元化理论，认为生源的多样性符合国家的利益，可以在招生政策中适用平权措施，同时军方和美国企业给出的法庭之友意见书也对她产生了较大影响。奥康纳认为，法学院同样作为培养美国未来国家领导人的摇篮，其必须向每个种族和民族的有才华的个人开放，这才符合国家的利益要求。

总之，作为美国联邦最高法院的第一位女性大法官，奥康纳任职于最高法院两极分化和最具政治化时期，最高法院在意识形态、涉及社会议题的案件裁决上都存在着重大分歧，但奥康纳的司法行为和司法理念并没有因此被拉扯到任何一端，反而形成了独具特色的司法风格，其司法理念和实践在实用主义风格的影响下呈现出阶段性和独特性。在伯格法院时期，奥康纳的司法实践呈现出摇摆性，司法理念也呈现出不以意识形态为准绳，追求务实目标和具有妥协性的特性；在伦奎斯特法院前期，她的司法实践更具有“中间色彩”，司法理念则展现出更多地倾听民意，更愿意采用最低限度主义的方法的特性；到了伦奎斯特法院后期，其司法实践又呈现出更多的自由主义色彩，其司法理念也展示更多的对行政分支的对抗以及对其他国家法律的关注和借鉴。当然，在实用主义司法理念和最低限度主义裁决方法的影响下，奥康纳建立的裁决标准和规则也暴露出一定的局限性。因为过于针对具体案情，其创造的狭义规则在内容上存在模糊性，在适用中缺乏指导性。此外，由于奥康纳的司法遗产存在法理上的模糊，其所建立的规则和标准也极易被推翻，一定程度上反映出其司法理念的脆弱性。

（二）鲁斯·巴德·金斯伯格的平权思想及其司法实践

鲁斯·巴德·金斯伯格是美国联邦最高法院历史上第二位女性大法官，其在种族歧视、性别歧视以及 LGBTQ 群体歧视等领域的案件判决中，秉承司法能动主义，坚决维护美国社会边缘或弱势群体的合法权利，在长达 27 年的最高法院大法官生涯中，金斯伯格一直都是坚定的自由派大法官，为消除美国社会的歧视行为（尤其是对女性的歧视）、扭转传统消极的男女关系做出了重要贡献。

1. 金斯伯格成为大法官的历史轨迹

1933 年 3 月 15 日，鲁斯·巴德·金斯伯格（Ruth Bader Gingsburg）出生于美国布鲁克林的一个传统的犹太裔家庭，父亲是一位皮草商人，母亲是一名会计，金斯伯格是巴德家的第二个孩子。幼年的家庭教育造就了后来的金斯伯格，父母是虔诚的犹太教信徒，他们向金斯伯格灌输了传统的犹太教文化。在犹太传统的学习中，金斯伯格第一次接触到律法，看到了犹太历史中沉重的法则和犹太文化中对女性的蔑视。在整个受教育的过程中，金斯伯格一直都是一个热情洋溢且成绩优异的学生。高中毕业后的金斯伯格进入康奈尔大学学习政治学，当时正值国际上美苏“冷战”和国内麦卡锡主义盛行。当时康奈尔大学的动物学教授马库斯·辛格（Marcus Singer）由于拒绝提供他所在的马克思主义学习小组的名单而被带走，金斯伯格作为教学助理研究员经历了言论审查的全过程。1953 年 11 月，金斯伯格第一次涉足公开发表的法律辩论领域，撰写了一封信给《康奈尔日报》的编辑，内容是关于窃听间谍案件中证据的可接受性问题，此时金斯伯格的法律意识已经初具雏形，这篇文章已经显现出了她关于法律写作的态度和特点，即她在语言选择上的谨慎，没有夸大其词，也没有对某种意识形态的片面崇拜，有的只是她对公民权利和无罪推定原则的坚守。抱着对法学的热爱，1954 年，金斯伯格又考入了哈佛大学法学院，之后由于陪同丈夫治疗癌症转到哥伦比亚大学学习，并最终以全年级第一的成绩毕业。毕业后的金斯伯格求职之路并非一帆风顺，许多律师事务所并不愿意接受女性法律工作者，即便得到哈佛法学院教授萨克斯的推荐，时任最高法院大法官的法兰克福特依旧拒绝金斯伯格担任法官助理一职。1961 年，面对日益高涨的民权浪潮，金斯伯格来到哥伦比亚大学教授关于国际民事诉讼的课程，并接受了法律学者汉斯·斯密特（Hans Schmidt）的邀约，前往瑞典研究当地的司法程序，而此时正值瑞典女权运动爆发。金斯伯格的女权思想在此受到了很大的启发，意识到女性需要勇敢为自己发声才能真正地获得平等。回到纽约后，她在负责哥伦比亚大学国际民事诉讼项目时接受了罗格斯大学的职位，并于 1968 年在罗格斯大学开设了女性与法律相关的课程。1970 年，金斯伯格加入了美国公民自由联盟（American Civil Liberties Union）。在女权运动的影响下，金斯伯格希望联盟更加注重平权修正案，同时参与了许多女权组织建立的委员会，并积极担任女权案件辩护律师，尤其是在“里德诉里德案”（Reed v. Reed）中，在金斯伯格的努力下，最高法院第一次判定宪法第 14 条修正案的平等保护条款禁止基于性别的歧视行为，因此，该案是金斯伯格律师生涯的里程碑。到 20 世纪 70 年代末，金斯伯格已经在最高法院辩护了六起案件，五起获得了胜诉，并在数十起案件中撰写了辩护状。

1977 年民主党人吉米·卡特赢得总统大选后，便致力于消除联邦司法层面对少数族裔和女性的歧视性隔离的维护，这让女权主义者燃起了希望。1978 年，国会投票新增设了更多的联邦法院法官，力图打破女性和少数族裔候选人们所面临的窘境，1980 年 4 月 11 日，卡特总统提名金斯伯格为华盛顿巡回法院法官，1992 年，比尔·克林顿就任总统，最高法院大法官的席位出现了空缺，作为一名成熟的政客，克林顿总统随后于 1993 年 6 月 14 日正式提名金斯伯格为最高法院大法官，金斯伯格于同年 8 月 10 日宣誓就职。从此，金斯伯格作为自由派的大法官，对于美国司法判例以及国会关于平权方面的立法产生了深刻的影响。

2. 金斯伯格大法官的司法理念及其司法实践

在司法实践上，金斯伯格在反对性别歧视领域的最著名案例当属“里德诉里德案”，该案是自 1961 年以来第一个打到最高法院的关于性别歧视的案件。1958 年里德夫妇离婚时，妻子萨莉·里德获得了儿子理查德·里德的监护权，由于其儿子在 1967 年 3 月自杀，按照爱达荷州的法律规定，应是其前夫获得遗产管理权，法律还规定，“在几位享有同等权利的人士中，必须优先考虑男性”，所以，萨利·里德选择了起诉前夫来获取儿子的遗产管理权。金斯伯格作为萨利的辩护律师将该案上诉至最高法院，在最高法院的庭审中，金斯伯格认为：“立法者可以基于个体需求或个人能力对某些个人进行区别对待，但通常不允许仅仅由于个人无法控制的生理特征而区别对待某些特定的群体，一个人不应因为自己的生理特征而在法律中处于不利地位……那些阻止女性充分地参与政治、商业和经济领域的法律常常被描述为其目的是‘保护女性'，但如果用这样的法律来限制少数族裔则会被认为是不公平且违宪的。”伯格法院最终否决了爱达荷州的一项关于男女管理财产资格的规定，认为只有男性拥有财产管理权违反了宪法平等保护条款。这是联邦最高法院第一次否决区别对待男女的州立法，“里德案”也开创了最高法院承认性别平等的先河。在校园性别歧视案件的司法实践中，“美国诉弗吉尼亚案”更是将金斯伯格捍卫女权的事业推向了巅峰。该案被告是著名的弗吉尼亚军事学院，其被起诉的原因是该学院的招生要求学生必须为男性，将完全有能力进入学院进行军事训练的女性学生拒之门外。基于该学院对女性的严重歧视，美国联邦政府司法部代表这些女性和其他有类似需求的人提起诉讼，认为女性想要进入弗吉尼亚军事学院学习是合情合理的，称该校的男性招生政策违反宪法第 14 条修正案的平等保护条款。军事学院辩护方认为，一个全男性的环境对弗吉尼亚军事学院完成其使命的能力是不可或缺的，该军事学院的文化属于一种“对抗文化”，如果女性进入基于男性而创立的军事学院中，那么其原本的道德世界将被影响，且训练和塑造男性学院的方式可能将不再适用。他们引用了当时流行的“区别女性主义”来进行辩护，建议建立弗吉尼亚女性领导学院。金斯伯格认为，弗吉尼亚军事学院的只招收男性政策的问题，不在于其根据性别对个人进行分类，而在于它反映并强化了一种刻板印象，这种刻板印象在美国历史上的大部分时间里佐证歧视女性的合理性，将女性排除在弗吉尼亚军事学院之外只是延续了传统的刻板印象，即男性是士兵、保护者和公民，而女性是被动的，更适合照顾他人，而无法战斗。金斯伯格进一步指出，这一政策剥夺了女性的受教育权和在弗吉尼亚州获得有影响力职位的渠道，从而加剧了男女之间的不平等。最终，最高法院以 7 比 1 的投票结果，判定弗吉尼亚州的单性别教育政策违反宪法第 14 条修正案的平等保护条款。

在维护女性堕胎权方面，金斯伯格则对 1972 年“罗伊案”持批评态度。20 世纪七八十年代，美国女性掀起了以“生育权利”为口号的女权主义运动，其目标之一就是呼吁女性拥有堕胎的权利，提出女性有选择是否做母亲和何时做母亲的权利。女权主义运动者与反战、反种族歧视运动结合在一起，一同呼吁民权、自由和平等，这些运动促进了美国人对公民权利意识的不断觉醒。正是在这样的背景下，1972 年“罗伊诉韦德案”发生。“罗伊案”主角的名字是诺玛·麦科威，得克萨斯州人，在本案中化名为“罗伊”，她提起诉讼的对象是得克萨斯州达拉斯县地方检察官亨利·韦德（Henry Wade），反对得克萨斯州的《禁止堕胎法》。该法规定堕胎是非法的，除非医生是为了挽救一名女性的生命而选择堕胎。因为“罗伊案”涉及州的治安权、女性的堕胎权、胎儿的生命权、医生的专业权以及对宪法的司法解释等诸多问题，引起了社会的广泛关注。最终最高法院以 7 比 2 的票数肯定了女性堕胎权的基本权利地位，同时宣布得州堕胎法违宪。但遗憾的是，面对保守派大法官的施压，布莱克门大法官最后为女性堕胎权寻找宪法依据时并没有使用宪法第 14 条修正案中的平等保护条款，而是将其适用到了隐私权中，将堕胎视为女性自主以及和主治医师共同商榷的隐私行为。面对布莱克门大法官的这种解释，金斯伯格提出了自己的观点。金斯伯格认为，当下由最高法院宣判堕胎合法是不合时宜的，当“罗伊案件”判决宣布时，堕胎法在全国处于一种变化状态，所以堕胎合法最好由州立法者们逐步承认，而不是通过司法判例的方式强制各州承认，这将使最高法院受到诟病，也会为女性生育选择权的继续发展埋下隐患。金斯伯格甚至公开表示，如果认可布莱克门大法官的理论，“最高法院将被贴上‘激进分子’或‘帝国主义’的标签，它作为宪法问题最终仲裁者的危险地位暴露无遗。我并不建议最高法院在追求宪法原则时经常走在政治部门的前面”。

在种族歧视方面，金斯伯格大法官却与保守派大法官们针锋相对。在 2013 年的“费舍尔诉得克萨斯大学案”中，最高法院的保守派表面上承认平等保护条款，允许大学在本科招生政策中考虑种族因素，但却以“没有严格审查”为理由，将案子发回下级法院重新审理，让下级法院重新判断得克萨斯大学为实现生源多样性而将种族纳入录取条件是否可以通过严格审查。实际上这是在为少数族裔争取受教育权的过程中以模糊和推诿的态度设下重重阻碍，变相地承认种族差异，以一种看似合理又中立的说法否认了“肯定性行动”计划。金斯伯格认为，该判决使得“肯定性行动”计划的成果倒退了十几年，“肯定性行动”计划本身是对歧视现象进行纠正和补偿的平权政策，在入学录取中考虑种族因素，原本就是基于种族因素而去帮助公民受教育权利的必要措施，不能要求一个旨在维护种族多样性的措施不去考虑种族因素。2016 年 6 月，经过复审，美国最高法院的 7 个大法官最终以 4 比 3 的结果，判定得克萨斯大学录取政策并没有违反美国宪法的平等条款，费舍尔因此败诉。虽然此案并没有扭转得克萨斯大学录取政策上对少数族裔设下的障碍，但仍然反映出金斯伯格大法官的自由主义态度。

在维护 LGBTQ 群体合法权利方面，金斯伯格尤其维护同性恋群体的合法婚姻权利。随着美国联邦最高法院在 2013 年 6 月 26 日的“温莎案”宣判和对美国《婚姻保护法》中关于婚姻由“一男一女”结合的条款违宪，美国同性婚姻至此走向合法化。2013 年 7 月，吉姆·奥博格菲尔和他的同性伴侣约翰·亚瑟在位于马里兰州上空的飞机上举行了婚礼，依据马里兰州的规定，他们的婚姻是具有法律效力的，但他们在居住的俄亥俄州却无法进行婚姻登记，奥博格菲尔对俄亥俄州的歧视行为提起诉讼，并一路上诉至最高法院，即后来的“奥博格菲尔诉霍奇斯案”。起初，有人主张让金斯伯格退出本案庭审，因为她在 2013 年夏天就为同性恋的友人主持过结婚仪式，是第一位主持同性婚礼仪式的最高法院大法官，但金斯伯格没有理会这些声音，在该案的口头辩论中，被告一方提出，异性婚姻制度根植在上千年的传统中，所以同性伴侣不能结婚，金斯伯格反驳了这个观点，她认为“即便同性结合现在还无法融入婚姻制度，我们也可以对此做出改变”。金斯伯格强调异性婚姻和同性婚姻并无不同，“因为婚姻所能提供的所有激励，所有好处仍然是存在的”。在金斯伯格大法官的坚持下，2015 年 6 月 26 日自由派取得了重大的胜利，最高法院以 5 比 4 判定同性恋的婚姻合法，肯尼迪大法官代表多数意见发表了意见书。最高法院意见书认为，宪法第 14 条修正案中的正当法律程序条款保障了同性恋婚姻的合法性，这是宪法所保护的基本自由之一。

综上，金斯伯格大法官的司法实践，在一定程度上丰富了美国司法领域自由主义的内涵，平等自由不再仅仅局限于白人男性，相反，女性、少数族裔以及同性恋群体都应该享有与白人男性同样的公民权利，美国宪法所称的自由原本就应该随着时代的发展而囊括新的群体以及新的公民权利。虽然当代的美国社会保守势力不断壮大，但在金斯伯格大法官的推动和领导下，最高法院的自由派依然在发出强劲的声音。随着金斯伯格大法官在 2020 年的离世，人们对她的崇敬和怀念越来越深，这说明她作为美国联邦最高法院第二位女性大法官无疑是成功的。在法官履职期间，金斯伯格不仅为弱势群体争取到了合法权利以及部分政治资源，而且巩固了由奥康纳大法官建立起的女性法官的优秀形象。并且，在奥康纳和金斯伯格之后，美国联邦最高法院又出现了卡根、巴雷特以及黑人女性杰克逊等大法官，女性在美国最高司法权力机关的地位与日俱增。

思考题

1. 分析美国社会中同性恋群体获得基本合法权利的阻碍因素。
2. 阐述美国第二次女权运动兴起的背景及取得的实质性成果。
3. 从 2016 年希拉里竞选总统失败分析美国社会性别平等的有限性。

参考文献

[1] [美] 丹尼尔·哈伯:《希拉里：为总统而生》，吴忠岫译，北京：中国友谊出版公司，2016 年。

[2] [美] 德纳·B. 利维、[美] 妮可·R. 克拉萨斯:《希拉里·克林顿传》，刘玉军译，郑州：河南文艺出版社，2016 年。

[3] 韩垒:《希拉里传：我想成为那个冠军》，北京：中国友谊出版公司，2016 年。

[4] [美] 杰弗里·图宾:《美国最高法院风云》，何帆译，南京：译林出版社，2020 年。

[5] [美] 琳达·赫什曼:《温柔的正义：美国最高法院大法官奥康纳和金斯伯格如何改变世界》，郭烁译，北京：中国法制出版社，2018 年。

[6] 林漫:《男性史：当代美国性别史的新视角》,《史学月刊》2021 年第 5 期。

[7] 闵冬潮:《从女性史到性别史的发展》,《世界历史》1994 年第 1 期。

[8] [美] 琼·比斯丘皮克:《大法官奥康纳传：改变美国联邦最高法院》，方鹏、吕亚萍译，上海：上海三联书店，2011 年。

[9] 屠振宇:《从堕胎案件看美国司法审查标准》,《南阳师范学院学报》2007 年第 11 期。

[10] 王希、赵梅:《重新认识美国：来自当代的反思》，南京：江苏人民出版社，2022 年。

[11] 赵静:《罗伊诉威德案初探：对美国堕胎问题的考察》，硕士学位论文，河北师范大学 2008 年。

[12] Atkins v. Virginia，536 U. S. 304（2002）.

[13] Charles，Lane，Courting O'Connor：Why the Chief Justice Isn't the Chief Justice，*Washington Post*，2004.

[14] Gynecologists，476 U. S. 747（1986）.

[15] Grutter v. Bollinger，539 U. S. 306（2003）：308.

[16] Justice Sandra Day O'Connor，*Strategist on the Supreme Court*，Lanham：Rowman & Littlefield，1996.

[17] Mississippi University for Women v. Hogan，458 U. S. 718（1982）.

[18] New York v. United States，505 U. S. 144（1992）.

[19] Obergefell v. Hodges，576 U. S. 14–556（2015）.

[20] Planned Parenthood of Southeastern Pa. v. Casey，505 U. S. 833（1992）.

[21] Reed v. Reed，404 U. S. 71（1971）.

[22] Rose v. Lundy，455 U. S. 509（1982）.

[23] Stevens. Dissenting Opinions. Bush v. Gore，531 U. S. 98（2000）.

[24] Webster v. Reproductive Health，492 U. S. 490（1989）.

[25] Scott Dodson，*The Legacy of Ruth Bader Ginsburg*，Cambridge：Cambridge University Press，2015.

第十五讲　20 世纪美国总统弹劾案

20 世纪末的“克林顿总统弹劾案”引发美国政坛海啸，震惊寰宇。对此，国内学者也从历史学和政治学的双重视角予以关注和研究。国内最早开始进行系统性研究的是赵铁峰教授，其最先发表了题为《克林顿总统弹劾案中的权力与权利冲突》一文。该文以政治文化为切入点，阐述了弹劾案的经过、涉及的法理问题以及公共舆论与精英政治之间的关系。在此之后，赵铁峰教授又撰写了《克林顿总统弹劾案与美国政治文化》一书，更为细致地讨论该案背后的美国政治及制度因素。教程作者又撰写《从克林顿到特朗普：弹劾语境下的当代美国政治》一文，从比较研究的视角，分析克林顿弹劾案与特朗普弹劾案之间的异同，进而探讨美国弹劾制度的政治性以及当代美国政治的走向。

弹劾制度可看作美国分权制衡下的细化，了解弹劾案尤其是对总统的政治弹劾，不仅能够把握美国宪政体制对总统行政权力的制约，而且通过了解弹劾过程中的党派之争，可以管窥当代美国政治的演变及其趋势。弹劾制度所引发的冲突与纠葛，主要是由其本身的政治特性所致。具体原因在于以下三点。第一，美国宪法的表述造成了弹劾语境的含糊。当“叛国、贿赂及其他重罪及轻罪”成为弹劾标准时，弹劾便具有了灵活性的特征。虽然“叛国”与“贿赂”在美国宪法中有明确的判定标准，但“其他重罪及轻罪”的表述，并未改变其语意的模棱。解释这一表述的权力包含在弹劾权之中，为众议院独有。第二，作为特殊的行政诉讼，弹劾审理的案件性质便是与政治息息相关的，审判客体带有明显的政治倾向，作为审判主体的国会又是政治利益盘根错节的中心。换言之，弹劾常常会成为政治博弈的角斗场。第三，弹劾政治性的背后渗透着分权制衡的内在逻辑。麦迪逊早就意识到，宪政体制“最需要防备的，是各种权力被逐渐集中到一个部门，所以防备的方法是，赋予各部门主管官员的宪法手段，使他们各自具备抵御其他部门蚕食的权力”。行政与立法的良性互动需要制度性的保障，弹劾可以看作是国会对抗暴君的有力手段，同时也可以看作派系报复的有力手段。弹劾的特点就是集中所有民众的目光，给出唯二的解决路径，所以多元化的民意很难在弹劾案中得到体现，相反，党派间的博弈则更为突出。

综上，可以看出，弹劾权的宪法性基因中有着根深蒂固的政治特性，其灵活的解释空间也埋下了府会斗争极化的隐患。美国宪法将对行政的监察权交予国会，弹劾则是国会监察权的底线，所以慎言弹劾是保障美国宪政体制稳定的关键。但随着现代美国政治的演进，总统领导下的行政分支日益成为分权制衡体制中最为重要的一环，国会与总统的矛盾在复杂的美国政治生态下愈发尖锐。在这样的政治环境下，弹劾权对国会而言，不失为对抗总统的杀手锏。

一、“水门事件”与美国联邦政府改革

（一）“水门事件”与美国联邦政府信任危机

二战后，美国总统的行政权力进一步扩张，至尼克松政府时期到达巅峰，因此有学者称尼克松为“帝王式总统”。“水门事件”的曝光更是加深了这一印象，尼克松总统也因此陷入了滥用行政权的政治丑闻中，甚至引发了民众对于美国联邦政府的信任危机。

在尼克松连任的总统大选中，为了取得民主党内部竞选策略的情报，1972 年 6 月 17 日，当尼克松竞选团队 5 人潜入水门大厦进行窃听活动时，被民主党的工作人员当场发现并逮捕。起初“水门事件”只是一场党派竞争的小事，只要前者承认错误，给予相关人员处分，事情可能就到此为止。但策划这起事件的几个白宫官员为了维护总统的形象对此事拒不承认，最后牵扯出一系列的事情，导致事情无法收场，尼克松总统险些被弹劾，只是因为总

统主动辞职，才平息了这场政治风波。尼克松在晚年时说："水门事件最初是轻微的犯罪，等我卷进去后，就变成了重大罪行，他们那伙人把它抓在手里，就变成国家的问题了。"起初尼克松声称对此事毫不知情："当时感觉这是个玩笑。"随后他宣布，"经调查，白宫班底没有一个人与此案有关，政府现雇员中没有一个人曾经参与这一古怪事件。"之后尼克松试图将这件事情解释为古巴人为了自己的民族利益而进行的一场窃听活动，甚至以国家安全为理由，干预联邦调查局的活动。但与尼克松自证相反的是，总统和"水门事件"无法脱掉干系。在美国1972年的大选中，尼克松获得了47169911张选票，占总票数的61%，并在49州中获得总统选举人票520张，以压倒性的优势顺利连任第47届总统。从媒体的角度来看，起初各个媒体对"水门事件"并没有给予足够的重视，认为不过是政党之间的勾心斗角而已，但《华盛顿邮报》的两名记者鲍勃·伍德沃德和卡尔·伯恩斯坦却认为，这事件可能与白宫有关，对此事进行了一系列的报道，并从化名为"深喉"的当时联邦调查局副局长W.马克·费尔特那里得到了一些线索，从而揭露了"水门事件"和白宫之间的联系。1973年参议院以77票对0票一致同意建立总统竞选活动特别委员会来调查"水门事件"，来自北卡罗来纳州的萨姆·欧文担任主席。渐渐地，大批参与"水门事件"的人被调查出来，尼克松周围的心腹官员纷纷被迫辞职，白宫律师迪安误打误撞说出的白宫办公室录音一事，则成为压垮尼克松的最后一根稻草。1973年4月15日晚上，迪安在白宫椭圆形办公室面见总统时，"尼克松那天问话的方式和言谈举止都非常古怪，使人感觉谈话过程正在被录音"。特别检察官和国会水门委员会要求尼克松立刻交出录音带，尼克松不但拒不上交而且干预司法机构的调查，命令其解雇特别检察官。于是，新闻媒体对尼克松的行为口诛笔伐，国会两院对尼克松的所作所为怒不可遏，民众要求立即启动宪法程序弹劾总统。

而恰在此时担任副总统的阿格纽因为巴尔的摩政治腐败事件而被控告受贿、敲诈、勒索和逃避所得税等。起初阿格纽坚决否认罪名，坚持自己是清白的，但当时尼克松正被"水门事件"搞得焦头烂额，一方面无暇顾及阿格纽，另一方面尼克松也希望能够借由阿格纽贪污的事情来转移大众在"水门事件"上的关注程度，最后阿格纽被迫于1973年辞去了副总统的职务，处以罚款，并被判三年有期徒刑缓期执行。但事实后来的结果是，阿格纽的贪污事件不但没有转移观众的视线，反而雪上加霜。总统权力腐败，副总统经济腐败，行政官僚腐败乱象丛生，使美国民众对于白宫失望至极。正是在这样的背景下，尼克松被迫辞职，这是美国历史上第一位个人提出主动辞职的总统。尼克松辞职后，福特接替总统，并对尼克松进行了赦免。福特总统认为，特赦尼克松从国家角度上来看是有利于国家的正确选择，并力排众议完成赦免，但当时民众对这一处理结果十分不满，认为福特与尼克松达成了某种交易，才会使尼克松得以赦免。当然，民众的不满也对福特连任总统产生了极为不利的影响。

“水门事件”带来了严重的政治危机，人们对政府的信任程度达到了历史最低点，冲击了三权分立的宪政体制，有人甚至认为，“水门事件”所带来的腐败是对民主进程的一种特殊损害，所以事件之后长达两年的时间里美国电视网仍然保持着对白宫的攻击。对政府不满的人数不断增加，民众对总统和以总统为代表的联邦政府甚至是美国的政治制度都十分不满。作为国家权力象征的总统滥用职权，人们不禁怀疑，政府的公职人员是否存在更多的权力滥用现象？总统的权力过大，处于宪政体制的主导地位，尤其是在军事领域和外交领域如同专制帝王一样，而政党系统却又软弱无力，国会在权力争夺中处于劣势。在尼克松执政时期这种“帝王总统”的权力不断向国内政治领域发展。

随着“水门事件”影响的不断扩大，恢复对政府的信心、限制总统权力、提高国会权力意识、弥补权力“失衡”等成为人们关注的重点，在很大程度上“水门事件”催化了卡特政府反腐改革的进程。卡特在竞选总统时就曾公开表示：“美国面临的最大需要，就是一个组织结构良好的联邦政府——那是一个清廉的、有效率的和节俭的政府。”为了限制总统的权力，国会采取了以下措施：对外方面，限制总统对外出兵作战的权力，国会于1973年11月通过了《战争权力法》；对内方面，国会在1978年通过了《政府道德法》，其目的是规范政府行政人员的职业道德，从而保持和增强公众对联邦政府官员的信心，恢复对民主制度的信任。在这个意义上，“水门事件”对1978年《政府道德法》的出台有着直接影响。通过“水门事件”中特别检察官要求尼克松交出录音带，而尼克松要求司法部长将其开除这一事件，人们开始意识到特别检察官由总统任命，相当于行政部门对行政部门进行监督，并不能完全公正地监督行政部门的官员。此外，1978 年国会通过了《独立检察官法》，并且设立了特别检察官，其目的就是使调查的官员在调查被指控的政府高级官员的时候保持相对的独立性，尽量免受利益冲突和政治压力的影响。而且独立检察官的免职方式除了弹劾和定罪之外，还包括“仅由于司法部长的个人行为，仅由于严重的不当行为、身体残疾、心智不全以及其他实质上损害上述特别检察官的职责履行之任何条件”，也就是说只有司法部长才有权对特别检察官进行免职，总统没有任免特别检察官的权力。在这个意义上，《独立检察官法》在很大程度上挽救了当时美国的宪政危机，对美国三权分立体系进行了再调整，对总统权力起到了一定的限制作用。

（二）1978 年《政府道德法》

在“水门事件”之后，1978 年国会通过了《政府道德法》，次年法律正式生效。该法共七编，总计 717 条，是美国历史上第一部较为全面和完整的政府道德法律法规。《政府道德法》的内容主要包括：

第一、二、三编分别规定了立法、行政、司法机构内一定级别的公职人员公开财务要求，建立起财产申报制度。三编都具体规定了公开财务公职人员的范围、内容及其程序等。值得提及的是，第二编还特别规定了总统提名的在联邦薪金级别 GS-16 级以上的高级行政官员的额外收入，不得超过其正收入的 15%。

为了监督行政部门执行《政府道德法》和协调与指导全国范围内的廉政工作，第四编又规定了在人事管理局内成立政府道德办公室（Office of Ethics in Government），并设立办公室主任一职。这一编还具体细化了政府道德办公室主任的权力和职责，道德办公室与司法部长、相关行政机关的合作关系，人事管理局制定相关规则的权力，道德办公室主任及其雇员的薪酬等。第五编主要是限制政府公职人员离职后重新就业和再影响政府的问题，即所谓的“旋转门”规定。法律特别禁止政府公职人员的两类行为：第一，联邦薪金级别 17 级以上的高级行政官员在离开政府一年内，不得以企业代理或者私企老板的名义与其工作过的前政府部门签订合同，即“官员离开政府以后，在一定的时期或者永远不允许以企业代理的身份与先前供职的政府部门往来”；第二，前高级联邦政府官员在离职后一年内，禁止游说其工作过的前政府部门，也就是说，“政府官员一旦退休或者辞职离开政府，禁止他们再对曾经供职的且有决策权的政府部门施加任何影响”。第六编鉴于“水门事件”的发生和影响，国会建议通过特定的制度减少政府势力对敏感案件的不当影响，于是，《政府道德法》通过任命特别检察官的方式，授予特别检察官独立调查和起诉涉嫌腐败公职人员的权力，建立“最引人注目的独立检察官制度”。《政府道德法》授予独立检察官有任命特别检察官的权力：首席检察官在 90 日初步调查中发现确实需要进一步调查，或初步调查在 90 日内尚未完成，有权向法院申请任命特别检察官。法律还授予独立检察官参与诉讼活动、必要的立法活动和审查所有记录证据等独立性的办案权力。第七编规定设立参议院法律顾问（Senate Legal Counsel）和副法律顾问（Deputy Senate Legal Counsel），成立参议院法律顾问办公室（The Office of Senate Legal Counsel）。

通过文本内容的研读和分析，我们注意到 1978 年《政府道德法》所具有的明显特征，特别是当将其与《道德标准》《荣誉法典》，甚至包括与 1958 年《政府机关道德法规》进行比较的时候，更容易发现《政府道德法》所具有的特别之处。

其一，“法定义务”的特性。实际上在《政府道德法》出台以前，美国联邦政府也颁布过公职人员的《道德标准》或者《职业道德规范》，但那些标准和规范仍然停留在道德要求的意义上，没有实际的法律效力。而《政府道德法》却把此前对公职人员的道德要求，正式提升到法定义务的高度来强制执行，运用法律手段防范和打击公职人员的腐败行为。从法理上分析，从道德教化向法定义务的转变，表明美国政府管理的日益法制化，同时也是政府腐败治理的一种较为有效的工具。从实际操作上看，《政府道德法》较之《职业道德规范》，更具针对性和实际效果。法律的特点是既具体又颇具强制性，《政府道德法》提醒和警告政府公职人员，从该法律生效之日起，触碰道德的底线，就是踩踏法律的红线，是违法行为，不仅会受到道德上的谴责，更要受到法律上的惩治。

其二，法律“严谨与完备”的特性。美国政府公职人员传统的《道德标准》，不仅存在着以道德要求和教化为主的特点，而且在具体规定上也存在过于抽象、缺少严谨与完备之处，所以在政府的实际管理中，不是执行力度不够，就是无具体章法可循，其结果往往造成对政府公职人员道德行为监管不利的后果。为了克服和解决上述问题，《政府道德法》对公职人员在道德层面的界定与规范、在法律意义上的强制与惩治等诸多方面，都规定得更加明晰，更有针对性，并更具法定义务性。并且，《政府道德法》用了三个整编的篇幅，特别强制要求联邦政府立法、行政和司法三个部门的公职人员定期申报收入与财产变化情况，并将之作为公职人员任职和提升的一项重要条件。收入与财产申报制度的建立，既能及时准确地掌握公职人员收入与财产的变化，又能把他们的道德风险降到最低，防腐败于未然。换言之，“通过法律形式建立的政府官员定期申报财产制度，是美国政府对公职人员实行高标准职业道德要求的一个明显标志，即由前期的宽泛要求演进到在法律上严格界定，并形成一种法律观念”。《政府道德法》用第四编整编的篇幅对“旋转门”现象进行的具体限制和法律规定，也在一定程度上解决了此前政府公职人员身份的双重甚至多重性及其所带来的危害和腐败问题，为防止腐败与反腐败构建了重重屏障，并对公职人员的腐败行为，要求达到零容忍的程度。此外，《政府道德法》对公职人员兼职本身及其收入的法律限制的特别规定，不仅起到了“禁止高级别公职人员通过兼职获取额外收入的效果”，同时也把政府腐败治理的法律红线延伸至政府以外的社会层面。

其三，法律实施在机构上的保障。与《道德标准》和《道德法规》比对，《政府道德法》还有一个前者无法具备的条件，就是为了保障该法律的有效实施，政府具有强有力的执行力度及保障，国会还授权行政部门成立政府道德办公室、设立独立检察官制度和组建国会参议院法律顾问办公室等机构，并同时设立了道德办公室主任、独立检察官和参议院法律顾问等职位，这些机构和职位都是向国会或者总统负责。

政府道德办公室的职责，已不仅是对公职人员进行道德行为教育，而且可以直接修改相关的法律法规，特别是负责管理高级公职人员的财产申报和剥夺非法财产事宜，在 1989 年《道德改革法》制定以后，政府道德办公室从人事管理局中独立出来，成立政府道德署，其职能又进一步延伸至制定法规、处理利益与道德冲突、裁决重大的利益冲突和惩处高级公职人员违反道德法的行为等。政府道德署的建立与完善，进一步表明“美国行政监察机构具有较强的独立性和权威性，是美国反腐败制度的重要特点之一”。

独立检察官制度建立的动议，源于“水门事件”调查中国会调查委员会受到尼克松总统及其幕僚所控制的司法部门的干扰，为了独立与有效地惩治腐败，在《政府道德法》制定的过程中，国会决定建立免于司法部控制和干扰的独立检察官制度。独立检察官虽是专门对高级行政官员贪污受贿或者其他失职行为进行调查起诉的临时官员，但其任免及权限都需要特殊的程序，而在此过程中司法部对其干预的权限变得颇为有限。独立检察官的主要职权是调查权、传讯权、提起特别诉讼权、组织人事权和向国会汇报与提供弹劾案案情等的权力，独立检察官特别有权向国会提交报告汇报调查案情，并有权向众议院提交对高级公职人员弹劾的案件材料。作为 1978 年美国政府改革和腐败治理中出现的一个新的制度和职位，独立检察官制度和独立检察官在惩治和防止公职人员特别是高级官员腐败方面，发挥了重要且不可替代的作用。

根据《政府道德法》而设立的参议院法律顾问和法律副顾问及其参议院法律顾问办公室，也是 1978 年改革中出现的新事物。这些新职位和机构，既弥补了国会议员在法律专业知识上的短板，也解决了议员在时间和信息及资料上的不足，为国会有效地管理政府和治理公职人员腐败发挥了关键的作用，特别是使国会在监督、介入调查和处理公职人员的渎职贪腐等违反道德法行为的时候，有了更专业、更详尽和更准确的信息来源和法律根据。与此同时，由于从国会处获得了为参议院辩护、强制执行参议院传票、以法庭顾问的身份介入或者出席相关活动以及获得法令授权的豁免等特殊权力，使参议院法律顾问和办公室又获得了“尚方宝剑”，从而使其在监管公职人员道德行为的时候，有了更可靠的法律保障。

（三）1978 年文官制度改革

正如有些学者所评述的那样：“也许卡特总统在任期间最突出的革新，就是使国会通过了 1978 年《文官制度改革法案》。”1978 年《文官制度改革法案》通过以后，美国联邦政府文官制度无论在文官结构还是在管理机构上，都发生了明显的变化。

1. 高、中、低级文官结构与报酬和分配制度的变化

首先，在高级文官中建立“高级行政职位”（Senior Executive Service，简称SES）。这项改革的主要内容包括：（1）把在联邦政府所有局中供职的一般行政工资的GS-16、17、18级和行政级的第四、第五级的职位统统纳入SES。（2）取消对高级文官的职位分类制度。与处在一般行政工资范围内的文官不同，SES的官员实行职位随人走的办法。与在军界一样，SES的官员可以携带他们的身份和级别调动。因此，SES的级别具有人身属性，而不具有职位属性。（3）重新划定行政职位。首先是放宽政治性职位与非政治性职位的严格限制，今后管理职位也不再严格划定职业性与非职业性（政治性）岗位。尽管有些特殊的职位可能仍然保留给职业文官。但是，大多数职位是向职业性与非职业性行政官员开放的。这一方面为职业文官提供了更多的机会承担比较重大的责任与掌握更大的权力，而同时并不失掉他们的文官身份与地位；另一方面也为政治性官员参与行政管理或政治家控制文官提供了法律依据。当然，为了防止SES被政治家完全控制，该法案又限制了非职业性文官与职业性文官的比例，通常应保持在10%（但是实际上在每一个局都到25%）。（4）弹性工作委派。为了鼓励联邦政府各局的高级行政官员具有宽泛的经历与视野，1978年《文官制度改革法案》授权各局负责人在他们认为必要的时候，有权调换SES官员的岗位。（5）工作表现评定制度。每一位SES官员都要接受政府每年的工作表现评定，这种评定不仅是对个人工作表现，而且也是对各个官员所服务部门的表现的评估。如果有些官员连续获得的考核评定成绩是“不满意”，结果可能不是被调离该职位，就是降职到GS-15级，或者是劝其退休。实行工作表现决定奖励的制度。每一个局有超过50%的SES官员，如果表现突出，可以获得政府每年颁发的现金奖金。这些奖金限制在官员基本工资的20%以内。（6）特殊奖金制度。每年由联邦人事管理总署和各部门推荐，总统向工作成绩优秀和特别突出的SES的官员颁发奖金。其中5%的SES官员可获得优秀奖，1%可获得特别突出奖。优秀奖的奖金是1万美元，特别突出奖为2万美元。（7）保证SES的连续发展。在联邦人事管理

总署的统一管理与监督下，各个局纷纷制定录用与发展高级行政职位的长期规划，储备人员以利于发展等。因此，SES 建立以后，联邦政府文官一般行政工资表 GS–16 级以上的高级文官都积极加入 SES 行列。到 1994 年，在联邦政府 70 多个机构中，已经设立了 8200 个这样的“高级行政职位”。

其次，在中级文官中实行“功绩工资制”（Merit Pay System）。1883 年文官制度建立以来，尽管美国联邦政府一直很重视“功绩制”原则，但是，在具体执行过程中仍然不可避免地对文官实行按服务年限自动升级加薪的做法。正如卡特总统所说的，“在‘功绩制’原则之下，我们不存在足够的‘功绩制’。我们缺少对表现突出的文官给予奖励、而对表现不好的文官给予惩罚的措施”。改革以后，对中级文官即包括一般行政工资表 GS–13 级至 GS–15 级的文官不再实行每年等内工资自动升级的做法，而是根据他们的实际工作表现实行“功绩工资制”。从 1981 年 10 月起，对中级文官表现突出者每年给予 1 万—2.5 万美元的现金奖励工资。“功绩工资制”的实行极大地刺激了文官的工作积极性。正如有些美国学者所评价的：“‘功绩工资制’可能将成为美国联邦政府一个相对稳定的组成部分。”

最后，在低级文官中实行利益重新分配政策，这里主要涉及对下级文官中的退伍军人、黑人、少数种族和女性利益分配的问题。在美国联邦政府文官制度中实行对退伍军人“优待”政策（Veterans Preference）；即对退伍军人、服役中致残而又丧失工作能力的退伍军人的配偶以及服役中阵亡将士的遗孀在文官录用时给予优先考虑与照顾等，待遇优厚，其目的是保障服兵役和军队队伍稳定。在美国历史上，1919 年《退伍军人优待法》、1944 年《退伍军人优待法》和 1968 年约翰逊总统的《行政命令》等，都具体规定了对退伍军人及其家属在考分和投档上的优先照顾。根据这些“优待”政策，一些退伍军人不用经过竞争考试也可以被录用为文官。久而久之，在美国便形成了对退伍军人的无限制“优待”问题。相反，黑人、少数种族和女性在就业特别是在申请政府公职方面一直受到歧视与不公正的待遇。在 20 世纪六七十年代黑人“民权运动”和女性“女权运动”中，黑人、少数种族和女性表达了对社会不公正的不满。因此，在社会运动的推动下，美国联邦政府在公民担任政府公职问题上便产生了另一种“照顾”倾向，即提出对那些过去在社会上，特别是在政府求职上受到歧视和不公正待遇的黑人、少数种族和女性给予适当的考虑与照顾，使他们就业的实际能力与他们在总人口中的比例相适应。卡特总统的下级文官利益分配政策的调整正是在这一社会背景下进行的。根据1978年《文官制度改革法》，在文官录用中，开始对退伍军人实行“有限制优待”政策：一方面，减少对一般退伍军人的照顾；另一方面，特殊关照伤残的退伍军人及其家属。与此同时，该法律还就黑人、少数种族和女性的照顾也做了原则性的规定：在今后联邦政府的文官录用中，在择优的前提下，优先吸收黑人、少数种族和女性使选任文官的种族或性别比例与他们所在城市人口的比例大体上相适应。当然，这种利益的重新分配在一定程度上提高了黑人、少数种族和女性的待遇和地位，但同时却减少了对退伍军人的“照顾”与“优待”。因此，二者之间的矛盾便不可避免。这里值得引起我们注意的是联邦政府在文官录用中，无论对退伍军人的“优待”还是对黑人、少数种族和女性的“照顾”，都是以违背“功绩制”原则和牺牲文官的素质为代价的，所以，如何协调“优待”政策与“功绩制”原则之间的矛盾，仍然是未来美国文官制度改革所面临的一个重要问题。

2. 文官管理机构的调整与重组

1978年文官制度改革以前，文官委员会（Civil Service Commission）一直是美国联邦政府文官的管理机构，委员会始建于1883年文官制度改革之时。从19世纪末期文官制度建立伊始，美国联邦政府就把设置“一个超脱和置于政治竞争场所之外的文官管理机构”的任务放在一个比较突出的地位。为了确保文官管理机构的“独立与公正”，根据《彭德尔顿法》，1883年美国联邦政府建立了第一个由两党成员组成的管理文官的机构——文官委员会。《彭德尔顿法》规定：任何文官委员会的成员和党派都不能破坏“政治中立”原则。该委员会由三人组成，其中一人为委员会主席，委员由总统任命，并经参议院批准。文官委员会的职责是：负责做必要的人事记录和行为调查，每年通过总统向国会提交人事报告。此外，经过总统的批准，委员会可以发布人事规章以补充文官法律等。文官委员会没有直接的人事任免权，只负责文官竞争考试并提供录用文官候选人一览表等。由此可知，联邦政府设立文官委员会的初衷，是把该委员会作为总统行政工作的助手，可在实际中，委员会却比预想的要独立得多，它实际上成为联邦政府抗衡来自政党、国会、总统以及其他行政机构政治压力的一种分支权力。进一步说，“它不仅仅是‘功绩制’与‘政治中立’原则的工具，而且是保护上述原则不被践踏的卫道士”。特别是在将近一个世纪的发展演变中，随着文官队伍的壮大与文官势力的发展，文官委员会不仅不像19世纪末改革先驱们所设想的那样，是“总统的臂膀与助手”，相反，在许多方面已成了“文官利益的维护者与代言人”。因此，改革文官委员会以便扭转总统对行政机构领导不力的局面，是许多总统的夙愿。从这个意义上说，1978年文官制度改革给总统调整与改组文官管理机构提供了一个良机。

在1978年文官制度改革中，卡特总统撤销了文官委员会，以人事管理总署（Office of Personnel Management，简称OPM）和功绩制保护委员会（Merit Systems Protection Board，简称MSPB）两个机构取代文官委员会的职能。此外，在改革中，卡特还成立了独立与中立的联邦劳工关系局（Federal Labor Relations Authority，简称FLRA）。

在新成立的文官管理机构中，功绩制保护委员会（MSPB）负责受理政府各部门和文官在人事方面的诉讼案件，监督与保证功绩制的实施；联邦劳工关系局（FLRA）负责解决政府机构中公职人员和工会与行政当局之间的分歧与争端事宜。上述机构的职能，以前或是由文官委员会代管，或是划分不明确，经常引起纠纷。改革以后，上述两个机构的设立实际上逐渐改变了先前文官管理中职责划分不明确的混乱局面。

在这里，特别要提及的是人事管理总署（OPM）。因为OPM是1978年文官制度改革中卡特总统设立的一个最重要的文官管理机构。这一机构既承袭了原来文官委员会的职能与权力，但又远远超出了原来文官委员会的权力。具体来说，以前文官委员会是处在联邦政府权力的边缘与外围，而现在人事管理总署是居于政府权力的中心与顶端。与文官委员会相比，OPM无论在与总统的关系上，还是在行政职能和政治作用上，都有很大的不同。首先，在二者与总统的关系上，文官委员会主席或人事管理总署署长在形式上都是经参议院同意由总统任命，但文官委员会却有较大的独立性，特别是由于《彭德尔顿法》反对总统以任何方式利用人事管理制度来达到总统的政策目标，因而该法律给文官委员会留有一定的独立空间。并且在实际的政府工作中，文官委员会也总是力图摆脱总统的干预与控制。然而，OPM 却完全不同，它不仅是总统联邦行政管理的代理人，而且是总统实现政策目标的工具。同时，1978 年《文官制度改革法》还授予 OPM 可以代表总统行使人事管理权等，在这个意义上，与文官委员会相比，OPM 在很大程度上是依赖总统和总统的政治庇护的。其次，在二者的行政职能权限和范围上，OPM 也与文官委员会有很大的不同。根据《彭德尔顿法》，文官委员会的主要职责负责一般的人事管理，同时负责与文官竞争考试相关的事宜，文官委员会既没有人事任免权，也没有代表总统行使行政管理权的权力。而与之相比，OPM 不仅负责就联邦政府人事管理问题向总统和各级机关领导人提供咨询意见，而且还管理联邦政府文官的任用、考核、培训与晋升等事宜，此外，OPM 还有权代表总统向各机关颁发人事管理规章，以补充 1978 年《文官制度改革法》和监督“功绩制”的执行等。更进一步说，作为总统的代理人，OPM 的行政职能，不仅主要涉及政府行政效率的管理和日常的人事工作，而且也涉及联邦政府范围更广泛的各部门的人事管理活动。所以，与文官委员会相比，OPM 不仅权限大，而且涉足范围广。最后，在二者的政治作用上，文官委员会与 OPM 也存在着很大的差异。由于《彭德尔顿法》把“政治中立”作为一个重要的原则，所以文官委员会是建立在超脱党派与政治竞争的基础之上的，特别是在文官委员会人员构成上，该法着重强调文官委员会必须由两党的成员共同组成，这就在一定程度上限制了文官委员会参与政治的机会与范围。同时，由于《彭德尔顿法》特别反对文官委员会成为总统实现其政策目标的工具，致使文官委员会不仅与总统难以保持良好关系，而且二者之间经常发生冲突。上述几个因素无疑影响了文官委员会在联邦政府中发挥政治作用。与此相反，1978 年《文官制度改革法》没有把“政治中立”作为一个主要议题与原则，因此在 OPM 成员的构成上，也没有党派属性的要求，特别是由于总统与 OPM 的特殊关系以及总统将它作为实现其政策目标的工具，OPM 远比文官委员会更多地参与政治与发挥更大的政治作用。从这个角度上看，1978 年文官制度改革容易使人们形成一种观念，即改革又请回了“政治恩赐制”或者“政治庇护制”。

从文官委员会向人事管理总署（OPM）的转变，不仅反映出美国文官管理机构形式上的变化，而且也反映出管理机构在行政职能与政治作用上的扩大与增大。当然，这种变化不仅伴随着总统对文官控制和监督的加强与文官特别是高级文官参与政治和政策制定机会的增多，而且也伴随着“政治中立”原则的淡化，特别是伴随着使美国“政治家与官僚之间界限的模糊现象更加严重”的后果。

二、“克林顿弹劾案”所反映出的美国政治变化

（一）政治性弹劾的开始：克林顿总统的“莱温斯基案”

在美国200多年的历史上，总统弹劾案并不多见。在克林顿总统之前，仅有两位总统受到弹劾，并且也只有安德鲁·约翰逊总统走完整个的弹劾程序。1866年，约翰逊总统对民权法案的多次否决便引起了国会的不满，国会最终以叛国罪来弹劾总统，为其罗列了“包括干涉国家重建、滥用赦免权以及行为失检”在内的罪名，并且在府会关于重建政策的巨大分歧下，众议院还具体罗列出14条弹劾条款，但最后因国会温和派的妥协，众议院对约翰逊总统的弹劾以失败收场。尽管如此，约翰逊弹劾案还是产生了较为深远的政治影响，最重要的是在保持联邦政府权力的平衡的同时，为弹劾总统开创了先例。

如上文所谈到的，到了20世纪70年代，因“水门事件”失信于民众的尼克松总统，却最后选择了辞职，逃避了众议院对其发起的弹劾。就弹劾目的和程序上分析，前两者与后来的克林顿和特朗普的政治性弹劾并不相同。从目的上看，约翰逊总统试图逾越国会贯彻自己的政治意志，其对国会政策的否决超过前任任何一位总统，在国会立法意志被阻挠的前提下，行政与立法分支之间的争权造成了体制上的失衡。国会为了维护自身的权力和扭转权力的失衡，以至于最终启用了弹劾程序。尼克松总统的“水门案”则在媒体曝光、有违法事实的前提下，为了平息众怒，国会作出了弹劾总统的考虑。与前两者相比较，国会动议对克林顿和特朗普总统的弹劾，政治斗争色彩更浓。首先，以“性丑闻”和没有实质证据的“电话门”为缘由弹劾克林顿和

特朗普总统，国会发起的是以弹劾制度为手段的政治斗争，是党派意识形态极化的外现，最终目的是在弹劾案中获得党派的利益。其次，从程序上看，后者亦缺少严谨性。在约翰逊总统弹劾案中，众议院列出了多条罪状，并仅差一票险遭弹劾。可见，当时弹劾是在基于程序正义的基础上，对弹劾的政治考量也是审慎的。而克林顿案中，独立检察官斯塔尔越俎代庖地替众议院作了弹劾决定，并将弹劾报告曝光在网络上，弹劾制度成了打击总统的有力武器；特朗普案中的主角众议院议长佩洛西，更是陷入党派复仇的狂热之中，把弹劾总统作为府会和两党斗争的工具。

值得注意的是，府会斗争贯彻于克林顿总统任期的始终，并以弹劾作为了断。1992 年克林顿当选为美国总统，不同于以往民主党的总统候选人，克林顿奉行“第三条道路”，争取美国中产阶级的支持，同时并不放弃传统民主党的施政纲领，宣称自己是“新民主党人”。克林顿总统第一任期的前半段看似开局良好，民主党在两院皆占有多数席位，参议院有 57 名参议员，众议院有 258 名众议员，克林顿的行政立法应较为顺利，并且民主党有望在全权政府下赢得 1994 年国会的中期选举。但 103 届国会未能如愿形成民主党投票联盟，反而导致了严重的党派分裂。究其肇因，这既是克林顿自身施政的两边不讨好，又是民主党内部的分裂所致。首先，克林顿前期的政治策略让自己陷入两难困境。克林顿于 1993 年 1 月 22 日发布一项行政命令解除军队同性恋的禁令，此命令在五角大楼和国会山引起了较大的争议。经过妥协，7 月克林顿总统发布了国防部 1304.26 号指令，即“不问不说”政策，并于 1994 年 2 月 28 日生效。同时，克林顿在削减财政、增税等一系列经济政策上，也未得到自由派民主党人的支持。其次，民主党内部的撕裂难以在国会形成投票联盟，阻碍了总统上任初期推动的立法意愿。相较于共和党，民主党的政治意识形态自权利革命后偏向激进，支持民主党的选民更加多元化，这种多元化带来的现实困境便是利益的多元化。民主党虽代表的是劳工、少数族裔、女性、无神论者等弱势群体的利益，但在这些群体内部，群体与群体之间都有着不同的利益诉求，多元的利益诉求难以在国会形成政治共识，在立法上难以与总统同步。不仅如此，克林顿主要由民主党领袖委员会支持，而委员会以“新民主党人”自居，更多地关注选民超越党派的中间道路，这与传统民主党的自由主义政策有所差异。在此前提下，以“新民主党人”自称的克林顿在许多政治议题上与激进的民主党人并不站在一边。在克林顿看来，以往左翼民主党人的政策太过激进，所以“公开承认民主党过去的错误，可能成为学习如何说服他人相信民主党改革诚意的第一步”。关于这一点，正如克林顿演讲首席撰稿人大卫·库斯内特所言：“我们必须超越我们的基础，做不同于过去的事情。”并且，政治抱负的不同，也导致了国会民主党人与总统民主党人之间的分化。与民主党相反，共和党自 20 世纪 70 年代末期开始便在全国范围的影响不断扩大，并且选民基础更加同质化，共同的利益诉求加强了共和党人的团结，提高了共和党在国会中的政治地位。更为重要的是，民主党内部分裂所造成的破坏性影响给了共和党可乘之机，1994 年的中期选举，令执政的民主党付出了惨烈代价。长期以来，许多民主党人一直认为，成为多数党是“他们与生俱来的权利，而不是暂时的好运”，但 1994 年国会中期选举的结果，令民主党人咋舌，共和党人在众议院增加了 52 个席位，在参议院增加了 8 个席位，42 年以来首次控制国会。伴随参众两院易主，克林顿政府受到了共和党的全面牵制，这也意味着府会间的斗争走向极化。在这次国会选举中，共和党著名的保守派人物纽特·金里奇出任了众议院院长。作为在本次选举中共和党的政策设计师，金里奇提出了名为“美利坚契约”（Contract With America）的共和党施政纲领，内容包括平衡预算法案、个人责任法案、美国梦复兴法案等 10 项法案，这些内容都直指执政党的自由主义立场。金里奇在众议院推动的“共和党革命”气势逼人，一些评论家甚至认为，在第 104 届国会中，金里奇建立了自“沙皇”坎农以来最强大的议长职位，试图重建“国会政府”。从这个意义上说，新一届国会的组成，标志着克林顿政府从执政党内部分裂的全权政府转变成由共和党控制两院的分裂政府，府会矛盾日趋尖锐，而到独立检察官斯塔尔开始“白水门”事件调查后，这种矛盾便达到了白热化的程度。

1994 年，独立检察官斯塔尔在“白水事件”中，发现了克林顿总统与白宫实习生莫妮卡·莱温斯基的性丑闻，后来称为“莱温斯基案”，并得到司法部长授权进一步调查。在独立检察官斯塔尔的狂热调查下，由共和党控制下的众议院最终启动了对克林顿总统的弹劾动议。但当时众议院仍纠结于对克林顿总统妨碍司法及作伪证的两项指控是否符合弹劾标准，以及两项指控的定罪是属于普通的刑事案件还是行政高级官员的刑事案件。不过，如果克林顿的行为并不符合上述条件，则应在总统任期结束后交由普通法庭审理。同时，这两项指控的案件性质本身是总统的私人行为，总统作为一国元首，媒体的狂轰滥炸及斯塔尔的穷追不舍使其私人领域被公共化。正如美国著名历史学家亚瑟·施莱辛格在弹劾听证会所言："我怀疑在这个房间里的人是从来没为自己的情感生活在某个时刻说过谎……我们会成为世界的笑柄……如果进行弹劾的话。"特别法律顾问、弹劾特别工作组负责人格雷戈里·克雷格也认为，"如果说这两项指控存在宪法上的足够支持，事实上毫无根据，任何负责任的检察官都不会考虑以此证据提出指控，并考虑在此基础上撤换总统，这将是美国历史上最具破坏性的党派之争"。正因为如此，直到《斯塔尔报告》提交国会两个月后，宪法小组委员会才听取了历史学家和法学教授关于"其他重罪和轻罪"的正确解释证词，但这个问题并未提交众议院司法委员会讨论并获得通过。因为有人怀疑委员会并没有确定一个标准，担心这样做会暴露调查的党派性质。在弹劾调查的过程中，府会间不断相互攻讦。一方面克林顿的助手和律师认为独立检察官在程序上存在缺陷，是党派及个人报复的产物，构成了对纳税人资金的浪费，而且当盘问证据时，其结论极端且不合理，白宫方面将其描述成纯粹的政治报复。另一方面国会共和党方面则坚持总统不能凌驾于法律之上，政治性弹劾的标准不再是总统其人是否犯了危害国家的"重罪和轻罪"，而是党派的政治考量。这一点正像美国学者所指出的那样，"重罪或轻罪应与职位相关行为有关，而与个人行为无关"。弹劾的政治性后果是不可逆的：如果弹劾失败，行政长官会被认为是凌驾于法律之上，并且会给总统的形象和信誉带来永久性的伤害，换句话说，人们在提到克林顿总统的时候，首先想到的并不是其"中间道路"为美国20世纪末带来的经济繁荣，而是与白宫实习生的"性丑闻"；如果弹劾奏效，以这种过于草率的政治原因为理由，这会直接威胁总统的行政权。在这个意义上，弹劾权不仅成为国会的政治核武器，而且在一定程度上挑战了宪法的权威，因为当时对克林顿总统的弹劾是在为弹劾设置一个与制宪者初衷相悖的低标准，更为严重的是，克林顿弹劾案中的政党斗争还演化出"斯塔尔—海德"理论（Starr-

Hyde Theory），这被看作是一种“全新激进的共和党尝试”，即以严格的党内路线投票和无视中期选举结果为特征，代表着派系恶魔，降低弹劾的门槛，将弹劾扩展至总统个人的不当行为。很显然，这样的政治性弹劾将会破坏宪政体制的平衡，为未来限制总统行为及对总统个人的政治打击报复开创先例。

20 世纪 90 年代，美国围绕克林顿总统性丑闻而启动的弹劾程序，改变了旧有的弹劾语境，弹劾的宪政监察机制演变成为解决党派冲突的手段，这也被称之为“政治宪法化”。当然，弹劾这一宪法手段需要政治环境的供养，在府会间冲突不至白热化时，弹劾并未频繁出现在政论之中。而从历史规律所推演出的相似性，则为解读当下美国府会之争提供了珍贵的史料，进一步说，特朗普总统与民主党众议院的政治斗争，便是克林顿总统弹劾案在 21 世纪的真实写照和翻版，只不过这是一次更为极端、更为草率的政治性弹劾而已。

（二）从弹劾案管窥当代美国政治变化

20 世纪 90 年代末，以私人丑闻的公共化而成为弹劾对象的克林顿总统，为美国弹劾制度创造了恶劣的先例。弹劾原因的多变也导致了归类的麻烦，可以说，弹劾是既有先例却也无先例可循的，当年制宪者为防止行政集权之积弊，将弹劾全权授予国会，而为防众议院的政治激情，又将弹劾审判权单独由参议院把持。这种制度设计的良苦用心在于审慎地使用弹劾，同时保证弹劾的通过是基于民主的合意。而弹劾程序的正当及惩罚的可欲决定了弹劾的司法性质，关于这一点，正如汉密尔顿所指出的：“这类案件的性质，称之为政治案件特别适合，因为这类案件主要是直接伤害社会。”如是观之，弹劾不能视为法律救助而是政治救济。克林顿总统弹劾案的确重新证实了一个重要原则：即弹劾总统不是民事或刑事诉讼的代替品，而是为了解决总统独有权力或特权的一种特殊机制。不过，这种定义模糊了制度与政治的关系，也更容易因党派斗争降低弹劾的门槛，扰乱宪政秩序，尤其在当代美国社会严重分裂的情形下，多元文化主义的勃兴令政治共识更难达成，并且，为确保自身的政治生命，政客们各自挑选党派阵营以形成政治制衡的权力秩序。极端的党派对立将弹劾作为打击对方的宪法手段，每当一党入主白宫，另一党在国会或国会某一院占据多数，且两者矛盾尖锐时，政治性弹劾便有了可能。这样，党派分歧加强了党派认同，同时也加剧了政治斗争，反过来，政治斗争的深化又加强了党派认同，构成了彼此促进的互动关系。制宪者为了警惕权力滥用而创设的弹劾制度，后来反倒被众议院出于政治斗争的目的而经常启动，所以警惕后者滥用斗争武器，也是美国政治之必需。当然，弹劾制度的存在是防止行政专制的底线性保障，关键在于弹劾标准是否应该重新界定总统职位与个人之间的关系，弹劾的启动是因为总统确实危害了公众利益与国家安全，并不应因党派间政治极化而对法治进行内化解释，消耗公共资源以使自身政治利益得以实现。就这一问题，学者福山的阐释不无道理，他认为，“相比其他的当代民主政体，美国的政治体制拥有更多的程序制衡，或像政治学家所说的‘否决点’，这增加了集体行动的成本，在某些情况下甚至让集体行动完全不可能”。由此可以看出，美国的政治体制因党派斗争而日益僵化。

更为重要的是，自20世纪80年代后期以来，象征意识形态与民众对政党认同之间的关联性显著增强。在民众情绪极化下，两党作为政治精英，是引领群众走出困境还是借由煽动民众情绪而实现党派意志，是当今美国政治所遇到的困境。作为政治宪法化的手段，弹劾已然脱离了审慎的监察意义。在特朗普总统弹劾案中，无论是调查过程以及程序启动，民主党的鲁莽行径都再次刷新了美国政治的下限，特朗普的恶性言论也使两党的对立局势变得更为紧张。除了弹劾以外，美国的另一延迟性监督制度则是选举，这也是民主政治的最重要一环。政治精英如何作为，美国的民主如何保持其制度性活力，是借由总统大选而继续恶化还是民众能重塑政治理性，现在看来亦是不容乐观的。

同样，美国社会撕裂导致民众的共识不再，这也自下而上地促成了美国的政治极化。“电话门”只是当代美国的一个政治片段，2020年总统大选继续体现了这种撕裂。2016年的总统大选充斥着民粹主义的硝烟。一方面，无论是共和党的候选人特朗普，还是民主党内呼声仅次于希拉里的桑德斯，都是反建制派的代表，这反映出美国民众对建制派精英的不信任；另一方面，作为左右民粹主义的代表，在支持特朗普与桑德斯的选民中，白人的比例较高，可见种族主义对以往政治正确的挑战，白人与其他族裔矛盾尖锐。中国学者也认为，“两方都在制造‘他者’，都试图让他们所认定的破坏美国的人付出代价”。进一步说，民粹主义将精英排斥为“他者”的同时，也在重新定义何为美国，何为美国人。非此即彼的对立态势更体现在政治环境上，而多元文化主义的社会现实又令各方利益既有重叠又互相抵牾，无奈只能通过政治联盟的方式实现自身诉求。2016年大选特朗普的最终胜出，实则是美国人迫切渴望寻求变革的一个信号。2020年总统大选延续了这样的撕裂环境。民主党方面，2020年2月12日，打着“民主社会主义”旗号的桑德斯在民主党内初选成为领跑者，桑德斯以39%的支持率在自由派人士中险胜，民主党建制派开始担心桑德斯会赢得党内提名，但桑德斯的领先并未一直持续，3月3日，拜登获得了比桑德斯更多的代表票，领先幅度为5%。民主党内初选锁定在了拜登与桑德斯身上，形势相对桑德斯更为紧迫。桑德斯在3月6日告诉记者，“每个州都非常重要，我想在即将到来的下周二，密歇根州可能是最重要的一个州”。3月10日，拜登再一次赢下了密歇根州，与桑德斯拉开了160票的差距。根据民主党内初选规则，桑德斯很难赢得民主党内提名。如此看来，拜登有非常大的概率成为民主党候选人，郊区居民、白人农民以及非裔都是其稳定的票仓。反观共和党方面，特朗普以压倒性的优势赢得党内初选，根据盖洛普的民意调查，2020年2月17—28日，特朗普的支持率是47%。在“特朗普弹劾案”后，其仍占接近半数点支持率。

从美国大选史上观察，自1900年以来的19位总统中，有14位曾获得了连任，尤其在国内外局势激荡的政治环境下，通常总统连任的概率更大，但在2020年美国大选中，在任的共和党总统特朗普却败给了民主党候选人拜登，未能成功连任。然而，需要指出的是，无论是哪一党胜出，如果贫富差距仍继续扩大，社会共识则再无可能，政治极化也会愈演愈烈。现在美国的这一政治状态，验证了当年威尔逊的担忧：“不能意识到任何联合的民族、无组织体系的民族、粗心大意的民族以及无共同行为的民族，那他们既不能形成一个宪政体制，也不能维系一个宪政体制。”因此，“只有一个共同体才能拥有宪政政府”。但与人们预期相悖的是，当下的美国政治生态在撕裂中愈发无序、衰败，体制的结构优势成为了变革的阻碍，甚至民主体制“在自己根基最为深厚处尽显疲态了”。从这个意义上说，美国民主价值正经历着繁复问题的考验，制度运行因而出现故障，被党派利用成为“政治宪法化”的手段，并呈现出危机的样态。尤其值得注意的是，翦除异己的政治性弹劾因特朗普案这一恶劣先例破坏了美国政治制度的稳定，而且如果日后弹劾制度常态化或低标准化，美国联邦政府将因此应接不暇，乃至于瘫痪。而从另一方面观之，美国国父们将弹劾审判权交予参议院有其预见性，恰恰因为在参议院的受阻，才令特朗普躲过了2021年那次弹劾危机。所以就此而言，美国传统政治秩序在当代政治变化下，其连续性与制度活力尚能抵御政治极化的恶性影响，不过，政治极化将会成为未来美国政治的常态而加剧破坏力，美国政府权力结构的稳定也因此面临严峻考验。

三、“特朗普弹劾案”与当代美国联邦政府权力制衡

（一）政治性弹劾的高潮：特朗普“电话门案”

自2016年当选以来，特朗普总统的施政主张饱受争议，尤以与国内民主党人的缠斗为甚，一定程度上与克林顿政府时期的政治环境有着惊人的相似之处，只是党派矛盾较以往更尖锐。弹劾这一宪法“核武器”成为左派民主党人恫吓特朗普总统的政治预言，弹劾的语境化贯穿着特朗普总统的第一任期，民主党始终没有放弃弹劾总统的努力。就2016年特朗普的商业问题，《纽约时报》便撰文称，特朗普与外国国有企业的财务往来可能违反了宪法，5位民主党人正在寻求方法试图弹劾特朗普。2017年初，激进自由派人士发起了弹劾特朗普的动议，其中反对特朗普政府的美国公民自由联盟执行主任安东尼坚持认为，“特朗普总统从上任第一天起就违反了宪法和联邦法规，我们计划采取强有力的行动，确保不会出现最严重的违宪行为”。但自2017年5月始，历时两年的“通俄门”调查，也并未对特朗普总统做出实质性的定罪。2019年3月22日，司法部长巴尔向国会提交特别检察官穆勒的调查结果，巴尔在报告中称：“没有相关的决定性证据能够证明总统妨碍司法。”而民主党对调查结果并不买账，众议院议长佩洛西称：“将对唐纳德·特朗普总统展开更为积极、广泛的调查。”由此不难看出，左派民主党人试图利用“通俄门”弹

劾总统。

乌克兰“电话门”把对特朗普总统弹劾推向了高潮。2019 年 7 月 25 日，特朗普总统就美国冻结乌克兰军事援助问题与乌克兰总统进行通话，2019 年 8 月 12 日，一名美国情报机构的“吹哨人”向其上级提交报告，报告称特朗普总统与乌克兰总统通话时向其施压，要求调查其 2020 年总统大选的潜在对手乔·拜登和儿子亨特·拜登及 Crowd Strike 公司，并与司法部长巴尔及其私人律师鲁迪·朱利安妮讨论了这些问题，9 月 18 日，《华盛顿邮报》和《纽约时报》纷纷披露“电话门”更多细节，9 月 24 日，民主党抓住这一机会，佩洛西议长发起了对特朗普总统的弹劾调查。佩洛西认为，“特朗普政府的行为暴露了一个不光彩的事实，那就是总统背叛了其就职誓言，背叛了我们的国家安全，背叛了我们选举的公正性”。由此可知，在“电话门”调查中，民主党把持的众议院党派目的性非常明显。

从调查人员的任命来看，作为事实上行使权力的特别检察官，众议院情报委员会主席亚当·希夫的民主党背景比较难以服众，所以众议院共和党党鞭斯卡利斯在推特上一方面斥责民主党试图阻止国会共和党议员进入希夫的秘密弹劾程序，另一方面呼吁民主党闭门造车的弹劾计划不能够再继续。但特别检察官希夫坚持，总统可能犯有贿赂罪，其贿赂表现在“寻求外国干涉美国选举，利用官方行为换取政治恩惠”。关于贿赂罪的定义，希夫强调贿赂是宪法规定的可弹劾的罪行之一，其在宪法制定时的含义与今天人们普遍理解的有所不同，而且含义更广泛。希夫认为，“这意味着，因你出于个人或政治原因而非国家利益所提供的公务行为，会破坏公众信任”。希夫这一“释宪”举动更显现出其党派属性。在“电话门”12 周的调查过后，希夫的调查报告列举了特朗普总统的不当行为及阻挠众议院调查事实。希夫在报告中强调，弹劾调查“将决定人民的看法，以及美国是否仍然是一个致力于法治的国家”。报告中的政治倾向十分明显，甚至报告还未上交至司法委员会，已经为特朗普总统定了罪，这很显然是一种政治宣判，并不合乎宪法程序。12 月中旬，在众议院通过弹劾条款后，佩洛西议长断然拒绝将这些条款内容交到参议院，对于这一举措，佩洛西解释道：“我们的下一件事将是，当我们看到参议院制定的程序时，我们就会知道，我们可能要选择的处理人员和人数。”

对此，美国 CNN 记者撰文评论称："佩洛西的目的很简单，就是试图迫使参议院多数党领袖麦康奈尔采取行动，并希望利用她自己手上的弹劾条款，从麦康奈尔那里换得承诺或者妥协——尤其是在参议院审判中允许传唤证人问题上的认可。"佩洛西议长这种为了弹劾而弹劾的政治宪法化行为，开创了总统弹劾史上的先例，同时，将弹劾的门槛降到如此之低，导致弹劾的功能性缺陷，即弹劾不再作为国会拥有的宪法手段，而是党派斗争中的杀手锏。今后一旦频繁地动用弹劾，会直接威胁立法与行政两权的制衡稳定。2020 年 2 月 5 日，参议院宣告特朗普滥用权力与妨碍国会的两项罪名不成立。正如众议院会通过弹劾条款一样，共和党占多数的参议院的无罪审判结果也不难预料。从弹劾的实际影响来看，民主党并未获得预期的效果。在参议院投票前，有学者在《大西洋月刊》上发表评论称，"民主党正面临着佩洛西议长所担心的党派弹劾可能引发的强烈反弹，并且，拜登将是第一个受害者"。从美国宪政体制发展演变的角度观察，党派斗争下的政治性弹劾，并不是两方合意下的宪法结果，所以弹劾影响力也势必被削弱。根据美国皮尤研究中心的调查显示，在党派属性上，对特朗普是否应继续留任这一问题几乎完全是基于党派立场，因此，在党派立场先行的公众态度面前，弹劾也仅是多一次的政治站队考验。

（二）政治极化与当代美国政治制衡

从政治学理论上分析，政治极化最为核心的是立场和利益的两极化，因此，探寻当下美国政治分歧如此明显且不可调和的原因，自然也需要从美国社会撕裂中入手。民主政体的核心功能在于传递与表达选民意志，总统是人民直选上来的国家领袖，国会也因选举而具有民主合法性，换言之，总统与国会的政治实践依托于选民的支持。自 20 世纪 60 年代权利革命后，多元文化主义的兴起解构了美国主流文化的价值规范，自由主义者的"大跨步"与保守派的"渐进式"在价值观变化上表现出代际差异，这种差异性导致了两者在不同层面上的文化战争。20 世纪后半叶的美国社会分裂出"我者"与"他者"，基于美国传统价值观的社会共识被撕裂，美国学者丹尼尔·罗杰斯描述 20 世纪的最后 20 年是"一个解体的时代，一个巨大的分裂时代"。杜克大学文学评论家斯坦利·费什（Stanley Fish）在1994年评论美国的文化冲突时说:“言语没有内在意义，价值观是相对的，理性是一种社会建构，一切都是政治。”社会撕裂反映在政治上即是府会间彼此的互相不谅解，为争取选民支持，两党的价值取向对立严重，国会中政党内部在意识形态上更加同质，并且两党之间存在着更大的意识形态差异，“选民们也越来越多地根据意识形态划分自己的党派，并通过明显的党派视角来看待政客和公共问题，甚至事实及客观条件”。在此情况下，如果一个政党不能同时控制国会和白宫，就会出现“分裂政府”（divided government）的二元对立态势。特朗普第一任期的后两年，众议院议长佩洛西与特朗普的政治角力便十分典型。

府会间的政治分歧是制宪者们所预料到的，这也符合其权力制约的政治理想，但美国《联邦宪法》制定的分权制衡体制，并不是简单的权能分工，并且国会和总统在行政与立法上存在权力重叠，这使得双方实际上共享了彼此的部分权力。之所以这么设计，是因为当时联邦党人考虑到“相对于那些更为弱小的部门来说，为与更具权力的部门抗衡，一些更为充足的防卫是十分必要的，立法部门无时无刻地在扩展自己活动的范围，并将所有力量都积聚在它猛烈的漩涡之中”。同时“立法权力过大相比立法权无为有更大的危险，所以立法权的分立是可取的，因为这将推进有限（联邦）政府的发展”，从这个角度上看，这种制度设计下政府权力分支之间的冲突是无法避免的。关于这一点，正如亨廷顿所言:“美国的权力与其说按功能划分，倒不如说按立法、行政和司法三部门复制，导致分支之间周期性的权力争夺，以及哪个部门应占支配地位的冲突。”这样政府权力部门之间的冲突必然为政治僵局埋下隐患。但麦迪逊却认为，僵局可以通过说服与讨价还价的组合政策来实现，并且在达成政治共识的过程中，少数人的自由能够得到保障，以抵抗多数人的暴政，这就是所谓的“麦迪逊模式”。不过，麦迪逊这种模式能够运作的前提，在于“各部门成员对这三个权力分支的合法领域持有基本相同的观点，而且，他们将表现出高度的克制，足够的忍耐力，至少不会一再地把体制推到崩溃的边缘”。

值得注意的是，“麦迪逊模式”的提出有其特定的历史时空，制宪者们对“利维坦”侵犯个体自由的恐惧是孕育分权体制的思想土壤，制度之所以有用，是因为它去人格化，并给予行为规范。从宪法的原初意义来看，制度即是束缚，制衡即是否决，当时的美国联邦政府职能有限，不必考虑政府行政效率的问题，重要的是制约权力以保障个人主权及社区自治。20 世纪是美国形塑行政国家的过程，美国经历了“有限政府”到“有为政府”的转变，在这一过程中，联邦政府权力扩大，权力分立的结构性制衡提供了权力运作的底线，三权对美国宪法的能动解释带来了美国政治秩序的更新。20 世纪 70 年代以后，尼克松总统的“水门事件”一定程度上收缩了现代总统的行政权，而国会这一时期的改革削弱了委员会主席在少数亲信中间囤积权力地位，以及独享资源的权力，小组委员会的权力更为分散，增加了多数党领袖的权重。不仅如此，1976 年后国会在联邦预算上重掌了钱袋权，这让国会在与总统的权力争夺上能够维持均势状态，政党政治也因而强化，为后来的政治极化奠定了权力基础。

政治极化下的政党斗争，在当代美国政治中逐渐演变为一种“政治制衡”。与之前不同的是，权力制衡旨在限制权力，是结构支撑着政治运作；政治制衡则是政府权力扩张后政党之间对权力的争夺，是利益与利益、权力与权力的对抗，两党在相互竞争中互相制衡，这种政治斗争的紧张关系维系着整个体系运作。从政治哲学的视角来看，政治制衡关乎体制本位还是政治本位的问题。毋庸置疑，当今美国政府的作用已超出了制宪者们的政治预期，固守分权制衡理念的体制本位无法解决繁复的政治问题，政府权力的扩大涉及盘根错节的利益关系，权力的争夺随着美国社会的撕裂而极端化，这也是政治极化能够达到政治制衡目的的原因。

在这种政治现实面前，美国宪政体制越来越成为党派斗争的一种工具，而选民便成为当下美国政党争夺的目标。为博取选民支持，政党会就敏感的社会议题宣传自己的特定政策以吸引选民支持，而就传统的经济和政治问题避重就轻。为适应多变的选民意志以实现自身利益，“永恒选战”成了当代美国政治的一个显著特点。利益极化造成了政策制定的极化，而政策极化又进一步抹杀了双方达成和解的可能，这种对立形成了政治制衡。在政治制衡的过程中，在朝者一旦存在任何不当行为，在野者便会借助宪法手段，通过宪法将对手置于死地，这便将政治制衡转化为宪政斗争，而即使没有达成这一目的，权力消耗也足以为自身争取更多筹码，换取更多政治利益，这种方式被称为“政治宪法化”。20 世纪 90 年代众议院对克林顿妨碍司法及作伪证的两项指控表现出高度政治化，这仅仅是出于克林顿总统对自己私生活的谎言。而在“通俄门”的调查伊始，激进的民主党人便对特朗普做出了政治宣判：“特朗普总统必须为继续藐视美国宪法、凌驾于法律之上的行为承担责任。”尽管当下美国出现的政治制衡并未僭越美国宪政体制的基本框架，但这不代表在政治极化前提下，“政治制衡”不存在挑战美国宪政体制稳定的可能。如果当年克林顿总统被弹劾，国会便可以对美国宪法中“其他重罪及轻罪”的弹劾表述任意解释，这会直接破坏府会之间的制衡结构，引发美国宪政危机。在特朗普总统任内，府会间在政府预算上的分歧倒逼特朗普拒绝通过预算政策，最终导致美国历史上最长的政府停摆。传统的宪政体制性稳定保证了立法的中性与温和，但现在的“政治制衡”则使政府的政策价值取向从一个极端走向另一个极端。两种极端的政治倾向，不仅不能起到权力制衡的作用，反而破坏了美国政治的民主性和稳定性。进一步说，当下在堕胎、控枪、同性恋和移民等重要的社会问题上，华盛顿非此即彼的态度只会强化美国人的价值对立，进一步危及美国宪政体制。

思考题

1. 阐述美国总统弹劾的政治动议、宪法程序及其运作规则。
2. 以尼克松、克林顿和特朗普三位总统为例，分析 20 世纪下半叶以来美国总统频繁遭到弹劾动议的政治条件。
3. 分析“权力制衡”与“政治制衡”的区别，并阐明当代美国宪政危机的主要表现。

参考文献

[1]　[美] 布鲁斯·阿克曼:《别了，孟德斯鸠：新分权的理论与实践》，聂鑫译，北京:

中国政法大学出版社，2016 年。
[2] 储建国、范宏云、刘彩虹:《弹劾总统》，武汉：长江文艺出版社，1999 年。
[3] 李昌道:《美国总统弹劾制研究》,《法学研究》1980 年第 4 期。
[4] 李秋高:《弹劾制度比较研究》，北京：中国检察出版社，2011 年。
[5] 石庆环:《卡特总统与 1978 年美国文官制度改革》,《史学月刊》2003 年第 9 期。
[6] 石庆环:《道德与法律：美国 1978 年〈政府道德法〉解析》,《史学集刊》2018 年第 2 期。
[7] 石庆环、刘博然:《论当代美国政府权力制衡：以“通俄门”为调查视角》,《吉林大学社会科学学报》2020 年第 1 期。
[8] [美]桑斯坦:《弹劾》，北京：中国民主法制出版社，2020 年。
[9] 周琪、袁征:《美国的政治腐败与反腐败：对美国反腐败机制的研究》，北京：中国社会科学出版社，2009 年。
[10] 赵铁峰:《克林顿总统弹劾案与美国政治文化》，北京：社会科学文献出版社，2015 年。
[11] Adler D G, *The Impeachment of Bill Clinton*, In Adler D G, Genovese MA (*eds.*), *The Presidency and the Law: The Clinton Legacy*, Kansas: The University Press of Kansas, 2002.
[12] Antoniode Velasco, *Centrist Rhetoric, The Production of Political Transcendence in the Clinton Presidency*, New York: Lexington Books, 2010.
[13] Charles L. Black., Jr, Philip Bobbitt, *Impeachment: A Handbook New Edition*, London: Yale University Press: 2018.
[14] David. A. Schults et. al., *The Politics of Civil Service Reform*, New York: Peter Lang Publishing, Inc, 1998.
[15] Daniel T. Rogers., *Age of Fracture*, Massachusetts: The Belknap Press of Harvard University Press, 2011.
[16] Hans L. Trefousse, *Impeachment of a President: Andrew Johnson, the Blacks, and Reconstruction*, Tennessee: The University of Tennessee Press, 1975.
[17] John Murphy, *The Impeachment Process: The U. S Government How It Works*, New York: Chelsea House, 2007.
[18] Karen A. Popp, The Impeachment of President Clinton: An Ugly Mix of Three Powerful Forces, *Law and Contemporary Problems*, 2000, Vol. 63, No. (1/2).
[19] Genovese, Michael A., *Corruption and American Politics*, New York: Cambria Press, 2010.
[20] Gerhardt Michael J., *The Federal Impeachment Process: A Constitutional and Historical Analysis*, Chicago: The University of Chicago Press, 2019.
[21] Peter C. Hofferand, N. E. H., Hull, Power and Precedent in the Creation of an American

Impeachment Tradition: The Eighteenth-Century Colonial Record, *The William and Mary Quarterly*, Vol. 36, No. 1 (Jan., 1979).

[22] Robert Busby, *Defending the American Presidency: Clinton and the Lewinsky Scandal*, New York: Palgra VE, 2001.

[23] Thomas E. Mann, Norman J. Ornstein, *The Broken Branch: How Congress Faling America and How to Get It Back on Track*, New York: Oxford University Press, 2006.

[24] William F. Connelly, Jr. Newt Gingrich, Professor and Politician: The Anti-Federalist Roots of Newt Gingrich's Thought, *Southeastern Political Review*, Vol. 27, No. 1, 1999 (5).

第十六讲　当代美国政治走势

在20世纪70年代“新政联盟”逐步瓦解和80年代“文化战争”的双重影响下，美国社会分裂的状况时至今日依旧十分严重。美国民众在限制枪支、自由堕胎以及LGBTQ（性少数者）群体权利合法化等社会议题上争论不休，而两党在联邦制和税收等传统问题上的立场越来越相左。为了拉拢日趋分裂的美国民众，整合和巩固各自的选民基础，将上述社会问题政治化，两党过分强调基于价值认同的身份政治。民主党逐渐演变成为限制持枪以及支持女性堕胎的自由派政党，共和党则转向反对新社会权利的保守派政党，两党间因此越发缺乏形成政治共识的可能。民主党主张的反对歧视少数族裔以及改善移民条件等体现“政治正确”的公共政策，招致了中下层白人的强烈反感，最终导致了本土主义和种族主义倾向的右翼民粹势力崛起，并通过建立移民墙和反全球化的“特朗普现象”表现出来。两党的政治博弈并没有带来相应的政治妥协，而是进一步加剧了当今美国政治极化趋势，不仅让联邦政府频繁停摆，而且政治宪法化趋势愈加严重，府会之间的相互攻伐已经曲解了美国宪法的分权与制衡原则的本意，就连司法独立的最高法院也卷入了政治纷争，“国会山骚乱”更是美国政治极化和社会分裂的集中体现。国内关于当今美国政治极化现象的研究成果较为丰富，张业亮撰写的《政府关门凸显美国政治极化下的制度困境》一文，将联邦政府停摆现象称为权力分立和制衡制度设计的内在缺陷。节大磊的《美国的政治极化与美国民主》一文，则提出通过在政党初选以及选区规划等方面进行改革的方式，缓解和改善政治极化下的“否决政治”。王希撰教授近年发表的《特朗普为何当选？对2016年美国总统大选的历史反思》成果认为，当下美国“极化政治”在取代“妥协政治”后，导致美国宪政体制的僵化，进而促成了特朗普的上台。周琪研究员在《政治极化正在溶蚀美国的民主》一文中也认为，当下联邦政府停摆、重大议案无法通过以及美国政治的种族化等，都是美国政治极化现象造成的。综上最新研究成果，对本讲学习和研究都具有一定的学术指导意义。

一、宪政视角下的美国联邦政府停摆

（一）联邦政府停摆现象缘起

美国政府停摆的法理依据，可以追溯到美国《联邦宪法》中的“财政法定原则”与“财政分权原则”。在美国当前预算审议制度中，联邦政府拥有预算立法审议权力的主体主要包括总统、众议院和参议院等三个部门。根据美国《联邦宪法》所规定的预算立法审议程序，一切预算相关法案，皆应由众议院发起，在其制定后交由参议院审议，参议院可选择通过法案或将法案修正并返回众议院；当预算法案在国会通过后，法案便被提交至总统处，总统可决定是否通过法案，若总统最终签署，则法案随即成为法律并生效，若总统实行否决权，国会两院则需要至少 2/3 的票数推翻总统的否决，最终强行通过法案。从美国预算制度的实践来看，预算僵局普遍发生在两个阶段：第一个阶段是在国会内部，参众两院无法就预算问题达成一致；第二个阶段是总统对国会业已通过的预算法案予以否决，且国会无法以至少 2/3 的票数推翻总统的否决。

如此看来，美国的预算立法审议程序凸显了两个原则，即美国《联邦宪法》所遵循的“财政法定原则”和“财政分权原则”。首先，财政法定原则基于财政民主理念，即政府的存在不是为其自身，而是为纳税人服务，为增进纳税人福利。按照这一逻辑，政府的财政权、预算支出范围要依人民的公共需要而定，政府的收入要经由纳税人（或其代表）的同意始可征收，而其“同意”的方式即是立法机构的立法。在英美议会政治形成过程中，预算权被认为是议会的核心权力，作为人民意志的体现，立法机构正是通过牢牢握住钱袋子，才得以对行政权的施政加以控制，从而使政府致力于人民之公利。

所以制宪者也将财政权看作是国会权力的基础，麦迪逊甚至认为，财政权是“人民的直接代表所能装备得最完整、最有效的武器，用以纠正每一项冤屈，用以贯彻每一项正确和有益的法律”，这些思想一定程度上体现于美国《联邦宪法》所规定的征税和拨款的相关条目中。如上所述，宪法第 1 条第 7 款规定了国会独享征税权力：所有征税议案首先在众议院提出，但参议院像对其他法案一样，提出同意或修正案。第 1 条第 8 款规定国会有权规定和征收直接税、间接税、进口税和货物税，以偿付国债、提供合众国共同防务和公共福利。而第 1 条第 9 款则规定联邦政府的拨款也有赖于国会通过的立法所给予的授权：除依照法律规定的拨款外，不得从国库中提出任何款项，一切公款的收支报告和账目应定期公布。宪法第 1 条第 8 款另规定国会还有权以合众国的信用借款。正是通过 1787 年制定的美国《联邦宪法》，合众国国会被授予征税、拨款及发行国债等重要预算权力。随着国会预算权力被列举于宪法中，“财政法定原则”便成为美国预算制度的突出体现。

其次，美国《联邦宪法》还体现出预算制度的分权原则。在英美等代议制国家，依照“财政法定原则”确立了预算的法授前提，但财政权力过度集中于国会也令制宪者们感到担忧，于是一些制宪代表提议，应该在立法部门内部与外部分别进行分权，即在国会内部将立法权力分配于众议院与参议院，而在立法部门之外，代表行政部门的总统亦可以通过立法复审权参与立法，通过将预算审议权力分割于多个权力主体时，权力之间的制衡便能有效地避免任一权力部门的专权。关于这一点，如汉密尔顿所说，“只要各个权力部门在主要方面保持分离，就并不排除为了特定目的予以局部的混合。此种局部混合，在某些情况下并非不当，而且对于各权力部门之间的相互制约甚至是必要的”。所以，在 1787 年制宪会议上，制宪代表们首先对总统的立法复审权进行了讨论，并在 1787 年 6 月 6 日以 8：5 的比例通过了由行政官独享的立法复审权，总统的立法复审权最终被明确规定在宪法的第 1 条第 7 款中，即众议院或参议院通过的每一议案，均应在成为法律之前送交合众国总统；总统如批准议案，即应签署；如不批准，则应附上异议书将议案退还给提出该项议案的议院，该院应将总统异议详细载入本院会议记录，并进行复议。如复议后，该院 2/3 议员同意通过，即应将该议案连同异议书送交另一院，另一院亦应加以复议，如经该院2/3议员认可，该项议案即成为法律。因此，通过授予总统立法复审权，作为行政首脑的总统，也被赋予了立法权力。在美国200多年的历史上，总统正是通过立法复审权，在预算的审议程序中不断施加影响。

由此不难看出，1787年的制宪会议首先确立了“财政法定原则”，在此基础上又确定了“财政分权原则”，将立法审议权力同时交由众议院、参议院、总统共同掌握。这一做法虽然保证了各部门间权力的制衡，但也埋下了后来预算立法僵局的隐患，即当不同立法部门对某一预算项目持不同意见，预算立法僵局出现将极有可能导致联邦政府资金缺口或者政府停摆的频发。

值得注意的是，美国《联邦宪法》只是确立了主要的财政预算框架，在200余年的预算实践中，联邦政府也不断通过预算编制、预算审批、预算执行等相关立法完善美国预算制度。不同时期的预算制度改革都对国会与总统预算权力的分配产生了较大影响。在美国历史上，联邦政府预算大致经历了三个阶段：从建国到1921年《预算法》颁布，国会主导预算阶段；从1921年《预算法》颁布到1974年《预算与扣押拨款控制法》出台，总统在预算中起支配作用阶段；从1974年《预算与扣押拨款控制法》颁布至今，为总统与国会共同作用阶段。

与白宫和国会山共享的预算审议权不同，美国《联邦宪法》明确将预算编制权完整地授予国会而不是总统，正因如此，在整个19世纪国会主导了联邦政府的预算编制权力。但国会独享的预算编制权无法克服自身弱点，因为国会缺少宏观预算机制，由国会所属的各个委员会负责制定分散的微观预算，对联邦政府需要的各项目进行拨款，这种分散的预算编制权力，导致联邦预算缺乏协调，其后果是各部门预算开支不受限制地扩大。国会在预算编制上的短板，自然引起人们对总统应获取更多预算权力的广泛讨论。国会与总统在任职途径上有着明显区别，与由地方选出的国会相比，总统是唯一由全国选民选出的政府官员，总统所具有的全民代表的身份，使进步主义时代的人们普遍认为总统的权力还不够多。除总统的民主性质外，总统的存在也可以较好地解决国会主导财政预算的突出问题，因为行政权力的集中性有益于对联邦预算编制的统一规划，同时相对明确的职权划分，也更加容易对国家预算开支进行问责。

在此背景下，国会进行了长达数年的新预算法编制。1921年6月10日，哈定总统签署《预算与审计法》(Budget and Accounting Act)，该法的签署确定了新的预算程序，内阁各部部长应将各部门预算统一交给预算局(Office of Management and Budget)，再由总统将汇总后的预算提交国会。通过新的预算程序，总统得以对联邦预算编制施加影响。进入20世纪30年代，经济大萧条与第二次世界大战相继发生，政府规模不断扩大。二战后这一趋势继续发展，肯尼迪和约翰逊总统相继提出了“新边疆”与“伟大社会”等影响深远的社会政策，其后果是政府规模与联邦开支的进一步扩大，总统对财政预算的发言权也在不断增加。与其同步的是，总统所属的预算机构的规模也在不断扩大，1939年，罗斯福总统根据布朗洛委员会报告中的提议，将预算局由财政部下属部门转移到总统行政办公室，使预算局成为一个独立部门。当然，随着总统在预算方面权力的扩大，国会与总统围绕预算编制的冲突也愈演愈烈，并进一步导致了国会对预算程序的改革。为从总统手中夺回对预算编制权力的主导，国会在1974年对预算制度再次进行改革，国会建立自身所属的总体性的预算编制是改革的重点之一。国会于同年通过的《预算与扣押拨款控制法》，成立了新的众议院和参议院预算委员会，以更好地协调两院内部的财政决策。此外，国会还设立了一个预算办公室(Congressional Budget Office)，以增强国会对预算的集中编制权力。随着国会与总统都建立了自身的预算集中编制机构，在预算编制程序中总统与国会的预算冲突进一步法律化。20世纪80年代以来，随着两党预算编制的分歧的加大与分裂政府的频现，府会越发难以制定一份基于两党共识的预算编制。依照美国的传统预算程序，总统的预算编制版本需要在每年的2月提交给国会，国会在参考总统的预算后，制定国会自己的预算版本，而随着国会自身拥有了预算的集中编制权力，其便可以不去考虑总统的预算版本，在这个意义上，从总统将预算方案提交国会的那一刻，总统的预算也可能胎死腹中。

与美国《联邦宪法》明确授予国会的预算编制权不同，宪法并未授予国会监督预算执行的权力。然而，随着联邦政府规模不断扩大，职权不断增强，越来越多的立法者呼吁应加强国会对行政部门预算使用的监督程度。20世纪

40年代开始，总统使用预算扣押权的趋势愈发频繁，在第二次世界大战中，富兰克林·罗斯福总统扣押了一些认为浪费的民用和军事项目的拨款，此后杜鲁门、艾森豪威尔总统亦多次行使相似的扣押，这一情况至尼克松总统时期发展到顶峰。在尼克松总统的第一个任期内，他从100多个联邦项目中扣押的资金总计将近达到自由支出的20%之多。尼克松总统的扣押行为，引起了国会众多议员的不满，为限制总统对预算扣押权力的滥用，1974年国会改革出台了两项遏制总统使用预算扣押权的措施。其一，总统可以推迟使用国会的某些拨款，但国会任何一院可随时要求总统立即使用这一拨款。其二，总统如果认为国会的某项拨款应该取消，应向国会建议废除对该项拨款的授权，国会两院进而应于45天内审议并认可废除拨款授权的建议，其后，总统可扣住该笔拨款；但如果国会在45天内拒不行动，总统必须使用该笔拨款。国会的主要用意在于，总统实施扣押后，国会有权不对法案发起投票动议，而使得总统的扣押必然以失败收场，在预算实践中，总统再也不能按个人主观意志肆意扣押相关预算。值得注意的是，在20世纪七八十年代的美国联邦政府预算立法实践中，预算审议程序的对抗逐渐出现新趋势，即当资金缺口出现时，关闭受影响的机构与服务，使政府暂时陷入“停摆”状态。

美国联邦政府首次大规模停摆现象出现于1980年5月1日。由于联邦贸易委员会面临为期一天的资金缺口，委员会为避免处罚便暂停了一天的工作，并于5月3日获得拨款后再次运作。据估计，这次停摆造成了将近70000美元的浪费，也是美国联邦政府第一次实质上的政府停摆。联邦政府第一次涉及多个部门的停摆现象，发生于1982财政年度。尽管在1981年的9月30日前国会已按时对邮政局、独立机构以及财政部、内政部和住房部以及城市发展部通过拨款法案，但仍有多个部门的拨款法案没有着落。而此时里根总统却与共和党把持的参议院与民主党把持的众议院就预算削减问题相持不下，双方的分歧主要在减少政府开支的内容与联邦政府高级雇员工资的涨幅两个方面，但国会于1981年9月27日通过了一份持续性决议，为尚未获得拨款的联邦部门提供资金至11月20日。随着第一份持续性决议的到期，一份新的拨款法案迫在眉睫。但里根和共和党人认为减少政府开支的重点，应聚焦于国内开支而非军事开支，民主党人的态度则完全相反；在预算削减开支的数额上，里根总统与共和党人认为预算削减的理想数额应为85亿美元，而民主党人表示不能接受，双方僵持不下，导致11月21日联邦政府第一次发生涉及多部门的停摆事件，到11月22日双方态度有所缓和，众议院民主党人愿意将预算削减数额达到20亿美元，并向参议院提交了一份包含相关内容的持续性决议，为联邦政府在12月15日前提供资金。20世纪80年代以后，国会频繁将原来分属多个大类的预算拨款法案合并为一整个综合拨款法案，这意味着当总统收到国会提交的综合预算拨款时，必然会尽可能考虑到否决整个综合拨款法案的后果，所以也进一步增加了政府停摆的概率。由此可知，当代美国联邦政府停摆现象频现，与国会和总统及民主和共和两党之间的政治博弈并非毫无关联。

（二）当代联邦政府停摆现象的具体表现

1995年2月，克林顿总统将其预算提交给国会，同年5月，共和党主导的国会两院也开始制定两院的预算决议。按照共和党的预算调整计划，共和党控制的参众两院分别在当年5月13日和5月18日通过其各自的预算决议，除参议院共和党人对减税有所保留外，皆对克林顿要求的医疗保险与医疗补助开支大量削减，并最终于1995年6月29日通过预算决议的协调版本，完成了国会预算平衡计划的第一步。对6月国会通过的预算决议与总统的预算版本比对分析，可以看到，府会双方的主要分歧聚焦于减税政策与开支计划调整上。在税收减免上，总统认为应减少1050亿美元的税负，且减税对象主要以中产阶级为主，而共和党主导的国会却提出减税2400亿美元，其减税对象不仅仅为家庭，也包括企业大量减税；在减少支出上，总统与国会的预算分歧主要集中在社会福利的开支上，尤以医疗保险开支与医疗补助开支上差异较大，在医疗照顾开支上，总统提议只减少1280亿美元，同时增加283亿美元支出以扩大医疗保险的范围，而国会则提出减少2700亿美元的医疗照顾开支，主张将医疗照顾开支的年增加率从现在的10%压低至6.4%，以实现节省目标；在医疗帮扶开支上，总统主张减少540亿美元的支出，但国会却认为应削减1820亿美元；除医疗开支的分歧外，对于其他福利开支，总统认为应该只减少380亿美元，而国会提出应削减1750亿美元。按照美国联邦政府的预算编制程序，当参众两院通过了统一的预算决议后，国会委员会将按照预算决议设定的总体性支出标准制定各项预算拨款法案，并且，由于两党在预算平衡调整计划上的分歧，出台各项预算拨款法案的阻力较大，所以直到1995年9月29日，国会方才通过13大类预算拨款法案中的2个大类。为避免政府停摆，国会还在1996年的9月29日通过一项持续性决议，规定为10月1日至11月13日期间所有未获拨款法案拨款的联邦各部门拨出维持经费，其数额取两院各给数额的平均值再减5%。克林顿在9月30日签署了这一持续性决议，联邦政府停摆方才得以避免。

然而，持续性拨款决议很快就濒临到期，面对政府停摆的威胁，总统和国会参众两院的负责人于1996年11月1日举行了会谈。金里奇议长催促克林顿总统签署共和党人的预算调整法案，但克林顿总统并没有做出肯定答复，所以这次会晤不欢而散，双方都意识到政府停摆的不可避免。与此同时，在持续性拨款决议生效的为期一个多月的时间里，府会仅仅通过了一个大类预算拨款法案，再加上1996财政年度开始前国会通过的两个大类预算法案外，尚有10个大类常规预算拨款法案无法通过。11月13日，总统否决了国会提交的新持续性拨款决议。在当天午夜，克林顿总统同共和党参议院领袖多尔及众议院议长金里奇再次举行会晤，双方的强硬态度使这次会晤再次以失败告终。11月13日，联邦政府陷入1996财政年度的首次停摆，这次停摆持续了6天。面对政府停摆的压力，府会间不得不暂时妥协，于11月19日，两院先通过第3项持续性拨款决议，将在家待业的联邦工作人员召回，20日，两院通过第4项持续性决议，规定按上一财政年度的75%为仍未获得新拨款法案拨款的政府各部门提供经费，12月15日，克林顿总统将其一一签署，这次政府停摆得以暂时解决。

奥巴马政府时期，《平价医疗法案》在2013年10月1日开始注册，并在2014年初开始正式实施，保守共和党人将斗争焦点瞄准联邦政府的2014财政年度预算，一些共和党人希望通过采取联邦政府停摆作为手段，逼迫奥巴马总统与国会民主党人让步。2013年1月，得克萨斯州共和党参议员约翰·科宁在休斯敦《纪事报》发文称："为了确保我们国家的长期财政福利，可能有必要部分关闭政府，而不是沿着希腊、意大利和西班牙的老路。"科宁的文章代表了保守派共和党人反对平价医疗法案的一贯立场。在奥巴马总统开始第二个任期后不久，共和党著名保守派人士前里根政府司法部长埃德温·米斯制定了一项切断平价医疗法案资金的计划，该计划的关键在于防止国会共和党人妥协，并使下一财年停止为平价医疗法案提供资金，因此，2014 财政年度的预算拨款法案可谓一波三折。受 2013 年美国联邦政府债务达到上限谈判的影响，直到当年 2013 年 5 月，奥巴马总统才向国会提交白宫的预算版本。在缺少总统预算版本的前提下，国会不得不独立制定 2014 财政年度的预算拨款，2013 年 3 月 21 日，共和党人控制的众议院通过其针对 2014 财政年度的预算决议，3 月 23 日，民主党人控制的参议院亦提出其预算决议的版本。比较国会两院的预算决议，其中最主要的分歧在于共和党主导的众议院的预算决议取消了医疗保险补贴，这实际上切断了《平价医疗法案》的资金来源。而民主党主导的参议院预算决议则为进一步扩大医疗保险开支而增加了 3.7 万亿美元的税收计划，两者预算分歧十分明显。2013 年 8 月开始，两院预算的长期僵持引起了国会立法者的广泛忧虑，并开始讨论政府因《平价医疗法案》的资金而停摆的可能性。众议院共和党人在 9 月 20 日通过了一项不含《平价医疗法案》资金持续性决议，拟在下一财政年度开始时，在常规预算拨款法案无法通过的情况下，为联邦政府提供资金到 2013 年 12 月，但在 9 月 24 日民主党主导的参议院对其进行了修改，删除了取消为平价医疗法案提供资金的内容，并将其重新返回众议院。9 月 28 日共和党主导的众议院接受了部分建议，但只删去医疗法案中加征医疗器械税的内容，要求推迟一年为平价医疗法案提供资金，并将其返回参议院，参议院民主党人依旧不妥协，并采用拖延战术，至 9 月 30 日参议院民主党人先后将众议院共和党人向参议院提交的三项持续性决议悉数否决。当晚 9 点，众议院再次向参议院提交了一份不含为平价医疗法案提供资金的持续性决议，但在 57 分钟后，参议院旋即否决了众议院的医疗保健条款，并再次将不含停止为平价医疗法案提供资金的持续性决议返回众议院，直到午夜钟声敲响，国会两院仍然没有通过一份为联邦政府继续提供资金的持续性决议，到 10 月 1 日 2014 财政年度开始时政府停摆已经不可避免。

2017 年 3 月，当唐纳德·特朗普总统向国会提交其 2018 财政年度的预算时，国会却仍旧因 2017 财政年度预算争论不休，在同国会民主党人的谈判中，特朗普总统一直希望能够在 2017 年预算中为“边境墙计划”提供资金。随着持续性决议的到期，为避免政府停摆，在 4 月 28 日举行的预算谈判上，当最后一次试图在 2017 年预算中添加其边境墙资金的计划失败后，特朗普总统最终妥协，决定将这一计划推行到下一财政年度。但随着 2018 年联邦政府的债务上限即将到期，总统与国会将其谈判重点又聚焦在债务上限问题上。经过为期数月的谈判，特朗普总统暂时同意了按照民主党人的标准设定债务上限，并签订了一份预算决议，为联邦政府提一份为期 3 个月的拨款。进入 9 月，特朗普总统一方面同民主党人在债务上限问题上妥协，另一方面为将来的预算谈判筹集资本。在 9 月 5 日的新闻发布会上，特朗普总统废除了 2012 年由奥巴马总统下达的要求为未成年非法移民提供必要的教育及工作机会（DACA 计划）的行政命令。为恢复 DACA 计划，在 9 月 13 日的夜晚，民主党众议长南希·佩洛西与特朗普总统进行谈判。会后佩洛西表示，会谈取得了成功，总统愿意通过立法手段恢复 DACA 计划。然而，第二天上午特朗普总统却在推特上表示，“昨晚没有通过任何关于 DACA 的共识”。谈判随即宣告破裂。

2017 年 12 月 8 日，为期 3 个月的持续性决议即将到期，总统与国会民主党人却没有丝毫缓和的迹象，为避免政府停摆并迫使民主党人妥协，12 月 6 日特朗普总统在白宫又会见了佩洛西等两院领导人，但双方都拒绝让步，特朗普总统暗示若民主党人执意恢复 DACA 计划，政府停摆将不可避免。众议院议长佩洛西则表示：如果没有恢复 DACA 计划，我们不会离开这里。尽管谈判并无进展，但是在 12 月 7 日到 12 月 8 日，国会与总统暂时通过了一项为期两周持续性决议，避免了政府立即停摆。不过，在短短两周后，政府依旧面临停摆的风险。因双方预算谈判毫无进展，国会共和党人在 1 月 16 日再次试图通过一份不含 DACA 资金的持续性决议，1 月 18 日众议院通过该持续性决议，1 月 19 日参议院正式就该决议进行表决，在表决过程中民主党人发表冗长辩论，致使该决议无法通过，至 1 月 20 日零点，联邦政府正式停摆。

除此之外，由于 2018 年 11 月 6 日中期选举的结果，加剧了国会内部预算僵持的可能性。在 11 月下旬，共和党人与民主党人就预算问题进行了激烈的谈判，在国会两党领导人的预算谈判中，共和党人重申了总统对增加隔离墙资金的要求，并拒绝为赢得民主党同僚的支持而做出让步，民主党人仍然坚持只能允许为边境安全提供总数为16亿美元的资金支持，这场预算争端再一次被为期两周的持续性决议所暂时解决。然而，两周过后，政府停摆的危机再次逼近。参议院在12月19日提出了一项新的不包含边境资金的持续性决议，旨在将政府拨款持续到2019年2月8日，但是却遭到了特朗普总统的强烈反对。12月20日共和党主导的众议院再次通过了一项持续决议案，旨在增加50亿美元的隔离墙支出和80亿美元的灾难援助，但却未获得参议院民主党人支持。随着双方最后试图避免政府停摆努力的失败，2019年12月22日，美国联邦政府停摆再度发生。

（三）联邦政府停摆现象对美国政治的影响

美国联邦政府停摆事件的发生，是美国分权体制僵化的一个侧面，美国《联邦宪法》所遵循的财政分权原则，构成了美国联邦政府停摆的制度性前提。19世纪以来，随着美国国家的发展和社会的需要，人们重新审视了行政部门应在联邦预算中扮演的角色，作为行政首脑的总统备受瞩目：一方面作为美国唯一由全国选举出的政治代表，在预算制度中扮演的角色却无足轻重；另一方面，面对美国联邦政府财政赤字愈演愈烈的窘境，总统及其下属行政机构亦被视为一根救命稻草。1921年《预算与审计法》的通过，其改革重点便是授予了总统及其下属财政部门获得预算的总体性编制权力，以此为开端，总统所行使的行政权力借由其在预算编制和预算扣留的自由裁量权不断扩张。

行政权力的不断扩张也引起了立法部门的担忧，国会于1974年通过的《预算和扣押拨款控制法》，直指总统所拥有的整体性预算编制权力及预算扣押权力，通过该法，国会建立了自身的整体性预算编制机构“国会预算管理局”，并对总统的预算扣押权力加以限制，但此次改革却产生了意想不到的后果。由于在预算编制与预算执行程序中，总统或国会完全主导的情况已经消失，府会之间的预算斗争逐渐转向美国宪法所规定的预算审议程序。基于财政分权原则，总统、参议院以及众议院等立法主体得以通过各自的立法权及立法复审权推进其所支持的预算政策，然而由于美国预算审议程序采用整体性的表决模式，即以包含多项法案的大类法案进行整体性表决，在这一前提下，几大立法主体之间因某一项预算法案的僵持将会致使一整个大类的法案无法通过，政府部门的资金缺口因此方为肇始。

自 1976 年《预算和扣押拨款控制法》正式颁行的首年，联邦政府停摆现象随即出现，并且在卡特、里根和老布什政府时期就已出现十余次之多。而自克林顿政府以来，联邦政府停摆现象又出现了一些新趋势。首先，由于美国国内外环境的变化，在克林顿、奥巴马和特朗普政府时期的五次联邦政府停摆现象中，两党分歧多涉及预算法案中的医疗及教育开支问题、平价医疗法案问题、非法移民问题，并进行了激烈的预算谈判。之前的历次政府停摆主要涉及军事及对外援助开支和国内开支问题上，自克林顿政府以来的政府停摆现象，两党的预算分歧却主要集中于国内开支，而在传统上存在分歧的国防及对外开支上，两党却达成了广泛的共识。其次，20 世纪 90 年代以来，媒体在政府停摆中发挥着越来越重要的作用，致力于自身预算政策的两党开始乐于在官媒或个人社交媒体上为自身预算政策造势并抨击对方的预算政策。再次，20 世纪 90 年代以来两党在预算谈判中的妥协模式发生了变化，尤其是在政府停摆中，支持不同预算政策的双方往往采取更加强硬且决不妥协的立场，而谈判的结果往往并非双方各自让步，而是必然有一方全面妥协。尤其值得注意的是，1995 年以来总统在与国会在预算政治中的博弈保持了一定的优势，总统凭借其在美国政治中的高关注度，得以控制政府停摆现象中关键政治议题的走向。此外，在这一阶段这种博弈中，总统成功地使国会中本党成员保持了对自身的支持，这一现象也被称为“政党总统化”倾向。最后，在 1995 年以来的美国联邦政府停摆现象中，总统成功凭借其“行政单边主义”，即通过行政命令，抑或以前任总统的行政命令存废作为要挟，在联邦政府停摆问题上占据优势地位。

二、当代政治对美国联邦最高法院的影响

（一）最高法院大法官传统提名方式

最高法院作为拥有司法主权的权力机关，在调节联邦制和保障公民权利

方面一直发挥着重要作用，同时，终身制的大法官给予美国民众以最高法院远离政治纷争的良好印象，将其看作维护社会公正的“神圣殿堂”。然而，随着政治极化和社会分裂的加剧，当代美国联邦最高法院越来越受到强烈的政治因素影响，在最高法院大法官任命上，即便提名之争不应以意识形态为基础进行，以免司法部门——这个本应凌驾于党派政治斗争之上的政府分支——被政治化，但大法官的意识形态和代表的政治群体身份依旧成为了其能否最终上任的主要因素，而这种任命最高法院大法官的方式，也导致最高法院大法官习惯性地以自身的政治倾向发表意见，加剧了最高法院内部自由派与保守派之间的矛盾。

实际上在建国之初，美国联邦最高法院也不是如人们想象的那样，完全不受美国政治的影响。就大法官构成人数来说，当时完全由国会通过的司法法所左右，1789 年《联邦司法法》规定大法官人数为 6 人，1793 年巡回法官人数减为 1 人，两年后的 1801 年《联邦司法法》又将大法官人数减至 5 名，直至 1869 年《联邦司法法》才最终确认大法官人数为 9 人，最高法院的运行细则也都是由这些法律所规定的。因为最高法院大法官需要美国总统提名，经参议院同意后方可正式上任，所以最高法院人事任命原本就带有府会博弈和党派争端的政治色彩。华盛顿总统在选择首批最高法院大法官时，为了达到巩固新成立的联邦政府的政治目的，“遵循了后来为许多总统所效仿的地域代表制惯例”，尤其是来自为独立战争做出重大贡献的大州的候选人易受到总统的青睐，如华盛顿首席大法官的人选是来自纽约州的约翰·杰伊，其他大法官则有来自南卡罗来纳州的约翰·拉特利奇、宾夕法尼亚州的詹姆斯·威尔逊、马萨诸塞州的威廉·库欣、马里兰州的罗伯特·哈里森、弗吉尼亚州的约翰·布莱尔等，这种地域选择惯例随着美国领土的西扩而随之消失。后来的马歇尔大法官，也是因为联邦党人与民主共和党人的党派纷争而被安排到最高法院担任首席大法官的，亚当斯总统在即将失去总统职位时将联邦党人马歇尔送进最高法院，最高法院也在马歇尔这位极富政治智慧的首席大法官的带领下，获得了对联邦和各州政府立法的“司法审查权”，确立了最高法院在分权体制中的独立地位。正是因为拥有宪法最终解释权，最高法院在美国政治秩序中发挥越来越重要的作用，并且，伴随着两党政治的不断发展，政党领导人都认为“终身任职的大法官可以将本党的意识形态延续到政党轮替之后”，任命与政党立场一致的大法官便成为了大法官提名制度的新特点。不仅如此，宪法对于参议院批准大法官提名并没有规定具体标准，参议院在决定是否批准总统提名时拥有很大的自由裁量权，如果参议院多数派与总统所属党派不同，参议院一般会阻挠大法官提名的通过，在 1794 年至 1894 年间，81 名提名人中有 22 人未能进入最高法院。但在经历进步主义运动和罗斯福“新政”后，随着总统权力的扩大，参议院否决总统提名大法官的概率逐渐减少，直至沃伦大法官于 1968 年退休时，除约翰·帕克的提名被否决外，参议院几乎全部认可总统对大法官的提名。值得注意的是，约翰·帕克的提名被参议院否决的原因在于，其在担任巡回法官时做出的反劳工裁决，以及竞选州长时发表的种族主义言论。还需注意的是，影响最高法院的政治因素，在胡佛政府时期便开始转向意识形态领域，到了约翰逊政府时期，最高法院的意识形态因素更为明显。

（二）文化意识形态对最高法院的影响

20 世纪 60 年代，由于沃伦法院的司法能动主义完全颠覆了美国保守派人士对美国宪法的理解，在沃伦大法官卸任后，共和党控制的参议院很快就在首席大法官提名问题上与约翰逊总统产生了矛盾。1968 年，约翰逊总统提名其挚友兼大法官的福塔斯为首席大法官，但却因为福塔斯大法官自由主义立场的原因，参议院内部的共和党人联合保守派的南方民主党人共同反对此次提名，最终以 45 票对 43 票否决了福塔斯升为首席大法官的提案。否决的理由表面上是福塔斯大法官接受了美国大学研讨会的高额薪酬，但实际上沃伦法院在种族融合到学校祈祷再到刑事被告权利等问题上的自由主义倾向，才是导致福塔斯大法官没能成为首席大法官的真正原因，只是由于保守派还不敢公然反对福塔斯大法官在民权问题上的自由立场，反而试图在谈论道德和功绩的背后，隐藏自身的政治动机。从这个否决大法官提名的案例开始，参议院多次以大法官候选人的道德问题为掩护，否决与多数派意识形态不一致的提名。1969 年 8 月 21 日，尼克松总统提名海恩斯沃斯为最高法院大法官，参议院的两党自由派议员出于对福塔斯提名失败的报复，联合全国有色人种协进会，反对尼克松总统的大法官提名，理由却是海恩斯沃斯在下级法院判案时，与案件当事人存在不正当利益关系，实际上是因为海恩斯沃斯支持教育隔离的保守立场，最终参议院以 55：45 否决了关于海恩斯沃斯的提名。除此之外，有关性骚扰的指控也成为参议院否决里根总统对博克提名的重要理由，但根本原因是博克对堕胎和平权法案持极端保守立场，这是参议院中的自由派议员所不能接受的。

20 世纪 60 年代末期兴起的多元文化主义，也影响了最高法院的大法官提名。多元文化主义作为一种意识形态，支持不同群体在文化和物质方面的繁荣以及在自由和人类尊严原则范围之内的群体认同，要求政府采取激进措施来保证受压迫群体的进步。为了回应不同选民群体的权利诉求，随着民族、种族和性别意识的增强，政党和政客开始考虑在关键选区任命合适的最高法院大法官，就变成他们获取选民支持的一种重要途径。于是，约翰逊总统在 1967 年任命瑟古德·马歇尔为最高法院首位黑人大法官，进而来换取黑人选民对民主党的支持。1981 年里根总统便任命奥康纳作为最高法院历史上第一位女性大法官。在这之后，又有索托马约尔和杰克逊分别于 2009 年和 2022 年成为最高法院首位拉美裔和黑人女性大法官。这种多元文化主义在丰富最高法院大法官族裔背景时，却加强了最高法院大法官任命的政治色彩，这显然不利于最高法院的独立发展。当布什总统提名托马斯接替马歇尔大法官时，参议院自由派议员却因托马斯是黑人的缘故通过了此次任命，但托马斯大法官却是坚定的保守派大法官，在持枪权、性别歧视、堕胎以及同性恋权利等案件中，他与自由派大法官针锋相对。总统利用候选人的身份、种族或者性别等因素，在联邦最高法院安排与自身意识形态一致的大法官，明显地违背了美国《联邦宪法》分权制衡原则。

值得注意的是，意识形态固然成了当代美国联邦最高法院大法官提名的主导条件，但也有例外现象。首先，最高法院大法官在进入最高法院后，因为终身制和工资只增不减的情况，大法官的独立性往往会随着任职时间的增长，逐渐和提名并任命他的总统产生思想上的差别，进而转变自身的司法价值取向。哈利·布莱克门大法官的思想转变便是典型例子。1970 年尼克松总统任命布莱克门为最高法院大法官，起初，尼克松总统对他寄予厚望，希望他作为保守派大法官的一员瓦解沃伦法院时期的自由判决。结果事与愿违，布莱克门大法官后来成为美国历史上著名的“罗伊案”执笔人，支持女性堕胎自由。在“罗伊案”中，布莱克门将女性自主堕胎权视为受宪法保护的一项基本权利，一夜之间废除了几十个州的禁止堕胎立法，直至 1994 年离开最高法院，布莱克门一直都是自由派阵营的一员。与此类似的情况，还有史蒂文斯大法官。1975 年，福特总统提名任命史蒂文斯大法官，在参议院表决中，史蒂文斯大法官获得了全票通过，实属罕见。原因在于史蒂文斯的司法观点主张温和，福特总统为了挽救“水门事件”对总统和联邦政府造成的信任危机，弱化“帝王总统”的形象，决定抛开党派成见和意识形态的影响，中立地任命一位大法官。不过，史蒂文斯大法官在晚年还是成为了自由派大法官。

（三）当代美国政治极化对最高法院的牵制

当代美国政治极化对最高法院的影响，直接导致了最高法院内部的分裂。因为按照意识形态任命的大法官本身的政治倾向就很明显，这些大法官们根本无法在民权案件上达成决定性共识，案件判决完全依靠人数取胜。如果自由与保守派人数相等，往往会出现 5：4 的极端投票比例，如在“奥贝格费尔诉霍奇斯”等案例对表决中，就出现过这样的结果，并且，参议院批准总统大法官提名的投票数也十分接近。近年总统提名任命的杰克逊大法官在参议院两派投票比是 53：47，如果不是苏珊·科林斯等共和党参议员最后时刻转变立场，此次提名任命很有可能被否决。在 2020 年的巴雷特大法官的提名投票中，由于巴雷特的强烈保守立场，参议院最终投票结果竟是 52：48，几乎所有的民主党人都反对批准巴雷特成为最高法院大法官。早在 2016 年 3 月 16 日，尚未卸任的奥巴马总统提名加兰德接替斯卡利亚大法官留下的法官席位，共和党控制的参议院采取拖延战术，拒不批准该提名，后者甚至突出总统在大选年间无权任命大法官的谬论，最终加兰德未被任命。但具有讽刺意味的是，特朗普却在距离总统大选仅有 38 天时，提名任命了巴雷特大法官进入最高法院，接替了金斯伯格大法官。

综上可以看出，最高法院大法官的提名及任命已经被政党政治所左右，只要任何一方不能同时控制总统和参议院，那么大法官的提名就很难成功，参议院甚至不惜曲解美国《联邦宪法》的司法条款，出于政治目的肆意阻挠或拖延大法官的批准工作。目前来看，美国联邦最高法院内保守派大法官已占绝对多数，在最近的“多布斯诉杰克逊案”中，最高法院推翻了“罗伊案”和“凯西案”，公开否决了女性堕胎权，赋予了立法机关在女性怀孕的任何时期管制堕胎的权力，这无疑是最高法院司法判决高度政治化的直接表现。令人担忧的是，如果美国联邦最高法院陷入两党政治纷争中，其维护社会正义以及保护弱势群体的社会权威便不再，美国宪法分权制衡原则也会遭到的严重践踏，这显然不利于美国社会秩序的稳定。因此，如何化解当下美国两党尖锐的矛盾与对立，保持最高法院独立与公正的判案地位，维护宪法的最高权威，将是未来美国政治制度改革面临的重要任务。

三、“国会山骚乱”对美国政治走势的影响

（一）“国会山骚乱”的背景和经过

“国会山骚乱”发生的直接起因，是特朗普在2020年总统大选中败选。在此次大选中，特朗普与民主党总统候选人拜登展开角逐，虽然特朗普在大选前以压倒性优势获得了共和党总统候选人的位置，但由于对新冠疫情的不作为，以及对“黑人的命也是命”运动的限制等政治行为，特朗普连任的概率直线下降。不过，在特朗普及其支持者的煽动下，广大中下层保守派白人选民依旧团结在特朗普周围，结果出现特朗普在计票开始后迅速拿下了中西部的“锈带”红州，并在2020年11月4日时领先拜登多达3.4%的选票。然而，随着邮寄选票的计入，拜登与特朗普之间的差距迅速缩小，密歇根州以及宾夕法尼亚州等关键摇摆州转而支持拜登，最终拜登突破了270张选举人团选票的门槛，赢得大选。得而复失的特朗普不甘心败选，一方面谴责选票邮寄违反宪法；另一方面以民主党官员计入邮寄选票舞弊为由向法院提起诉讼。经过司法调查，佐治亚州州务卿布拉德·拉丝芬伯杰以重新手动计票的方式证明选举结果的真实性，最高法院也驳回了共和党成员得克萨斯州检察长肯·派克斯顿对宾夕法尼亚州、威斯康星州、佐治亚州与密歇根州因疫情而修改选举规则的起诉。在合法手段均被堵死的情况下，特朗普及其忠实

支持者便开始酝酿暴力推翻选举结果的方法，这便是随即发生的“国会山骚乱”。

当然，当今美国政治的极化现象，也为“国会山骚乱”的发生作好了政治铺垫。如上所述，近年美国两党共识的长期缺失，使得美国政治主要以党派利益为重，双方成员的政治立场和意识形态趋于对立，美国宪法的妥协精神所剩微乎其微，只要涉及多方利益的提案，几乎都在双方的反复讨价还价后不了了之，这不仅是对民主法治等宪政传统的不尊重，更是降低了美国政府的运转效率。在此前提下，如果某一方的政治利益受到损害，那么在毫无回旋余地之后，美国国家机器必然会发生突破权力分立制衡原则的事件，“国会山骚乱”便是即将卸任总统公然否决立法机关的民主选举结果而发生的极端行为。

此外，右翼新媒体的过分宣传，也为“国会山骚乱”发生制造了舆论氛围。在美国政治中，作为拥有“第四权力”的媒体机构，一直在跟踪政治事件和监督政府方面发挥着重要的作用。随着 20 世纪 80 年代保守主义的兴起，中西部的中下层白人选民开始对民主党政治精英的少数族裔优待政策产生不满，进而催生了美国右翼媒体的复兴和另类右翼媒体的崛起。右翼媒体诸如“福克斯新闻”等基本上保持与共和党立场一致，时常批评民主党人的政治观念。“另类右翼”则是在特朗普当选后，由部分白人至上主义者建立或壮大的新闻媒体，它们借助新媒体等手段在互联网上发布种族主义、反犹太人和反女权等极具煽动性视频来诱导舆论。比如“匿名者 Q”作为另类右翼就在网上散播“深层政府”阴谋论，即美国政府内部存在着与银行家以及多国首脑相互勾结的巨大犯罪组织，而特朗普的上台影响了犯罪集团的利益，进而让网民相信美国民主制度的缺陷，不少美国民众因此对联邦政府提出质疑并同情特朗普。除了媒体宣传外，诸如“骄傲男孩”组织等另类右翼群体更是采取直接对抗的方式宣泄种族主义情绪。“骄傲男孩”组织成立于 2016 年，组织内大都以成年白人男子为主，他们往往在传播种族主义视频的同时，穿戴军队制服，携带枪支举行游行示威，尤其是在“黑命贵”运动爆发后，该组织成员更是以街头斗殴等暴力方式回应这场黑人运动，即便如此，特朗普依旧没有取缔该组织，相反，“骄傲男孩”还在“国会山骚乱”中发挥了重要作用。

2021年1月6日，美国国会召开参众两院联席会议确认选举团人选票，宣布拜登赢得大选胜利。特朗普拒绝承认这一结果，并且在以拜登选举舞弊为由的起诉被法院以证据不足或无申诉资格为由驳回后，通过推特账号发表要求副总统彭斯否定选举人团选票合法性的言论。面对压力，副总统彭斯以美国宪法没有授权副总统否决总统选举结果权力为由，拒绝了特朗普的无理要求。不甘心失败的特朗普便号召其支持者阻挠国会对大选结果的确认程序，于是包括“匿名者Q”和“骄傲男孩”等组织成员在内的特朗普支持者们在华盛顿纪念碑前举行名为“拯救美国”的集会，特朗普、小特朗普、埃里克·特朗普以及鲁迪·朱利安尼（特朗普的法律顾问）等人参与集会并发表演讲，指责拜登窃取了大选果实，再次呼吁作为参议院议长的副总统彭斯推翻选举结果，煽动集会者为“我们的国家”和属于我们的胜利而战斗。受到鼓动的集会者便于当日中午冲向国会大厦，下午2点左右，集会者通过砸碎门窗玻璃的方式攻破国会大厦。此时，国会两院正在举行清点选举人团选票的联席会议，当清点亚利桑那州选举人团选票时，联席会议被早有准备的共和党众议员戈萨尔提出的选票质疑中断，两院议员被迫分别开会，就拜登的选票合法性进行自由辩论，但此时攻破国会大厦的集会者借此将矛头直指众议院领袖佩洛西以及副总统彭斯，甚至扬言要活捉并吊死拒绝帮助特朗普的彭斯。

为了避免事态进一步扩大，华盛顿哥伦比亚特区市长穆里尔·鲍泽下令从当晚6点开始实施宵禁，并把宵禁延长到次日早上6点。马里兰州和弗吉尼亚州先后派出州警协助华盛顿特区的执法工作。与此同时，因为特朗普在“国会山骚乱”发生后拒绝动用国民警卫队以尽快平息事态，代理国防部长米勒在征得彭斯、佩洛西、参议员多数党领袖麦康奈尔、参议院少数党领袖舒默和众议院多数党领袖霍耶同意后，决定自行指挥国民警卫队应对骚乱，副总统彭斯更是破例批准出动国民警卫队1100人的调令。在各方警备力量的配合下，到当晚6点，集会者基本被驱逐出国会大厦，晚上9点，众议院集会也在佩洛西的主持下恢复进行，经过辩论和投票否决两项反对意见后，国会于凌晨3点24分投票确认拜登在选举人团选举中获胜。随着拜登赢得大选的确认，这场骚乱也在国会议员们的掌声中悄然结束。

（二）“国会山骚乱”的影响

“国会山骚乱”直接造成包括国会警察尼克和部分集会者在内的5人死亡，超过140人受伤，这是美国历史上罕见的民众冲击联邦立法机关的暴力流血事件，国会山和白宫分别在1月9日和13日举行了降半旗默哀仪式。集会者在冲进国会大厦后进行的破坏活动，导致直接经济损失超过3000万美元，佩洛西议长的办公室被集会者洗劫一空，国会大厦的演讲台竟被集会者抬走并在网上公开售卖，国会议员和民权运动领袖约翰·刘易斯生平的展览也被集会者摧毁。

“国会山骚乱”平息后，围绕该事件的调查和相应的处理工作正式开始。1月7日，司法部宣布将会在未来数星期内展开逮捕行动，5天后即对两名参与“国会山骚乱”的集会者进行起诉，到2月1日，超过200人被指控因该事件而犯有联邦或哥伦比亚特区罪行，截至2022年3月，已有778人因“国会山骚乱”受到指控，大都被指控犯有扰乱社会治安以及破坏国会大厦建筑群等罪行，平均刑期为45天，若是被控有实施暴力的示威者还将面临更长的监禁期。与此同时，世界上超过70个国家和国际组织对美国“国会山骚乱”进行了谴责，尤其是对特朗普在暴力事件中扮演煽动者角色更是不满，多国领导人将骚乱描述为“对民主的攻击”，时任英国首相约翰逊就将集会者占领国会大厦视为“可耻的场景”。因此，“国会山骚乱”严重地影响了自诩为“民主灯塔”的美国国际形象。

“国会山骚乱”进一步加剧了美国政治极化现象，严重削弱了两党共识。美国政治极化是文化极化的政治表现，“美国梦永存，我们必须再次对我们的国家和彼此充满信心。我们相信美国可以更好，可以比从前更强大”。卡特总统在就职演说中的言辞充满着对国家主义的热忱及同一价值的信心，其文稿中始终强调的“我们”，在当代美国的政治语境下早已被宗教、种族、性别、性取向等社会议题区分开，这些价值取向的矛盾日益加深，已到了难以调和的程度，选民利益则通过以上的群体认同重新组合，构成了身份政治。在这个意义上，多元文化主义下的社会极化在民主政体中势必会反映在政治层面，文化的两极化推动着政治的两极化，反过来，政治的两极化又加剧了文化的两极化。在社会文化极端对立的情况下，华府政客在对自身利益、选区利益甚至是国家利益的拿捏上更为谨慎和小心，文化多元化导致的利益多元化很难会让政党之间达成政治共识。为确保自身的政治生命，政客们各自挑选党派阵营以形成政治制衡的权力秩序，而在府会层面，直接体现为权力机关的多数派进行党同伐异，甚至进行毫无意义的政治报复。当国民警卫队驱逐国会大厦的集会者后，国会议员重新召开了确认选举人团选票的联席会议，佩戴口罩的众议院议长佩洛西和未佩戴口罩的副总统彭斯共同宣布拜登所获选举人团选票是合法的，这原本是消除国会两党矛盾，共同解决骚乱遗留问题的好时机，结果却是罢免特朗普总统职务、第二次弹劾特朗普以及成立负责调查"国会山骚乱"的特别委员会等一系列政治行动，这无疑又将美国政治发展轨迹拉回到两党相互掣肘的分裂局面。1 月 6 日晚间，美国众议院司法委员会认为，特朗普始终拒绝接受其败选结果，蓄意煽动示威者冲击国会大厦阻挠拜登当选，因而敦促美国副总统彭斯启动美国宪法第 25 条修正案罢免特朗普的总统职位。鉴于强行罢免即将卸任的特朗普不利于美国社会的稳定，副总统彭斯最终拒绝了众议院民主党人的要求。之后，民主党控制的众议院旋即于 1 月 13 日宣布启动弹劾程序，经过两个小时的自由辩论后，弹劾议案以 232：97 的投票比例获得通过，特朗普由此成为美国历史上第一位被弹劾两次的总统。不过，根据美国《联邦宪法》规定，众议院通过的弹劾案必须经由参议院再次表决方可通过，2 月 9 日，此时距离特朗普卸任已经过去 20 天的时间，弹劾案的审判程序正式开始，经过 5 天的审判程序后，57 名参议员投票认为特朗普有罪、43 名认为无罪。因"有罪"票数未达到在场参议员的 2/3，众议院对特朗普发起的第二次弹劾告一段落。

不过，作为众议院议长的佩洛西并不打算放过特朗普，转而号召国会彻查"国会山骚乱"，对此次事件的幕后策划者给予严惩。2021 年 6 月 30 日，众议院以 222：190 票通过了佩洛西议长建立特别调查委员会负责调查"国会山骚乱"的提案，所有民主党众议员和两名共和党成员亚当·金辛格和利兹·切尼投了赞成票。该决议授权佩洛西任命 8 名委员会成员，众议院少数党领袖凯文·麦卡锡可以与佩洛西"协商"任命另外的 5 名成员。可是在 7 月 21 日，佩洛西议长拒绝了麦卡锡任命的共和党人乔丹和班克斯的建议，表面上是因为这两名议员将影响委员会调查的完整性，实际上是因为这两名共和党议员都曾投票推翻过亚利桑那州选举人团投票结果来阻挠拜登当选。面对佩洛西议长强烈的党派偏见，麦卡锡直接表示不任命任何共和党议员进入该委员会。在日后长达一年多的调查时间里，以特朗普为首的共和党保守派和反建制派多次阻挠委员会调查，比如特朗普试图阻止委员会获得国家档案和记录管理局保存的白宫通信记录，即便最高法院最终在“特朗普诉汤普森案”中驳回了特朗普的这一动议，委员会的调查依旧被拖延了5个月之久。委员会在2022年6—7月末的时间里连续召开了8次听证会，揭露特朗普和“国会山骚乱”的关系。委员会声称特朗普制定了7个计划来推翻大选结果，并试图继续担任总统，而策划示威者冲击国会大厦和阻止国会清点选举人团选票的“国会山骚乱”便是计划之一。特朗普还多次暗中向副总统彭斯施压，逼迫其否定大选结果，同时还逼迫亚利桑那州和佐治亚州所管辖的选区官员改变选举结果，但最终遭到拒绝。与委员会相呼应的司法部也在同一时期对特朗普展开调查，联邦调查局突击搜查了特朗普的亲信杰弗里·克拉克的住所，包括后来对特朗普的私人住宅海湖庄园的搜查等。不过，特朗普犯下的罪行究竟能否被刑事拘捕，一直无法盖棺论定。原因在于：其一，特朗普特殊的身份，如果身为美国前总统的特朗普被判刑，对于美国总统在民众中的形象可能会起到不可估量的损失；其二，当时马上开始的11月中期选举，又让司法部在处理政治问题上保持谨慎，以维护司法部的公正形象，防止任何刑事起诉带有明显的政治立场。

值得注意的是，上述无论是弹劾特朗普还是特别调查委员会的工作开展，都带有明显的政治立场，甚至给人一种“政治迫害”的心理印象。在特朗普即将卸任，且弹劾程序根本来不及完成时，作为民主党成员的众议院议长佩洛西依旧动员并通过了弹劾案，而共和党控制的参议院则以针锋相对的方式否决了对特朗普的弹劾。在后来成立的特别调查委员会中，佩洛西议长又将政治立场作为任命委员会成员的标准，否决了麦卡锡的任命建议，并仅仅挑选了2名原本就反对特朗普的共和党议员担任委员会少数派。这种政治行为直接使得特别调查委员会失去了公平、公正性，其调查结果当然会对特朗普及其团队不利，更不用说其调查结果在美国民众心中的可信度了。果不其然，共和党全国委员会历史上首次谴责了参与委员会的两名共和党成员，宣布撤销共和党对两者的一切支持。就这一意义而言，政治精英层面的政治极化得到了进一步加强，原本就已失去温和派政治精英居中调和的两党几乎遗忘了美国宪法中分权制衡的宪政传统，为了党派利益，不惜将政治宪法化，堂而皇之地将宪政体制作为两党利益斗争的政治工具。民主党把持的众议院也诠释了“多数人的暴政”，完全不顾事件调查的公平性和可行性，只想置特朗普集团于死地；共和党把持的参议院又“开创了一个危险的否认民主选举结果的先例”，数次袒护企图推翻总统大选结果的特朗普，两党间的矛盾被无限放大。

“国会山骚乱”的影响，还直接体现在共和党初选上。由于事件影响巨大，且调查仍在进行，参加共和党参众议员候选人选举的共和党成员不得不表明自身对此事件的政治态度来拉拢选民。截止到 2022 年 6 月 7 日，在共和党选民选出的 8 名参议院候选人、86 名众议院候选人、5 名州长候选人、4 名州总检察长候选人以及 1 名州务卿候选人，都支持特朗普对美国大选结果的否定立场。不过，多数共和党候选人未对“国会山骚乱”发表意见，也并未强调有必要杜绝此类事件的再度发生。但无论特朗普未来还是否竞选下届总统，他在任四年造成的紧张政治氛围及卸任时酿成的“国会山骚乱”，都可以看成是美国历史上的“特殊阶段”，美国民主制度的悖论。从这个意义上说，“国会山骚乱”不仅对美国宪政体制构成了严峻的挑战，而且对未来美国政治走势产生了极大的影响。

思考题

1. 分析 20 世纪下半叶美国联邦政府频繁停摆的原因。
2. 阐释当下美国政治极化和社会撕裂与宪政体制的关联。
3. 阐述 2021 年“国会山骚乱”对美国宪政体制变革及政治走势的影响。

参考文献

[1] ［美］伯纳德·施瓦茨：《美国最高法院史》，毕洪海译，北京：中国政法大学出版

社，2015 年。
[2]　[美] 戴维・E. 凯卫格:《弹劾》，翁传舟、何江锡等译，上海：上海人民出版社，2020 年。
[3]　蒋劲松:《美国国会史》，北京：人民出版社，2002 年。
[4]　刘瑜:《后现代化与乡愁：特朗普现象背后的美国政治文化冲突》，《美国研究》2018 年第 6 期。
[5]　任东来:《民众为何支持：美国最高法院的历史轨迹》，北京：中国法制出版社，2014 年。
[6]　王希，《多元文化主义的起源、实践与局限性》，《美国研究》2000 年第 2 期。
[7]　外国政府预算编制研究课题组:《美国政府预算编制》，北京：中国财政经济出版社，2002 年。
[8]　王希、赵梅:《重新认识美国：来自当代的反思》，南京：江苏人民出版社，2022 年。
[9]　王格非:《政治极化与政治冲突的"变质"：当前美国政治困境及原因》，《美国研究》2022 年第 3 期。
[10]　周琪:《政治极化正在溶蚀美国的民主》，《美国研究》2022 年第 2 期。
[11]　Bill Clinton，*My Life*，New York：Alfred A. Knopf，2004.
[12]　Conferees Act To Approve Stop-Gap Appropriations Bill，*The Wall Street Journal*，Jan. 1981.
[13]　David M. O'Brien，The Politics of Professionalism：President Gerald R. Ford's Appointment of Justice John Paul Stevens，*Presidential Studies Quarterly*，1991.
[14]　David Greenberg，The New Politics of Supreme Court Appointments，*Daedalus*，2005.
[15]　George Stephanopoulos，*All Too Human：A Political Education*，Boston：Little，Brown and Company，1999.
[16]　Louis Fisher，The Politics of Impounded Funds，*Administrative Science Quarterly*，1970.
[17]　Melvin Small，*The Presidency of Richard Nixon*，Lawrence：University Press of Kansas，1999.
[18]　R. Weisman，Congress Votes Budget Bill as Reagan Warns of a Veto；President Summons Cabinet，*The New York Times*，1981.
[19]　William J. Clinton，Statement on Signing the Line Item Veto Act，*Weekly Comp. Pres.*，1996.
[20]　Zachary S，Price，Funding Restrictions and Separation of Powers，*Vanderbilt Law Review*，2017.